Xinjiang Discovery Series
新疆探索发现系列丛书

总主编 / 李翠玲
主　编 / 巫新华

边城蒙难记

吴蔼宸 / 著

新疆人民出版社
（新疆少数民族出版基地）

图书在版编目(CIP)数据

边城蒙难记/吴蔼宸著.--乌鲁木齐:新疆人民出版社,2023.5
(新疆探索发现系列丛书)
ISBN 978-7-228-21116-6

Ⅰ.①边… Ⅱ.①吴… Ⅲ.①游记—新疆—现代
Ⅳ.①K928.945

中国国家版本馆CIP数据核字(2023)第052817号

边城蒙难记
BIANCHENG MENGNAN JI

总 策 划 李翠玲
执行策划 范聪卓 罗卫华
邢建刚 高 珊
责任编辑 杨 利
封面绘画 张永和
设 计 张永和 赵 磊
刘堪海
技术编辑 杨 爽

出 版	新疆人民出版社 (新疆少数民族出版基地)
地 址	乌鲁木齐市解放南路348号 830001
电 话	0991-2825887
网 址	www.xjrmcbs.com
购书服务热线	0991-2837939
印 刷	上海雅昌艺术印刷有限公司
开 本	710 mm × 1000 mm 1/16
印 张	11.75
字 数	200千字
版 次	2023年5月第1版
印 次	2023年5月第1次印刷
定 价	76.00元

总序

党的二十大报告指出，全面建设社会主义现代化国家，必须坚持中国特色社会主义文化发展道路，增强文化自信，增强中华文明传播力影响力。坚守中华文化立场，提炼展示中华文明的精神标识和文化精髓，加快构建中国话语和中国叙事体系，讲好中国故事、传播好中国声音，展现可信、可爱、可敬的中国形象。第三次中央新疆工作座谈会上，习近平总书记强调，要以铸牢中华民族共同体意识为主线，将中华民族共同体意识根植于心灵深处。

新疆地处亚欧大陆腹地，是东西方文化和世界文明的十字路口。清代、民国治西域史学者归纳西域历史地位就一句话——“总万国之要道”。

亚欧大陆的地理条件决定了帕米尔高原和昆仑山脉、喀喇昆仑山脉以南高原、激流、雨林等的天然险阻，制约了较大规模的东西方向人类迁徙与商贸活动。只有昆仑山、天山和阿尔泰山这三大东西向山脉地带，成为亚欧大陆中部可以进行大规模人力、畜力交通活动的唯一天然通道。

如此，古代亚欧大陆其他文明区域与东亚中国文明区域的文化交流必然要取道西域，因而形成了西域在中国乃至世界文明史上的显赫地位。中华文明优秀成果向世界其他地区传播，中国汲取其他文明成果的重要通道就是西域，这也是中国没有再出现“东域”“北域”“南域”等并列名称的原因。

新疆作为中华文明发展、繁荣、壮大历史过程中与外界文明交流的通道，很早就是中国核心文化要素的覆盖区域，并因此成为中国历史上令人瞩目的亮点。

新疆曾经发生过无数影响亚欧大陆文明进程和地缘政治格局的重大历史事件，曾经运输过各个文明区域的无数奇珍异宝。新疆沙漠、绿洲、草原上各类遗址中仍然保留有古代文明的印迹，仍然镌刻着无数改变世界的部族迁移、交流、交融的记忆。正是缘于丝绸之路重要的十字路口作用与地位，人类文明丰富且独一无二的文化遗产才得以保存于新疆的大漠、山川和草原。19世纪末20世纪初，中国西部地区历史文化、地理、自然宝藏引起世纪性的探险考察热潮，形成世界性的持续关注。

今日新疆作为“一带一路”关键核心区依然魅力无限。新疆人民出版社（新疆少数民族出版基地）策划出版“新疆探索发现系列丛书”，以新疆历史为背景，以丝绸之路上的沙漠戈壁和天山腹地路线为地理依托，以著名历史人物和重大历史事件为主线索，以世界级物质文化珍品和多元文化底蕴的古代遗址为内涵，用多学科协作的考古发掘、研究手段与方法，从厚重的历史尘埃中重新发掘出这些失落的丝绸之路文化内涵，向世界展示中国新疆作为世界文明十字路口的昨日精彩与今日辉煌。

丛书选收19世纪末至21世纪初中外探险家、学者在新疆探险考察的经历、考古成果、个人行记等经典著述，以及现当代中国学者经典的历史地理探险考察、历史考古探险著述等形成系列以飨读者，为读者了解新疆历史提供重要的参考依据；借鉴古今中外关于新疆考古探险与历史探察的重要成果，为研究新疆历史文化提供更加开阔的视野和翔实的基础资料。

丛书收录的探险家考古发掘、个人游记等著述，大多带有明显的时代印记与特定意识形态倾向，表现出多方面的时代局限性、政治局限性和社会局限性。对此，在出版过程中，我们按照“取其精华、去其糟粕”的原则，对某些内容做出必要的技术处理。

需要说明的是，“西域探险考察大系”曾由新疆人民出版社出版，杨镰先生为其出版倾注了辛劳与心血，“新疆探索发现系列丛书”沿用了其部分内容。本套丛书的付梓出版，得到了有关部门和专家学者的大力支持和帮助，在此一并致谢。

虽然全力以赴，但是挂一漏万、失于偏颇之处在所难免。希望图书梓行之后，广大读者多多批评指正。

2023年2月

目 录

下　篇

序[1] 一

闽侯吴君蔼宸怀才不遇，独默念中国之内乱无已时，倘得假手经纶，唯西北为大有为之地，此《新疆纪游》[2]之所为作也。余尝读《史记·大宛列传》，张骞以一介书生凿空西域，开生迹于万里之外，卒使遐荒绝国，毡裘湩酪之徒，隶我帡幪，其功业何其伟也。蔼宸亦一文弱书生耳，其志虑之深，救时之切，高掌远跖，不避艰危，可谓壮矣。当其孑身孤往，绕越日本、苏俄两强国，舟车之险阻，异族之凭陵，风霜雨雪之不时，穷荒沙碛不毛之地，狞飙卷地，坚冰塞途，冻指剥肤，痛如砭割，往往饥不得一食，渴不得一饮，昼无息肩之候，夜无安寝之地时，历三十余日，行数万里，始抵迪化省城。可谓艰难险阻备尝之矣。下车之后，又值鄯善、吐鲁番、焉耆诸处相继叛乱，战祸连绵，干戈遍地，唯红山嘴西大桥之战，距省城仅五里，枪炮之声，连

---

[1] 王树枬所作之序。

[2] 《新疆纪游》是《边城蒙难记》的原书名。

日夜不绝，飞弹入城，穿墙破壁，几有剥床及肤之势。蔼宸则谓“死生有命”，逃无可逃，拥被高眠，如处无事。昼则据案手抄其所采访新疆诸事，自言每写四字，其时间必丧命一人，统计男女死达二千余人，尸积如阜，血流成渠，其惨杀之状，有目不忍睹，耳不忍闻者。呜呼！

自杨公鼎臣[1]督新以来，内政外交无不备臻美善，腼和回汉，龙吠不惊，人皆谓古之桃源胜境不是过也。天胡不吊，坏我长城。自杨公一去，四境糜沸，南北分离，变乱相仍，兵戈迭起。《诗》曰：“人之云亡，邦国殄瘁。”岂不哀哉。夫新疆据西北形胜之地，隔腹地万余里，无患无争，值有为之时，操有为之势，苟及是时内修国政，外结强邻，足食足兵，待时而动，以视争胜负于区区蜗角之中者，直豪杰驱除具耳。蔼宸知其故也，故只身远踔，犯寒暑，忍饥寒，置身家性命于不顾。观其全书远探汉唐以后，西域叛服之由，维、回、哈、柯各族之异，宗教之不同，风俗人心之向背。皆备载之以为将来因俗施政之方。至于三十六国幅员之广袤，山川之险巇，土壤之膏腴，桑麻五谷之丰阜，牧畜之繁滋，深山大泽材木之不可胜用，而矿产之富，尤甲于全球，即煤油一项，足以供五大洲之用而千百年不绝。凡其所至之地，耳闻目见，莫不详咨博考，大小靡遗，笔之于册，为后人所取资焉。斯诚天地之隩区，上腴之地也。昔英人尝谓余曰：中国财赋，江浙为最贫之省，新疆为最富之区。中国得此不竭力经营，而任其荒废而莫之顾，诚可惜也。嗟乎！东防已矣，吾恐今日之中国，更有不暇远及新疆者。语云：失之东隅，收之桑榆，未为晚也。窃念及此，不禁废书而三叹也。

乙亥端午后一日，陶庐老人王树枏序于三食神仙字斋，时年八十又五。

---

[1] 杨公鼎臣，即杨增新。

序[1] 二

余于新疆，毫无研究，其一知半解，皆闻诸友人，蔼宸先生教我尤多。蔼宸顷著《新疆纪游》成，余获先睹，方喜得藉以增长知识兴味，于其内容，实不能为一字评也。虽然蔼宸盖以余为知其志，且同其志者，故索序于余，余何敢以不文辞。忆去夏在南京遇蔼宸，一夕来访，纵谈西北时势，相与慨叹，夜深始已，余由此更钦佩蔼宸爱国家、爱新疆之至诚。蔼宸本为新疆外交特派员，归京报告外交后，犹复奔走京沪间，为新省谋财政之救助，数月不成，遂归津著书，此纪游二十章，乃其心血之结晶也。志不得行，而仅以著作表现，吾知蔼宸之心苦矣。蔼宸于新疆无私人企图，唯祝国家能永保此一块干净土而建设之。蔼宸之志，即全国人之志也。然全国人徒知新疆之重要与危险，而不深知其所以重要与危险，唯蔼宸知之深，故其愿全国守护新疆之情感，乃最纯诚而热烈。假使全国人同具此

[1] 张炽章所作之序。

志趣情感，新疆焉有不能保者！余是以愿劝凡爱国家爱新疆之人，俱熟读此书，以知新省历史及疆域形势，与夫风土物产之大要，是则守边救国之纯诚热烈情感，必油然而生。国事亟矣，处处须保，何止新疆，唯保新疆即等于保中国建国资源之半。国人其努力，勿令蔼宸著书徒劳也。

民国二十四年八月，榆林张炽章序于《大公报》编辑室。

自序

西哲有言:“为群众谋福利,自由发展个人。”余服膺其说,引为人生观之准则。世有赢得温饱,沾沾自喜,以浮湛一生者,是又志趣之未可强同也。民国二十一年冬,应新疆省聘,别老母妻孥,从事西征,既抵其地,见乎山川之奇伟,方舆之辽阔,特产之富饶,民风之淳朴,信乎可以本其技能,自由发展,以谋群众之福利矣。

乃行装甫卸,即值变乱相寻,“四一二”政变之夕,几罹于难,古城奔走和平,险不得归,自后战事再接再厉,不可究诘。时外部以驻新特派员事相属,迨时势至此,乃辗转由俄道返京入告,无如以莛撞钟,不能发音,卒复引疾而退,固有所弗获已也。

慨自壮岁以来,力求学以致用,两游新大陆,为实地之研讨,踪迹所至半中国,曩东北极黑河,今西北穷伊犁,皆留有雪泥鸿爪,而区区利用厚生之志愿,终不得售,由是深感人生无时无地不受环境支配,人定胜天,特无聊慰藉之语耳。昔张骞奉使西域,百余人中仅二人得还,其伟绩实埒于哥伦布之发现美洲。近如左宗棠之平定西陲，统一全疆，尤为不朽功业，观其舁榇而行，盖实具有大决心者。嗟乎！士以昂藏七尺之躯，贵有四方之志，自履艰危，恒为人所不肯为之事，大则立功异域，为国干城，次亦嘉惠僻壤，利济方隅，虽其所就大小不同，要皆有裨于世，无忝所生。藉使遭遇坎坷，到处青山，皆可埋骨，奚必株守乡园，老死牖下，偷窳颓放，与草木同朽腐哉！虽然事业之成就，在乎乘势待时，使格于势迕于时，徒志奚益。志愿不获伸，事业无所成，而欲以纪行览胜之篇，道听途说之语，袭前人余唾，矜奇立异，以炫耀于世，不亦迂乎？特以此行历时十有八月，驰骤数万里，闻见必录，博采详咨，未尝一日间断。

归来，朋友竞以边事询问，复穷数月之力，整理成篇，所有遭遇经历，及其心之所感发者，皆于是乎寓，聊为西征之纪念，非敢附于作者之林也。凡曾游其地者，读之如旧相识，当为掩卷低徊，有不胜今昔之感；即未履其土，对之亦当卧游，藉获边疆应有之认识，著者区区贡献如此而已。呜在乎！谋群众之福利哉！

民国二十四年五月，吴蔼宸自序于天津求志庐。

例言

一、本书分上下两篇。上篇计十三章，为著者旅行所得，并叙述两次政变，及中央历派大员宣慰巡视之经过。据实记载，不加论断，以作他日新疆史料之一助。下篇或追述变乱始末，或详叙各族风俗，或考证山脉水道之原委，或阐明东西文化之媒介，举其荦荦大者，列为七章[1]。《新疆之过去及未来》乃著者对于彻底治新之小小建议，及其恳切之期待。

二、上篇统系采自个人日记，分章别类，重加整理，以醒眉目。凡有关系之事，则载其时日，否则删除，以省阅者目力。下篇钩稽群籍，归纳成章，举凡佶屈聱牙之地名人名，及难于消化之条规统计，力求避免，务使阅者一目了然，无格格不入之苦。

三、是书既系游记体裁，心有所感，不觉触发为诗，原系个人

[1] 《新疆纪游》下篇原有七章，在本次整理出版时节略为四章。

抑郁无聊之音，初无关于宏旨。但去家万里，适值离乱，感时寄意，藉抒幽忧，亦为文人通癖。用其略为选存，附入书内，冀增阅者观感，非敢以此自炫也。

四、著者此次漫游苏联各都市，中亚细亚尤为外人鲜至之地，安集延、塔什干、布哈拉、撒马尔罕，昔皆我国领土，城郭门闾，依稀可辨，弥增消长兴衰之感。因与新疆不无关系，故另编《苏联游记》，附列于后，以飨阅者。

五、著者在迪化、伊犁及内地各图书馆、各书局，搜集关于新疆古今书籍，得有二百余种，依次排列，附于书后，公诸同好。唯其中遗漏尚多，倘承海内贤达，告以阙漏之书，俾得补列，渐臻完备，至所欣幸。

六、著者在新为时甚短，虽碌碌无所表著，然对各方素称融洽。是书之作，乃欲使国人注视边疆，完全对事，毫无对人问题夹杂其间，尚希阅者谅察。

七、本书承翁咏霓先生有所指正，潘季鲁先生代为校阅，附此志谢。

八、本书仓促脱稿，深望阅者不吝指教。

上篇

第一章

天津至迪化途中

余应新疆省政府聘，旋里拜别老母后，于民国二十一年(1932)冬，由天津出发。

新疆居中国极西，余理应向西而行，乃因内地交通梗阻，不得不假道西伯利亚。又因满洲里不便通行，不得不绕至西伯利亚终点之海参崴。复因我国至海参崴无通行轮船，遂又不得不假道日本。于是应遵陆西征者，乃竟浮海东渡，经过日本、苏联，而后到达我国西陲，此种旅行方法恐为他国所无，即此一端，可知西北之危机矣。余搭日本近海邮船会社"南岭丸"，由天津开往神户，筹备多时，始克成行，亲友妻孥走送，临别为之悽然。船于十一月十九日晨八时开，万里长征，敢告从此始！

津中诸好友不及走辞，仅登报辞行。友人用我重阳郊游原韵，赋赠两章，倚装叠韵奉答，聊以见志，练句未工，不暇顾也。

龙沙万里记投荒，俯仰人间镜有霜。厝火偷安伤贾谊，点金乏术愧王阳。戍边异日披荆棘，归梦何年止梓桑。块垒填胸难自遣，起看月色郁苍苍。

此身早许探穷荒，道阻迢迢露作霜。逐队明驼行朔漠，惊寒旅雁断斜阳。桃源未至喧鸡犬，棠阴长依任海桑。别矣无为儿女态，归来试比鬓毛苍。

船中头等搭客仅四人，余独占一舱，甚觉舒适。同行有丁姓存君，东京中国使馆秘书。船行波平浪静，终日在船面，与丁君纵谈甚乐。

二十一日午后，过朝鲜海峡，风景绝佳。船长松岛告：此地为日俄海军大战遗迹。日本海军潜伏山后，俄国波罗的海舰队过此，聚而尽歼。当时海军总司令东乡平八郎训话仅云："帝国兴亡，在此一举。"此君淡泊无求，日本人奉之如神明，日本元老中除西园寺外，当属东乡矣（按：东乡已故）。

船抵门司，水上警察怪余往中国西部新疆，而至日本，且复假道海参崴，盘诘无微不至，复到余舱内检视行李。警察散后，偕同船关谷女士登岸一游。谷女士久居北平，擅英语，穿西装，曾到巴黎，盖完全欧化矣。

船再开，走内海，波平如练，两面皆山，树木繁茂，诚为美观。二十三日晨抵神户，水警再度盘问，谓接门司警署报告，须余至水上警察署一行。驻苏联斋桑领事兼新疆省政府顾问广季高[1]已先期由沪来此，偕驻神户周总领事在码头迎候。余由领事馆林君伴至水警署，经一度盘诘，旋至海关检查行李，为之倾箱倒箧，见一相片侍有持枪护卫，则疑余为军人，不免又费一番唇舌。此行幸余未带任何违禁或应税物品，以及该国所不喜之书籍，故得通行。驱车至大和旅馆，始与新疆省党务特派员宫碧澄、白毓秀（玉山）两君会面，同行又获两伴，吾道不孤矣。

余十年不至神户，今见街市人力车淘汰殆尽，反观吾国洋车塞途，真有望尘莫及之叹。护照送往苏联领事馆签证，纳费美金十一元。二十五日下午搭车赴敦贺，车过大阪、京都、米原等地，约四小时到达，住日本式雄谷旅馆，见厅室内衣包堆积累累，乃由满洲里送归侨民，狼狈

[1] 季高，民国年间新疆锡伯族外交官广禄表字。

不堪，且有妇女在船内分娩者。某侍女商校毕业，体格健美，粗通英语，言及两国此次之不幸，措辞颇为得体。其他亦执礼甚恭，由此可知日本教育之进步，人民程度迈进无疆。

敦贺系海滨一小镇，无大商店，户口约数千人。开海参崴轮船每周一次，余与林君至敦贺港，见"天草丸"即泊在海关前面，船旧而小，且因无货致未启碇，已摇荡不堪。是日适有风，远望白浪掀天，同人咸有戒心。同行有日本驻意大利大使松岛一行三人，英人某由沪返伦敦。船行果甚波动，较在太平洋有过之无不及。余带晕船药，始犹挣扎不用，殆欲用时，已不能开箱觅取，终日在船面稍进水果面包，晕船之苦，唯患者知之耳！

一夕，余鼓勇步入餐厅，桌面均用木隔，防杯盘倾倒，客寥寥如晨星。余勉强进食，未毕觉不支，出而哇之！将至之日，风雪交作，兼以大雾。船迷方向，退行始望见海港，岸上灯光明亮，海参崴已在目前矣！

二十九日晨，船靠码头，海关上船查验，除季高系外交护照，行李概不检查外，余等先将护照检验毕，并登记所带钱币。余带打字机一架，亦于护照内注明，其他行李略为检验，即交国际旅行社，由一女职员招待。同人乘该社汽车先至领事馆，晤刘、田、夏诸领事，谈悉苏联远东政治中心在伯力，海参崴仅设市长及外交特派员，所有事业概归官营，人民原购普通物品，极感困难，即面包亦须工作方能支领。至外人来此游历或假道者，可至对外贸易局购买，概用外国金币，价值颇昂。苏联国家银行定价美金一元约合卢布两元，华币一元只合卢布一角，如私带卢布入境，认为犯罪行为，应受若干年徒刑，故无不引以为戒。又外人在苏联境内勾留，护照内皆有期限，逾期未声明理由，亦系触犯苏联法律。旋回旅馆休息，房屋尚宽敞，每日美金三元。

领馆段君代购由海参崴到新西伯利亚二等车票。车站纷乱形状，与十多年前似无稍异。（民国九年余曾至海参崴，时邵筠农任总领事，今日领馆即邵所建。）二等国际列车与头等相连，无甚区别。松岛一行及英人亦至，相见如遇久识。车徐徐开动，对领馆送行诸君一一道谢。西伯利亚长征，今又开始矣！翌晨盥洗毕，独至餐车，侍者不谙英语，由旅行社随车招待员通译，始得面包红茶，午饭一汤两菜一点心，粗劣无味，面包亦不新鲜。五时，抵伯力，误点三小时，又因换车轴停留三小时。

十二月一日晨，过一长洞。黑龙江铁桥长二千五百米，已于昨夜通过，午饭菜极粗劣，淡而无味，面包似将发霉，桌上除盐与红辣椒外无他物。前闻人告旅行西伯利亚须自备食物，今信之矣。饭后季高谈新疆事甚详。阅斯文·赫定《长征记》，赫定博士在中国西部，有四十余年历史，民国十六年，组织西北科学考察团前往新疆，年已六十三岁。同行瑞典人拉尔生，年亦五十七岁，被称为“蒙古公爵”。博士善于描写，非精于文学莫办，盖非长于文学，不能描写尽致耳。书中推崇杨增新将军备至，认为“中亚细亚全部的一个国度之自主者，在现在地球上无他统治者，比他权力更大些”。五时，到柏卡勒夫，由此换车到海兰泡，我国黑河对岸也。民国十年曾游其地，今忽忽十年矣。翌日昧旦寒气砭骨，薄被不温，起视玻窗，结成厚冰。室温降至五度，外间则零下四十五度，车停时下车一试，寒不可当。晚间，同人在屋内吃神户面包、上海饼干、福建肉松、云南火腿，几不知身在西伯利亚冰天雪地中也。三日下午，抵莫各查车站，吾人已行二千三百八十五公里。

西伯利亚全线之长，为世界冠，孰谓俄专制时代不能从事建设耶？旅行社席君盛赞苏联之进步，全国无失业者。阅《苏联指南》，内载外人在苏境，每日须用十元美金之限制，现已取消，外人可在中央银行存储美金，支付汇兑，均按美金计算。此书记载苏联情形颇为详尽。

四日夜，抵赤塔，车站灯光明亮，建筑宏伟，挂有红布标语，中俄文合璧，中文为“打倒帝国主义，庆祝苏联和中国十月革命纪念”。车已误点四十小时，由此西行系双轨，又换车头，当可增加速率，吾人在车中已历五昼夜，全车头二等九间单房，黄种人竟占十一人之多（中国人四，日本人七）。今日天气和暖，车向西南行。五日午到上乌金斯克。由此有汽车飞机通库伦，近又计划建筑铁路。站上布鲁特蒙古人甚夥，注目相视。当俄国于欧战后，革命之际，华人军队在西伯利亚极有势力，日军亦曾一度占领赤塔，无功而还。

赤塔时计，较海参崴提早一小时，同人饥甚，到饭车坐候。白菜汤乃盐与水外加臭奶油，次系煎大米卷，望之似白鱼，口涎三尺，食之不是，再次为咸鱼，亦难下咽。最后煮苹果，差强人意。厨子能把菜做得如此难吃，实在的可佩服！傍暮过贝加尔湖，为西伯利亚全线最好景致，车沿湖边而行，湖身长六百公里，宽三十至七十公里，深一公里有半，全湖在望，了无边际，水作绿色，波浪拍岸作响，煞是可观。惜天渐荒黑，未能多餐秀色，贝加尔湖为苏武牧羊地，中国谓之北海。

过贝加尔湖

贝克湖光映眼前，烟波浩荡望无边。
匈奴枉虏汉家使，啮雪吞毡十九年。

西伯利亚车中

横穿雪地不知寒，但觉朝朝一饱难。
自是五年新计划，节衣缩食不疲殚。

西伯利亚火车时常误点，旅客能否获见贝加尔湖，殊难预料。余幸得领略湖光。另有四十七洞则于夜间穿过。阅徐炳昶《西游日记》，盖与斯文·赫定同时来新。

六日下午，抵下乌金斯克，自赤塔西行，村落渐多，到处有农场，两旁森林，满是松树。车站有牛乳、面包、肠子、咸黄瓜可买，黑面包一基罗，卢布八元，熟鸡一只，卢布十八元，物价之昂贵，有足惊者。

七日，晚十时半，到达新西伯利亚车站，与同车诸君握手道别，季高往寻站长电交涉署代觅旅馆，余等在站台看守行李，寒风刺骨，嘘气成冰，言语不通，类似丧家之犬，旅行西伯利亚，英语几失去效力，设非与季高同行，今晚必无法寻觅旅馆。有顷季高始返，旋来一汽车，往苏维埃旅馆，住四层楼，两人一房，尚称洁净。

八日早，浴毕，精神一爽。同赴街市买物，店铺悉系公营事业。有戏院一所，上写“列宁精神不死”。街上皆马爬犁，健步如飞。晚搭土西铁路至斜米巴拉金斯克，因行李稍多，在车站足忙两小时，设非四人同行，亦殆矣！车房可以打开，虽系软铺，但无铺盖，仅备一衬单一枕头。余带一俄国毯，颇为同人所羡慕。翌晨，到阿尔泰车站，前属我国版图，新疆阿山即在此地之南。列车无饭车，购鸟肉、腊肠，食十日前干面包充饥。阅王印川著《苏联五年计划奋斗成功史》，多宣传文字。

由新西伯利亚至斜米，长六百五十三公里。夜三时到，领馆派员迎接，赵领事国柄迎于门外。须臾进西餐，有较白面包，系优待领馆。赵告：此间百物欠缺，鸡系自养，菜系自种，否则有钱无处买，他如白糖、纸烟等日常用品，均系托苏联外交署办理，时有青黄不接之虞。

次早，游露天市场，所售多破烂衣服，人民褴褛不堪，内中苏联哈萨克颇多，季高以哈语交谈，则咸认为同乡，尾随不去。季高本伊犁锡伯旗，通满、哈语言。伊犁锡伯、索伦两旗尚有数万，仍用满文满语。

同人整理行装，各将寒衣取出，并另买皮帽、毡靴，以备御寒。遂又搭车至爱古斯，遇大风，狂啸惊人，戈壁滩上寸草不生，满目凄凉，弥增离群索居之感。此路即世所称土西铁路，乃五年计划内完成之成绩。（传该路行通车典礼时，尚余一桥洞，竟于一夜完成。）南至阿拉木图，转西而塔什干，而莫斯科，为循环式之铁路，于军事上有莫大便利。当土西铁路初成之时，国人曾感受压迫，报纸亦极意宣传，今忘之矣！

由斜米至爱古斯，长三百三十六公里。汽车公司已派人在站迎接，谓接斜米领馆电，已备妥一辆载重汽车，送至边界巴克图，并提议即晚首途。时风已止，车站寒暑表零下十一度，尚不甚冷，同人商之于余，余因此间既无旅馆，唯有月下行。议既决，同至食堂进餐，往来哈萨克、维吾尔、蒙古衣服褴褛，面有菜色，目灼灼。同人一面进食，一面注视行李，大有稍纵即逝之慨。哈萨克本习游牧，不知耕种，现牛羊均被充公，求食不得，饿死者不计其数，见有残余面包则争先攘夺。噫！是亦人类之浩劫也！

所雇汽车为捷克国造，皮带则购自美国，外观甚属坚固，闻其有六十余辆，专载新疆物产，如皮毛、棉花等类。司机者以同人衣服单薄为虑，宫、白二君皮袍加身，余与季高亦穿上皮大氅，四人同排倒坐，满盖棉被毛毯，耳鬓厮磨，挤得水泄不通，车中则满载行李。

九时成行，月明如昼，雪光遍野，煞是一种夜奔气象，反观车站，电光照耀，新建筑方兴未艾，在戈壁滩荒凉区域，建设如此迈进，可佩可畏！中夜忽又起风，司机到哈萨克民房取暖进食，逾久始出，天气酷寒，面部仅露两颊，风吹如刀割，两足僵冻如冰，车声辚辚，寒风刁刁，不能成寐，同人犹复笑声互作，聊自解嘲而已。车时行时止，幸修复尚易。

余渐入睡乡，忽梦饮酒过量，两颊发烧，心跳不已，醒亦不见有异，长夜漫漫，不须问行路，已恨晨光之熹微矣！系以小诗：

长夜闲关戈壁滩，车中坐卧两难安。
寒风扑面如刀割，曙色熹微仔细看。
塞外风雪会可乘，苍穹为盖月为灯。
磨肩促膝同衾卧，一夕寒光冷欲凝。

黎明车开入店栈，司机告在此打尖，全程已走三分之二。店内停有汽车数辆，满载货物。尖毕，又行，中途苏联驻兵欲验护照，季高严词拒绝，彼亦语塞。

午后到巴克图，土称“苇塘子”。由爱古斯至巴克图，长三百一十公里。驻地有苏联海关及边防军二百余名，照例经过检验护照。此一昼夜路程，赢得风霜满面，为旅行以来最辛苦者，较民国十年冬，余夫妇与亡友孙公衡由黑河至齐齐哈尔，殆有过焉。季高谓余鼻及两颊均冻成青紫，嘱先用手揉擦，始悟昨晚之梦，非无因也。

海关长特派汽车伴送至国界卡，相距不过数里，新建筑亦颇壮观。有顷，师县长派爬犁来接，由卡至城四十里，约行两小时，进塔城西门，住钟棣华宅。师县长暨行政公署同人均在此守候欢迎，少顷，前塔城都统李绶卿亦至，李善欢饮，余强进数杯，幸未至醉。主人为备铁床四架，房内温度适宜，一睡达旦，疲乏尽失。

计由天津出发，行二十四日，经日本、苏联两国，始复重履国土，观感为之一新。

塔城为汉康居地，清乾隆名其地为“塔尔巴哈台”，设参赞大臣，民国改参赞为道尹，今称行政长，兼副都统衔，治理蒙哈事务。塔城县于清光绪十八年(1892)设治，有满汉二城，县署在汉城，行政长公署在满城。初到，分往各处拜客，市集所见，民族庞杂，如汉、回、维吾尔、哈萨克、蒙古、锡伯、索伦、塔塔尔等，不一而足，彼此服装言语各不相同，牛、羊、马、骆驼塞满街市，五花八门，光怪陆离，极饶兴趣，为余抵塔城所感最深之印象。

至早点，主人则饷以马乳、马肠。马乳带酸，多饮能醉。马肠系以三四岁之驹肉，切细和以五味，纳于肠内，下用羊板粪烤熏而成。食时煮熟切片，味如普通腊肠，此种哈萨克食法，尚为生平第一遭。所谓羊板粪者，即羊粪在圈内积压而成，为塔城唯一绝好燃料，一炉每日须添羊板粪一次，而保持温度如故，亦一奇也。同人赴外沐浴，用蒸汽令人出汗，另用铜盆洗身，虽不甚习惯，却喜其洁净。

新疆币制为票银，全省通用，杨增新时代仅发行壹两省票，载明“凭票取足红钱四百文”。近两年来，始复加发叁两、伍两两种，而当日硬货如红钱、铜圆、银圆、天罡、普尔（二者皆回部旧币）皆已不见，所赖流通市面，全靠省票，壹两以下有二钱五分票，合红钱一百文，又有油布票，合红钱四十文，系用油布做成，约三寸见方，上载汉维两文，盖用财政厅印，视见甚为奇特，亦可见我国币制之紊乱矣。又有一种喀票，通行南疆，发行之初，信用卓著，印刷精美，亦称老龙票，维民多宝而藏之，甚至票银高于现银，因便于携带之故。维、哈、蒙各族以及俄国在新贸易，皆以省票为单位，年来省票跌落，须十两兑换大洋一元，商家争用省票购买苏联货物，虽昂亦不暇恤，是亦新省之隐忧也。

余等来塔城后，行政长公署首先设宴欢迎，黎海如都统（行政长兼副都统，粤籍，保定军官毕业）于民国六年投效新疆，近驻扎哈密，未及见，由科长陈宝训偕黎之两弟殷勤招待。又承省银行宋子珩经理，塔城县师洪九县长，公安局苏局长，维族各巴依（即富商之称）等，及居停钟棣华君之宴，或系燕菜鱼翅整桌酒席，自下马点心吃起，动需三四小时。或系维族抓饭，客至先饷以马乳，抓饭内有马肉葡萄干，吃时助用手抓故名。并有塔塔尔人奏乐助兴，间有“猥郎”（即跳舞之称）为戏，边地闻此丝竹声，为之心旷神怡，凡此皆深印余脑海中，历久不忘者也。

连日落雪纷纷，天气酷寒，室内温暖，只可衣袷，而出外则嘘气成冰，寒暑表降至零下三十五度。余偕宫、白、钟三君坐爬犁外游，一为领略塞外风味。塔城白日市集拥挤不堪，灯后店门紧闭，街市寂无行人，若在内地，正轻歌曼舞时也。

此行因季高由南京领来边防督办关防，金主席通令沿途文武官员招待迎送，并由省城派来汽车迎接，同人叨光不浅。塔城维族巴依阿喜斯、饶札洪、哈三等分别来拜，余等亦在答拜，伊等皆来自喀什，经商致富，耐勤苦，无烟、酒、赌博嗜好，平地起家，殆非偶然。

住宅多有大院，客室与私宅分开，内眷向不见人，出则以白布蒙面。客至饷以马乳或茶点，如不待饮告辞，主人为之不欢。据告，对苏联贸易，极感困难，出口土货均由彼方定价，与进口洋货互迁，内地交通阻梗，舍苏联外，几无问津者。驻塔苏新贸易公司规模宏远，全为吸收新省土产，他日延长土西铁路，敷设铁轨至新疆边界，尤为意中事耳。复至某维族院内观泉源，据说蒙古人首先来此，饮水忘却木碗，遣人来取，遂知此处有泉，来者渐众，成贸易重镇。至今俄、蒙、维、哈，统称塔城为“屈固卡克”，盖蒙古语“木碗”之译音也。又旧称塔尔巴哈台，乃附近山名，亦蒙古语。乾隆年间，调奉天、开原、义州一带之锡伯旗驻防伊犁，挈眷同行，三年始达，此外满兵尚有索伦、察哈尔、厄鲁特亦被征召驻防。迨清朝不振，中俄划界交涉屡次失败，举凡帕米尔高原、斜米巴拉金斯克以及斋桑一带，皆委弃于俄，而本地之蒙古、哈萨克，亦遂归顺俄国，消长循环，亦有定数耶？

塔城县年收粮六百石，人民除完粮外，有草头税（即牲畜税值百抽一），商货纳一次统税，此外烟酒税、印花税为数甚微，举凡内地之屠宰、管业、牌照各杂税，新省皆无之。凡欲领荒只纳部照费，地即归其耕种。哈萨克人民只知游牧，不事耕种，住蒙古包，冬夏易居，有冬窝、夏窝之称。家事多委之于主妇。其风俗儿童五六岁时，即教以骑马控纵之术，每年养马，童幼与赛者各选良马，闻角声起，纵辔疾驰。群向数十里外之目的地，夺取新宰之羊，夺得先归者受赏，恒聚集数十人，死于马蹄之下者亦无怨。

塔城东北喀图山产金矿，旧有十厂，曾聚集数万人从事开挖，嗣经回乱，矿工星散，洞内积水甚深，曾与俄商合办，置有机碾，旋亦辍工，委弃机器颇多，厂舍亦遂颓废。又塔城巴尔鲁克山前曾租与俄国，十年为期，及期俄不交还，时伊犁将军、塔城参赞皆畏缩不敢交涉，诿诸伊塔兵备道英林，卒于光绪二十一年（1895）交涉收回，俄领宝德林自知失败，情急自戕。余盖闻诸李绶卿都统，亦边疆外交上之一史料也。

余等于十二月十二日抵塔，因候省城汽车，住了九日之久。十九日晨，师县长来告，省派汽车已到，正令作车篷，并遵省电派官一、兵四护送，因此同人行李需随后雇大车运省。余重整行装，取出狐皮袍、皮大氅，备途中御寒之用。

二十一日早，到各处辞行，街市悬旗欢迎，十一时，由钟宅出发，出东门，军队、警察、男女学生排队相送。车为美国造，载重吨半，师县长同行，同人坐于车内，篷低气闷欲呕。九十里，官店，七十里，额敏县，全城悬旗欢迎，县长刘光汉迎于郊外，住师县长宅。屋舍宽敞，堪称广厦，客厅内并有大钢琴一架，尤觉珍贵。

额敏于民国八年设治，牲畜逐年增加，地方日见繁盛，席间有津商二人，颇称富足。刘县长告：明日过老风口，远望如有风，则行人为之裹足，官家特筑有土屋若干间，以备行人临时躲避，杨故将军增新灵柩运至老风口时，曾遇大风雪云。

同人早告休息，屋内烧羊板粪，温度太高，辗转未能成寐。

次早，刘县长设宴招待。九时出发，余提议将车篷拆去，宁受风吹，不受气闷，卒获多数通过。四十里，二道桥子，九十里，老风口，果见道旁土屋，散布约里许之遥，专备行人临时遇风躲避。山巅祀有风神庙，同人登临参观，上悬一牌匾“福佑岩疆”，为光绪御笔。今日幸无风，安稳过去，此则不得不谢风神之特加优待也。纪晓岚《阅微草堂笔记》载有新疆风灾一则，录之以为老风口写照：

> 唐太宗《三藏圣教序》，称风灾鬼难之域，似即今辟展吐鲁番地。其地沙碛中独行之人，往往闻呼姓名，一应则随去不复返。又有风穴在南山，其大如井，风不时从中出，每出则数十里外先闻波涛声，迟一二刻风乃至。所横径之路，阔不过三四里，可急行而避，避不及，则众车以巨绳连缀为一，尚鼓动颠簸，如大江浪涌之舟。或一车独遇，则人马辎重，皆轻若片叶，飘然莫知所往矣。风皆自南而北，越数日则自北而南，如呼吸之往返也。余在乌鲁木齐，接辟展移文，云军校雷霆，于某日人马皆被风吹过岭北，有无踪迹。又昌吉通判报，某日午刻有一人自天而下，乃特纳格尔遣犯徐吉，为风吹至。俄特纳格尔县丞报徐吉是日逃，计其时刻，自巳至正午，已飞腾二百余里，此在彼不为怪，在他处则异闻矣。徐吉云，被吹时如醉如梦，

身旋转如车轮，目不能开，耳如万鼓乱鸣，口鼻如有物拥蔽，气不得出，努力良久，始能一呼吸耳。

九十里，坨里，打尖，吃维族包子。复行，山路崎岖，两旁皆花岗岩。七十里，野马图，又七十里，套头岭，哈萨克某千户长出迎，请住在伊处，谓褚民谊一行过此亦宿在吾家，似以接到内地贵客为荣者，因尚需赶站，当即婉谢。续行多戈壁，遍地沙砾，树木不生。又七十里，庙儿沟，时已昏黑不辨，遂宿焉，计行三百三十里。戈壁满目荒凉，并无茅店，一老排长年近花甲，带残兵十余名守卡，行人往来咸宿于此。载货车夫临时将屋腾出，屋内土炕一，墙上挂一油碗灯，光小如豆，一火炉烧羊板粪，此外别无长物，其卑陋蔑以复加。少顷，炕上铺一毛毡，放一炕桌，盖为官客特别而设。问老排长奚食，答即磨刀宰羊，私疑未免过于破费。再询究食何饭，仍以羊对。盖除活羊与咸盐外，他无一物，饭亦是羊，菜亦是羊，换言之，盐煮羊肉当饭吃而已。无何羊肉汤、羊肉俱至，不备筷子，只有用手抓吃，鲜美无匹，幸带有糇粮，聊足充饥，食毕和衣而卧。玉山觅得两板凳，独寐其上。庙儿沟设有军用电话，可与省城及塔城通电。

过老风口

老风口外祀风神，土屋遥连便路人。
怪事人从天上落，飞腾旋转似车轮。

宿庙儿沟

烹羊当饭粪当薪，土炕萤灯一夜亲。
妙想天开白夫子，欲圆好梦别栖身。

客谈无名氏《七笔勾》一首，描写西北风光，谑而且虐。中有：“客到忙留，奶子熬茶敬一瓯。面饼葱汤醋，锅盔蒜盐韭。牛蹄与羊头，连毛吞入口。风卷残云，食尽方丢手，因此上把山珍海味一笔勾。未雨绸缪，窑洞低洼尽土修。夏日难晒透，阴雨偏肯漏。土块砌墙头，灯油壁上流。马粪牛溲，腌臜且腥臭，因此上把雕梁画栋一笔勾。”可为戈壁滩上之庙儿沟写照。

二十三日，未晓出发，披星戴月走戈壁，天气酷寒，手足僵冷如冰，风吹脸上尤不可耐。六十里，石拉杂，九十里，汉三台，九十里，小草户，七十里，车排子，九十里，头台，六十里，乌苏县（又称西湖），计六站，共四百六十里。时已逾午，饥寒交迫，县长马文光借某维商家招待，同人下车，手足如失知觉，脸冻作青紫色，又为旅行中之最辛苦者。须臾进抓饭，马县长、贾营长作陪。

据告西湖东九十里，山上有石油矿，并有石蜡，前有德人及瑞典人来调查，并有俄人带来小机器炼成汽油。又附近有温泉，亦产沙金。晚餐后大吃甜瓜，味极甘美。维族习惯，饭后吃甜瓜，虽严冬亦如是。饭后，护送之安排长谈杨增新逸事甚详，同人各取铺盖睡于地毯上，维族屋内不设床榻。

二十四日，早六时行，七十里，奎屯，九十里，安集海（沙湾县境，产石油及沙金），九十里，乌拉乌苏，九十里，绥来县（亦称玛纳斯），过玛纳斯河大桥，民国十九年（1930）建立，行人称便。抵县城已二时一刻，县长吴兴世暨祁、李两营长率领军警奏乐候迎，并邀往巨商史家休息，旋赴县署午餐。绥来县年收粮六千余石，地方颇为繁要。

三时三刻成行，七十里，骆驼驿，九十里，呼图壁县，住县署，县长广钧招待。今日计六站，共五百里，明日尚有两站，即抵迪化（今乌鲁木齐）城矣。

二十五日，早九时半行，沿途无汽车房，每早须用火烤，方能开车。九十里，昌吉县，又九十里，抵迪化，车抵飞机场时，仅离省城四十里，军队先用电话报告，此四十里路甚平坦，将至省城，两山头各立一塔，遥遥相对，形势甚属险要。到西门外，军乐队大作，同人下车，迪化县长姜继，公安局局长李彦明等首先欢迎，余与姜系旧识，相见甚欢，边防督办关防用彩亭迎入省政府，军乐队暨军警马队前导，同人乘车，尾随其后，观者为之塞途。

过同乐公园，迪化行政长李溶、高等法院院长屠文沛等在此迎候，到省政府鸣炮三响，余与碧澄、玉山初次谒见金主席，稍谈，辞退出。姜县长约在县署便饭，并访鲁绳伯秘书长于其私宅。该悉欧亚航空公司飞机于吾人行后，曾飞抵迪化两次，将来欧洲人乘机来华，必须先至迪化，意义之重大可知。

省政府准备省党部（省议会旧址）为同人下榻之所，由塔城至迪化一千六百六十里，向分十八站，大车动需兼旬，汽车只四日有半。计余由津出发，行三十六日，始抵古之三十六国。理想多年之迪化，今兹历历在吾眼前矣！

第二章

迪化见闻录

余抵迪化后，首决问题即赴院前（即省政府前）挹清池沐浴，内设有雅座木盆，为天津人所开。次则晋谒金主席，及到各机关拜会，财政厅长朱瑞墀凤楼（皖），民政厅长李启悟仙（粤），建设厅长阎毓善庆皆（陇），教育厅长刘文龙铭三（湘），交涉署长陈继善源清（陇），迪化行政长李溶镜泉（新），高等法院院长屠文沛椿庭（浙），督办公署秘书长桂芬芳生（辽），省政府秘书长鲁效祖绳伯（陇），暨省政府陶明樾菊缘（浙）、涂贡球芝荪（赣）、邓聚奎汇霖（湘）三科长。各厅道（此亦本地称呼）各科长以及军政商界中人，亦纷纷答拜访晤。省党部开欢迎会，由鲁秘书长代表主席致欢迎词，余亦忝在欢迎之列。

席间阎厅长最健谈，能诗，民国六年，简新省实业厅，“七七政变”（即杨增新督军被刺之日），身中四枪，幸免于难，腿臂两弹，直至中法考察团来新，由郝、褚（民谊）两医生用手术代为取出。李厅长历任县缺，年近六旬，乡音未改。朱厅长为金主席儿女亲家，善诙谐，年逾古稀。刘厅长最为杨将军器重，在新服官逾四十载。李行政长本省巴里坤优贡，前省议会议长。其余陶、涂、邓三科长，同于民国四年考取知事，分发来新。嗣后各厅道科长轮流请宴，酒席按兰州规矩，照例下马点心、翅、鱼、鸭三大件，甜点心两道，中以阿尔泰额尔齐斯河鲟鳇鱼为特产，菜过长颇以为苦。朱厅长在其厅内新盖洋式花厅设宴，菜则西餐，酒则香槟、白兰地，烟则三炮台，应有尽有，几忘身在塞外矣。

迪化城十一里有奇，系并汉满两城重行展筑，有城门七，东西南北门外，有新东门、新南门、新西门，商务精华在南大街，津帮操商业牛耳。初多系随左、刘军营来新，俗称“赶西大营”。街市无人力车，只有骡车、马车，汽车则唯公家有之。西门外有同乐公园一处。一切规模气象，颇似内地之外县，文化落后，自无待言。余来此却甚习惯，然在党部饮食起居，实甚不便。姑为描写一二，堪发一噱。每早须候城外驮水进城，方能洗脸泡茶。厨子为二把刀，唱二花脸出身。每顿菜如刻板，饭则米秕不分，四人共用一把羹匙若干日，仆役其笨如牛，早起生炉，数次不着，屋冷如冰，茶壶凝成厚块。卫队终日吞云吐雾，其任务则于每星期一各厅道及职员等来党部作纪念周时，一为悬旗结彩，而所作之纪念周，照例三鞠躬，听司仪读遗嘱，并静默三分钟而已，向无报告演讲之事。(余因寄居未参加)盖来作纪念周者，月有薪俸，穷苦职员，视之如同差事也。

迪化汉人中，以陇省为最多，秦、晋、湘、楚次之，仕宦中以陇、湘为最盛，湘人有在此种稻为生者，津帮上自富贾，下至园丁，皆来自杨柳青，闽、粤人最少。闽籍同乡，仅邮政局林道宣、黄植两君，于民国十九年来新，瓜代有期矣。民国以来，政界中闽籍仅三二人而已。自林文忠公谪戍伊犁以来，吾乡来新者，寥寥可数。

余来新后以无报看为最感痛苦，此间有一《天山日报》，日出一张，亦有专电，但不载月日，察其事实，皆两三月以前事，盖成历史，而非新闻矣。偶在邮务长处借到英文报，断续不全，且亦是明日黄花，一到此地，便成荒岛野人。民国二十一年除夕，余在历史有名之乌鲁木齐守岁，回首中原，内忧外患，祸至无日，耳不闻，目不见，省却一般烦恼。昔闻某当国要人，大声疾呼“到乡村去”，但长安道上，不会少却一人，而乡村间，亦不见贵人踪迹，边塞荒凉，更无论矣。

民国二十二年一月一日，省政府庆祝新年，外宾到者有苏联总领事孜拉肯等七人，并克气格邮务长，克为丹麦人，操流利英语，孜亦粗通英语，可与交谈。省政府特备盛大之冷食茶点，桌上有全羊、鱼、鸭以及带尾山鸡，陈列之丰美，在内地亦不多见，主宾致答如礼。苏领谓：中苏两国已于十二月十二日恢复邦交，遇有问题，可直接解决，新省如信任苏联，举凡军事、交通、财政、实业，皆可有办法。又告无线电满洲里消息，苏炳文军队已退入苏境。茶点毕，偕陈源清署长分赴苏联领馆及克邮务长公馆庆祝，克夫人挪威籍，操英语，善招待。

同人行李于七日由塔城运到，据云途中雪厚与车轮平，遇老风口时，车作斜行，司机人手皆冻裂。行李甫卸，省政府来人谓应卸汽车局受检查，向例如是，吾人亦不能例外。果也，公安局奉主席手谕来党部检查同人行李，省令森严如此！连日气候寒暑表零下二十度左右，有时落雪如鳞次，天寒之故也。余感觉西服薄不胜寒，两腿时作酸痛，恐成寒腿之疾，卒将皮袍棉裤上身，不敢与老天宣战矣。

阎庆皆厅长将其文集诗草交阅。渠任实业厅十七年，余笑谓杨为国内最久之督军，君为国内最久之实业厅长。阎有《建设新疆计划书》八条：（1）建设汽车路，酌派兵队，逐段修筑；（2）建设实业学校，分农、工、商、矿四科；（3）建设各项工厂，分火柴、洋蜡、毛织、制糖、造线各厂；（4）建设农矿机关，调查各属渠道矿产；（5）建设苗圃，各县已植树六十万株；（6）建设葡、棉、毛、革土产公司，收买土产，转售洋行；（7）建设各矿厂，开办塔城、阿尔泰、于阗、且末金矿，拜城铜矿，孚远铁矿；（8）开采乌苏石油，曾用土法采取，俄油因而落价。又致金主席函，有“宋贤有云，凡事言于未然，每觉其过，及其已然，则已无及，言之何益，宁使有未然之言，不可有不及之悔”。真药石之言也。

一日，阎招宴，谈“七七政变”，极为详尽，归而濡笔记之，以为他日新疆史料之助。

民国六年，阎在北京国务院任职，外简阿克苏道尹，辞不往。内长张国淦以告黎总统，黎稍加思索，谓有樊耀南者，曾在新省服官，可以使往，因在命令纸上，亲书“樊耀南”三字。段合肥内阁深为不怿，经张疏通，樊之命令始下。后张调农商，复简阎为新疆实业厅长。樊抵迪化，杨增新督军拒而不见，樊则朝朝请谒，如是月余，始在省城另委一事。樊曾留学日本，有相当才具学识，渐为杨所器重，身兼交涉署迪化道军务厅长数差。樊居恒抑郁不乐，屡次乞归内地，杨督皆未之许，实则无时不暗予监视，当对人言：“我养一只虎。”阎屡向杨警告，不如令樊归去，免将来两败俱伤。杨应之曰："任凭孙行者如何善变，不能出我手掌之外。"言外若有得色。

民国十七年，国民政府北伐成功，杨亦遂更换旗帜，成立省政府，所拟委员名单，樊不在内，具委员制其名，而独裁如故，换汤不换药，樊深表不满，且觉自危，遂谋发难。密与其党羽在交涉署后花园会商，待机而动。会俄文法政学校行毕业礼，樊以时间至矣，密遣其死党教务主任张纯熙布置一切，执某释犯而问之曰："能行大事乎？"曰："能。"遂密招党羽十余人，均学生装束，内藏手枪，预备起事。是日为十七年七月七日，杨将军以下全城文武官吏，以及苏联领事，均被邀约，杜旅长、阎厅长辞谢，三请而后往。杨对毕业生训话毕，遂行摄影。杜旅长见左右前后杂人甚多，问教务主任曰："是何人也？"则以学生对。时金树仁任民政厅长，早退回厅，批阅公事。酒席三桌，设于议堂内，由汉文老教员陪杨将军、杜旅长、阎厅长、李议长等，樊则另在一桌陪苏联领事夫妇，杨之卫队另行一室，亦备有饭菜，樊借口天热，坚请暂解武装，众从之。杨将军因须往陆军学校，催速上菜，而菜迟迟不上，阎因怕热已退席，随仆以将军未退为辞，遂又入席。菜凡两上，杨正与人拇战，俄张纯熙持酒瓶至，向桌上一放，砰然有声，众皆诧异，以为将军在，何敢如此。樊急问张曰："酒都预备好否？"对曰："预备好了。"樊于是举杯向苏领对碰，作为暗号，飞弹遂如穿珠而至，首中杨要害，杨怒目厉声曰："干么！"一身连中七弹，倒地时，尚瞥阎一眼，盖已追悔莫及矣。杨之副官，闻声赶至，扶杨起，亦中一枪立毙，杨倒卧其身上，同席诸人，夺门而出，苏联领事及其夫人，临时匿于厕所，杜旅长当席击毙。阎中臂倒地，佯死卧杨左侧，见樊临出时，尚对杨胸口補以两弹，气遂绝。阎恐人窥见，翻身向内，又被一枪中腿，盖不敢动。有顷人散，始起而外奔，则见一人解杨裤带，觅三堂内重要钥匙，又一人解杜旅长身佩武装，均不暇顾及其他。

阎由便门出，忽一人追至，以枪相向，阎告我臂腿受伤，已成废人，杀我何为，此人去矣而又复返，阎谓果尔我有冤孽，我命难逃，请即开枪，此人卒弃阎而去。阎往学生宿舍暂避，校内枪声尚断续不止，须臾杜旅长部下赶至，声称学生革命，请扫平法校，经阎解释始止。樊自法校率党羽十余人，径至督署，一卫兵拒入，立毙之。直入三堂，欲传金厅长来府，手颤不能书，令左右代笔。时张培元任军务科长，劝金勿往，急调军队将督署包围。樊自入督署三堂，人数无多，自知大势已去，始犹开枪抵抗，迨至弹竭，遂一一就擒，自发难至被逮，不过四小时耳。

审讯时，樊自云系嫌疑犯，望诸君多积阴德，后其同党招出如何伙谋，樊则默无一语。同党张纯熙、吕葆如十余人均死，樊被兵士缚至马后疾驰，死状甚惨。阎身中四枪，外传与杨督、杜旅长同时毙命，迨阎扶归，左右邻舍皆为惊喜叹息。因省城无外科西医，臂腿各留一弹，迄未取出，直至民国二十年中法考察团褚民谊一行来新时，始由郝医生用手术取出，褚做助手，当时考察团人员有谓，此来毫无所得，唯仅为阎厅长取出两弹耳！

阎又谓杨将军居常语人，六十三岁有厄，被难前数日，坐卧不安，若有预兆。七月三日，命广季高赴北京接其长女，限往返四十日，旋于五日电令勿往，七日，遂及于难。阎于肇事前一夕，犬吠不止，起视无他异，而犬吠如故，是日阎本辞谢而催请三至，坐客皆劝往，阎犹豫占课不吉，卒徇客之请，几罹于难，同时杨之随从副官、团长亦有死者。说者谓，杨曾于酒席中杀人，而己身亦在席间被刺，冥冥中果报昭昭，吁！亦可畏已。

杨增新将军逸事甚多，迪化人士茶余酒后，津津乐道，而当筵所杀李寅、夏鼎一事，最为骇人听闻，特为记之。

杨为滇省人，省中重要军职皆其同乡。时袁世凯帝制自为，云南蔡锷、唐继尧起义，有马某者来自云南，以乡谊游说杨氏响应。杨素崇拜袁氏，且对中央政府素抱“只拜庙宇不问何神”主义，弗为所动。部下素惮杨氏威严，虽倾向起义，有所密谋，实无不利杨氏之意。一日杨之已

杨增新像

革副官谢某忽来告密，杨面叱造谣生事，意图离间，立命左右绑出枪毙于大堂外。召在职诸滇人而慰之曰："有用谗言离间者，我已置之于法矣。尔等其各安心治事，勿信谣言。"众皆唯唯，不疑有他。实则杨氏信谢某之言，疑与己身不利，早定先发制人之计，复虞其部下察觉，故用善言以抚慰之也。阴历正月十四日，杨氏藉元宵节为名，遍约在职各滇人宴会，座中主客为教育部派来视察员，财政厅潘厅长亦邀约在座，事先杨召其亲信卫兵密授机宜。是日客至入席，杨坐主位，酒数巡，杨忽离席，须臾复入，随一卫兵，背手刀持，杨至夏鼎背后，手指其头，操云南口音曰："杀夏鼎。"卫兵应声挥刃，夏首已落，血溅他人衣，众皆股栗失色。杨曰："不干大家事，请照样喝酒。"遂归作陪饮。须臾杨复外出，引卫兵入，至李寅后，手指之曰："杀李寅。"刀起，李负伤抱头而奔，卫兵持刀追逐，至二堂东夹道，李倒地，遂斩之。夏鼎者，督署副官长，李寅者，炮兵营营长，皆为杨所深信者也。席间众人惊心落魄。潘厅长年事已高，几为晕倒。杨对众宣布夏、李罪状，仍坐原位，健饭如常。此事张宾于都统为余言之独详。张亦滇人，时任督署军务科长，为是日座中之一人。事发，渠与警察厅长二人，自请检举。杨为另置一室，数日无事，始出。来新之马某捕获伏诛，其余滇人多给资遣送回籍。从此不用滇人，滇人亦无再至者。张称：杨将军事后颇为追悔，每年是日，即拒见宾客，独坐不欢云。

朱凤楼厅长谈，新疆全省税收省票一千二百余万两，田赋关统税一切在内，按目前省票价格仅值一百二十余万元耳！岁收之少，为各省所无。桂芳生秘书长谈吐风雅，家中藏书颇富，塞外得此文人，真如凤毛麟角，故不觉过从之密也。承借阅关于新疆著作十数种，备供浏览。

外交署秘书王著诚，民国七年俄文专修馆毕业，分发阿尔泰，据谈由省赴阿尔泰，可通汽车（中途稍有沙窝），在小拐地方北三四站有石油泉。再，库车县亦产石油，相传前有当地人凿井，见有油质上涌，来势凶猛，恐田野湮没，亟行堵塞云。

黄埔军校毕业陈中（皖）、王履中（晋）来访，陈谈前由中央派往苏联留学，中东路发生战事时，中国学生横加逮捕，渠逃至新疆喀什，事后返苏被捕，充往某处做工。旋又逃至斜米，藉护送留德学生机会，始得在塔城领得护照，事后复返南京。去年二月，由军政部分发来新，至绥远约王君同来，行经草地，半载始达。

迪化有福音堂一所，设在城内，为英国内地会[1]。一日余往访胡牧师、马牧师及其同来诸人，除一美国人外，余皆英籍。胡牧师于光绪年间来此，创办福音堂，居迪垣四十余载，几经沧桑之变。去年赴沪就医，近偕其同人坐福特汽车，自绥远来新。据谈，路上稍加修整，可缩短至十日路程，应修桥梁，约有三座。迪化除福音堂外，尚有天主堂，设在南关，成立较早，德国奚伯黼神父来新亦逾十载矣。

卸任疏勒县长潘季鲁谈，英人斯坦因去岁受美国哈佛大学资助，重来新疆考古，掘得古物甚多，如在和阗掘得印度最古文字及中国古代木简，极有历史关系。曾将所绘地图及考古书籍，分赠省府，嗣因内地教育界反对，遂勒令出境，古物一概扣留。按：斯坦因来新四次，瑞典考古学家斯文·赫定来新六次，二人年事俱高，而孜孜不息，可谓无独有偶。

李镜泉行政长招宴，席间谈及杨督军处理古城子兵变，用调虎离山计，不数日即解决。又中亚细亚白俄总司令阿连阔夫退入新省时，大局岌岌可危，杨卒将其军队拆散分遣内地，计诱阿来省，交县看守，故派一副官有烟瘾者为伴，阿方在盛年，被拘抑郁无聊，遂亦染阿芙蓉癖。厥后送至陇省，由某当道交与苏联云。又去年哈密之乱，蒙古王多盟长响应，启视子弹箱，而所装子弹不合其枪之用，始知为杨督军所贻，遂致伏法。盖杨逆知多盟长必变，而予以不适用之子弹也。

陈源清署长谈，南路县缺以西四缺（疏附、莎车、叶城、和阗）为最优，前清时代钱粮只完公耗、私耗两种，县知事每年收入甚丰，民国以来，杨督军因协饷无着，极力整顿所有陋规，涓滴归公，县缺分上、中、下三种，然西四缺仍较他缺为优，有宁舍道尹、厅长之尊，而俯就县长者。

阿山金课委员韩植生谈，由省赴阿，冬令可坐汽车。去年金课委员二人，稽查员四人，均由主席派委，阿山行政长亦派员助理，所收金课，由委员称好封固，骑缝盖章，交行政长保存。收齐后，由行政长对众启封，每五十两一包，会同盖章，由委员带省销差。去年，东西各沟矿工三千余人，每人每月收金课四分，按六个月计算，共收金沙六百

[1] 内地会，指基督教在乌鲁木齐的传教机构。

余两。矿工恐被官家抓去，顿形减少，唯产额尚好，每人每月可获金二钱左右云。

邓汇霖科长谓：新疆大缺为和（和阗）、于（于阗）、莎（莎车）、叶（叶城），二疏（疏附、疏勒），皆在南疆，物产丰富，气候温和。又距伊宁不远之特克斯川，水草森林之美，为世果冠，两年前，美前总统罗斯福两公子曾游其地云。

新委孚远县刘瑞西谈，哈密山中叛者，已告肃清，魁目投诚反复，不止一次。

新省哈密西瓜、甜瓜及库车梨、吐鲁番葡萄、叶城石榴，均特别出产。故谚有："吐鲁番葡萄哈密瓜，库车阿依拉一枝花。"阿依拉者，维吾尔族女人之称也。

初至迪化，仰望苍天似较内地为低，夜间星月尤为清朗。白昼天上飞鸽成群，都能在空中翻筋斗，极有姿势，系养鸽中有具此特别技能者，然则飞机之在翔空翻身，亦效飞禽之本能矣。又，此间瘴气颇重，人易患喘，一至内地，病即若失，余偶登一小坡，亦觉气喘。

鲁绳伯秘书长因军书旁午，留宿省府，久未得见。一日星期，余往访于其宅，谈及哈密变乱，虽告敉平，然隐忧犹在，亟宜训练新兵，购求精械，先练一旅，扩充成师，然后可以捍卫地方，否则误会随时可以发生，众寡悬殊，难言之矣。并建议，遴选维吾尔族素孚众望者，到吐鲁番抚慰，抱定宽大为怀，胁从罔治。绳伯深然吾说，并告主席对余条陈，深为嘉纳，加以密圈，亲批：决不惜小费而弃大利，并令将条陈登诸报端云。

绳伯被任塔城行政长，以便招待来新之东北军，季高、季鲁、洪九诸人，同坐汽车出发，余有赠别诗二首：

立春送绳伯之官塔城

雪暗一山星月低，穹庐做客赖相携。
何当塞上烟尘里，我甫西征君又西。
兵气未销客思深，潢池赤子最关心。
春来莫逐青溪水，不信桃源尚可寻。

接第一号鲁瓖函喜极，查系十一月二十七日由天津发，计五十日始在，省政府检查员检讫重封。

寄　内

入望天山证古今，西来原为觅知音。
迢迢一纸五旬达，信犹家书抵万金。
断续蝇头体势工，丁宁心事渺无穷。
河梁别后蓬山远，一点灵犀尺素通。

阅袁大化《抚新纪程》，内载："新疆宝藏之富，为中国最，若不筹办路政，厚集资本，为开采矿产计，强邻环伺，稍涉迟回，吾恐矿权落于他人之手矣。"袁曾任黑龙江漠河金矿总办，故对于矿产记载特详。又载："奇台东南自平顶山起，西至古城，遍山皆松树，将来铁路枕木，用之不尽。"又："芨草茂密，可织席，编草帽。"按：芨芨草生沙滩，茎长数尺，即《汉书》所谓"息鸡草"。又载："天山北麓，一山突起，土名红山，罗列如儿曹，产煤亘数百里。孚远西五十里水西沟产铁。葱岭产烟煤，光亮如漆，质轻火烈，土人谓之生炭。奇台北四站，出土煤，质松色暗，火弱而无烟，仅供炊爨火炉之用，谓之烂炭。"又："阜康黄山北麓迤南出烟煤，井深七八丈，质轻火旺，谓之生炭，厚约八尺，宽不知其际，铁路开通，其利无穷也。"又："新疆开省三十余年，生聚未谋，教化未兴，地利未辟，军政未修，岁入不敷岁出，赖协饷接济，天下有变，将何以继其后耶？"惜其到任未久，即值革命而去职，否则此公对于路矿，必能积极提倡。

游定湘王行宫，牌匾甚多，香火极盛。新省到处皆有定湘王庙，乃左、刘平定叛乱时代，部曲皆湘籍，奉祀定湘王，所至有功，遂愈加信仰。又游左文襄祠，内有一联甚佳："提挈自东西，帕首靴刀，十年戎马书生老。指挥定中外，塞云边月，万里寒鸦相国祠。"又游刘公祠，内供刘襄勤相片一张，旁悬翁常熟[1]赠句："齐名曾左无前绩，开府疏勒第一人。"刘实足以当之。

---

[1] 翁常熟，指清末名人翁同龢。

阅广东邓缵先著《叶迪纪程》，是书对于南疆记载颇详，且多歌咏，悱恻缠绵，录其《七似》一首，可为远游客子写照：

羁旅他乡，道途仆仆，有七似焉。

初出门时，割慈忍爱，离乡去里，歧路沾巾，叮咛致语，似离众之雁。

信宿时，眷念家室，强颜壮游，谓营升斗，稍慰孙谋，似衔泥之燕。

迨夫骨肉远，俦侣亲，谈旅况，话风尘，彼呼此应，又似水宿之鸥。

无何，一赴绝国，千里荒烟，托芦中而乏食，过沸井而无泉，载饥载渴，路路绵绵，又似病鹤瘦影自怜。

尔其雪暗邮亭，霜封旅店，寒风起兮萧萧，白日匿兮黯黯，裘敝不温，灯昏无焰，又似寒雀栖迟冷槛。

或乃予羽翛翛，予音哓哓，频年憔悴，水远山遥，不量力，不惮劳，斯时又似精卫。

至若君在龙堆，妾在越台，望子山兮成蹊，望夫石兮生苔，春晖秋月，光阴往来，游子行行，一去不回，斯时又似黄鹤。

阅《西域水道记》，道光年大兴徐松撰，详载新疆河流，东注罗布淖尔而伏，再出为黄河。《汉书》称为蒲昌海，又名盐泽，东西二百余里，冬夏不盈不缩，叶尔羌、喀什噶尔等处六十余河，皆汇于此。其人不食五谷，以鱼为粮，织野麻为衣，取雁毳为裘，藉水禽翼为卧具，言语与诸回不通，淖尔水伏流东南千五百余里，涌出于噶达素齐老地方，水作黄色，是为黄河之源。（参阅第十四章《新疆山脉水道考》）此书甚为繁重，乃徐星伯太史谪戍伊犁时所撰，十载始成，惜无详细地图，以醒眉目。又《新疆赋》亦徐星伯所撰，内分《南路赋》《北路赋》，多歌功颂德之辞。乾隆年间平准噶尔回部，拓地伊犁、喀什噶尔、叶尔羌一带二万余里，实有值得歌颂者。较诸今日之丧师失地，诚不胜今昔之慨矣！

阅《西陲要略》，嘉庆年间寿阳祁韵士撰，详《汉书·西域传》所载南道、北道，皆在天山以南，彼时天山以北，尚为匈奴之地。今之所谓南路北路，则合天山南北而中分之。至南北两路山脉，始于葱岭，天山即祁连山，山阳吐鲁番、哈密，山阴巴里坤，统呼雪山。水则分流异趣，南路水皆东流，汇于罗布淖尔，伏流地中，即古蒲昌海也。北路水多西流，额尔齐斯河多东流，玛纳斯诸河多北流，罗布淖尔在吐鲁番城东南五百余里，周围数百里，为西域东南一大薮泽。普受西域诸水及雪山冰山消融之水，渟而不流，潜行地中，东南至噶达素齐老，出而为黄河，经星宿海，即青海南岸，东流至西宁一千余里，古所谓河出昆仑墟，特由罗布淖尔伏流地中，至噶达素齐老始见，是为黄河之源。

又，祁著《西域释地》，载天下山脉，起于昆仑，山脉所起，即水源所出，古所谓昆仑与今葱岭相近。大抵新疆境内诸山，东以天山为主，西以葱岭为宗，先是北路地为准噶尔所据，南路地为回部所据，准噶尔乱，康熙三十五年（1696）亲临朔漠，大破之。雍正十年（1732）又进讨，大败之。乾隆十九年（1754）又出师，直抵伊犁，北部诸城相率出降，南北肃清。

伊犁，汉乌孙国，唐西突厥，明称瓦剌，乾隆二十年改今名，取《唐书》伊丽水而名之。塔城，即塔尔巴哈台，准噶尔北境。迪化即乌鲁木齐，汉车师后王庭地，元为回鹘五城。喀什即喀什噶尔，汉疏勒国。又载，土尔扈特旧为四卫拉特之一，徙居俄罗斯，乾隆三十六年率全部来归。哈萨克，即古康居国，向为准噶尔所阻，未通声教，乾隆二十二年入贡。布鲁特东西二部，与外番安集延（即古大宛）浩罕诸部接壤，无城郭，当即《汉书》所谓休循、捐毒二国，乾隆二十三年来归。西陲荒服，自左右哈萨克、东西布鲁特而外，若安集延、若塔什干、若布哈拉诸部，于古皆为大荒以西，自新疆戡定以来，无不向化归诚，虔奉职贡。

阅陶保廉《辛卯侍行记》，陶为新疆巡抚陶模之子，随宦入新，是书考据精详，允称杰作。谢彬《新疆游记》，采用《辛卯侍行记》材料颇多。民国以来，游新记载亦有多种，以《新疆游记》较为完备。谢于民国五年遍游南北疆，历时十有五月。

阅《汉西域图考》，同治年番禺李光廷所著，西域地形，了如指掌，且附有地图及世界全图，洵系呕心之作。

又阅和瑛《三州辑略》，内多诗文之选，沙克都林札布大臣《南疆勘界日记》，徐崇立《西域舆地三种汇刻》，李国柱《游藏纪程》，陈毅《阿尔泰归并新疆条陈》，以及《中俄国界述要》《中俄界务汇编》等书，并均择要摘抄，以备参考。

余津门留别诗，阎庆皆、宋怀西、桂芳生、邓汇霖、刘绍香诸君，皆有和章，一日忽接自署“不知何许人”和诗两首，诗律工整，字体挺秀，玩其语意，似有不胜潦倒之感，边塞竟多诗人，吾道不孤矣。察其所用图章，系“五斗折腰”四字，有知之者告曰，此乃鄂省诸生陶幼青，平生落落寡合，年逾六旬，一生潦倒。文章憎命，为之一叹。叠韵奉答：

客有自署不知何许人者和诗两首　再叠前韵奉答兼酬阎宋桂邓诸子

自是君家三径荒，独留佳色傲清霜。
静观万物饶春意，远倩疏林挂夕阳。
思向众生询疾苦，终知本富属耕桑。
蹉跎塞上诗人老，吟鬓看来各已苍。

有感复次前韵

瞿瞿自视矢无荒，浪迹天涯逐雪霜。
水阔游鱼犹纵壑，沙寒旅雁总随阳。
悬壶未信多仙药，置橐漫劳比翳桑。
隐约笳声增客感，玉堂清冷暮山苍。

陶幼青来访，面貌清癯，谈次抑郁牢骚，自云光绪二十五年(1899)来此，宦海沉沦，亦足悲已！此君前后步余津门留别原韵五首，余爱其“文章增价熔新旧，盐铁输财薄孔桑”及“史汉陈篇矜苜蓿，河山两戒固苞桑”句。阎庆皆嘱将酬和诗登《天山日报》，名为《西征唱和集》。

阎谈前办塔城喀图山金厂之施某(见《新疆图志》)，被人告发私匿金沙，搜索不获，羁押绥来县三年。施本书生，不谙矿学，巡抚饶应祺因系同乡，委为总办，厥后恢复自由，移居省城，一贫如洗，不数年抑郁而死，其眷属则典鬻度日，恐将流落塞外矣。

阅《林文忠公政书》，左文襄在闽时为之序，余爱其奏稿中，有“鸦片以土易银，真可谓之谋财害命”语。文忠谪戍伊犁，曾亲往南八城勘察，有“南八城如一律照苏松兴修水利，广种稻田，美利不减东南”语。

吐鲁番地燥多沙，产棉最盛，文忠初至其地，教民制纱车，学织布，民号曰“林公车”。又教民开坎井，资灌溉，民号曰“林公井”。君子居之，何陋之有，不期然乎。文忠真吾乡之伟大人物哉！

阅《新疆图志》全书一百十六卷，宣统三年(1911)成，袁大化中丞总裁，王树枏方伯总纂。王学曾、杨增新、李晋年、刘文龙诸君均与其役，历三载而书始成。内分建置、国界、天章、藩部、职官、实业、赋税、食货、祀典、学校、民政、礼俗、军制、物候、交涉、山脉、土壤、水道、沟渠、道路、古迹、金石、艺文、奏议、名宦、武功、忠节、人物、兵事二十九门。洋洋大观，为关于新疆最完备之书。唯记载截至前清光绪为止，民国以来，统志馆方在编辑，尚未成书。

阅《补过斋文牍》，为杨增新氏撰编。内多民国十余年来重要文牍，分门别类，有条不紊，可为《新疆图志》之补助。

阅《戡定新疆记》，为魏光焘方伯所著。内分武功、粮饷、归地、置省、善后五篇。光绪己亥(1899)出版。记载同光之乱较详。

财政厅更换新票。于是无数目字之上半段，往往被人撕去，市面流通之烂票，直破字纸之不如，虽为新省币制之笑谈，然亦足征政府之维持信用也。

统志馆馆长张毅斋招宴，询以《统志》何日告成，答称旧存书籍，散失殆尽，又无专任编辑之责，何时得以脱稿，正复

哈密维吾尔族人居住地

难言。同席飞机师李笑天，新由吐鲁番驾机返省，谈前方事甚详，对方发有通电，汉、维文字兼用，俨有政治思想。李籍隶沈阳，“九一八”后始来新省，思想知识，迥不犹人，但口快心直，似非君子居危邦之道也。

飞机师王子固邀宴，客谈民国六年新疆地震，历十数分钟。民国八年夏曾下雹，大者如瓜，小者如蛋，房屋塌陷，田园荒废，牲畜死者无算。

包尔汉谈，伊在欧洲时，见苏联第二个“五年计划”，对于开发中亚细亚甚为积极，新省或将受其影响。包汉语甚为流畅，前奉派护送学生赴德留学，不久仍须返德。

常膺详谈，同治年回教变乱中，有马元章者，家本巨富，被阿訇煽惑（阿訇，即回教中之掌教者，亦称阿浑），起而作乱，据城自称皇帝。左、刘军队将迪化各县相继克后，独绥来不下，围困六个月之久，城始攻破，马元章伏诛。当时汉人徐学功最为出力，渠于幼时，尚得及见，与人谈同光回乱，滔滔不绝。马元章之妻，今犹健在，现任乌苏县长马文光，即马元章之子云。

苗沛然谈，初，吐鲁番二阿訇，富有资财，为教民所信仰，久则渐萌异志，秣马厉兵，已非一日，其子密告县长，县长为金钱所惑，曲为袒护，反谓此子素有神经病，省当局遂亦不复疑。该阿訇恐事漏泄，于民国十九年（1930）间，密派党羽往说马仲英部下驻守新边之连长马石明，币重言甘，谓全省唾手可得。马为所惑，私带部下数十名随同来使向新省进发，中途屡有骚扰，在马仲英防地被解决者四十余人，仅剩二十七人至吐鲁番，串引旅长马福铭，而难遂作。

第
三
章

四面楚歌中之迪化

民国二十年(1931)春,马仲英谋攻哈密不利,向安西、敦煌、玉门三县撤退后,新省已呈安定之局,只余山中叛者,尚未肃清。余以新省有世外桃源之称,故毅然应聘前来。不料到达数日,即闻鄯善发生变故,熊旅长处置失当,吐鲁番亦告不稳,人心颇为浮动。入晚断绝行人,城外居民有移至城内者。街市贴有迪化县告示:“禁止谣言,违者枪毙。”又贴有安民告示,禁止人民无故迁移。商会组织商团,发给商家符号,免被征调,购买食物,极感困难。有谓已调伊犁张师长者,有谓已电中央请兵者。飞机到吐鲁番侦察,悉回城被占,闻盛总指挥已到鄯善,省城又加派陈总指挥、西副指挥率队前往,陈带蒙古骑兵新由镇西反省,西为焉耆蒙古王。

一月二十九日,城门忽关闭,仅留东门,商团均荷枪守城,如临大敌,店面一律关闭,顿呈凄凉景象。南关维族以及汉人、白俄无不极形恐慌,行人纷纷逃避,如大难将至。盖皆恐惧发生民族仇杀情事,白俄又惧维族或有复仇之举,各畏其所畏,风声鹤唳,要皆关城一举,有以致之耳。

闻南山来有敌人,强迫少壮入伙,逃避者牲畜均被抢去。入晚朱凤楼厅长送来密函，告吐鲁番贼匪被官军攻散，一股窜扰距城四十里之芨芨槽，已派马队生剿云云。

三十日，访刘铭三厅长，渠对时局，亦深忧虑，主张由中央派大员宣慰，或即由党务特派员前往宣慰，免生民族恶感，唯本人不敢作此建议，并引古语“信而后谏，未信，则以为谤己也”。此老亦满腹牢骚矣。

桂芳生秘书长告，芨芨槽本有一团，敌乘我不备，突然进攻，致有此失。闻盛总指挥来电，吐鲁番回城已克服，驻吐马旅长态度不明。福音堂胡牧师对民族之争，亦深忧虑，噫！仇杀之风，已见端矣。

前方消息，吐鲁番事变，汉人均获保全。首领马石明自称第三十六师前敌剿匪总司令，马统领福明则为城防司令，共同出示，禁止仇杀，并将违者枪决，以示炯戒。自盛总指挥克服吐城，马等携带机关枪、大炮、汽车等仓皇南窜，恐南疆随之骚动，则成燎原之势矣。未几日果闻焉耆被围，阿克苏徐行政长告急，当局增拨陈总指挥军队，并派伊犁驻军协剿，并委喀什马行政长为后防司令，南疆从此多事矣！又哈萨克营长巴彦，被某乡约控告拘押，其部下哈萨克被缴械，哈萨克某王之弟率哈兵十余名，逃回阿山，恐阿山亦将不靖。

二月十九日，《天山日报》载：盛总指挥七日告捷电内，有搜获克虏伯炮弹十箱，飞机炸弹五箱，各种子弹万余粒，来源何自，颇堪注意。

二十一日，黎明，张仆进室生炉，系每早例事，今乃将余唤醒，谓外间枪声大作，余亟起。众登屋顶瞭望，红山嘴、玉皇庙失火（距城五里），远望山上有人马移动。九时，大炮忽响，声

马仲英像

如巨雷，终日步枪、机关枪、钢炮不绝，震动屋瓦。敌人于昨夜至西大桥，即与官军接触，城门关闭，居民恐慌已极，城内归白寿芝指挥。军队仅七百余人，新到归化军（即白俄归化中国者）三百余人，亦发枪参加。入晚枪声渐息，特嘱卫兵轮流守夜，有急即告，处此危局，恐慌固不可，大意亦不可，唯有处以镇静，生死置之度外。

夜间十时枪声忽又大作，明日如何，尚不得知，只有登炕拥被大睡而已！翌晨，仍在红山嘴作战，炮声隆隆，震人耳鼓，晨间连发三四十炮。午后城门上亦发炮，玻窗为之震动，余别无长策，手抄《新疆图志》，维持镇静。无何，机关枪继之而起，敌竟逼近公园，以今日发炮之多，何以对方尚能猛攻，岂无的放矢耶？闻某要人欲暂移水磨沟，特向定湘王庙求签，签曰："在家好，在乡亦好，在劫总难逃。"遂决定不迁。今日余抄书，手不停挥，同时枪炮之声，亦不绝于耳。

二十三日晨，敌占据民房应战，白指挥命烧民房，须臾火起，西大桥一带为小教街（新省呼汉族人为大教，回族人为小教）。长有里许，悉成灰烬。敌见火起，始行逃遁，商团、民团冲锋痛击，红山嘴军队截其后路。初敌先占红山嘴，原驻军队悉被解决，军械遂落敌手，其他要塞，如一炮成功、无线电台、蜘蛛山、妖魔山，均一度被敌占领，旋复夺回。官方战亡副官二人、团副一人、归化军大队长一员，兵士死伤百余名，商团阵亡五人，民团阵亡十余人。迪化县狱内羁押囚犯数十名，均提出枪决。是役也，西大桥回汉死于炮火之下者，男女老幼达二千余人，余两日抄书写万余字，是余每写四字时间，即有一人丧命，哀哉！

翌晨，省政府自科长以下，陆续来党部聚齐，预备分班上城察看，纷纷议论，言人人殊。有谓乾德县长（距省城八十里）昨日携印逃归者。有谓焉耆、库车亦发生事故者。宋怀西谈，新疆全省户口三百余万，汉人仅有三四十万，回民多来自甘肃河州，秉性强悍，男子作战，即妇孺亦摇旗呐喊，其势殊不可当，前途茫茫，只看天意如何耳。陶幼青和余诗有"愿共苍生祝上苍"句，殆成诗谶矣。福音堂胡、马两牧师话，唯有祷告上帝，赐予当局智慧，迅速解决，不堪再有蔓延。朱凤楼厅长谈，盛总指挥率兵赶到，遇敌在六道湾集合，准备再攻省垣，盛不及进城，即与敌周旋，省城盼盛归来，实如大旱之望云霓也。

今日省府停止办公，自科长以下发给符号及手提刀一柄，轮流上城守望，若辈文弱书生，又何能为，徒使敌方觑破城内空虚耳！纪之以诗：

即　事

动地胡来鼓角悲，弄兵赤子逼潢池。
苦言在口真思发，心事盈怀只自知。
伏莽滔滔犹遍野，诸公衮衮尽登陴。
武陵枉作仙源想，终古杨朱泣路歧。

连日城门关闭，久已不知肉味，即蔬菜亦极欠缺，米尽则改食面片，用豆豉萝卜伴食，大有在陈之厄！自盛、陈两总指挥率队赶到，省城危险期似已过去，然夜间敌尚有奋勇爬城者，均被击毙，可谓愍不畏死矣。此次敌来自吐鲁番六百余人，爬城梯子运至半途，被归化军堵截夺毁，击毙敌方马司令副官一人，敌退古牧地（距省城东四十里），地势冲要，尤为回民麇集之处。距省城六十里三道坝地方逃回湘人声称，存大米数万石，悉被焚毁，事先未派军队保护，良深慨叹。

省党部雷君由乌苏返省，据称昌吉、呼图壁一带回民众多，均有不稳形势，官兵在飞机场与敌方交战，毙敌百余人，群向昌吉逃窜，城遂被围。又官方消息，焉耆城陷，牛行政长、马县长、詹旅长殉难，南疆恐亦骚动，已成燎原之势，省城城门不开，粮食燃料，均有不可终日之势，瞻念前途，不寒而栗。

白寿芝指挥谈，二十一黎明，内贼攻红山嘴时，该处驻有一连军队五十八人，于睡梦中完全被人解决，枪弹尽失。故由焉耆潜来，约计千余人，有枪者不过五六百，马匹俱全，余则手提刀矛，随从附和。敌从三面进攻，一股攻一炮成功，未遂。一股攻小教场，占无线电台，气势汹汹。斯时我方集合军队约五百人（内有归化军三百余人），分两路进剿，与敌交战数小时，卒将红山嘴、无线电台克复。城上发炮，亦奏功效。敌遂集中西大桥，藏匿民房、纱厂、公园等处，向外施放，我方奋勇直前，颇有伤亡。后因西大桥火起，敌自知不支，遂向南山逃遁等语。询以西大桥汉人生命如何，答有被杀害，但多数仍得脱险。渠因军队中仍不免有仇杀情事，特出示告诫。此君胆量过人，余规以谦退审慎，御下以宽。

三月一日，城门又紧，城外难民概不许入，守城者锁在城上，概不许下。拂晓微闻枪声，据报距城十余里七道湾又有战事，敌由乾德县窜来，啸聚千余人。我方仅派特务队一连，众寡悬殊，致被包围，经盛总指挥派队往援，围始解。入夜枪声忽又大作，且夹杂机关枪，翌晨询悉蒙古队四五人酒醉在西大桥乱行放枪，红山嘴驻军以为匪至，遂亦开枪，深夜中空放两小时。

三日，除南北门关闭外，东西北各门已开，民众纷纷出城购买食物，余偕碧澄、玉山赴浴。因煤炭缺乏，室温不足，水亦不热，伙计五人均被征调，客至则两人共浴一盆，真千古未有之奇谈也！城内煤荒日甚，有人条陈：掘取刘锦棠时所埋煤炭，盖刘任新疆巡抚时，深知回汉必再失和，而有围城之举，特埋藏煤炭，以备后人之用。至城内食粮，尤形恐慌，贫苦居户有三家共分一死狗者，若不救济，将有饿殍矣。

八日，城门又闭，因距城十余里发现敌踪，人心又见紧张。某君语极愤慨，谓处于四面楚歌之中，无粮无炭无水，行将坐以待毙，家藏有手枪，愿举家以殉，为一人尽忠云云。盖阜城因无援兵，开城投降。达坂城因陈总指挥调回，复行放弃，存粮数千石，拱手送人。吐鲁番存有大炮数尊，又未及带回。盛总指挥如带队应援，则省城空虚，围解返省，则必得而复失。总之，新省军队既久废弛，复不敷分布，但盼东北军早日到省耳。省政府布告，已奉南京政府电准，派精兵一万五千人，带同大炮、坦克车、飞机多件，由俄道来新，盖即东北苏炳文、李杜、王德林各部之救国军、自卫军欤？

十日，落雪纷纷，党部煤炭断绝，卫兵将天篷杆劈成细柴，用以取暖。南路县长五人返省，行抵焉耆附近，四人被害，其一因宦囊无多，得庆生还。军事计划，放弃镇西、哈密、吐鲁番、鄯善，军队及无线电台均行撤回，内地电报，从此不通矣。

十五日，阜康围解，昌吉被围。日来心绪恶劣，浩然有归志。城内荷花池遗弃一死尸，据说系省府卫队营处决之兵士。夜间城外附近又有敌踪，官军开炮轰击。

十七日，吐鲁番军队全数撤回，商民挈眷前来者，无虑数千人。哈密、鄯善军队集中古城，克邮务长谈，渠曾向主席条陈，由欧亚航空公司哈密无线电台拍电，速派飞机携带医药前来，已奉准拍发，今将军队撤退，恐飞机亦不及来矣。今日发生水荒，每年三四月间，城内井水无不干涸，专赖城外驮水进城，居民方有饮料。

二十一日，为关城一月纪念。绥来祁营长亦变，县城几失，邮局被焚。祁为回教，富有资财，不知何计可安反侧。昌吉围解，击毙敌人无算，应付危局，似未可纯赖武力也。近来邮政检查员检出可疑信件颇多，有以定购布匹颜色，隐指城内所用符号者。有以空信封寄出，暗示城内空虚者。有以母鸡不下蛋，隐告飞机不掷炸弹者。城内发现在屋顶拔烟筒，及由烟筒内掷火药之事，曾在满城捕获一人，搜出火药。连日冰雪融消，寸步难行，南大街水流如河，数年前大街上可以淹死骆驼，盖陷入漩涡，无法自拔，即此可以形容迪化城矣。克邮务长夫人生辰，饷以抓饭，并开跳舞会，尽欢而散，几忘其身在四面楚歌中也。距省数十里仓房沟尚有战事，军队开始抓人，令商会征募三千人，居民匿不敢出，军队可越墙而入，强挟丁壮而去，噫！民不堪命矣！

二十七日，东北救国军第一批来五百余人，由郑润成旅长率领。二十八日，晨炮声又响，东北门重闭，敌人在妖魔山发现（距城七八里），遍插白旗，苏联领馆及贸易公司职员纷纷返国。二十九日，炮声隆隆，震动屋瓦。炮系敌方所放，城内落弹三枚，一落三角地（离党部不远），一落两仪巷，一落北大街天山医院屋顶。敌方获有克虏伯炮两尊，俨成交战团体，衮衮诸公，犹于炮火之下，在党部纪念黄花岗烈士，可谓好整以暇矣。入晚枪声又紧，似敌有进攻之势。郑润成旅长谈：苏炳文部来新者二千六百余人，至李杜、王德林、李海清各部已到塔城者，不下七八千人，该军退入苏境在复交之前，苏联颇加优待。

四月一日晨，有枪声，敌据仓房沟，有枪七百余支，大炮两门，机关枪三架，深夜枪声愈密，天明始止，无的放矢耶？敌人进攻耶？四日午后城上开七生的五巨炮，声震屋瓦。余登屋顶瞭望，见妖魔山插有白旗，并有马队往来，因敌在山顶架炮向城内轰击，一弹落城根，故亦开炮还击，危险性有增无减，而城内居民却较前镇静，殆亦司空见惯欤！

六日，盛总指挥由三道坝率队返省，汉人多半随来。此次盛部与敌战争极烈，冲入敌之战壕，击毙及虏俘无算，妇孺亦有跳河自尽者，盛悉令救捞，交乾德县安置。当局因回教过年，南关一带防范极严，盛部调回，亦系此意。昨开军事会议，东北郑旅长邀约列席。

八日，南门始开，计关闭四十六日，南大街店铺，一律开市。九日，盛晋庸总指挥带队出发，盛来新两载，所向克捷。十一日，东北救国军一部分发给枪支，驻水磨沟、古牧地、三道坝等处，农民均已归耕，差强人意。丁兹西北多难，天外飞来如许东北军队，似非人力所能为也。刘铭三厅长来谈，今日省政府开会，主席追述西大桥之役，省防空虚，幸得化险为夷，大有痛定思痛之慨。

第四章

新疆慈善会

余到达新疆省城，行装甫即，即闻鄯善之变，吐鲁番、托克逊、焉耆继之，阜康、乾德、昌吉、呼图壁、绥来各县又继之。无何省城发生西大桥之役，死亡枕藉，城门紧闭，商店歇业，人心惶惶，如大难之将至。

余即处四面楚歌中之迪化城，感觉社会救济事业，无人提倡，闲与碧澄、玉山计议，目前最急之事，莫过于掩埋尸体，收容难民，救护伤兵，均有组织红十字会或慈善会之必要，应由地方团体联合举办。遂偕同往访刘铭三、阎庆皆两厅长，桂芳生秘书长，均表赞同，并愿捐款提倡。刘、桂二君亲来催促进行，当拟就《慈善会简章》十二条，分访各厅道，具道来意，并出示简章，均认为必要，嘱即积极进行，款项不成问题。旋复细加研究，到此危急时期，轻财好施者，必有其人。但城门关闭，城内已闹民食恐慌，若再收容难民，将何以供其乏困，似应商明当局，由省政府捐款，拨粮救济。遂推碧澄、玉山往谒主席，由金处长（主席介弟，统称"金五大人"）接见，允筹拨粮食。刘铭三厅长告，省政府开会时，渠提议筹办慈善会事，主席已表赞同，因送来省票一千两，作慈善会开办费，并告古牧地逃来汉回难民二百余人，已暂为安置，此项难民，即归慈善会救济。此老热心公益，可敬可佩。克邮务长、胡牧师均允参加发起，慈

马仲英第一次进入新疆时，战火摧残后的建筑

善会遂即开始工作。碧澄、玉山约同公安局人员，同赴东门外察看收容难民地点。朱凤楼厅长函嘱先急其所急，早日掩埋尸体，并捐银五千两。商会会长董光锌、副会长贺德元闻讯亲来，愿参加发起，埋尸一节，更表同情。

三月四日，余偕玉山并公安局田科长随从警察两名，策马出东门，搬运残物者，络绎于途。过西大桥，前者屋宇栉比，今则一片焦土，男女尸体横陈，牲畜随处倒毙，凄凉景气，不亚古战场。行至街头，凭吊良久，方始返辔。途遇黄、沙两委员，乃奉命收埋死尸者，连日已将尸体运至红山嘴旁，经导往察看，见阳坡上男女老幼伏尸累累，日光高照，已有难闻臭味。有数人在此认尸，并有棺木数具，闻系阵亡官佐。据告运来者，约以千计，尚有若干待运。天气日暖，后患何堪设想，亟应掩埋，免生时疫。旋登红山嘴顶，地势险要，玉皇庙大殿焚毁，墙壁尽是枪眼，能于数小时内夺回要塞，归化军之力也。山后遗尸十数，身首异处，想系擒获就地正法者。下山寻获一大坑，决明日雇人开始掩埋。归途在北门外，见难民无虑数百，内分四川帮、湖南帮、山西帮，在此颠沛流离之际，军队尚往强拉丁壮，且有任意掠夺情事。噫！民不堪命矣！

五日，通告各机关成立慈善会筹备处，发起者十二人，各厅道均为赞成人，政界中自动捐助者，颇形踊跃。今日，玉山雇工偕同公安局人员到红山嘴埋尸。

六日，刘铭三厅长来谈，今晨省府开会，渠主张兵食、民食并重，省城向无存粮，应速往伊犁采办。

七日，碧澄偕王纯一、李少侠调查难民状况。

八日晨，埋尸人员甫出发，城门又闭。刘铭三厅长，李镜泉行政长同来，刘捐票银五千两，李捐三千两，刘告已商同迪化县，暂拨慈善会大米三石，可即具领。沙委员告，已检死尸一千零八口，尸亲领去者，尚不在内。

九日，商会先捐票银三千两，李悟仙厅长先捐一千两，并粮食愿捐足五千两之数。会员王君亲往距城十余里六道湾购得麦子三十五石。

十日，偕玉山、纯一、海东策马出东门，察看设立粥厂地点，以农事试验场为适宜。陈源清署长捐银五千两。刘铭三厅长偕前阿山都统张宾于来谈，提议请南关回族或维族巴依代买食粮。张捐银三千两。

十一日，克邮务长函邮局全体加入慈善会，并各有捐款。玉山、纯一到东关、北关散放黄豆，一时救急，受者一百八十七人。粥厂定十三日举办。乾德魏县长来见，声称县署被焚，人民杀害数百，并送来难民册计六百余名。本会会员增至百余人，商界尤形踊跃，拟即开成立会。

十二日，王纯一借到磨盘两处，代为磨面。慈善会函公安局请捕杀西大桥一带无主野犬。

十三日，粥厂开办，就食者妇孺为多，省政府复函慈善会准予备案，并捐助票银五万两。

十四日，偕纯一、海东策马至试验场，第一粥厂难民就食者二百余人，维族居多。复到南关察看。

十五日，朱凤楼厅长偕马鸿祥、蓝彦寿二君来访，付银一万两，买粮施放南关回民、维族，马、蓝均本省回民，曾在学校毕业。刘铭三厅长，桂芳生秘书长来谈，刘家属捐银五千两，桂捐银二千两。

十六日，谒见金主席，为新年后第一次报谒，在三堂内北跨院机要股接见，面貌虽稍清癯，态度却甚从容。承告军事不久即可结束，财政、交通、实业须同时并进。旋谈慈善会事，主席赞成加入回维公正绅商为会员。今日开慈善会筹备会，发会员通知书二百余份。

十九日，慈善会假省党部开会，会场系旧省议会，布置大体就绪，可容二百余人。大门悬“新疆慈善会”牌，系阎庆皆厅长所书，高飘红十字旗，另有一番气象。会员到者一百四十余人，赞成人亦相继莅至，余被推为临时主席，报告开会宗旨，略谓：

新省民族庞杂，虽有宗教之不同，但真理则有一无二，我们今日应时代之需要，成立新疆慈善会，聚地方长官、商界领袖、回维巨商，以及牧师、神父、邮局同人于一堂，愿恪守真理，同在中华民国旗帜之下，无种族宗教之派别，和衷共济，办理慈善事业，以弥补人民之缺憾。至本会听人自由乐捐，筹备仅及两旬，各界捐助已有十余万两。且愿来会服务者，如此踊跃，可知善与人同。吾人试解释慈善二字，兹心为慈，可见人心无不慈的。善字像人面，合眉、眼、鼻、口而成，可见人性无不善的。如行善，则面貌端正，字像维肖，否则字像模糊，失去本来面目。孙中山先生遗嘱为“唤起民众，共同奋斗”，我们慈善会口号，则为“唤起民众，共同为善”云云。

旋由宫碧澄报告会计收支概略。周海东报告调查难民状况。白毓秀报告掩埋尸体经过。王著诚报告设立粥厂情形。并通过简章，当场举出委员十八人。继由主席代表李悟仙厅长演说，摄影散会。众谓此为新省破天荒举动，且有女委员十余人到会，尤为向来所未有，此无他，善与人同而已。

官水磨刘委员来称，今日在左公祠卖面，人民拥挤不堪，妇孺有挤毙者，拟请由慈善会办理，每日由厂供给白面一千五百斤，当即允诺。包尔汉介绍，南关维族巨商为慈善会会员，共捐到票银二万余两。城外指挥部斩决奸细十六人，亦由本会代理掩埋。

二十三日，慈善会开委员会，公推克气格邮务长为委员长，余及蓝彦寿（回族）为副委员长，胡进洁（福音堂牧师）、奚伯肃（天主堂神父）、宫碧澄、白毓秀（党务特派员）、胡赛音、吐尔逊巴巴（维吾尔族）、马鸿祥（回族）、贺德元（商会副会长）为委员。余兼任总务，宫任会计，白任外勤，贺任宣传，奚任医院，克兼任卫生，蓝、马、胡、吐担任组织南关分会。议决敦聘刘铭三、朱凤楼、李悟仙三厅长，陈源清署长为本会理事，并筹设城内粥厂及医院事宜。

偕玉山、纯一应奚神父之约，参观陆军医院，伤兵二百余名，分四部分，归奚（德）、巴（英）、贝（俄）、马（中）四医生治疗，药品极形缺乏，院内陷于无人管理状态。

连日筹办城内第二粥厂，设在两湖会馆，就食者日有三百余人。代官水磨售面，设在左公祠。刘铭三厅长来询售面办法，告以按照户口清册，来者给予发面手折，注明全家人口，每人以半斤为限，每次发给三日食粮，在慈善会交款，在左公祠领面，庶免拥挤，渠认为妥善。发面之日，果不拥挤，街巷谈论，皆慈善会发面之事。城内居民多半缺食，每日领面达数百人，慈善会此举为不虚矣。据告省城户口约有二十万，每日需粮五百石，即烟土一项，每日亦需六千两。至第三粥厂，设在南关陕西寺，每日就食者五百余人。第四粥厂设在南寺，每日就食者七百余人，维族妇女居多。南关某商号经理来函赞成本会工作，自动捐票银一万两，又一商号自动捐助二千两。本会苗沛然委员偕同南关办事处人员，雇车驼随同兵站，往四乡购粮。

四月九日，慈善会全体委员暨本会理事参观城外第一、三、四粥厂，余偕克邮务长策马出南门，先参观陕西寺第三粥厂，就食者四百余人，跪坐成行，妇孺另在一处。该寺系陕西回族清真寺，建筑壮丽，院落宽敞，且有大锅数座，每座煮米麦一石，煮熟之粥，系掺杂麦皮、小米、黄豆、扁豆四种，香甜适口。复至捎门外吐浑店（维族称鸡蛋为“吐浑”）第一粥厂，就食者五百余人。又到洋行街骆驼厂第四粥厂，亦四百余人。三厂大多数为维族，次则回族，汉人为数不多。众人食毕，同声道谢上天。有一维族妇女临行向余致谢。各厂皆摄影纪念。

马鸿祥委员来告，南关会员为七道湾逃难回族妇女捐助馕（类似锅饼）二万，请大会分散。公推玉山偕同马君前往散放，并调查孤儿。归告七道湾难民有五百余，皆系老弱，青年妇女多被掳去，妓楼中竟敢勾结民团，荷枪强买难民幼女，南关竟有贩卖人口，某参谋收留姑嫂五人，欲一网打尽，噫！此非人间地狱而何！刘铭三厅长来告，有人愿将小米八十石，由昌吉运来，捐助本会代为散放。

四月十二日，省城政变，激战一昼夜，双方兵士阵亡三百五十余人，均由慈善会会同沙、黄两委员掩埋。奚神父、巴大夫因陆军医院无人管理,相继辞谢,旋准督办公署公函,陆军医院暂归本会接管,由会敦请苗沛然、周海东二委员接办,遇事秉承本会办理。白委员毓秀遇难,公推王著诚递补。又议决筹备基金,及掩埋四邻尸体。经本会先后派人到长山子、梧桐窝一带掩埋死尸,妇女居十之六七,且有烧死者。

五月十三日,刘主席、盛督办到陆军医院慰问伤兵,余及克、蓝二君均陪往参观。十五日,福音堂两英教士来告,巴大夫、马牧师均染伤寒症,医院事请陈明盛督办电调古城金大夫返省。巴、马二君,皆代慈善会致力医院,积劳成疾,余代表刘、盛二公慰问,仅获见巴大夫,马病沉重未及见。

二十四日,马牧师逝世。马系英籍,在迪近二十载,与巴大夫同在医院操作,竟同染重伤寒症,卒至不起。二十七日,巴大夫逝世。三日之内,福音堂死去两个医生,何迪化人民之不幸耶?两次余皆送葬,由胡牧师请《圣经》唱诗祈祷。前后三日,二人竟在此长眠,人事真不可测!马先得病三日,亦先死三日,二人自得病及死,日期相同,可畏哉肠窒扶斯!

慈善会移至北梁大街,存款经众议决购买粮食,堆存陕西会馆。迪化县奉命捐助本会大米一百石,存沙委员处。胡牧师辞委员职,公推周海东递补。

外间发现时疫,患病者日多,慈善会附设施诊处,西医由天主堂奚神父诊治,中医由王纯一、杨绮楼诊治,医药概由本会供给,因病来诊获愈者,颇不乏人,多有病愈后特来叩谢者。嗣因军队兵士来诊者日多,遂告停止。慈善会将各界捐助现存省票购买沙金二十余两,存周委员处。

第五章

“四一二”政变

四月十二日下午二时，同人均在院内晒日光，余甫进内室，忽闻枪声数响，余昂首见院内同人，亦倾耳以听。余尚不介意，俄又一阵排枪，厥声甚迩，似在城内，知难作矣！众亦惊慌失色，有登屋顶观望者，谓枪声发自“院上”（即省政府），遥见省政府人员纷纷越墙逃走，知祸起萧墙之内矣！某卫兵告，伊自东城归，途遇归化军数十名，全副武装，进东门向“院上”疾驰，岂若辈发生“苦迭打”[1]之事乎？时枪声愈密，继以机关枪，佥谓利器皆在归化军手，“院上”卫队营，恐不及备，头二门守卫，本同虚设，归化军可以直趋三堂（即主席办公地点）而无阻。唯枪声继续不断，似尚有相当抵抗。传闻归化军进省政府大门，即行开枪，卫兵抱头鼠窜，若辈将大门紧闭，在二堂与卫队营稍有抵御，即直入三堂，主席越墙而走，金五（军事处长）被俘。俄见一飞机掠屋顶而过，向南飞去，传系飞机师李笑天向盛总指挥报信。

五时左右，朱凤楼厅长在城防局请余前往，时枪声机关枪声接续不

[1] “苦迭打”，英文“政变”之意。

断，张仆戒余勿往，余以急难为先，毅然随来弁循墙而走，晤见朱厅长与陈源清署长，始知发难者确系归化军，且城门俱被把守，不知用意何在。朱、陈问计于余，余谓：应由外交人员出面接洽，经陈派人遍觅外交署人员，皆辞不在。谈话时陈频拭眼泪，朱亦失去倔强态度。少顷辞归，枪声未绝，炮声又起，仍系归化军架炮向“院上”轰击，连放六七炮，重要职员尚多在内办公，不知丧失若干性命！

入晚，朱复派弁请余三人速到旅部列席会议，余等步行，归化军骑兵二人护送，沿途问口令，炮声亦尚未止。及到旅部，由归化军肃入，见各厅道、各法团以及归化军旅团长咸在室内开紧急联席会议，余见桌上陈列关防数颗，知系战利品，但不知金主席生命如何！旋经归化军团长巴平古特申述：“此次发生政变，实属迫不得已，金督办实无治新能力，眼见春耕失时，人民皆将饿死，是以我军为救护人民计，不得不取此手段。至金督办平日待我们亦甚优厚，我们毫无加害之意，只请将政权交出而已。”众表示同情，当晚政治方面，成立临时维持委员会；军事方面，成立临时军事委员会；公推教育厅长刘文龙为临时主席，东北救国军旅长郑润成为临时军事委员长。刘提出三项信条：(1)保全全省各民族生命财产；(2)保全金主席全家生命财产；(3)保护苏联领馆。经全体委员签字赞成。

彼时探悉，金主席于难作后，化装越墙潜避入第一公安分局，刘嘱迪化县长、公安局长持公决信条交金主席阅看，请其放心，绝无生命危险。须臾归报，金主席阅后，未蒙接见，且旋即离开，不知何往。

同人议须驰报盛、陈两总指挥，俾免误会。李悟仙厅长主张须另派委员赍函详为说明，余谓：为征信起见，无逾将共同签字之信条，随函附阅，胜却派员解释。朱然吾说，李似未解。俄报，盛部已到城外西大桥，李以时机紧迫，手持两函声言：“陈函由我托其参谋长送往昌吉，唯盛函谁人送去？”

众无有应者，适玉山在旁，答曰：“如无人，我愿往。”李曰：“白先生如愿走一趟，与盛当面说明，我们是最放心的。”彼时余动一念，觉玉山深夜出城，未免过于勇敢，旋即不见，仅闻由归化军护送而已。时已半夜，众多散去，碧澄约余归返，余持帽欲行，克邮务长谓，曷不稍待胡赛音。须臾，胡果偕翻译至，将安民布告译成维文。唯外间枪声忽作，且在城内，同人相顾失色，归化军亦忙于布防。刘临时主席欲赴党部召集会议，三出三阻，余等无形失去自由。枪声炮声，接续不断，亦不明何方发放，此时只有听天由命矣！危坐终宵，未曾合眼。黎明，由窗户窥见归化军眷属装载行李上车，马匹备鞍待发。碧澄谓玉山知退，尔我不知见几，余亦深自追悔。斯时留者，仅刘临时主席、李悟仙厅长、李镜泉行政长、白受之指挥、胡赛音巴依及其翻译、陶菊缘县长、宫碧澄特派员及余，寥寥数人而已。

枪声炮声，近在咫尺，极形紧张，同人在小套院内，另加双岗，不得团长许可，禁止出入。俄白受之指挥被解除武装，而加以看管矣。陶县长奉刘主席谕，传商会同人上城举旗求和，余恐未必生效。旋参谋处长陈中来谓，已与盛在一炮成功见面，允赞助完成政治革命。并告金主席在西门上亲自督战，白指挥部下孟团开城迎杨指挥全部进城，以至在大街上作战。嗣金主席见大势已去，遂退出城外红山嘴。格米理肯（汽车局局长）亦告，现在形势转佳，东北救国军派来二百队伍助战，由归化军发枪。同人闻此，不啻服一定心丸。

金树仁像

午刻，随同商会于求和旗帜之下退出旅部，归寓，余首问："白先生回来没有？"张仆答以未见回来，余稍有怀疑。同人见余等归，争先探问。须臾枪声又紧，机关枪接续不断，果然商会求和无效，且更加激烈。余疲倦已极，倒床即睡，夜半醒来，复解衣就寝。

十四日晨，玉山尚未归，愈加疑虑，昨午战况杨指挥率队退出后，抵抗者为归白指挥节制之孟、梁两团。（白曾保证部下可靠，以致临时被归化军看管。）后孟、梁两团知势已去，遂又亟请商会说和，残部悉数缴械，战事遂告终止。余偕碧澄到南大街察看，南门口毙马十四，知系归化军阵亡，尸已他移。十字街口复泉涌酱园[1]店墙上枪眼，历历可数，盖杨部由西门入，向南猛扑，故发生巷战。街上行人围观安民告示，省政府大门紧闭，煞是凄凉。城隍庙内有伤兵二十余名，由慈善会运至陆军医院。

临时主席刘文龙、总指挥盛世才、代理临时军事委员长郑润成，暨全体省政府临时维持会委员，回、维、满、蒙、哈各民族代表，相继来党部开联席会议，公推盛指挥为临时督办，总握军权，归化军及东北军极力表示拥护。余报告党务特派员白毓秀于十二晚出城，至今杳无音信，恐有意外，望一体寻找，众皆惊愕。散会时，由余为全体摄影纪念。王前县长来告，外间有人传言白先生及归化军二人，在红山嘴被害。余恐玉山凶多吉少，悲伤万分，亟派潘弁往红山嘴，遍觅不见玉山及归化军尸体，只见山后弃一残尸，仅余两腿及一右臂，血迹模糊莫辨。外间又有白及归化军走昌吉之说，至今生死不明。

十五日晨，偕陈、李诸君策马到省政府主席办公室，玻窗打碎，墙壁枪眼历历可数，军器库洞开，有用枪弹殆皆运去。主席内宅箱物，委弃满地，不知损失若干珍品，何时被掠，何方主使，亦不得知。军事处、参谋处、卫队连枪眼尤多，地下血迹鲜红未干，宋怀西和余诗有“天教慧眼阅沧桑”句，殆成诗谶。是役也，省政府内归化军死十一人，伤十一人，卫队死十三人，公务员幸均无恙。

当晚杨指挥联合孟、梁两团反攻，激战一昼夜，双方兵士阵亡三百五十余人，归化军死五十三人。沙、黄两委员归告到红山嘴、蜘蛛山、西大桥一带，遍觅不得白先生遗体。红山嘴已埋三人，亦掘看不是。因又派潘到红山嘴后将前所见残尸之内衣取来一认。时来客颇多，余正在

---

[1] 复泉涌医园，据文意改为复泉涌酱园。

院内与客走谈，忽见潘归，手提巨物直入，为之惊骇，疑是归元，近视乃系血衣三件，前余之两腿一臂，亦已无存，衬衫及卫生褂裤经众细认，确系玉山所遗内衣，余一时情不自禁，失声痛哭，众人亦哭，呜呼！玉山死矣！玉山真死矣！痛哉痛哉！曩余与玉山到西大桥察看战后劫灰，尸体经玉山掩埋者数以千计，今乃躬复自蹈，同作烦冤之鬼，至欲收尔骨而不可得，为善而获此报，天道亦宁论哉！张仲恺、李少侠复偕潘往寻玉山遗骨，又获得背心一件，遗骨数块，并领来由红山嘴逃回督署卫兵魏某陈述玉山被害经过，系一枪毙命，西服金表等，悉被剥去，伊见其名刺，方知为党务特派员白毓秀云。

碧澄谈，渠于政变前一日，用牙牌数占时局，有“三人行，则损其一”句，当时亦不了解，今日思之，毛骨为之悚然。虽然政变之夕，吾人被困旅部中，生死之间，亦不容发，反羡慕玉山得早脱身，孰吉孰凶，殆有非人力所能趋避者。又，季高因碧澄迟迟不返伊犁，曾谓：“汝不回去，以后有汝哭的日子。”不料均应在玉山身上！

邓汇霖告，政变之日，渠偕秘书处同事十一人，藏匿于军事处，枪弹如雨，自分以为必死。翌晨随同卫队拟由边门冲出，被归化军击伤数人，遂改行挖洞，始得逃出。桂芳生告，政变之日，渠正在三堂内办公，忽闻枪声四起，亟登梯越墙而走，既登屋顶，中间尚隔一墙，复挺身猛力跳过，用腰带下缒，带短跌伤腿部，逃出后遇一旧役，引至第一公安分局躲避，不期金主席及全眷亦避在此，另在一室避匿，不敢出见，次日始得返舍。一日，桂、邓两君同来答谢，桂足犹跛，余戏谓，如有妇人当笑君于房矣！二君皆幸而脱险者。

省政府开第二次会议时，余临时动议，全体肃立为此次被牺牲白毓秀君静默三分钟，并由余陈述白之被难情形，会场中有感泣者。各界议设毓秀图书馆，并为白烈士开盛大追悼会于两湖会馆，收到挽联二百余幅，素幛花圈不计。余挽玉山联句：“急难竟忘身，凄绝血染红山，犹是同君埋骨处。忧时空陨泪，念兹尸横赤野，那堪丧此素心人。”又：“君勇胡如斯，热血一腔，猝死非命。吾谋适不用，回肠百结，愧负良朋。”盖纪实也。玉山成仁一月纪念，余又哭之以诗，有序：

白子玉山余初识之于神户，万里偕行，旋复同办慈善，见其肝胆照人，唯性稍褊急，语多愤世嫉俗，余每规之。政变之夕，奋勇投书，一去不返。嗟乎死者已矣，生亦仅存，追昔抚今，痛定思痛，爰哭以诗，用志吾哀。

死亦寻常事，君蒙不世冤。蹉跎成独往，肝胆与推论。莫浣侍中血，难归先轸元。伤春复伤逝，洒泪问乾坤。早岁出孤寒，更尝世道难。还乡头尚黑，残夜血流丹。交浅情良厚，时过味转酸。眉间精爽气，留待梦中看。

开追悼会之日，由碧澄主席、李镜泉行政长、裘子亨县长等读祭文，余报告白特派员被难经过，陶菊缘秘书长报告“四一二”阵亡将士经过，刘、盛两长官皆有演说，各界到者数千人，为空前盛举。飞机环绕数匝，散放传单，灵堂特设“血衣亭”，陈列所遗血衣。

据某君告，此次发难极其秘密，事先与谋者，只有五人，为陶明樾、格米理肯等，征得东北军同情论调后，归化军首先进城，人数仅有二百余，以一半分守四城，一半攻击省政府，城外尚驻有二百余人，统计仅四

鄯善集市

百余人耳。政变之次晨，杨指挥与孟、梁两团联合反攻军队有一千余人，器械齐全，金主席亲在城上督战，西北城均已到手，归化军不支，准备退却，后经东北军派来二百名参加作战，复连开巨炮，声势为之一振。闻金主席左右拟向归化军旅部（即余等所在地）开炮，为金所阻，遂退出城外，军事方告一结束。至白受之指挥系由归化军某团长于起事之日，设计将其军队散开，并挟之入城。事后在旅部开会时，白亦在座，表示合作，并称部伍如有他变，本人愿负全责，及夜间发生战事，白被阻而不得出，迨查明其孟、梁两团投杨从事反攻，白亦遂被看管。

第六章

政变后之迪化

省政府临时维持会成立于“四一二”之夜，首推刘文龙、郑润成、朱瑞墀、李桀、屠文沛、陈继善、李溶、宫碧澄、白毓秀、陶明樾、赵得寿、陈中、陈得立、鲁伦、李笑天、格米理肯、巴平古特（以上二人归化俄[1]籍代表）、克气格、裘子亨、董光镡、贺德元及余二十二人为委员，公推刘为临时主席，新政权当即成立，公布安民告示，人心为之一定。嗣又陆续增加盛世才、阎毓善、张培元、张馨、张明远、杨学渊、张得善、聂滋尔（哈密王）、胡赛音、满素尔、阿不多哈买提、贾母提恩弟克（以上五人维族代表）、吴钧庭、德木丁车德恩（以上二人蒙古代表）、赵国梁、马鸿祥、蓝彦寿、马国骏（以上四人回族代表）、巴彦、阿宝（以上二人哈萨克代表）、通宝、广禄（以上二人锡伯旗代表）各委员，使各民族皆有参政之权，除刘已任临时主席外，并公推盛世才任临时边防督办，实行军民分治。就职之日宣布政纲：（1）各民族在政治、经济、教育上一律平等；（2）人民有结社、集会、出版、言论自由之权；（3）发展交通；（4）开辟矿产；（5）辅助农

[1] 归化俄，指苏联十月革命之后陆续进入新疆的白俄。

民，而以外交、财政两大端归诸中央。当盛世才被推为临时边防督办时，对于督办名称应否存在，或应遵照中央现行制度改为绥靖主任，颇经一番讨论，结果由陈中提议，仍用边防督办名义，巴平古特、郑润成附议，遂获通过。盛于谦让中，勉允担任，并对众宣言，彼系军人，决不干政，民政方面，概由刘主席主持，遇有意见参差之时，本人决尊重刘主席意见云云。

第一次全体委员在省政府开会，决议分政治、财政、外交、交通、宣传五组，并呈明中央将省政府委员增加至十五人，回、维、蒙、哈各族一律参加。余临时动议，维持会即已成立，应公推数人起草组织法。一切务须合法，而最要则在当局之守法。众表赞同，推余等五人起草组织法，暨会议规则，经省政府会议通过施行。刘、盛为守法起见，经委员提出质问后，均将未经委员会通过命令自动撤销，众皆啧啧称道。彼时余对新政局，颇抱乐观，当以新疆譬诸白璧无瑕之处女，不沾染任何习气，导之东则东，导之西则西，同人如能各方团结，努力尽职，新省政局单纯，无他枝节，实较内地易上轨道。举凡教育、实业，无一不然，实为试行“各尽所能，各取所需”之良好区域，故余甚感兴奋，竭诚爱护。李悟仙厅长询问，旧政府委员应如何表示？余谓：照惯例，省委与主席有连带关系，似应总辞职，静候中央处置。陶菊缘秘书长询问，政府委员十三人应如何产生？余建议：将委员全体名单开送，听凭中央处置。众以为然，当即备具呈文，叙述政变及政局改组经过，由委员陈中带往南京。即日搭飞机赴塔城，转赴莫斯科再行赴京。盛督办以及格米理肯、陶菊缘两君均为陈君饯别。（格宅在南关极华丽，前代天津洋行收买皮毛羊肠致富，嗣在阿山大规模开垦，尤具成绩。）余面告陈君，此行任务在早到达南京，请求改组省政府命令速为颁布，俾政局早告安定，以免夜长梦多，别生枝节。嗣省政府开会，改五组为善后、财政、外交三委员会，并通过澄清吏治案，及成立清查逆产委员会。善后委员会开会通过简章，并票举李悟仙厅长、李镜泉行政长及余三人为常务委员，并通过派员赴各县宣慰。

刘主席、盛督办先后来党部答拜，余笑谓刘：“公不来此，仅半个月，不料此十五日中，竟有如此大变化，且支撑危局，舍公别无适当人物，可见公道自在人心。”嗣复追述“四一二”夜间在旅部之情形，刘谓痛定思痛，当时生死早已置之度外，彼此总算共了一场患难云。盛督办谓同人思想亟应统一，并谈此后治理新疆步骤，渠迭向大会声称，决不干政，军民方面，如有争执，愿尊重刘主席意见。

四月二十二日，各界开市民游行大会，在党部聚齐，苏联领馆亦派员参加，先向南关出发，各界各民族参加者数千人，分执小旗，散传单，喊口号，为新省有历史以来破天荒之举。唯是过于解放，民众易于嚣张，余力戒主办人员，慎为指导，审择标语，勿创恶例，贻地方无穷之患。

余等步行至南关，苏联嘎宁副领事约往领馆憩息，孜拉肯总领事出面招待，饷以冷食。孜告，苏联报载张学良因热河失守，辞职下野，此间消息隔绝至此！

金主席退出城外红山嘴后，仓皇西去，闻金夫人先至昌吉，深夜叫城，仅一护兵随从。金主席于次晨亦至昌吉，穿兵士衣服，精神疲败，本拟前往伊犁，因张培元师长态度不明而罢。至玛纳斯时，遇由塔来省之东北救国军于途，因后方归化军追赶甚急，金与陈、李两指挥计议，发给东北军枪五百余支，子弹四万粒，并机关枪大炮，请其向归化军开仗。但东北军于领到武装后，又复表示和平，金见事不谐，遂乘汽车由杨指挥护送至塔城。陈、李遂亦纷纷缴械随同东北军进省，西路于是大半解决。金主席于二十四日在塔城通电下野，又由苇塘子来电，要求发还私人财产，又有通电致各厅道、各行政长、各师旅长，声叙此次归化军叛变，逆迹照彰，本主席兼督办不日来省剿办。嗣中央于五月五日准金辞职，遂挈眷取道俄境，归返天津。

省政府东花园为维持会开会地点，园中亭池楼阁，景致清幽，时值牡丹盛开，清香扑鼻，孔雀鹦鹉，其鸣喈喈。亭西有屋三间，甲辰年潘效苏巡抚题“小东坡”三字。又集苏句：“天心予太平，绝境自忘千里远。官闲余岁月，尊酒今应一笑开。”又宣统三年（1911）袁大化巡抚题：“拓兹环堵半弓，写竹好传留客意。数遍回栏卍字，惜花犹是爱才心。”正厅后面有补过斋，为杨增新督军题。杨每于夏令在此办公。再后为镇边楼，上设瞭望台，城外红山嘴及一炮成功如在目前。丙辰年，杨题句：“与诸君望大荒，三州故事供闲话。为斯楼谋不朽，百稔重修属后贤。”杨飞霞镇守使题：“万里河山，从容坐镇。千秋事业，即在安边。”金树仁主席集句：“江山留胜迹。西北有高楼。”又，省政府大堂有杨增新自编一联："共和实草昧初开，羞称五霸七雄，纷争莫问中原事；边庭有桃源胜境，狃率南回北准，浑噩长为太古民。"杨氏一生功过，尽在此联中矣。

善后委员会交通组委员为克气格、格米理肯、赵得寿、李笑天及余五人。一日集议于克邮务长宅，谋速恢复交通，先与内地通无线电，并请欧亚航空公司速派飞机来新，及建筑由迪化至归化汽车路事宜。

迪化每届三四月间，城内井涸无水，饮料浊如黄泥，直至冬雪消融，城内始不闹此水荒。挹清池浴室，因缺水形同关闭，余等久未入浴，至以为苦。一日微雨，余笑谓碧澄曰，或者吾人得动天眷，降此甘霖，使得一濯身上积垢乎？省会浴室至因无水而暂告休业，此亦迪化之笑谈也。

维持会委员巴彦、阿宝二人来访，巴为阿尔泰哈萨克，通汉语，自民国十七年（1928）即被软禁省城，后复加以拘押，政变后始得自由。据云阿山音信不通，恐已变乱，月前老回回纷往阿山，而金沟内西宁、河州两处回民居多，恐有勾结云云。阿为伊犁哈萨克，省城俄文法政毕业，历在省政府供职，新省哈萨克身受教育如阿君者，实所罕见。飞机由塔城到省带来宋县长函，报告吉木乃逃塔难民甚多，塔城粮食大感缺乏，是阿山亦在纷乱中，并有沙湾哈萨克乘机掠夺情事。

省政府开会，余提议陈中委员转道莫斯科，到京不知何时，应另派各族代表克日赴京陈述政变经过，或能先陈到达。南山马全禄派来代表四人，与省政府接洽投诚，并列席旁听，唯省方派往代表四人，则未放回。

世界"五一"节，各机关首领照往年成例，赴苏联领馆庆祝，有约余前往者，余以此乃世界劳工节，非苏联国庆日，却而未往。刘、盛两长官赴领馆时，南关临时戒严，街口架机关枪，引起回维一场惊恐，盖早成惊弓之鸟矣！

前伊犁镇守使杨飞霞（太虚）来访，余初次与之见面，座谈良久。杨在伊犁数载，颇著政声，季高、碧澄皆出其门下，人以"镇帅"称之。前者为杨增新督军所忌，罢免其职，隐身商界，政变以前，行动亦不自由。交谈之下，毕竟吐属不凡，然亦颓然老矣。越日答访，承告新省苏联货物充斥市面，而所收土货只棉花皮货数项，出口货与进口货大不相抵，至商人带往内地者，除黄金外亦只羊肠细皮寥寥数项，是以省币日跌，无法维持，长此以往，恐内地商人均将歇业。杨闲居省城十一载，盖欲返内地而不可得者。又谈阿山金矿，民国五六年间，方准自由洗金，三年后始收金课，九十年间最盛，年产沙金达三万两左右，嗣即渐形减少，矿工亦多赔累，去年产金额约七八千两，较前年为多，伊犁去年亦产金千余两云。

新政府成立以来，诸事进行疲缓，无可奈何，内部亦渐不一致，前途未可乐观。孙总理就非常总统纪念，此间仍照例放假，停止开会。诣盛督办，知余所提议均承采纳。晤新任参谋长刘斌（慕飞），保定军官毕业，吉林自卫军军长，部下二千余人，由渠带领来新。

蓝介眉告：南山马全禄司令及二旅长，被马德祥旅长枪杀，已派代表来省接洽和平，因焉耆马石明亦皆渴望和平，唯马全禄从中作梗，故其部下出此举动。前途少一障碍，可与焉耆直接，继而与喀什推诚相见，全疆不难重见统一也。

一日，归化军因值其故国佳节，举行演操，刘、盛两长官均往检阅，城市临时戒严，外间又发生许多误会。迨后有二归化兵酒醉滋事，店门纷纷关闭，街上行人骇汗疾奔，如大难又至，盛方在省政府接见南山代表，闻警亲出弹压，始相告无事。

省政府开紧急会议，由派往南山代表马志等报告马全禄伏诛经过，言时声泪俱下。并通过新委昌吉、呼图壁、绥来、沙湾、额敏各县长。

余来新半载，仅接家信两封，发电皆无回复，嗣因放弃镇西，通电更成绝望。五月八日，忽接天津艳电（四月二十九日），由俄线拍与塔城鲁行政长，问迪靖否，余在何处？想内地已得此间政变消息矣。次日连接天津真（二月十一日）、马（二月二十一日）、敬（二月二十四日）三电，迟迟三月始到，盖在镇西积压至今，邮电阻梗如此，实为边塞最困难之事。电信同时拍发，信到而电未到，更为习见不鲜。省府每发一电，即将电稿另函抄发，孰为先到，是不可知。凡此乃极易改良之事，而政府听其自然，年年安之若素何也？新疆有两大长波无线电台，一在迪化，一在喀什，乃徐树铮经营西北时代所设，工程浩大，所费不赀，今乃弃置不用，行将报废。目下采用短波，凡发内地电报，须由镇西、太原两处转电，故往往有被遗失，无从查考。或曰太原转电，向有津贴，如津贴未送，则转电不予痛快。

新省雨水稀少，南疆则终年不雨，耕种向赖引水灌溉，人民不知落雨与农田有何关系，是以全疆年年丰收，无干旱之虞。北疆则偶尔下雨，亦不常见，余方讶此间夏季雨水稀少，而众人有谓今年雨水特多。一日省政府开会后，冒雨返寓，私祝此雨定可稍杀疫疠，盖猩红热、肠窒扶斯等传染病，已屡见不鲜，兵燹之后，必有疫疠，岂不然乎！

哈萨克巴彦日内坐飞机由塔城转阿山宣慰，据告哈萨克首领为沙里福汗，陈源清署长亦奉有使命乘机前往，此老亦颇不弱！善后委员会迁移金前主席公馆，在会接见赴昌、呼、绥各县宣慰员，省政府交议乾德县请款借给农户，余主张借给各县农民令其秋季归还，经奉省政府批准领到票银二十余万两，分配各县。省政府开会，通过省府拨款大洋五千元，办毓秀图书馆，留作纪念。主席报告绥来哈萨克已将掳去汉人放回，表示拥护新政府，余因无线电已通，代省政府拟电致天津《大公报》，并转各报馆，报告此次政变经过，并地方安谧情形，当经大会通过。又主席宣读驻苏联颜惠庆大使来电，询问此间情形。

慈善会会员纯孚谈，其兄继孚前新省国会议员，返省任纺纱厂总经理，哈密事变发生，因密约焉耆多盟长起事，原书为金前主席所得，遂被处决，多盟长亦诱至省城枪毙，今将一年矣。

南山马德祥司令偕同两旅长来省，街市悬旗欢迎。马年方二十五岁，为甘肃河州回族，此次率部来归，已畀予骑兵师长之命，驻地尚未议定，原有军队有枪数百支，驻在南山。此次晋省带旅长二，团长一，卫队四十名，均住商会。各界在江浙会馆欢迎马德祥师长，刘主席、盛督办以及汉、回、维、蒙、哈各族，各有代表演说，席次余发言，望各族团结如拳，同舟共济，新省地广人稀，不难转贫为富，共享幸福云。

省政府开会，为订购百辆汽车应行付款一事，屡议无结果，余提议先行订购五十辆，减轻一半担负，用库存纹银，交商会保管，向各界预借沙金，交财政委员会办理，经众通过。旋经讨论，如减购五十辆，尚短金二千零五两，省城私人藏金，虽不在少数，然欲短期押借，终无成议，只得将库存纹银二十余万两，送与苏联财政股，作为一部分付款而已。

五月十九，为余西征半载纪念，初不料此六个月中，竟发生如此重大事变，至今尚坐困省城，不能越出雷池一步，人事真有难言者矣！余常偕碧澄诣常膺祥宅，听南京广播无线电消息，常前在苏联斋桑领馆带回收音机一架，经余等催促，始行装好，每日下午八时许，可听见南京广播电台，十时半之新闻报告，相差时计约二时一刻，虽不甚清晰，然大致可辨，真是空谷足音！近日所得消息，皆日军进兵滦东事，华北前途，不堪设想，抵新半载久与报纸绝缘，今得听见当日消息，快慰不可言喻。广播电台于边省效用最大，然久居迪化之人，则又不甚经意，盖已闭塞成为习惯矣。

哈密维族首领和加尼牙孜代表四人列席省政府会议，维族投诚，意颇恳挚，省府设宴欢迎，并欢迎伊犁张师长代表，及新到东北各将领。李笑天提出戒绝鸦片案，交禁烟委员会。

刘主席告，阿尔泰魏镇国行政长以及汉商均已退出，阿山现在哈萨克之手，俟宣慰员巴彦等到后，当能拥护新政府云。格米理肯告，阿尔泰承化寺已全部糜烂，三月间仅有回民八人到布伦托海，佯言省城城陷，引诱哈萨克骚动，旋啸聚千余人，三次进攻承化，均被归化军百余人击退，附近已无敌踪。乃于四月十八日魏行政长接到金前主席退出省城电，遂将军队带往吉木乃，备事亟退入苏境，临行并将衙署商店尽付一炬。嗣魏又改往蒙古王牧地，续向沙湾进发，仅有军队四百余人。格意巴彦等如到阿山，哈萨克当可就范。

季高坐汽车由塔城返省，一别三月余矣。渠谈此次鲁绳伯行政长态度甚为光明，金抵塔城后，感觉自身危险，亟将部下遣散，自赴苏联境内苇塘子暂住，现已向海参崴进发，归返内地。又云鲁交卸后，对调任阿山，已辞不就。

马云亭谈马德祥师长已由吐鲁番返南山，缴械二百余支，大炮一尊。

东北救国军军官林耀中来访，仅谈退出满洲里之狼狈，在苏联境内饥寒交迫，几濒于危，一至塔城，重履国土，精神上异常快慰。

阎庆皆厅长因病出缺，享寿六十有二。李悟仙厅长、李镜泉行政长来告，主席对继任建设厅属意于余。余谓此行非为做官而来，亦非不能建设，试问款在何处，如使拥此虚名，敬谢不敏。

连日所得南疆消息，殊为恶劣，喀什马绍武行政长逃入英领馆，各县县长生死不明，有汉官十四名逃往苏境被拒，恐亦无法生存，将来收服南疆，实费周章，南疆不保，则伊犁危，而北疆亦难支持，诚新省目前最严重之问题也。

无线电台自改委东北专门人员，即将原机修好，直与天津通电，无须由镇西或太原转，内地电报隔日即达，前者电台乏人修理，电报数月不通，无他，缺乏技术人才之故耳。又自飞机开行以来，与天津通信，一周内可见来回，虽关山阻隔，而消息如此敏捷，真有万里比邻之感。

第七章

古城奔走和平记

“四一二”政变以来，官方积极办理善后，各县派员宣慰，拨款输助，地方秩序渐次恢复，各处闻风纷纷投诚，北疆颇有传檄而定之势。初哈密维族首领和加尼牙孜，与金树仁政府对抗时，深惧力量单薄，密派党羽尧乐博斯，求援于肃州中央第三十六师师长马仲英氏，请其再行出兵入新，马经上次痛创，正在秣马厉兵，希图再举，遂行兴师入新。道途辽远，交通阻梗，省城发生政变，金已辞职下野，马在途中殆未之知，省方亦未闻有肃州出师消息，盖斯时东路放弃，古城以东，消息完全隔绝也。

五月十七日，省政府突接古城黎海如司令来电，报告马仲英之弟仲杰，率领数千人进驻哈密，贴有汉、维文布告，仍以反对金氏为词。旋又得报马仲杰到达木垒河，已有接触。从此东路消息，日益紧张，盛督办以及救国军、自卫军皆选劲旅出发。余受商会之托，往谒盛督办，探询东路情形，承告：马仲杰向木垒河推进，距古城只有一站，恐有差失，故将省军开往，由吾自带，驻扎三台（省城与古城中心点），首尾可以相应。省城防务则由救国军、自卫军担任，可保无虞。余称市面闻督办出发，极感不安，非至必要时期，似未可轻易离省。

嗣又得报：马仲英、马仲杰率领四千人陆续西进，木垒河又告失守，盛督办亲率省军四千人、归化军千余人，于五月二十六日出发，驻扎三台，省城防务由郑润成司令负责，新疆驻京代表张凤九来电，中央已电马师长，制止前进，并派胡宗南师追踪监视。二十九日，盛督办到达三台，与省城可通电话，外间盛传古城不稳消息，该处存储枪支子弹为数至伙，倘再不守，必至牵动全局，因此委员会同人莫不忧形于色，中央对于新政府改组命令迄未颁布，群龙无首，势必演成逐鹿之局，新省又将从此多事矣！

六月一日夜间，盛督办乘坐汽车由三台返省，军队亦全数撤回，闻古城确已不守，一波未平，一波复起，哀哉吾新人民！

二日，盛督办在省府来字，请余即速来府商议要公，余茫然不知何事，至则陶菊缘、鲁益伯、李笑天、广季高诸君均在座，盛督办交阅马仲英来电，并征余与益伯同意，充当省方代表，往古城与马仲英接洽，省方愿和平解决，不欲以兵戎相见。余以来新未久，已往情形诸多未悉，逊谢不遑，益伯亦在踌躇中，未即应允担任。盖马仲英系回教中人，前在甘省发生回、汉仇杀，今兹来新，恐蹈覆辙，人人皆有栗栗危惧之心。最后决定，由各族民众联合会推出鲁伦、赵国梁、胡赛音、满素尔、通宝诸

马仲英部队一个掉队的士兵

人为代表，前往古城，与马仲英接洽和平。

三日，刘主席表示消极，欲向维持会辞职。余谓为时尚早，须候赴古城代表归后，能否达到和平为断，并劝其勉强以地方为重，勿萌退志。旋得讯赴京之陈中代表今日乘机返省，心讶何归来如此之速，亟赴飞机场迎接。据陈君称系由莫斯科归，并未前往南京，所带公文，则由邮局寄京，余更茫然不解其故。

所派古城代表，因鲁君终不愿往，逾午尚未成行，刘、盛二公劝余勉为其难，余仍逊谢，赵、胡、满、通诸代表亦来相浼，愿尽保护之责，余见汉人中卒无一人愿往，遂为大义所迫，卒徇诸代表之请，为汉族代表，前往呼吁和平，其时已将个人利害，置诸九霄之外矣！

临行谒刘、盛二公，告以本人勉为其难，唯同人未归之前，省方不可有军事行动，置代表于不顾。刘、盛奖勉有加，当即随带民众联合会及东北各将领函，偕赵（回族代表）、胡、满（维族代表）、通（满、蒙、哈族代表）及和加尼牙孜驻省代表尼亚子，共计六人，于下午二时乘汽车出发，与马仲英师长接洽和平，并迎其代表到省接洽。（马电称：已派代表在孚远等候省方汽车。）

七时，至滋泥泉，行二百四十里，宿维族商店内，遇前由古城来省之和加尼牙孜代表，亦宿在此。余先行就寝，胡忽将余唤醒，用汉语告曰：“吴先生，我们不去罢！”余亟问其故，答曰：“据来人告，古城子尚有杀戮已投降之归化军、蒙古军之举，我们如果贸然前进，恐多危险。”胡忽主退，而赵则主进，谓中道折回，其将何以报命。余则折中二人之说，至孚远晤其代表后，再作计议，众表赞同。

四日早八时，行九十里，三台（即盛督办日前驻扎之地）打尖，和加尼牙孜阿吉偕其麻穆提副师长暨阿訇卫队等，特由山上来此相晤，表示愿与新政府合作，唯对马德祥接受师长名义后，忽将维族军械缴去，疑系省方授意，引为遗憾，经同人力为解释，渠意始解。饭毕复前进，和等亦别自上山。

七十里，抵孚远，城外正挖战壕，见汽车至，兵士举枪相向，喝令停止，同人下车具道来意。经通报后，由马团长、刘县长（原任未动）出迎，始悉马并未派代表到此，只来电话请省方代表径往古城晤谈，同人既已到此，只得继续东进。七时半，九十里，抵古城，商务萃集，为东路第一巨镇。甫抵城门，即有一团长登车，令司机者径开司令部，同人风尘满面，亦遂不及盥洗。通刺后，立即延请，唯对面忽来数卫队搜检同人身上，同人则高举两手，任其检查完毕，然后延入马师长办公室。余先行，同人则鱼贯而入，马态度温和，面目挺秀，自称革命青年。声震西北之马仲英氏（甘省称马为小司令），年才二十三岁也！经同人投函说明来意，马亲自披阅，稍谈兴辞退出。马请同人到指定招待处休息，约明日再为细谈，并派其政训主任杨波清、尹秘书主任、马参议同来招待。杨，锦州人，天津南开学生；尹，四川人。马，为甘省回族，谈悉，马子才师长曾在南京任蒋总司令少将参议，又曾在鲁、豫两省指挥军事。此次进驻古城，搜获枪支军火甚多，声势颇为浩大，唯因激战数小时，伤亡盈千，其弟仲杰素称骁勇，是役阵亡。

五日早，同人赴山西会馆答拜杨、尹二主任，杨两次奉访，作长时间谈话，意欲民众团体有具体之表示，同人婉告以未奉此使命，须晋省商洽。哈密维族尧乐博斯旅长及马旅长来访，尧曾亲往肃州请马出兵。薄暮，尧约赴操场，马子才师长在焉，与兵士正在盘杠，旋令兵士会操，并舞大刀，操法极为整齐，兵偕精壮，年龄统在二十左右，汉人约居十之六七，营长以上率皆回教中人。此次进占古城，所带军队三千余人，损失约有三分之一，但得枪支七八千杆，自可随时补充，势力实未可侮。同时被缴械之董、李、陈指挥亦在场阅操，盛赞不已，极道新省军队之腐败，殆所谓败军之将，不足言勇也欤？晚八时，马子才师长约往谈话，马颇健谈，语多弦外之音，同人只能给予暗示，冀其勿供内战牺牲，谈话历三小时，夜分始归寝。

余居维族宅，每日交接多系维族，见面行握手礼后，余亦不觉效人之所为，用手自摸其下颌，不禁哑然失笑！余每偕胡、满二君行至街途，维民皆起立以手抚胸，表示尊敬之意。又，维族习惯，每早起床后，即提水壶赴厕，洗涤私处，再用提壶浇灌头面，盥洗不用盘匜，即赴浴亦不用澡盆，总以用过之水，不再使用为标准，尤合卫生之旨。连日饮食起居皆按维族习惯，饮则奶茶，食则抓饭，寝则睡地。维族内室与客室向例分开，故余居维族宅，未尝一见其妇女。又系多妻制，男子可以连娶四妻，同在一处居住。富有维族，多享此特别权利，且体格素称健旺，有年逾古稀，尚娶少女为妇，不以为怪也。

六日，马于昨日特令兵士会操，使省方代表检阅，恐有其用意，吾人对于兵士，自亦不能无所表示，遂用省城民众联合会名义，犒赏绵羊四十只，茶叶两箱，洋糖四箱，效郑商人弦高犒师之故事，又似郑伯肉袒牵羊以迎。诣永盛生蓝经理处答访，据告，上月二十九日拂晓发生战事，约三小时，马之部下奋勇爬上城墙，省方李荣华指挥阵亡，黎海如司令被监视，城内略有巷战，上午十时停止，省军全被缴械，兵士一千五百余名，只选精壮三百余名，余悉给资遣散。当日商店居户，微受损失，旋即恢复原状，维持地面，有足多者。兵士每日下操两次，鲜在街头游荡，军纪亦颇可取。至军饷曾由商会省银行等供给省票一百万两，并拟由商会发流通券二百万，藉资周转云。马子才师长邀宴，重要文武官员均在座，秘书长张雅韶（陇），北平民大毕业，曾游莫斯科。马告已派定杨波清主任为代表，晋省后仅可从容商洽，语意较前和缓。

七日早七时，同人偕杨波清代表由古城启程，九时，到孚远，马团长、刘县长设宴招待。据告省城昨日来飞机掷炸弹两枚，一落在城内，一落在城根，幸均未伤人，今早又来飞机两架，形制不同，向东开驶，兵士曾开枪数发，向上射击。同人告此乃欧亚飞机由柏林直赴上海，疑其

马仲英部队

省方派来掷弹，过矣。午后二时，过滋泥泉，途遇和加尼牙孜军队千余人向阜康前进，甚为诧异，据和声称：因原驻地方水草不便，故向阜康附近山中移动。及至阜康，则遇省城开来归化军陆续出发，据巴平古特司令声称：飞机报告和加尼牙孜军队出动消息，故奉令开到阜康，严阵以守。省城派马鸿祥等迎于郊外，得悉陶菊缘、宫碧澄两君，今早搭柏林飞来欧亚飞机，直赴南京报告此间紧急状况，失之交臂，良用怅惘。晚间，同人向刘、盛两长官报告与马仲英接洽经过。

八日早，陪同杨波清代表谒见刘、盛二公，晚省政府设宴招待，商议请马担任南疆事。季高今日返伊犁，同来四人，只余一人留在省城。九日同人偕杨波清代表在民众联合会摄影纪念。民众联合会在南关某维族花园内欢迎杨波清代表，由余主持致欢迎词，杨演说毕，刘主席演说，颇为动听。今日采取维族式烤肉、抓饭、冰淇淋，实较酒席为优。

晚，在省政府议定，给予马师长南疆绥靖总司令名义，并附定办法七条，杨代表意见认为可以满意。

第八章

黄慕松宣慰新疆

五月十七日，省政府开会，刘主席出示鲁行政长转来南京汪行政院长齐电，对刘、盛二公维持地方，深表欣慰，并派参次黄慕松为宣慰使，来新商决一切。又转驻苏联颜大使蒸电，黄宣慰使先派人搭坐飞机来新，一星期内成行。

六月十日，省政府派定鲁伦为代表，民众联合会推定赵国梁、通宝为代表，陪同马仲英代表杨波清，携带条件返古城复命。杨等业已登车，正待开行，忽报中央特派黄宣慰使偕同王应榆、钱桐二君坐欧亚飞机到省，杨遂改期候谒黄氏。陶菊缘秘书长由省飞抵兰州，遇黄复同乘机返省，碧澄则另坐一机，径赴南京报告。余偕邓聚奎秘书、赵国梁领事代表刘主席欢迎，谒黄宣慰使于城外督署办公处，盛督办因忙于布置军事，与黄一晤，即行出发。时省政府已择定金前主席公馆为宣慰使行辕，黄氏入城稍憩，即往省政府会晤刘主席，由刘报告事变经过，及目前紧迫情形。

省政府续得飞机报告，古城马仲英军队，亦向三台进发，形势愈见紧张，和平前途顿呈暗淡。盛督办、郑司令均向阜康出发。余谒黄宣慰使，报告此次代表赴古城与马仲英氏接洽经过，杨波清亦代表马师长，晋谒报告一切。各族民众请愿团数十人，谒见黄宣慰使，提出请愿四项，由黄氏亲见。省府又据报马仲英部更向滋泥泉进发，前电称现不西进，岂临时变更原定计划耶？省军现集兵力于阜康，相距仅一站，大有一触即发之势。刘主席微露和平终恐无望，仍派鲁伦伴送杨波清代表，察看前方情形，再定行止，但汽车均调往前方，不得成行。

原来马仲英方面，分有两派，阿訇主和平，而军官主挺进。余等在古城时，和平空气甚为浓厚，殆余等去后，或者激进派又占势力，是以军队陆续西进，实逼处此。至省城方面亦分有两派，刘主席及余等均极力主张和平，不堪再有战争，而甘肃军官及归化军将领，则谓与马仲英无妥协之可能，主战甚力。胡院长谈，马氏前在甘省与国民军转战二年之久，曾占领甘、凉州，死人无算，其势力东南至汉中，东北至宁夏，西至西宁，西北至肃州。厥后，马在宁夏被国民军击败，马始赴南京，并在陕、豫参加内战，旋私自返甘，集合部队，抄袭冯玉祥后路。民国十九年（1930），率部下数百人来新，围哈密数月不下，马脚部受伤遄返肃州，专心操练军队，久已待时而动，自得古城，更为踌躇满志，和平不过缓兵之计耳。

黄氏乘来之飞机，次日即飞回上海，此系大号飞机，马力充足，沪、

行进中的马仲英部队

新全程两日可达。前由柏林开来三架，其一系由名机师石密德驾驶，乃未出柏林，机身坠落，石亦殉命。此次飞机商家带去沙金二千余两，搭客四人，每人纳费一千二百三十元。

杨波清代表，延至十二日下午始返古城，省府仍派鲁伦伴行，并携带函件与马师长接洽。孰知杨代表离省之时，双方已在滋泥泉开仗矣！马仲英氏亲率骑兵二千余名，步兵三千余人，向前推进，省方亦遂迎击，前线为省军、吉林自卫军及归化军合计不足二千人，激战数小时，东北救国军始赶到应援，双方炮火异常激烈，直到翌晨马始率骑兵千余名后却，步兵多有弃枪星散者，省方获枪千余支，机关枪四座。是日大雨滂沱，天气奇冷，时当夏令可着棉衣，众谓如此大雨，为向来所罕有。马之军队在古城出发时，只穿粗布褂裤，终日冒雨作战，兵士有冻毙者，亦足异已！余谒刘主席，请其注意省防，及前方军纪，城防司令杨耀钧偕其参谋长李丹初来访，余亦告以亟应注意军纪，盖新到东北军良莠不齐，时闻有越轨举动也。

前方来电，盛于十五日进驻孚远，马在古城东门外集合残部准备退却，杨代表等留滞前方未行。此次作战以吉林自卫军刘振邦指挥（绰号“刘快腿”）最告奋勇，前线仅十余人，竟能缴对方枪械三百余支。

陶菊缘来谈，黄宣慰使留新尚有时日，并谓中央对新政府表示好感，倚任良殷。街市贴有黄宣慰使告示，宣慰使公署悬有批示。

盛督办由古城来电云，马率残部千余人，骆驼三千余峰，装载枪支及财物，向木垒河退却，并挟黎海如司令同行，现已组织追击队，由陈中参谋长带领。一般推测，马必南走吐鄯，为其根据地。旋接盛督办电话，马果进山走吐鄯，陈中参谋长未再追赶，即回古城。

飞机来省，搭客有黄宣慰使随员张诚、高长柱、杨秉离、艾沙四人，系先黄氏出发，滞在肃州等候飞机。闻尚有随员多人，由西伯利亚出发，有已到达斜米及塔城者。宣慰使公署开始办公，与中央电信往返频繁，并调省府人员邓聚奎、杨祈侯诸人助理，又遴选维族六人，令其取道伊犁，前往南疆宣慰，所有费用概由公署供给，调用人员，亦有津贴。与黄同来王应榆、钱桐二君，均系重游新疆，钱曾躬与“七七政变”。

新省各族人民，对于中央特派大员前来宣慰，极所敬仰，盼望尤为綦切，一般心理以为中央大员一经莅至，纠纷可即立解。独惜黄氏抵省之日，即值盛督办出发，战云弥漫，空气紧张，各族人民始犹公举代表请愿，嗣即为战神所震慑，人人日锁愁眉，鲜与中央大员有接近机会。战端既开，无法制止，在黄氏亦感爱莫能助，唯有坐观成败，时与刘主席商谈，及向中央报告近情而已。自马仲英败退吐鄯后，行营参谋长陈中忽由古城乘机返省，盛督办遂亦放弃追击计划，班师凯旋。

六月二十六日，迪化发生第二政变，省政府秘书长陶明樾、督署行营参谋长陈中、航空处长李笑天，于省政府召集委员紧急会议时，被逮捕枪决。（详见第九章《迪化第二政变》）省政府全体委员，步行至宣慰使署，向黄宣慰使报告今日省政府事变，并请电达中央，仍旧维持督办制度。众推张馨及余发言，余因疾力辞。黄氏亲自接见，由张馨代表具道来意，黄允电达中央，但张并未说明事变。适是日黄为李故厅长悟仙点主，候刘主席不至，消息始传遍省城，而一般更视政治为畏途，不敢妄有行动矣。事变之后，刘力辞主席职务，退归私寓，经盛亲往力挽，始允勉任一月为期。遂由刘、盛会衔告示，并即电告中央处置陶、陈、李经过，且请中央于陈立夫、彭昭贤、刘光、张凤九诸人中，酌派一员，乘机来新调查真相。

二十八日，黄氏用明码电致中央，略云："新疆逼处强邻，情形复杂，隐忧四伏，非定重心，难期安靖，查临时督办盛世才、临时主席刘文龙辛苦维持，业经数月，拟请中央即予真除，庶名位既正，责任更专，有裨时局殊非浅鲜，伏祈鉴核，迅赐发表，以定人心。"省政府维持会亦电中央，对于刘、盛请予真除。东北将领郑润成、刘斌等亦通电拥护。刘复另电中央请任盛为督办，对于主席一职，因以衰老为辞，请中央迅简贤能，俾卸仔肩。

黄氏旋奉蒋、汪电，以马仲英既退，新局可以平定，宣慰任务已完，令即回京报告。黄氏因此派其随员张诚、王应榆、钱桐三人先行返京报告。七月十七日，各族民众联合会，在江浙会馆开欢迎黄宣慰使大会，随黄同来与宴者，高长柱参谋、艾沙副官，黄、刘、盛皆有演说，互相推重。黄候机返京。

连日盛传中央将派考试院院长戴传贤氏来新调查真相，非俟真相明了，省当局表示态度后，不能授予名位。刘、盛因于七月二十日再电蒋委员长、汪院长表明心迹。原电云："阳电迄未奉到，兹从报端见之，庄诵再三，感悚万状。职等心迹及新疆最近事变，业于昨日电张处长凤九译呈钧座，黄宣慰使衔命远来，宣布中央德意，人心赖以大定，边局赖以奠安，功业綦伟。文龙、世才秉承大计，商定方略，至深钦佩。其所指陈新疆兴革事宜，中央正宜采择施行，实为地方之福。各省均须仰赖中央，而边地尤甚，平时既须仰赖中央，况复丁兹事变方殷之时，新疆孤悬西北，民智民力俱无足言，当此糜烂纷扰之余，寇匪侵凌之际，非仗中央威信，何能自立。职等粗知大义，万无携贰之理，皇天白日，实鉴此心，一切措施，谨当恪遵文训，不敢稍有逾越，致负谆谆之意。”

七月二十一日，黄宣慰使偕随员高、杨、艾三君乘机返京，沿途警戒甚严，晨五时，余偕外交署秘书王纯一至小教场送行，黄氏已登机，见余等脱帽为礼，刘、盛及各机关首领，均在场欢送，唯各族民众因事前未得通知，致往送者寥寥。黄机至四十里之大飞机场，再行降落，便其随员等搭坐，缘小教场面积窄小，如满载搭客，飞时颇感困难，至黄之独在小教场升机者，盖便当局之欢送耳。余复偕裘县长坐汽车到大飞机场欢送，黄氏已先到，下机与送者略谈，即偕高、杨、艾三君登机，此外尚有商界二人，该机当日可抵兰州。

阅飞机带来京、沪、津报纸，遍登新疆事变，有认为处置过当者，有谓中央将另派大员来新调查真相者，又有王应榆氏返京后所发表之谈话。二十三日，省政府即接黄氏抵京电报。

二十六日，省政府开会，刘主席宣读七月三日汪院长在行政院纪念周报告新疆事变经过，内述三事：(1)外交要统一于中央；(2)军事要统一于中央；(3)宗教要自由，民族要平等。倘刘、盛对此有切实遵行之表示，则真除之命，不难见诸明令。其中叙述新疆事变，至为详尽，想系根据黄宣慰使电报。

闻有建议将新疆划分数省者，新省驻京代表张凤九则表示目前不宜划分，所提理由如下：

(1)新省户口，仅二百余万，等于江、浙等省之一大县，若再划为数省，必致有土无人；(2)新省本系协饷省份，年来迭经祸乱，经济甚为拮据，倘再分省而治，添设许多机关，新省人民无力担负；(3)中央现对边疆多一事不如少一事，倘因划省而起纠纷，殊非所宜。

黄氏返京后，曾对新闻界报告宣慰新疆之经过，并发表书面谈话，略称："余于六月九日偕王应榆、钱桐、陶明樾三君由肃州直飞迪化，各界人士对余飞到，均诚心表示信赖中央，人心赖以大定。方幸乘此时机，妥筹正当办法，从事应付，令边局渐次安定，不致增重大局之纷扰，而不自知力之不逮也。新疆问题南疆最要，本署派马正海、麻珍儒等五人，分赴南疆之焉耆、阿克苏、喀什、和阗一带，并聘任哈密亲王聂滋尔为本署高等顾问，亲赴吐鲁番、哈密一带宣慰，将政府布告分寄伊犁、塔城、阿山各区，务期各民族民众详悉中央关怀边氓，而使地方秩序早日恢复。六月二十六日督办公署枪毙省政府秘书长陶明樾、行营参谋长陈中、航空处长李笑天，即内地所谓二次政变。经此次事变之后，邮政电报不能自由畅达内地，所得消息，悉属片面宣传。迪化虽幸免兵祸，而南疆全部，及东部之哈密、镇西，并北部之阿尔泰，依然在分立状态，即其他方面，亦尚未能确实合作。经第二政变后，各方疑虑益多，前途更为可虑。加以新省交通阻塞，商运停顿，纸币低落，物资缺乏，留心新事与国防者，应有深切之注意与研究。云云。"

未几宣慰使署亦遂呈报行政院结束。

八月三日，省政府接奉南京汪院长电，刘、盛真除命令经行政会议通过先行发表。

第九章

迪化第二政变

六月二十六日，省政府召集紧急会议，省政府秘书长陶明樾、督署行营参谋长陈中、航空处长李笑天，当场逮捕枪决，前章言而未详，兹特另章叙述焉。

初，陶菊缘邀党务特派员宫碧澄乘由柏林开来飞机赴京报告，刘、盛因陶职务重要，本不欲其离职，但陶意甚为坚决，即旅费亦统由陶自行垫付，并携一子同行，返内地求学，彼时众皆疑陶见机而作。乃飞抵兰州，适与黄慕松宣慰使相遇，遂复变更其赴京计划，将其子托宫，己则随黄同乘原机返省，众咸佩某忠于职务。时陶不常在府办公，即每次例会，亦由桂芳生暂代，终日到处接洽，状甚忙迫。府中秘书、科长本由刘主席派委，陶既不常在府，遇事遂直接向刘请示，陶心为之不怿，日久渐生龃龉，言语之间，对刘颇多微词。余与张宾于察觉内情，欲居中调处，而未遑也。至李笑天本为飞机师，"四一二"政变之日，首先驾机向盛报告，与盛谊属同乡，平素关系殊甚密切。陈中黄埔军官毕业，年轻有为，自称军政部派来新疆服务，政变时亦甚出力。自盛被拥为临时边防督办，李、陈恃功骄恣，事所难免，屡向盛表示愿带军队，而盛则委李为航空处长，陈为军官学校校长，二人皆为抑郁不乐。殆至滋泥泉战事发生，盛屡调李驾机赴敌方掷弹，李皆辞而未往，始终未离省城一步。时陈自莫斯科返省，已改任行营参谋长，奉令追击马仲英，陈未甚追赶，由古城乘机返省，二人常在陶处，及常往宣慰使署报告军情，动招疑忌，其危机已伏于不自知矣。

时盛在古城，马投奔吐鄯，本拟率部队穷追。乃忽放弃原定计划，班师凯旋，各界纷往东门外欢迎，省政府并开茶会庆捷。余因身染痢疾，皆辞未往。一日忽接陶秘书长通函，于星期一（即六月二十六日）上午十时开临时紧急会议（省政府例会为星期三、六）。余以为必关盛督办出发筹饷之事，遂力疾赴会，甫进省政府大堂，遇陈中参谋长，交谈数语，随进东花园，见今日警卫加多，亦不以为意。盛督办独坐廊下，手持折扇纳凉，而色殊为憔悴。余趋前与之贺捷，且告以抱恙在身，未能往迎，盛起而答礼，谓亦抱有腹疾，但坐下如故。余步入会议厅，见各委员多已先至，彼此端坐，默无一语，与平日迥不相同，余顿觉有异。蓝介眉委员，位余之右，附耳告余，顷陶明樾、李笑天甫进花园门，突被卫兵逮捕，两手倒捆，余始为之惊愕不置，众亦皆目余示意。刘请开会，盛告就委员中另选秘书长，刘遂请张馨暂代，但盛仍坐在廊下，若有所待。有顷，陈中最后到会，亦被逮捕。俄枪声砰砰，接连七响，声在咫尺，众皆相顾失色。盛始进厅，就席次向大会发言：“陶明樾、陈中、李笑天

盛世才像

三人，图谋推翻现政府，显有谋叛行为，业已置之于法。”随出其部下卢团长等告发李笑天运动军队文件为证。并对于改边防督办为军事委员会之拟议，极表不满，特向大会辞职，谓即率其军队前往塔城。刘亦起立恳辞，声泪俱下，各委员茫然不知所措，只有对盛、刘二氏慰留，并全体往谒黄宣慰使，请为转达中央，缓改督办制度，以维边局。

余本力疾从公，不料值兹惨变，归寓益病不能兴。闻省政府人告，当枪声响时，省政府职员以为又演“四一二”政变，纷纷向外逃奔，嗣察枪声发自后花园，人心虽稍安定，但花园临时禁止出入，究不知枪毙何人。事后闻悉陶、陈、李三人被捆后，即在花园西空院内执行枪决，陶等要求一见督办，未允，遂各慷慨就刑。陶中一枪毙命，陈、李二人各中三枪，遗尸由花园后墙掷出，血溅墙上，淋漓可辨。陶尸由其家属领回收殓，陈在安徽义地掩埋，迪化裘县长为之立碑标志，李则埋在直奉义园。事后督署由陶宅搜出陈等呈中央重要文件，尚未寄出。

按：陶于民国四年考取知事，分发来新，历任省政府科长，南北疆要缺，为新省宦场中最得意之一人。“四一二”政变时，渠任迪化县长，实与密谋，政变后经盛力保，一跃而为省政府秘书长。陈曾三次来新，年方二十五岁，滋泥泉之役，身临前线，人服其勇，平时沉默寡言。李隶籍沈阳，“九一八”后，始应聘来新，专任驾驶飞机，好谈政治，思想新颖，议论激烈。要之，此次事变，殊为同人所不及料，即内地报纸所宣传之迪化第二政变是也。余之追述往事，不欲有所论列，盖完全纪实，以飨阅者而已。

第十章

第二政变后之迪化

自马仲英部退走吐鲁番、鄯善后，南山形势又复一变，马德祥师长矢志与省方合作，同来之团长有一依违两可，被马枪决，旋焉耆马石明又派人诱杀马德祥及其他团长。曩日备受省城欢迎之马德祥及其两团长，不出一月，同归于尽，而南山又成与省城对抗形势，省城遂抽派东北军、甘肃军、归化军往剿。

七月九日，最告奋勇之吉林自卫军刘快腿司令腹部中弹，返省数小时即行逝世，省城失此猛将，颇受打击。公葬之日，全城彩素，商店纷设香案致祭。刘多内宠，有夫人五人，大夫人善骑又精枪法，有“花蝴蝶”之称，年事已稍长，余四夫人年皆少艾，刘葬仅一星期，此四夫人均红妆浓抹，准备作新人矣！回忆七月二日，裘子亭县长邀约同在水磨沟温泉作竟日之游，刘挈其三位夫人同往，意气豪放，余勇可贾，有灭此朝食之概。向同人试其枪法，毙雀于数百步外，屡试不爽，神技令人拍案叹服。九日，在南山中弹，迨晚即逝。十六日，公葬，轰动全城，五位夫人麻衣素车以随，为状至戚。二十三日，四位夫人联袂出嫁。四星期之间，人事变化有如此者！闻新夫皆东北军人，不知尚许文君忆故夫否？余为之戏咏曰：“一抔之土未干，四位夫人何去！”

当“四一二”政变后，政治颇有革新希望，各族意见亦有融洽一气之趋势，乃近来环境仍多恶劣，彼此仇杀之风，犹所难免。吐鲁番方面忽来数百骑至三台大肆掠夺，并戕害居民数十人。日前军官在南山作战，亦有危及回民妇孺之事，他如省城粮食燃料食盐，无日不在恐慌中，而政界中人，复互相猜忌，造谣生事，全无合作团结之精神，尤为深抱杞忧。余请辞省政府维持会委员及善后委员会常务委员，浩然有归志。刘主席派人慰留，全体委员亦一致挽留，余既欲去不得，唯有抱定“不贪功便无过，不趋利便无害”主义，庶几免于罪戾。

马仲英氏派来代表三人，赍函接洽和平，刘主席派吴兆熊、蓝彦寿二君，即日赴吐鲁番与马仲英、马石明接洽，大致请其先退哈密镇西。刘示余马仲英来函及此间复信，暨蒋委员长六月九日致马退守原防电。盛督办谈整理财政各问题，嘱余多加研究。又谓前方送来奸细一人，声称与城内送信，牵涉十余人，汉、回皆有，正在审鞫中，委员马国骏因此被拘。

各机关接奉军民两署通令，凡机关人员及各族人民未经许可，概不准向领馆自由出入。

克气格邮务长请假返国，余嘱将土产石油带往德国化验，克告：前德国西门子代表拟在迪化设立电灯厂，亦曾将油样带去。克邮务长夫妇乘机赴塔，余至大飞机场送行，由迪飞塔，四小时即达，真快事也。

迪化文化落后，书纸店极少，且所售多残旧小说，以及医、卜、堪舆等书，不堪入目。数年前镇西朱炳君舍官经商，设立博达书馆，与商务印书馆订有特约，运来新书多种，士人称便。自东北军来新后，该馆书籍尤为畅销，《东方杂志》最为社会欢迎，随到随尽。余常至该馆搜检，亦无甚可购之书。某日购得邹海滨著《环游二十九国记》，阅其在美日记，追念旧游，仿佛如在目前，屈指一计，于今十六年矣。

善后委员会常务委员李悟仙厅长因病出缺后，由得票次多数张鸣远君递补。杨祈侯谈李之灵柩，尚需由迪化运回广东潮州，否则贻笑于邻里族戚。李服官新省垂二十年，曾任绥定七载之久，唯宦囊并非充裕，自升任民政厅长以来，月月亏累，遗款无多，异日运柩回粤，恐须去其家产过半。我国习俗，死后必须归葬，不作异乡之鬼，此种心理，牢不可破！

桂芳生继任省政府秘书长，余常往访，与之借书观览，渠书向不轻易借人，独对余无吝啬。一日出示收藏字画，有购自迪垣者，中有何子贞中堂一幅，可称佳品，而代价甚廉。又示赵子昂墨迹照片，原件系中法考察团团员袁复礼在迪化时，由南关维族市肆中，以数两省票购得者。不料文化落后之迪垣，尚可寻得如此珍品，盖亦可遇不可求耳。闻前伊犁将军志锐收藏最富，志被难后，书籍字画古玩等，散落各处。

新疆省票价格日见跌落，余闻财政厅又加印十两省票之举，特谒刘主席请其格外考虑，刘允付大会讨论。省政府例会，朱凤楼厅长提出财政救济案，略谓杨故主席时代，只印一两省票，每月出一百三十余万。金前主席时代，始加印三两、五两，尽机器力量，月出七百五十余万两。自“四一二”革命之后，军用浩繁，兼以增薪超出平常数倍，即按六月份而言，实用一千六百余万两，以至将库存一千余万省票，均行用罄；现只余一百余万省票，而待发之款，源源而来，无法应付，只有改印十两省票，以资救济，应请大会讨论云云。盛督办主张财政公开，成立监察财政委员会，破除情面，先由督署彻底清查。余谓人民对于新政府之趋向，则视省票价格之涨落，根本救济固在开源，而目前治标办法，只有节流一项。唯现在收入涓滴皆无，深觉危险万状，加印十两省票，实属下策，不过较之无策略胜一筹耳。军政两署，应将每月经常费用，列出预算，军兴用款，则另列入临时门。不敷时，亦可临时向商会商借，或发行短期公债，以免影响全省省票等语。当经大会采纳，唯加印十两省票，因军用迫不及待，刘主席亦认为别无长策，卒得草草通过，饮鸩止渴，终恐无补时艰，他日物价腾贵，徒使人民怨怼耳！

欧亚飞机准每星期三开来，星期五开回，已成定例，信件大半由航空邮递，真有瞬息万里之妙。每闻飞机高翔之声，人人争出户外昂首高望，如居海滨之望轮船进口者，羁旅之人对于飞机，尤有特别情感。一日忽来机两架，搭客七人，内有该公司协理华德，及盛督办旧职郭大鸣、杨梦周、董某三君。

善后委员会开会，李镜泉、张宾于及余三常委皆到，议定除总务、民治两组主任每日到会外，余三人则轮流值日，公事随到随办，由值日常委负责。随偕李、张往谒刘主席，呈请赈济南山难民，主席允发省票十万两，由省政府加派委员会同散放。

迪化食品以鱼类最为欠缺，忽一日周海东送来无鳞鱼十余尾，遍身无鳞，食之味尚不恶，产自郊外水磨沟，为省城唯一之鱼类。余生于海滨，每饭不离鱼介之类，今饭食无鱼者，数月于兹矣。伊犁之伊犁河，阿尔泰之额尔齐斯河均产鱼，唯须届冬令，始能结冰运省。《新疆图志·物候志》载，雪蛆生雪中，有重十数斤者，天暖雪融，随水下注，辄化为鱼，故新疆多无鳞鱼，食之令人疾。

赴吐鲁番代表吴兆熊、蓝彦寿返省，马仲英氏亦派姚、杨二君同来，意在和平，并愿退驻哈密，由省方供给饷糈。刘、盛两长官又欲请余衔命前往，与之彻底接洽。(1)须会同剿匪；(2)须担任护路，粮饷则由公家酌量供给。余谓此次应派高级军官前往，并力举刘慕飞参谋长一行。刘遂于次日偕马仲英代表姚、杨二氏，暨吴、蓝、李三君前赴吐鲁番。省政府又派满素尔、阿宝二人乘汽车赴绥来往接阿山代表。

《天山日报》载阿山最近情况如下：阿山街市放火焚烧，凡晋商各大商号，均化为灰烬，留者仅三道桥至维商街几家小铺，苏联商厂货物，尚无损失。布尔津、哈巴河两县街市，焚毁无遗，至冲呼尔盐池、克木齐可苏、巴里巴盖、红墩渠及各处村庄民舍，尽成焦土。阿山全境除吉木乃外，无房屋之可言。至阿山和生号存粮最多，被魏都统临行时放火烧尽，幸回商尚窖藏有麦米，勉足支持。西岔河等处金厂，存有米面数十万斤，乱后被运至科布多云。又告当俄新旧党之争，阿山吃紧，行政长周务学情急自戕，省城为之震动，杨将军派渠驰往阿山，与苏新党交涉，卒退出阿境，旋委渠为阿山外交局长。

前阿山都统张宾于谈，阿山行政长向兼营务处步兵营及外交特派员，行政长公署设一秘书、二科长、六科员、八雇员、十二台吉、两哈萨克通事、一蒙古通事。营务处一参谋、二十差官、四十马队。步兵营约有兵额三百余人，此外又节制承化寺步兵一营、机关枪一连、炮兵一连、吉木乃骑兵一连、冲呼尔骑兵一连、铁里子骑兵一连、布伦托海步兵一连，饷由营务处按冬、夏两季在省城领发。又，向归省城节制爱林郡王带哈萨克骑兵一营，汉达皮亚镇国公带骑兵一营，有事即归行政长调遣。阿山道共五县：为承化县、布尔津县、布伦托海县、哈巴河县、吉木乃县。又一设治局，为可可托海设治局，武卡则以吉木乃、铁里子两卡为最重要，阿山哈萨克部落为一郡王（爱林），一镇国公（汉达皮亚），一辅国公

（公漠尔泰），一贝子（沙不多大）。蒙古部落镇国公为太平公、兴登加不公、吐尔巴吐公、衮不扎布公。阿区以南，则土尔扈特鄂亲王游牧地（盐池甚多）。至阿山其他机关，则有一外交局、一电报局、一金课局、一统税局。出产以沙金、牲畜、驼毛、羊毛、狐皮、灰鼠、羊肠子为大宗，公家每年收哈萨克马三百匹。此外税收则有吉木乃关税，以及各县牲税、商税、契税。至金课每年约收五六百两，照例提出二成为行政长公署印红费，张在阿尔泰任内七年，以民国十三年至十五年产金最旺。

邮局陈、钟、林、李四君邀宴，并晤新到方、仲、何三君，席间居然有香蕉、蜜柑，乃由飞机带来者，新省人对此二物，均不识之，竟误认香蕉为小茄子，然则哈密甜瓜，如带往内地，亦必认为西瓜矣。席中燕、晋、苏、皖、川、粤、闽各省皆有，而闽籍计有四人，竟占最多数，然而全省乡人尽于此矣！

新疆汉人人数较少，婚姻更为困难，守贞待聘之闺秀，虽降格以求，亦多不可得，故遇有由内地来新服官之人，苟年非甚老，即有托媒说亲者，家中有无眷属，则在不问之列，盖明知一自远戍新疆，即不易言旋也。近来东北军官不甘孤栖之苦，遂纷纷大办喜事，前后不下数百起。民宅门口贴有“新人上轿大吉”或“新人下轿大吉”者，触目皆是，大有将边疆待字之闺秀一网打尽之势！西北女子乃竟相嫁与相隔数万里之东北军人，诚为始料所不及，迷信家又将目为姻缘莫非前定矣。值兹军事吃紧之际，而军官皆孜孜自营家室，昔人云：“异哉夫子有三军之惧，而有桑中之喜。”又曰：“妇女在军中，兵气恐不扬。”殆不适用于今日！

天津朱炳君组织绥新汽车公司，由归化直抵迪化，省政府将其函件发交善后委员会核议，有主张将全路分作两段，迪化至二里子河一段，由省方自办者。余以现应亟谋恢复交通，朱既组织就绪，应准其暂行试办，当即提出省政府会议通过。

刘君绍香，主席长公子也。前曾和余诗，文字颇见优长，金前主席时代充省政府科长，自三四月间奉命守城，因劳致疾，卧病数月，竟至不起。余诣刘主席极力慰问，但恐舐犊之爱，一时遽难忘情耳。

八月三日，省政府开会，适接南京冬电，已先发表刘、盛、张为新疆省政府委员，刘兼主席，盛兼边防督办，张兼伊犁屯垦使及新编第八师师长，余在审核中。巴彦返省报告阿山情形，闻尚聚有老回回二千余人，未能就范。与巴同来阿山代表六人，亦列席会议，其一为爱林郡王之子，盖阿山问题不在哈萨克，而在回回手中矣。次日巴彦、阿宝偕同阿山哈部代表来谒，报告阿山情形。连日省政府与阿山代表接洽，派爱林郡王之弟沙里福罕护理行政长。

省政府开会，财政委员会呈复路政局经费浩巨，应请复议，通过归并公安局。当日余即谓清洁街道，系属公安局职权。准路政局成立以来，扫除待市，殊有成绩，一旦归并，经费无着，诚恐旧态复萌耳。

刘慕飞参谋长一行偕马仲英代表张雅韶、姚治平抵省，磋商防地问题，余向盛督办建议，如欲表示真正合作，应彼此互用重要职员，庶能免除一切猜忌。盛交阅亲拟和平办法十条，拟给马仲英氏东路警备总司令名义，令其驻扎鄯善、哈密等处。张等返后，未几来省复命，谓马已同意，省方当即刊发关防，并委吴兆熊为吐鲁番县长，蓝彦寿为鄯善县长。

省城自发行十两省票以来，票价日益跌落，需要银五十两始能兑换现洋一元，物价因之异常昂贵，商家多将现货收藏而不肯出售。余与刘主席谈，目前急务，首应整理财政，刘嘱余拟一整理财政计划书，余仓促拟就，分开源、节流两项：开源为金矿、石油、开垦三事；节流为确定军政费预算，及剔除中饱，杜绝陋规等项。各族委员均有一人连署，提出省政府会议，经余略为说明后，各委员相继发言，赞成余之提案，认为目前即应施行者，为开办阿山金矿及整理关税二项。刘主席报告关税一项，公家每年损失至巨，如能改用现钞，将省票定一价格，降为辅币，则关税自可改征现钞，苏联方面亦不至持何异议云云。原提案通过次第筹备进行，兹将原文列后：

整理新疆财政计划意见书

窃维一省财政，犹一家之财政也。举家坐食山空，不求生财之道，势必债台高筑，家破人亡。是故善理财者，首重精密之预算，量入为出，孳孳比较，每遇财政困穷之际，唯有整理收入，厉行裁减，勉渡难关，徐图兴起。倘耗财之道十，而生财之道一，虽有桑孔之能，亦无以善其后。卫文公大布之衣，大帛之冠，斯乃节流。务材训农，通商惠工，斯乃开源。必也两者具备，而后能收革车三百乘之效也。

新省财政全赖不兑现之省票，以资挹注，发行之数，已足惊人。前者仅发一两，信用卓著，今则三两、五两、八两、十两矣。临时济急，原为权宜之计，若欲恃此解决财政问题，尽人皆知其不可也。盖纸币充斥，则物价涨腾，生活程度增高，与其增加薪俸，适成正比例。此势所必至，理之固然，以今日四千余两金价，与去年七百余两比，其他可以类推。长此以往，恐求今日之现状而不可得。虽然新省财政，非无挽救之方，惩前毖后，即如指掌之明，则截长补短，其事亦如反掌之易。何以言之？今日之患，在于府库竭匮，土地物产，固犹是也。且纸币之跌落，仅自近一二年始，疾在腠理，未入膏肓，犹可为也。

入手整理方法，不外开源节流，而开源尤为起死回生不二法门，试分别言之。

一、阿山金矿为全省财源所在也。迩者金贵银贱，世界经济恐慌，无非缺乏现金。我国产金之地，为东北与西北，民国十一年间黑龙江逢源公司发现长不及一里之猪肚子河，产金值国币三千万元。一时这幸遇，引起各国注意，今则拱手送人，不复吾有。即就西北阿尔泰而论，尤为产金策源地，年来仅凭甘省人民远道前往洗金，每年产额在二万两左右，值国币二百万元，稍加整理，不难倍增其数。盖沙金曾经天然淘洗，挖采较有把握，利之所在，人争趋之，交通随之而便利，林垦随之而开辟，美国西方之灿烂繁荣，皆旧金山金矿为之也。诚能以开采阿山金矿为各种事业之先导，不数年间必有成绩可言，任他企业，无如金矿收效之伟且速者。唯是欲兴矿业，非款莫办，既非探囊取物之事，更非一手一足之烈。事先必须充分准备。为大规模之勘探，或利用人工，或订购机器，或划定区域，招商承办，或募集公债，匀年摊还，因地制宜，要皆各有其道。每年所产金额，由公家备价收买，存储金库，俟集有成数，即作为发行现洋钞票准备金，陆续销毁旧省票，为桃僵李代之谋。

再次即采拜城之铜，以作辅币。全省园法，一旦改观，则当日通行之硬货，如红钱、铜圆、银圆等类，亦可复见于市面，不至如今之销声匿影矣。

二、全省石油应择尤试采也。新省工商疲敝，要皆交通闭塞之故，欲便交通，唯有广开汽车路，而汽油尚矣。至于煤油，尤为一日所不可无，舍己之所有，而仰赖邻国输入，不特为绝大漏卮，且时有青黄不接之虞。近者欧、美发明一种汽车，即用原有石油，无须提炼，不过在车内略增构造而已。此项汽车，最适于新省之用，但本省产油之丰歉，及油之成分比重，尚无明确之调查，似应择定区域，及时探采，以凭试验。或用最简单提炼法，以期适用，而塞漏卮，全省交通，实利赖之，匪特东路已也。美国企业家每多从事油业，一经凿井得油，立致巨富。日本因无油田，投资数百万于抚顺煤矿，卒由片岩内榨取油质。近又与苏联订立购油合同，全国额手称庆。盖未来世界大战，实汽油之战争也。他国视为命脉所系，独至我国，则任其弃置，无人问津，此强弱贫富之所由分，欲人之不我谋得乎？

三、水利亟应讲求以便垦殖也。新省面积辽阔，地脉腴厚，但苦于缺水以资灌溉。不特草野荒原，不能垦为良田，即已成畎亩，历久亦有变为石碛之患。兴水利，即所以开垦务也。虽然鸠工治渠，所费不赀，民间实多无此力量。为今之计，莫如倡为官开民领之法。先由公家开渠，再令民间领地，按所领地亩，匀摊渠价，官无所亏，而民实得其惠。草湖荒阜，不难变为膏腴之壤，其利甚薄，亦解决民食之一道也。窃谓新省地广人稀，欲图开发，非实行移民不为功，而于未移民之先，则首应从事沟渠，而后生民有所托命，不至漂流靡定，转为地方之累。斯亦得尺则尺，得寸则寸之事，在公家固属轻而易举，随时随地皆可置诸施行者也。前者中央有移民新省之举，惜当局未商明中央协款开渠，遽寝其议，一俟军务结束，未始不可旧事重提，或能得中央之协助，以为移民之准备，否则本省亦当量力而行，不难日起有功。

以上为开源之道，约言之，矿为先，垦次之。天不爱道，地不爱宝，因势利导，因地制宜，斯为得耳。倘公家限于经济，则当聚精会神，专办一事，务底于成，而后兼顾及他。至于普通商业，如皮毛、羊肠等类，乃商旅之事，公家概不经营，以示不与商民争利，藏富于民，庶地方有繁荣之望也。

所贵乎节流者，乃得省则省，咬得菜根之谓。唯必先有统计，而后能权其轻重，分别裁减。举其大者，亦有三端。

一、军费应请中央协助，或地方分担也。新省军队，久已废弛，然同时财政得以维持，人民得以安居，当杨故将军之时，尚能有盈余之年度，是真能爱民，善于量入为出者也。比岁以来，军用浩繁，兼以东北军来新，适值百物高昂，于是不得不增订饷金，而无形中超过原有预算数倍，此今日财政所以有江河日下之势也。窃谓东北军队，转道西北，共守边陲，功在国家，但于未受编制之先，仍属客军性质，似可呈明中央，陈本省财政困难，请求协饷补助，中央明知本省骤加盈万之军队，自为平日预算所无，苟非十分困难，亦似不至置东北军于不闻不问之列。协饷有成，则军需可省泰半，节流之大，莫逾于此，设事不谐，则不得不思其次。方今军队麇集省城，自为一时现状，异日势必分驻各处，则莫如以地方之款，养地方之兵，如能废除鱼肉百姓之农官、乡约，以养捍卫地方之军队，再为整顿本地陋规，使之涓滴归公，以充兵费，吾知商民必有乐从之者。军队与地方有此亲切关系，自能融和一气，具有团练保甲之精神，对此民族庞杂之新省，最为相宜。难者曰：农官、乡约尚能以百姓为鱼肉，何况荷枪之军队？是则不然。彼农官、乡约，人多品杂，往往与贪官污吏朋比为奸，倚势欺凌，民间无如之何。至军队应在省城重新编练，严明纪律，慎选官长，并仿照前清成例，县长得兼营务处，予以节制就地军队之权。果有不法行为，自能随时禀报，此为分担军饷起见，不得不勉筹办法。较诸明知府库空虚，而强使供应，不犹稍胜一筹乎？

二、政费应有确定预算，俾便稽考也。新省政界机关历历可数，人员寥寥无多，非若内地衙署林立，人浮于事。且充其所得，多有不足糊口者，故冗员能裁固佳，否亦无足重轻。唯应限定额数，严禁兼薪，俾有准确之预算。至于各机关纷纷领款，不分经常或临时费用，长官无从查考，只得批以核发。科中或碍于情面，或疏于钩稽，难免无失之于滥之处。一人尝试，众人效尤，无以难之也。严格言之，科中有核之权，无发之权。况款属经常，尚可考核，若系临时，并考核亦不可能乎？是以发款之权，应操自长官，可发则发，可减则减，可缓则缓耳。诚能认真处理，似亦节流之一道也。

三、关税、统税亟应整理，以绝陋规也。关税、统税各省皆视为重要收入，独新疆税收以及田赋，尚以省票为单位，全年岁入只一千数百万两，按现时价格，只合国币数十万元，以奄有中国本部三分之一面积，收入竟只有此数，岂不传为笑柄！再考其岁出，乃十数倍而不止，相去悬殊，亦为各省所无。今者我国关税自主，所有输入货物，如烟、酒以及其他奢侈品，均应增加税率，以符国际惯例。即统税税则，历久亦有修订之必要。侧闻关税数年未曾报解，其他统税，亦多归商包办，无比较考成之可言。似应彻底整理，除各处关税令其按期报解外，所有统税均应派员整顿，剔除中饱，杜绝陋规，另订提成奖励章程，以昭激劝。一俟发行新钞改用国币时，税收一律以国币为单位，自能增加收入，占全省岁收重要部分，可无疑义也。

以上为节流之道，盖唯整理方能节流，唯节流方能开源，唯共体时艰，方能挽兹厄运。毁家纾难，古之人有行之者，况尚有流可节，未至山穷水尽之绝境乎？至其他细目，似应责成主管机关，详为稽核，为着手整顿之初步。

总之，财政为万事之母，得其道则兴，不得其道则替。方今全国濒于破产，中央倚内外债为生活，各省则横征暴敛，巧立名目。所幸新省尚无外债，亦鲜杂税，整个问题，则集矢于不兑现之省票，为数已达一万万四五千万两，隐患方兴未艾。欲图挽救，舍收回销毁，另发现钞，别无长策。以新疆之大，合英、法、德、意各国莫之与比，而谓不能收回纸币，且复变本加厉，以此图策久远，必不其然。第恐地方军事，迁延不决，群众心理，得过且过，用者自用，发者自发，是今日不得已所出之下策，未几又将变为无策，岂不重可惧哉？拟请大会共同讨论，或发交主管机关核议，预筹资本，以为开源之计，标本兼顾，庶乎有豸。是否有当，敬候公决。

提案人：吴蔼宸。

连署人：李溶、桂芬、张鸣远、吴钧廷（蒙古代表）、贺德元（商会副会长）、通宝（满族代表）、阿宝（哈萨克代表）、胡赛音（维族代表）、马鸿祥（回族代表）。

余常至邮政公寓，一日代理邮务长陈茂谷君告，邮件近复开始检验，乘坐飞机非有省政府许可证及督办盖章，不能向航空公司购票，上次有搭客未得许可证，致飞机临时放空返沪云。陈出吐鲁番葡萄相饷，小而无核，又尝吐鲁番西瓜，甜美无匹，真是名不虚传。

各界开追悼阵亡将士大会于两湖会馆，刘、盛以下皆到，收到挽联颇多。余挽句云："为攘外奋斗，为安内牺牲，一掬丹心成壮烈。或马革裹尸，或龙堆埋骨，频挥热泪吊忠魂。"

余接航空家信，威儿近考取北洋大学。（平、津、沪三处投考三百余人，录取十五名，采冶系威儿一人获选。）晚间无事，成五古一首《喜威孙考取北洋大学》，得三十四韵：

威孙真吾儿，一试升大学。万里驰书来，慰我久刮目。
五陵意气豪，纷纷遭鼎覆。补拙汝能勤，崭然露头角。
忆汝周晬时，我游新大陆。质弱不坚牢，艰难汝母鞠。
七岁入育英，迎送赖婢仆。一日独归来，入门便惊哭。
纸笔渐知好，梨栗非所欲。自作南开生，六载未瑟缩。
乃知非驽骀，无用事鞭扑。儿今欲学爷，原为良冶续。
是道何足臧，抱璞常取辱。爷昔少年时，足迹遍陵谷。
虎穴入探雏，胼胝自苦卓。蹉跎二十载，求伸只局促。
奋臂投穷边，垂老劳心曲。风灾鬼难域，踽踽成羁独。
况复逢狂悖，鸡狗同杀戮。寄食屡铗弹，避害甘蛰伏。
迟迟不忍去，出昼犹三宿。平生沉沦志，到此益坚确。
北有阿山金，南有和阗玉。舍此焉救贫，思之已烂熟。

一朝落吾手，肯使失正鹄。消长理循环，苋苋视苜蓿。
男儿贵兼善，志岂在满腹。欲作万人豪，当谋众生福。
儿读圣贤书，至理应私淑。身心两操持，学成俾尔谷。
我幸得安排，尔来如初旭。筚路谢竞趋，山泉分清浊。
终然此相谓，拊缶胜作乐。忽觉滞天涯，情知怀舐犊。

马仲英氏接受省政府命令，大局当可告一段落，唯近闻和加尼牙孜带领数千人至托克逊，与马石明部交绥，被马击败，损失甚重，向焉耆退却。吴、蓝二君再赴吐鲁番携带赏银二十万两，并须驰往焉耆调停战事。嗣闻马石明进抵焉耆，和加尼牙孜向库车退却，外传马仲英氏因与马石明取联络起见，有暂不退出吐、鄯之说。

新到党务指导委员彭昭贤（鲁）、曹启文（陇），以及郭大鸣（辽）、杨梦周（辽）、苏上达（辽）诸君，先后来访，彭由中央派来视察，自云两星期内即行返京，曹留滞肃州多时始来，郭为郭松龄将军介弟，杨、苏均曾留学外国。省政府维持会委员前阿尔泰行政长张宾于氏病逝，数月以来，厅道中作古者为阎、李、常，并张而四矣，时局之影响人生有如此者！

哈萨克阿宝君邀宴，吃烤羊肉，饮马奶，完全哈萨克风味。满素尔告，迪化每日须宰羊七八百只，全省每日须宰羊三万只。克怡生告，塔城、额敏一带，每年产羊三百万只，阿山亦如之。伊犁孳生羊，每年约五百万只，加以乌苏、绥来、沙湾一带，全疆北路每年约产孳生羊一千五百万只。至每年出口产物如下：羊五十万只，每只平均十三卢布；牛一万五千头，每头平均五十卢布；马一万匹，每匹平均五十卢布。棉花仅吐鲁番一隅，年产一百万普特（每普特二十七斤半）。全省每年出口二百万普特，一普特可售十六卢布。皮毛每年出口约百二三十万张，牛马皮每张平均五卢布。生丝每年出口五万普特，每普特售一千五百卢布。现下价值，每卢布按省票二十两折合，约值国币四角。克供职塔城关税多年，故言之綦详。

第十一章

罗文干巡视新疆

八月二十三日，刘主席交阅行政院汪院长电，中央派外交部长罗文干来新巡视，仅带外交部参事林东海、司法部秘书冯有真二人，于下次飞机同来。罗氏身兼外交、司法两部，竟能远适边陲，殊出意料之外。省政府择定外交署为罗氏行辕，并嘱余代为招待。余特谒盛督办，谓上次黄慕松氏宣慰完毕返京，此番中央更派外交部长罗文干氏来新，其注视边疆可以概见，应竭诚款待，将地方困难情形和盘托出，请其转达中央，藉可消除以前无意味之误会。盛极以为然，亦嘱余帮忙招待，并加派鲁伦、苏上达二君同任招待之责。外交署则由迪化县派人布置。兰州省政府来电，谓罗氏一行冬日可抵迪化，省政府通知各机关届时齐赴飞机场迎接。

九月二日，阴雨连绵，众料罗机应不能到。午后一时裘县长派人来告，罗机即刻可到，余即驱车飞机场，则见军政界各首领，已在场守候，棚下渗漏不堪，场内泥泞，几无立足之地。朱凤楼厅长年七十二矣，亦力疾冒雨候迎，余劝其留刺[1]先归，欧亚航空祝钦瑺主任谓，如此久雨缠绵，天上布满云雾，飞机西来，实在危险，业已连发数电，阻其前来，如该机系于中途遇雨，只有冒险西来矣。

同人正在冒雨久候中，俄飞机一架从飞机场后面而来，军乐队暨欢迎人员亟排列成行，飞机徐徐降落，驾驶至为娴熟，祝主任首开机门，余向前与罗钧任部长握手，表示热烈欢迎。斯时刘、盛二氏亦赶至欢迎，由余为罗氏一一介绍，遂同坐汽车至外交署特设之行辕，同来者为林东海（粤）、冯有真（苏）、王兰锦（粤）三君，席间李镜泉行政长、屠椿庭院长及余作陪，罗氏向余颇多咨询，渠因目疾戒酒，非复当年之豪饮矣。罗氏因连坐飞机，身体劳顿，时已昏黑，而急欲赴浴，首都初来之大员，固不知边塞之迪化城，此时早已四城关闭，路上断绝行人矣。然卒偕裘县长陪同罗氏往浴于南关格米理肯宅，格复殷勤留饭，归时开城始得入。

翌晨，盛请余谈话，留共午膳，嘱代向罗陈述数事，由余一一转陈。罗、盛、刘在外交署久谈，旋刘召余进府谓已将余名列在省委。越日罗氏见召，谓已改任余为外交特派员，余始悉此中曲折，仅允个人加以考虑。旋谒刘、盛请辞，均劝暂就，余在内地备尝外交滋味，今来边省，再作冯妇，非吾之夙志也。

迪化维、回二十四寺坊代表数十人谒见罗部长，罗对各代表抚慰有加。省政府维持委员会全体委员在东花园设宴欢迎罗部长，众推余主席，酒酣，余起立致欢迎词，并祝贺刘主席、盛督办，及欢迎东北各将领。罗、刘、盛、刘（参谋长刘斌代表东北将领）相继答词。

七日上午十时，刘主席、盛督办行就职典礼，全城文武官员均在场观礼，苏联领馆全体人员及女宾刘、盛两夫人以下数人，亦均在旁观礼。刘、盛举手宣誓如仪毕，罗氏代表国府监誓，并致训词，刘、盛致答词。苏联总领事孜拉肯初次谒见我国外交部长，执礼甚恭。外宾暨文武全体人员入席，济济跄跄盛极一时，席间宾主尽欢，开怀畅饮，多有酩酊大醉者。刘、盛复有演说，皆为军民分治事而发，杨耀钧总指挥复代表东北将领表明意旨。席罢，回教马鸿祥、蓝彦寿等导引罗氏答访南关

---

[1] “刺”，即名刺，作用与名片大致相同。

维、回各礼拜寺，罗氏详询各族疾苦，并宣达中央德意，维、回民众深获抚慰。各界联合会在江浙会馆开会欢迎罗部长并庆祝刘主席、盛督办就职，余陪罗氏同往，由裘子亨县长致欢迎词，罗、刘、盛均有答词，旋各界公推马仲英代表张雅韶氏致辞，罗氏旋往答拜苏联领事，复应东北各将领欢宴，刘、盛二氏复来行辕与罗久谈。

罗氏此来巡视新疆，当头一棒便是如何制止双方战事。马在吐、鄯屹然不动，省方则如芒刺在背，感觉不安，彼此猜忌之心终未消泯。众皆深望罗氏以中央大员资格从事调停，而马仲英、张培元两氏，均派有代表来省欢迎。罗氏慨允亲赴吐鲁番一行，唯愿以超然态度与马晤谈，故拟仅带其随员同往。嗣因盛督办甚愿马能随同晋省，当面解除误会，切实合作，故特派其四胞弟、参谋长刘斌同往，意在使马安心来省。省府亦加派迪化行政长李溶偕同马之代表张雅韶陪伴罗氏一行，于九月九日清晨乘坐长途汽车出发。余对罗氏此行忧喜参半，盖马能来固佳，倘竟不来，则又如之何！

十二日晚罗氏一行返省，马方张雅韶、姚治平、拜自兴同来，马亲送至达坂城，无来省意，因此刘、李、盛诸氏亦同行返省，而李行政长因中途跃车受伤，尤为无妄之灾。余亟偕屠椿庭院长往视，足被车轮碾过，流血颇多，正由医生为之敷药，此老年已六六，稍受轻伤，犹万幸耳。刘、盛闻罗返省，即相偕过访，咸以马不肯来，认为缺乏诚意，各将领亦剑拔弩张，跃跃欲试，省城空气突形紧张，主战派益复振振有词。罗氏以马之饷糈如有着落，可促其缩防，否则双方实逼处此，难免一战，特派冯有真秘书先行飞京报告，罗氏本人则定于十六日前往塔城巡视，并与颜骏人大使会晤；刘主席、盛督办派余与广季高、马耀华二君陪伴罗氏巡视塔城、伊犁。余等为之接洽车辆，并兑换省票等事。

十五日，归化军将领欢宴罗部长，刘主席拟亲往吐鲁番接洽和平，旋又罢议，此中消息，思过半矣。马方代表张、姚、拜及维持会委员回教马鸿祥被拘。罗氏因苏联孜总领事欢宴，展期一日，复因省城汽油临时告罄，到处凑集，始得成行，冯有真亦改定同往塔城。广季高因事留省，余与马耀华随行，督省两署各派副官及卫兵护送，刘、盛以下文武官员均亲送，余等遂于十七日十二时半离开迪化城矣。

第十二章

塔城巡视记

九月十七日午刻，余等随同外交部长罗文干氏出巡，三时半至昌吉县城，县长于镇国、团长刘兆丰率领兵士迎于郊外，并为预备行馆，陈列各种冷食。同人未进午膳，早已腹鸣不已，一时风卷残云，食之格外甘味，逐日省城筵宴望之生厌，实远不及此也。

尖毕复行，六时抵呼图壁县城，县长胡寿康暨驻军两连长率队恭迎道左，遂宿焉，计半日行一百八十里。

余此次重履迪塔路，风景依稀，不减去年，唯自乱后，房舍多被焚毁，满目疮痍，不胜今昔之感。今日途中所见，首则省城附近之西大桥，繁盛市场成为瓦砾。次则昌吉城外房舍焚毁殆尽，死亡尤众。呼图壁战后劫余，触目皆是，本地各族人民死伤，虽不如昌吉之重，然亦达二三百人。

次日为“九一八”两周年纪念，昧日出发，九时抵绥来县，张仲恺县长及刘镇藩团长率领军队迎迓如仪。在行辕稍憩，步行至南城一带，察看变乱时焚烧状况，昔日繁盛之区，今则成为灰烬，即县政府亦付诸一炬，徘徊瞻顾，不胜感慨系之。

十一时续行，过乌兰乌苏及安集海，晚八时始抵乌苏县城，俗称西湖。

今日在车中计十六小时，泥沙扑面，颠簸不堪，罗氏久居都市，今亦备尝塞外风味矣。县长马文光设行馆于维族巴依宅，十一时同人均席地而卧，室内特备铁床一架，罗氏屏而未用，殆亦愿同甘苦之意欤？

乌苏为迪塔、迪伊中心点，乃北疆产米之区，驻有吉林自卫军一团、东北救国军一营，共一千数百人，而全城居户亦不过一千余名，几乎一兵保护一人，自乌苏以西，变乱幸未波及。

翌晨八时行，中途野餐，马县长送一西瓜，硕大无朋，同行上下十余人，吃之不尽，分饷路旁之人。傍暮宿庙儿沟，哈萨克千户长已奉额敏县长手谕，来此办差，有蒙古包三架，旋于羊群中拣两羊，对客就地屠宰，用一小刀剥皮挖肉，手法之敏捷，虽古庖丁解牛，亦不是过，就地架设大釜，下烧羊板粪，水已成沸，肉投其中，顷刻煮熟，陈列桌上者，即羊肉汤、羊肉而已。同人食宿均在蒙古包内，一尝戈壁滩滋味，陈排长亦派其老弱残兵设岗守卫。黎明兴起，寒气袭人，遂各添衣。

九时，托里打尖，额敏县已派人在此招待，十一时，过老风口，幸未遇风，午后二时，抵额敏县城，孙国华县长，塔城陈继善行政长、赵得寿县长，并苏联塔城领事爱信等来此候迎。五时半，抵塔城，全城文武官员均在东门外迎迓，行辕设在塔城师洪九宅，并派多人担任招待。晚陈行政长、赵县长陪宴。自省城至塔城汽车计行四日。同人赴蒸汽浴室沐浴，一涤积日尘垢，余电省城，报告罗氏安抵塔城。

余偕林东海参事往访陈源清行政长，搜集关于苏俄边界材料，仅得残旧不全之《中苏边界地图》一张，似出于胥吏之手，其不能作为标准，自无待言。前在巴克图苏联关税办公室内，见悬有两国边界详细地图，税务长尚洋洋指画为同人解释，而我方欲求一较完善之地图而不可得，一旦边界发生争执，将据何图说与之交涉，势必束手无策，一误再误，良可慨已。余感觉新省首需一精密之地图，而国界尤须详为厘定，以免蹈丧地之覆辙。一俟军事结束，地主安谧，拟向中央地方建议由交涉署主办其事，定一两国符合之国界标准地图，以期一劳永逸，诚为谈国防者，第一件大事，唯非中央拨给经费，并准允调用测绘专员不为功耳。兹将塔城边界大略情形，参证《新疆国界志》，一为叙列，以供阅者参考。

我国与俄接壤，犬牙交错，绵延数千百里，前清康熙、雍正间，即已分立界牌，自乾隆间荡平天山南北，辟地二万余里，哈萨克、布鲁特诸部先后内附，凡昔日汉、唐建牙置戍之所，悉归囊括，故曰新疆。咸丰以来，海内多故，俄人乘隙诱我藩属，因四国构和议及疆事，遂约以常驻卡伦为界，于是卡伦以外之地，沦失至数千百里。同治三年(1864)，俄人夺据塔什干城，时新疆复发生回乱，南北两疆相继失陷，勘办西北界大臣明谊，会同俄国大臣杂哈劳遵照京城议定和约，订立塔城之约，而西陲国界为之一变。嗣后伊犁、哈城之约，实滥觞于塔约。

按:《新疆识略》谓边徼卡伦，向分三等，有常设、移设、添撤之分。历年不移而设有定地者，是为常设之卡伦。住卡官兵有时在此处安设，有时移向彼处，或春、秋两季递移，或春、冬两季递移，或春、夏、秋三季迁移者，是谓移设之卡伦。有其地虽有卡伦，而有时过时即裁撤者，是谓添撤之卡伦。卡伦之设，本只禁游牧人私行出入，初无关乎界址，故常设之卡伦，至近者距城或不过数十里。

明谊本北京约旨，勘办西北界务，立塔尔巴哈台记约时，虽与俄官再四辩论，谓中国卡伦向无常驻不常驻之分，必当以最外卡伦为界，无如我国边徼规制，彼中习见习闻，竟莫能挽回成约。同治九年(1870)建立塔城界牌时，俄人又将察罕鄂博界牌建于中国界内，侵入百余里，断我塔尔巴哈台赴阿尔泰山之要道。光绪七年(1881)，中俄改订条约，又谓同治三年所订斋桑湖迤东之界未妥，请由两国特派大臣勘改，而斋桑淖尔全湖与阿拉克别克河以西蒙、哈各游牧地，又被占去，蒙、哈生计，因以日蹙。前清执政诸大臣，向于边防地理，概未讲求，故一遇定约，无不受人欺陷，事后知而悔，悔而争，终无济耳。

同治四年(1865)，俄人夺据纳林河南之霍占城，《西域图考》所载霍占与浩罕、玛尔济朗、安集延、那木干、塔什干、霍什、科那普，为回部八城，今皆属俄矣。

同治五年，俄人占据塔尔巴哈台以北伊犁、喀什噶尔以西、塔什干以东诸地。

同治九年，塔尔巴哈台立界大臣奎昌，会同俄官穆噜木策傅建立塔属牌博十处，是为塔尔巴哈台界约，两国大臣各将图约钤印画押，彼此更换为凭，并画地图二纸，会同画押各钤用印信，永昭信守，并应遵照旧章，每年两国派员会同往查一次。

光绪九年(1883)，伊犁参赞大臣升泰，会同俄国七河巡抚斐里德勘分塔尔巴哈台属地，至喀拉达巴罕起至哈巴尔阿素达巴罕止，建立牌博二十一处，是为塔尔巴哈台界约。然同治九年，塔尔巴哈台界约第六牌博以东之地，又复割隶于俄矣。又借我巴尔鲁克山十年，嗣于光绪二十年(1894)方始收回。

复偕林君赴关税局晤黎主任，请其抄缮进出口货物，及其关、统税税则，以便带往斜米与颜大使商洽，嗣据开来每年由苏联进口货物二百十余种，以茶、糖、烟草、布匹、五金等项为大宗，而新省出口货物，则仅有十六种为羊毛、棉花，及牛、羊、马皮而已。

余自访卸任塔城行政长鲁绳伯于其寓所，始悉渠辞调阿尔泰行政长时，曾举余自代，并出文稿相示。复偕师洪九至吉祥涌晤胡赛音巴依，谈询最近商务情形，吉祥涌资本雄厚，设分号于各处，而以塔城为重心，高楼大厦，颇有大洋行气概。三时，陈行政长、赵县长公宴。六时，苏联领事爱信请宴，该馆新设收音机，听到南京广播无线电，虽不甚清晰，大致尚可领会。塔城近来食粮大为欠缺，价尤昂于省城，而每日私逃至塔城之苏联人民，及其哈萨克不下千余人，无法禁止，实为莫大隐忧。塔城户口现已增至十八余万，哈萨克约占十之六七，其余则为维族、蒙古、满旗、塔塔尔、归化俄等族，汉人不及百分之一。

二十二日晨，罗部长召商改订苏联商约应行研究步骤。十时，应塔城商会欢迎，十一时，应维商欢迎，苏联领事亦赶来参加。

逾午出发，爱领事、陈行政长、赵县长伴行。二时，到巴克图卡，晤春宝君(锡伯旗)，在边卡任事，此君曾入俄国大学，咸认其俄文为全省之冠，汉语不甚流畅，不为官场所重，殊可惜也。

在卡稍憩即出国界，首先察觉者，为电线杆之不同，我方因陋就简，每多倾斜朽腐，彼则高杆矗立，下夹石础，无倾摇之虞。及至苏联边卡，军队奏乐迎于道左，同人下车出示护照，旋即驶至华塘子苏联领事休息所，本区执行委员会委员长（P.K.Manjcss）来此迎迓，并约晚餐，税关长、大队长等均参加，委员长夫人善招待，殷勤劝酒，酒酣跳舞为乐。五时半，坐原车出发，行李装载于一车，几无隙地，十一时，抵乌金耳，汽车夫目力疲倦，要求在此停歇，宿汽车局内，一小屋陈设五榻，同人将师县长馈送路菜饱餐一顿，各自就寝，余取出被褥，宿于地板上。

翌晨成行，中午打尖，只有白菜汤，并面包亦无之，幸师县长送有甜面包及烧鸡、熏蛋，聊以充饥。下午五时半，抵爱古斯，一年之内又添许多建筑，入夜电光照耀，俨然城镇矣。车站特挂一公事车，同行六人，车中仅有四榻，余睡桌上，倦极和衣而卧，亦不知车于何时开驶矣。

二十四日晨，抵斜米，赵国柄领事暨苏联斜米省主席来站迎迓。驱车至领馆，焕然一新，盖准备欢迎颜大使，初不知罗部长亦翩然莅至也。接颜大使电，日内瓦开会，已商准外交部由顾、郭两公使出席，本人因头生小疖，医戒远行，请在新西伯利亚会晤。午后，陪同罗部长到街市一游，商店均已关闭，无可购买，在斜米领馆停留三日。罗氏答拜斜米省主席，由赵领事陪往，斜米为苏联哈萨克斯坦，主席为哈萨克，而其秘书主任，则为塔塔尔，且为共产党员，有超越之权力。余接刘主席电，与颜大使有所接洽。晚赵领事约观马戏，苏联提倡个人技艺，待遇甚优，故马戏盛行，到处皆有。

二十七日，同人整理行装，准备出发，罗氏行李有留在领馆者，余则全行随带，盖恐须赴莫斯科，与颜大使接洽中苏通商条约及边界问题也。临行在领馆合摄一影。开往新西伯利亚早车，误点至午夜九时始到，斜米省主席及其秘书主任均在车站欢送，赵领事随带馆员二人，同赴新西伯利亚，一行九人，占单房五间，皆系软铺，唯无电灯。

二十八日晚，至新西伯利亚，颜大使偕同戈公振、冒景璠二君，已先三小时由莫斯科到达，新来车站迎接，此间落雨道路泥泞，分坐汽车至苏维埃旅馆。余与颜大使别已两载，不料今日在此谒晤，夜餐谈话至晨二时，始各自归寝。

在新西伯利亚停留三日，颜、罗二氏除由赵领事、冒随员陪往拜访当地主席、副主席、市长外，因待商事件甚多，常在屋内作长时间谈话，同人转觉清闲，唯林君东海室内打字声音轧轧不绝，厥状殊形忙碌，盖渠方将新省所得材料，用英语作成报告，献诸颜大使也。

新西伯利亚较前似有进步，街市洁净，旅馆菜亦适口，且有白面包可吃，恐系专为招待我国外交官而设，其他仍系饷以粗黑面包耳。

余向颜大使详陈新省政变经过及自下状况，并代表省政府接洽三要件：(1)五领人选问题；(2)关税问题；(3)塔、伊逃来哈萨克问题。

颜氏虚怀若谷，询问綦详，并嘱此后可时通函电，或来莫斯科接洽。盖将来新疆外交问题，端赖此老折冲樽俎也。与颜大使同来之戈公振君，系中央通讯社驻欧记者，为探访新闻而来，询余新疆政情颇详，冒君则为大使馆随员，北平俄文专修馆毕业。当地官长并在本馆俱乐部设宴欢迎，席次由赵、冒二君传译，颜氏用德语与主人中一二人交谈，宾主尽欢，痛饮无忌，俄人劝酒，极所擅长，有使客不醉无归之慨。颜氏谈话寓庄重于诙谐中，谓外交家唯一秘诀，就是谨慎，饮酒一事亦在谨慎之列，主人固无以难之也。今晚主人虽未换穿晚服，然表带整齐，酒肴格外丰美，物质文明之享受，与资本制度国家无稍异，盖招待外宾，事属例外。至于一般人民，有工作始能领到面包，否则听其饥饿而死，苏联国家对于游手好闲之辈，绝不稍事姑息。我国钟鸣鼎食之家，率皆不稼不穑之人，若在此邦，几何而不流为饿殍也。今日落雪盈寸，王君兰锦捧雪抚玩不已，渠生长热带，此为第一次见雪，路人睹此怪状，恐疑此人有神经病矣。

十月一日，落雪纷纷，余发刘、盛电，报告本晚颜返莫斯科，罗返斜米，转赴伊犁。罗派其秘书冯有真留此候车，转道海参崴返京报告，同人送颜登车后，亦作斜米之行，车上尚未生火，侍者见同人苦冷，至某站掠取煤炭少许，置炉中取暖。同人终日吃面包罐头充饥，车中谈话，庄谐并作。三日黎明，抵斜米，定当晚搭车转赴伊犁，罗氏与余，各接迪化刘主席电报一通。

第十三章

伊犁巡视记

罗氏奉命出巡新疆，伊犁、喀什各有电报欢迎，伊犁并派代表来省迎迓，彼时罗定先赴塔城与颜会晤后，再往伊犁、喀什巡视，盖足迹愿遍南北疆，初非偏重于一隅。抵省后，亲赴吐鲁番，原拟由塔城前往阿尔泰，故省令久在阿尔泰之外交署科长马晋随往，嗣因天气转寒，阿尔泰之行，遂作罢论，而伊犁、喀什，在罗氏视为同一重要，皆欲亲为巡视者也。罗既派冯有真秘书返京报告，又留林东海参事在斜米领馆另有工作，随赴伊犁者为王、马及余三人而已。

十月四日晨二时，由斜米乘土西铁路南行至萨里乌节克（长七百五十公里），转赴伊犁。同人行李简单，余存斜米领馆。五日上午十一时到达，驻阿拉木图领事巴图沁、副领事李峄山、委代塔什干总领事阎澍恩，来此候迎，乘车至转运公司暂憩。因候餐延至午后二时，始克成行，罗氏为之不耐，盖此地原为小站，一切均感不便也。

阿拉木图政府开来汽车备用，并准备欢迎。罗、王及余三人同坐此车，马则乘行李车追随于后。彼时某领事告，当晚可抵霍尔果斯卡，或可赶至伊犁，乃行至黄昏，司机者向人问路，始知相距尚远，今晚绝无到达希望，而后随之行李车，早已望尘莫及，同人与司机者言语不通，无法接谈，饥渴交迫，唯有任其所之而已。司机二人来自阿拉木图，向未经过此地，沿途见人便问，无人则循电杆、车辙而行，旋越山岭蜿蜒而上，虽车灯炯然，前途仍多莫辨，世固莫知我国堂堂外交部长，深夜尚在异国朔漠中也。罗氏诮让不已，余则益感旅行之兴趣，途中若无波折，反觉平淡无奇，不生兴奋也。

晚九时，抵一村落，司机开入场内，电光辉煌，知为转运公司，同人渴甚，分食司机带来西瓜，并会其意思，今晚似将住此。

须臾，车复开出，以为寻觅旅馆，乃行之许久，至边防军司令部门口，一司机趋入，良久始偕一士兵出，肃同人入，至办公厅两军官趋前为礼，盖甫经电询霍尔果斯卡，始知此深夜不速之客非他，乃伊犁万众鹄侍欢迎之中华民国外交部长也。此时最感窘迫者，为彼两军官不通他国语言，而余等三人，舌尖之中、英、法、德方言，遂皆无所施其巧。余略识一二俄语，兼用两手形容与之周旋，始悉由萨里乌节克至霍尔果斯卡为三百公里，告者谓为一百六十公里误矣。由此至卡尚有三十九公里，壁间挂有地图，承其指示此行途径。旋某军官寻得英、俄字典，用为交谈之媒介，但吾人能藉此通意，而对方应答尚无法了解。此间雨忽大作，行李车迄未到达，不知今晚之食睡问题，如何解决，一步失着，全盘皆非，天下事往往如此也。

有顷，伊犁张培元师长派往阿拉木图欢迎之翻译官王继姚搭飞机夜间返此来见，如得有人传译，窘状打开，为之色喜。此地中国人称为萨满(Jarkent)，为俄国边防驻兵之处，该军官请至寓舍茶点，由其夫人招待，夫人略通英语，奏钢琴娓娓动听。茶点毕，引至一讲室内休息，墙上满悬苏联当国要人相片，其陆军总长瓦诺斯乐夫乃当日之工程师也。此室为讲演军事交通，关于各种交通油画悉备，书架上并有各种印刷品，观此可知苏联国家之注重教育，墙上挂有印就红布白字标语，桌上亦铺红布，苏联人民尚红，与吾国同，故其图旗亦采取红色。余前每见苏联红旗，即疑其含有流血赤化之意义，今见苏联到处喜用红色，不独国旗为然也。

夜分就寝，窄床以草为褥，殊不好睡，但疲倦已极，自不暇择，罗氏向例倒床鼾声即起，尤为不可及也。

次晨行李车始到，马耀华君告汽车时需修理，伊等夜以继日，未曾休息。

九时三刻成行，十一时半，抵霍尔果斯卡，张培元屯垦使派来参谋长王教之、军法处长韩埙，以及各界各团体并苏联商界百余人在此设帐冒雨欢迎，并借关卡设茶点款待。一时半，启行，约数里许，即抵中苏交界处，两国以霍尔果斯河身为界，韩君在车中指碎石成堆处曰，此即两国界石，盖并牌博亦无之，余益觉重勘边界之不宜缓矣。

十五里，至中国尼堪卡，下车照例一验护照，军队奏乐迎于道左，内多蒙古骑兵，途中水草丰茂，牛羊成群，过霍尔果斯、绥定两县，人烟稠密，屋宇栉比，仍是太平气象，堪称世外桃源，较昌、呼、绥各县兵燹之余，实有霄壤之别。四时，抵伊犁惠远城，由边卡至此共一百十里。

伊犁屯垦使兼中央新编第五师师长张培元子亨（陇）、伊犁行政长王之佐吉人（陇）、伊犁关税专员王云骧陪之（陇）、伊宁县县长王大同，暨蒙古王公、锡伯、索伦各旗领队，以及各机关人员军队男女学生整队出迎于郊外，实为空前之盛典。罗氏偕其随员王君住迎宾馆，余与马君住俱乐部，闻两处皆系新行设置，专备欢迎罗氏一行之用者。由尼堪卡至惠远，途中经过县城，均遍贴欢迎罗部长标语，筹备周密，殷勤备至。驻伊宁苏联领事罗卓务斯克偕其随员亦赶来欢迎，同住俱乐部内。晚，张子亨师长设宴于迎宾馆，夜间张复来拜，稍谈辞去。

伊犁，为古乌孙国。清初准噶尔建庭于此，乾隆年间讨平准部，设伊犁将军，在伊犁河北，分设九城，曰惠远（清将军驻在地，民国设镇守使，今改屯垦使）、曰绥定（绥定县治）、曰宁远（伊宁县治）、曰拱宸（霍尔果斯县治）、曰广仁（芦草沟）、曰瞻德（清水河子）、曰塔勒奇（察罕乌苏）、曰惠宁（巴彦岱）、曰熙春（城盘子）。同治初，妥得璘、白彦虎作乱，九城俱告失守，满、汉人被屠杀者无算，俄人乘我内乱，派兵袭据，坐收渔人之利者十有三载。光绪初左宗棠平定南北疆，独伊犁犹在俄人手中，诡言暂为管理，俟乱事平定即行交还，左宗棠分兵三路以趋伊犁，已自肃州出发，舁榇以示决心，驻师哈密，而俄人亦增兵扼守伊犁，并对清廷加以威吓。光绪六年（1880）二月，左宗棠被召入京，清廷卒以俄币九百万元于七年二月收回伊犁，而西北边要之地，损蹙至数千里，如阿拉木图、萨满等地，昔皆国土也。以今日之形势而论，无关山险要可守，中外若处一堂，彼方土西铁路告成，随时均可修筑支线，达我边界，一旦有事，输送军队，朝发夕至，而我方由陇省进兵非三个月不能到达，孤悬塞外之伊犁，谓之中国领土，盖亦危乎殆哉。

伊犁民族最为复杂，相称伊犁有十四种人民，为汉、回、满、蒙、维、哈萨克、锡伯、索伦、察哈尔、额鲁特、塔塔尔、柯尔克孜、塔吉克、归化俄。汉族，多来自陇、秦、晋、冀各省，人口三千余。回族来自甘肃、青海，文字服装已与汉族同化，称曰“汉回”，又称“甘回”。满族，有新满营防军，为康、乾时代调遣入新者，新满营辖地面积二千二百方里，人口二千余，旧满营辖地面积一千八百方里，人口一千余，其地均在托古斯塔流一带。蒙古，分四卫拉特，为和硕特、准噶尔、杜尔伯特、土尔扈特，均系游牧性质。维族，人口约占伊犁三分之二。哈萨克，分鄂尔图、齐齐、乌拉三玉兹，习俗略同蒙古，宗教则同于回部，光绪八年（1882）收复伊犁之后，逃亡哈萨克，节次自俄来归，住牧地方即在四爱曼营地之中，人口八万余。锡伯，移自奉天，居伊犁河南，辖地面积三万六十方里，人口二万余。索伦，移自黑龙江，居霍尔果斯县境，辖地面积三千六百方里，人口二千余。察哈尔，移自张家口，居精河县境，辖地面积二万二千八百方里，人口约有万余，均系于乾隆年间被征召移至伊犁驻防，挈眷同行，三载始达，及期瓜代无人，遂流落于此。至今锡伯旗务耕种，或充兵役，沿用满文、满语，自为风气，不受他族同化，吾恐满洲人之保全自身文字，当以伊犁锡伯旗为仅有矣。至额鲁特为准噶尔部遗裔，专事游牧，其他散在特克斯、崆古斯、哈什三河流域，面积共五万二千六百四十方里，人口二万五千余。塔塔尔、柯尔克孜、塔吉克，均信奉回教。归化俄，则为归化之白俄，人数约有数千。

俱乐部由华侨俄妇伺候，甚为周到，烹调亦颇适口。据告：华侨在苏联境内者，尚有八万余人，因感生活困难，皆欲归返故土，今年华侨挈眷来至伊犁者约二千余人，各自图谋生计，且有失望复返苏联者。余谓华侨居俄日久，多有技艺，新省正需此项人才，初次返国，人地生疏，有司应妥为安插也。

罗氏来俱乐部，答拜苏联领事及王行政长，复由韩处长陪往商会会锡伯营、索伦营以及维族商家。余偕耀华，往拜张子亨师长于屯垦使署，面交省政府函。张师长复开盛大欢迎会于迎宾馆，全城文武官员均在座，菜用西餐，应有尽有。主人则以马乳代酒，承告马乳最为滋养饮料，渠前患失眠症，嗣在阿山驻防，终日饮马乳，而病若失。余初饮时，嫌有酸味，今亦渐好之矣。

八日晨，苏联领馆谢君约余乘马车到郊外一游，沿途多维族居宅，车驾三马，疾驰如飞，速度不减汽车，伊犁为古大宛产马之地，或谓大宛产马之地，或谓大宛尚在俄境阿拉木图附近，至今尚产名马。由后之说，我国丧地之巨更可知矣。十时，张师长补行就职宣誓典礼在大堂举行，由罗部长监誓。十二时，全体民众在屯垦使署前开露天欢迎大会，由王行政长致欢迎词，罗部长演说毕，余代表省政府致辞。是日各界人民踊跃参加，鼓掌如雷，可谓空前之热烈欢迎，在演说台上见台下各族民众所戴之帽，形形色色，煞是可观，所称十四种人民，殆皆萃集于斯欤！

午后约韩痴僧到会芳园一访宫碧澄封翁[1]，渠正在柜房记账，见余等来，倒屣相迎，年约五十许，一望而知朴实勤俭心力交瘁之商人也。

会芳园酒馆，在伊犁已有二十余年历史，颇见规模，为此翁一手创成，近因东北军抵此，不胜供应之烦，已关闭数月矣。导观雅座中，有陕西名人宋伯鲁联对，前皆由京、津聘来名厨，旨酒嘉肴，在惠远城首屈一指，惜此来不克一尝美味。宫翁教养五子，毕受高等教育，为社会服务，而自奉俭薄，无异当年，诚足为浇风薄俗。盖以培养子弟为父兄应尽天职，本为我国文化之特色，是以子子孙孙，相传不息。今日家庭制度，渐被动摇，我躬不阅，遑恤我后，父母不必教其子女，子女不必孝其父母，诚世道之忧也。碧澄出外求学十余载，去岁同伴来新，本为返伊省亲，乃抵省未久，遂逢变乱，旋复因公飞京，未克一履家门，而余反得来此登堂拜见其父，人事之不可测有如此者！张子亨师长、安熙朝参谋长、刘景文参谋来谈。

次晨，罗部长一行出发赴伊宁，相距九十里。王行政长、王关税员已先归布置，张师长、王参谋等陪往。中途过巴彦岱废城，因遭同治年战乱，今则仅余空城，城外叛回围城时，筑成土屋遗迹犹存，望之不觉黯然。

---

[1] 封翁，是父亲的敬称。

十时，抵伊宁，全体官民在西门外沙河子欢迎，人数极众，在维族巴依家稍憩，直至设在关税署内之行馆，署为前道胜银行旧址，帝俄袭掳伊犁时所建，后因银行歇业，归官抵欠，洋楼四座，园木成荫，中国人无此建筑也。某君云，东三省暂交他人经营，将来亦有如此收回享用之一日，亦善为解嘲已。

餐后乘汽车进城，拜会王行政长，观者拥挤，途为之塞。行政长公署有黄丙焜一联堪诵，录之："敢同班子觅封侯，廿年况瘁，万里淹留，关塞历全疆，筹边愧少千秋业。又向乌孙持使节，七属政繁，五方民杂，河山临两戒，睦邻勉慰九重心。"客室内厅有洪亮吉一联，书法苍老，洪于嘉庆年曾因文字贾祸，谪戍伊犁，八十余日而复召还也。又有杨增新将军民国十七年七月一日就职摄影，樊耀南署长亦在座，乃不出一周，两人同作地下之鬼，当时殉难者，尚有一旅长一团长，至今称"七七政变"，盖难作于民国十七年七月七日也。

旋由王行政长、张师长陪同，参观城外高桥子制革厂，厂内自设磨电机，全厂概用电力，光绪年间官商合办，机器购自德国，规模宏远，当为新省唯一之工厂。杨将军因官办难收效果，特将官股收回，由维商裕三巴依收买，独家经营，颇能获利。裕三死后，三子分析产业，唯此厂未分，厂内仍用德国技师，各部机器均行开试，其他修机厂、翻砂厂亦应有尽有，孰谓新省工业不能采用机器耶？产品销路甚广，军用方面尤多利赖，惜此厂仅能维持现状，缺少锐意图新之精神，殆经理者不得其人欤？

归，遇李绶青都统来谒罗部长，相见甚欢。晚，王行政长、王关税专员、王伊宁县长设宴欢迎于关税署，余目为三王之宴，陪客有苏联领事、商务员、李都统、萨领事及冯、陆两团长诸人，宾主尽欢，李绶青尤为豪饮。

余于次早独访李绶青氏于其寓所，并拜见其老母，年七十九矣，健步不需扶持，齿虽尽脱，而头发尚黑，耳亦不聋，年方九龄，流落为婢，厥后俄兵将叛回击退，汉人始有获得保全者，七十年前事，李母犹能津津乐道。李曾任国会议员，前在俄领馆充汉文教习十八载，俄人就学者甚众，民国初年任外交局提调，只身赴萨满与俄方司令商洽退兵，人多称之。

旋偕李君乘马车察看伊犁河，距城约有十里，伊犁河源有三：一特克斯河，一哈什河，一崆古斯河，深广且长，流入俄境。河中富有鱼类，且可通航，惜无研究河身之利，若在内地，赖此河为生者，不知几许万人也。河岸有哈萨克毡房，殆游牧者，徙居于此。李君手指河中之木筏曰，此乃由特克斯川运货顺流而下，既到，木筏即行拆卖，视之则皆成材之松木也。徘徊良久始去，归途至某德人家稍憩，该德人在附近设一制革工厂，专用人工，某长子因严冬酷寒，两手竟冻失九指。

午后赴行政长公署，罗部长向民众训话，人山人海，类皆维族，张师长与余亦有演说，概由舌人传译，维族阿訇答话，倾向中央之诚恳，溢于言表，想罗氏不远万里而来，必当有以慰苍生喁喁之望也。

今日为双十节，奉中央通令，国难期内，概不举行。连日所得消息，塔城有告急说，塔、迪电报不通，塔电须由俄方转伊犁，再转省城，似此情形，额敏恐有差失，阿山东干（即回教）变乱，今亦证实，惜当局未能预为之计也。

伊宁，旧固勒扎城，前称宁远城，为伊犁九城之一，清末设宁远县，民国因其与他省县名相同，改称伊宁，土人亦称“金顶寺”，现此寺已倾圮不见。全县户口约三十万，为全省人烟最稠密之地，维族最多，蒙、哈次之，汉人男女老幼不足三千人，归化俄籍约千余户。与汉、回、维民错杂而居，近由边卡逃来俄、哈不可胜计，俄在伊犁势力之雄厚，盖始于同、光间袭据之时。伊宁关税，每年收二百余万两省票，进口货远超出口货。县设有高级小学二处，现正创办第二中学，维文学校学生，无虑五六百，习俄文而不习汉语，普通维商类皆能通俄语，而于汉语则否。市面所用度、量、衡以及账簿、算盘，概从俄式，喧宾夺主，至足惧已。

十一日晨，王陪之专员陪余赴浴，系土耳其蒸汽式，旋赴苏联领馆，拜访罗卓务斯克领事。挪威教士陶维克（Torvik）偕一塔塔尔留德学生来访，该教士前在省城相识，欲往喀什办学，因南疆不靖，留滞于此。该生在德学电气工程，欲得官家资助，完成学科。下午，赴苏联领馆欢迎会，并参观其俱乐部，园内树木茂盛，植于光绪年间。李绶青告，渠在此教书时，园内可以打猎，亦可知当日之荒凉矣。

五时半出发，官商各界欢送如仪。八时半，抵惠远城，余于次晨至屯垦使署答拜王、韩、安、刘诸君。张师长约罗部长阅操训话，余辞未随往。

新任伊宁县长刘子培由省城来，悉省方对马仲英决再用兵，并加印五十两省票。余前在省政府会议席上，对印发十两省票，即谓今日不得已所出之下策，未几又将变为无策，今不幸而言中，币制恐愈将不可收拾矣。

访张子亨师长辞行，承示红宝石数颗，特克斯川所产也。特克斯川广袤数百里，水草丰茂，矿产富饶，为世界闻名之区，前者美国总统罗斯福两公子曾游猎其地，近复发现沙金，张曾雇工六人试探，两日得金六钱，因运粮困难，至今尚无问津者，余此次来伊，以未得游特克斯川及果子沟为憾。果子沟者，为迪化、伊犁间唯一大道，沟中果树杂生，众花竞放，久为人所称道。今兹走马看花，所获几何，只得俟诸异日耳。

迪化盛都办致张师长真电，定是日出发，闻省城八九两日已有战事。致刘主席、盛都办电请张师长拍发。罗部长在伊犁探悉南疆变乱日甚，颜大使转来印度方面复电，亦劝暂勿前往，遂放弃原定计划，由此归返斜米，于十三日午成行。张师长、李都统送至绥定县握手送别，苏联领事则坚请送至萨满，抵苏联霍尔果斯卡，候签证护照及提取存款。罗氏偕领事及余坐小汽车先发，留马、王二君办理手续，当晚，宿萨满军人旅馆。苏领殷勤招待，罐头酒果罗列满桌，室内设有六榻，同来六人各占一榻就寝。翌晨，余等别苏领继续前进，途中见山上落雪，而地下落雨，偶有所触，诗兴一发而不可遏，率成四绝，题为《陪罗钧任部长巡视塔城伊犁归途见雪感赋四章奉呈留别》。

随节乌孙作小留，悠悠归路触离忧。
蹉跎塞外添华发，笑指青山亦白头。

驿边处处待高人，温语流传万户春。
已向众生询疾苦，嘉猷入告拯斯民。

历尽风波岂自期，投荒事业亦云奇。
倘应为国轮台戍，愿及中年未老时。

万里云罗望眼穿，相适更喜接诸贤。
追陪到处留鸿爪，别是天涯一段缘。

过金公鸡顶，汽车经同人推挽始进，相传成吉思汗过此山头时，一公鸡打鸣，遂名此山。午后四时，抵萨里乌节克，巴图沁领事偕苏联交涉员等乘坐专车来迎，备由俄境安集延往南疆。唯巴领事据由喀什逃来维族报告，喀什现有吉尔吉斯等七八千人，奸淫掳掠，无所不为，汉、回、维纷往伊犁逃避，安集延人民乘机纷赴喀什，希图握取政权，地方亟盼大军早到，解此倒悬云云。

罗氏已罢南疆之行，且急欲返京，遂改乘通车赴斜米。

余等于十六日抵斜米，得悉塔城危急，老城不守，难民纷向俄境逃避。罗氏当时偕林、王二君启节返京，余等送站握手郑重道别。此番陪同罗氏巡视伊、塔为时一月，所得印象良多，余为新省大局计，不惜委婉解释，反复讨论，但不知罗氏返京后，中央究将采取何种策略，以解决新疆问题也。

下篇

第十四章

新疆山脉水道考

一、山脉

亚洲山脉发源于帕米尔高原，称习地理者，类能言之。盖帕米尔高原，为“世界之屋脊”，高出海面二万六七千英尺，其东走入内地，有四大系：(1)喜马拉雅山系，由帕米尔高原东南走，起冈底斯山，走西藏，入西康，最高峰达二万九千英尺，为世界第一山脉；(2)昆仑山系，自帕米尔向东，起喀喇昆仑山，绵亘新、藏、川、青；(3)阿尔泰山系，由帕米尔东北走，起塔尔巴哈台，尽于外兴安岭；(4)天山系，由帕米尔东北走，起汗腾格里山，横亘新疆，分南北二路，尽于哈密。是皆以帕米尔高原为起点，其地西连阿富汗，南邻英属之印度，北接苏联之中亚细亚，为中、苏、印、阿四国交界处。巉岩峭峻，奇峰拱列，广大无垠，茫无涯际。登其绝峰，俯视群山，罗列如儿曹，各国摆布如城市，不啻全地球展列下面，以供俯瞰者。

帕米尔高原之东，则为葱岭，《大唐西域记》谓其山高大，多大葱，故名葱岭。《新唐书·西域传》云，葱岭俗名极嶷山。《西域图志》云，葱岭为西域名山之最著。魏宋云《洛阳伽蓝记》云，葱岭冬夏积雪，山中有池，毒龙居之，山路欹侧，危坂千里，悬崖万仞，极天之险，实在于斯，自葱岭而西，水皆西流，入西海。

古时，葱岭亦称昆仑，上古黄帝居于昆仑之墟，周穆王西征昆仑丘，见西王母。杨松筠谓："昆仑山是天地骨，中镇天心为巨物。如人骨脊与项梁，生出四肢龙突兀。四支分为四世界，南北东西为四脉。"丁谦谓："自古皆称昆仑为群山之祖，曰葱岭、曰昆仑，或谓同地，或谓毗连，实无大异。"至昆仑之高，散见于古籍中，知《淮南子》："昆仑之丘，或上倍之，是谓凉风之山，登之而不死。或上倍之，是谓悬圃，登之乃灵，能使风雨。或上倍之，乃维上天，登之乃神，是谓太帝之居。"王子年《拾遗记》："昆仑山有昆陵之地，其高出日月之上。山有九层，每层相去万里。有云气，从下望之，如城阙之象。"盖无非形容山之高远而已。

葱岭上有水曰龙池，为塔里木河源所出。《淮南子》谓之疏辅之地，释典谓之阿耨达池，维语谓之哈喇淖尔。清魏源释昆仑云：昆仑即葱岭，葱岭即河源之阿耨达池，非弱水、条支、西海之地，非金城、临羌之石室，非青海之大积石，非吐蕃之闷摩黎山，亦非后藏阿里之冈底斯山。清康熙时，奉使喇嘛唯知自侈蕃地山水，遂以后藏阿里之高山当昆仑，当阿耨达，谓天下三条四列之山，皆祖诸此，今已征其不合。至言弱水、条支之荒诞，与金城、积石、闷摩黎之浅近，更不暇辩矣。《大唐西域记》云：自商弥国境东北逾山七百余里，至波谜罗川，川东西千余里，南北百余里，狭隘之处，不逾十里，据两雪山间，川中有大龙池，据大葱岭内，其地最高，其水澄清甘美，为葱岭脊上之阿耨达池，即唐玄奘取经归途溯象之地，亦即僧惠生至葱岭顶盘陀国见脊水西流之地，亦即《新唐书·西域传》所指热海之地，亦即元太祖军至雪山祷神封祭之地，亦即清乾隆中，官兵追霍集占未至拔达克山沿岸鏖战之地，亦即清道光初，官兵追张格尔至阿赖山顶，望脊水西流之地。据大地之中，当万国水道，且汇巨浸于万仞峰巅，分注四大海，宇内断无其匹。中国在葱岭东，山脉自西来，愈西愈高，至葱岭而极。西洋在葱岭西，山脉自东往，愈东愈高，亦至葱岭而极。故导山者，必始葱岭。自葱岭而东，分两大干，中有一干，迤逦向东北行，直奔镇西、哈密，重峦叠嶂，体厚可数百里，雄壮魁伟，并世无两，世人所称天山是也。

天山通岁有雪，亦名雪山，又有白山、阴山、灵山等称，匈奴呼天为祁连，故亦名祁连山。（匈奴歌：亡我祁连山，使我六畜不蕃息。失我焉支山，使我妇女无颜色。）其间随地异名者以百数，东西悬亘西域境内，另有一干由喀什噶尔之乌孜别里山分支，经叶尔羌、和阗南境，绵亘而东抵于青海，此唐开元间僧一行之所谓北戎也。至阿尔泰山则又为漠北诸山之祖。西域诸山出于葱岭，故言西域山脉者，以天山为之中，而以北戎诸山以及漠北之阿尔泰诸山，为南北两山支干之首尾焉。

当谓亚洲地势如笠，四边低而中央独高，我国大陆在于东方，故地势由水而下，有如降坡，而帕米尔高原亦即"全洲之笠顶"，为中外万山之祖，帕米尔迤东之葱岭，则又为我国万山之所从出也。西域久入我国版图，因道途艰阻，汉人鲜至其地，对于山之祖宗，终未认识。故中国以五岳为高山，有"五岳归来不看山"之语。但"五岳"比诸"葱岭"，殆犹高祖之于玄孙，岂可同日而语哉！"孔子登东山而小鲁，登泰山而小天下。"渺小之泰山，乌能小天下，必也登帕米尔高原，而后可以小天下也。昔徐霞客一生好做名山游，虽终其身足迹所至，不过天台、雁荡、太华、鸡足诸山，以视葱岭、天山，则又如小巫于大巫矣。

新疆主干山脉，已如上述，其境内支山，名称众多，则概从略。著者编辑之余，不觉因之有所感矣。夫以世界最高之地，而在我国境内，可以居高临下，俯视万物，吾黄帝子孙，奄有是土，诚所谓神明之裔，天府之国也。综观世界各国，所占地方，有高低寒燠之不同，类似兄弟分析祖产，各立门户。我国分得亚洲中部，地处温带，物产丰饶，而"世界之屋脊"又分界与我，可见彼苍待我之独厚，先人缔造之艰难。以占有全世界四分之一之人口，合欧洲各国莫之与京之土地，天时地利，兼而有之，理应为世界之盟主，使各国俯首听命于我，此欧洲所以有黄祸之说也。尝谓中国如果自强，应将国内多数军队移驻西北，重视国防，虽移陪都于帕米尔高原，亦不为过。盖世界趋势，已由海洋移向大陆，尽量发展大陆商业，实为切要之图。有清末叶，将帕米尔轻轻放弃，被英、俄私收而去，识者已知其替衰。今日倘再不重视新疆，其得失又为何如。

新疆山脉既为我国万山之源，吾人又岂可贻数典忘祖之讥哉！

帕米尔高原为天下群山之祖，至今地理教本，皆承此说。唯近代地理学家研究山脉，渐归重于地质构造，若就地质学眼光而言，山脉必同时代同构造者，始得构成同一山脉。而山脉之成因，则有折曲、断层、拗折、侵蚀、火山等作用。于是山脉之或高或低，或断或续，与上之各种成因，皆有密切关系，而山之高低，殊不足为年代远近之标准。近代地理学者渐信天下山脉原非出于一祖，而山脉之说，已不如前之推重，故论亚洲山脉，仍分立为四大系，不强并为一，以存其真。此为近代科学之趋势，附志于此。（参阅翁文灏著《中国山脉考》）

二、水道

新疆水道，可分为南北两路。在天山南路者，则有喀什噶尔河、叶尔羌河、和阗河、阿克苏河，四河总汇而成塔里木河，为南疆一大河流，与渭干河、开都河、卡墙河（车尔臣河），总汇于罗布淖尔。罗布淖尔即《汉书》之蒲昌海，一名盐泽，又曰泑泽，曰辅日海，曰牢兰海，曰临海，曰捕鱼儿海，皆同一而异名也。罗布淖尔东西二百余里，南北百余里，承受南疆六十余道大小河流，大淖尔之旁，小淖尔环之，北则圆淖尔三，南方有椭淖尔四，海水渺茫，地势辽阔。在天山北路者，则有伊犁河，为特克斯河、崆古斯河、哈什河三河之总汇。经宁远而入俄境。额尔齐斯河与克林河、哈拉斯河、布尔津河、哈巴沙赛斯河，汇合西北流，入俄境宰桑淖尔，为阿尔泰一大河流。他如乌鲁木齐河、昌吉河、呼图壁河、乌兰乌苏河、额敏河皆当地较著之河流。巴尔库淖尔即巴里坤湖，在镇西县西北，古称蒲类海。鄂尔淖尔在土尔扈特旗北，一名盐池。阿雅尔淖尔在绥来县北。艾比湖在伊犁之北。觉罗浣尔湖在吐鲁番之东。其他细流，未及备载，此其大略而已。

我国山在西而海在东，水莫不就下，故在内地水皆东流，若在新疆则不然，葱岭以西水皆西流，注于咸海。一省之水，除东流外，北流者有之，如克里雅河之流入戈壁是。南流者有之，如穆肃尔河之流入渭干河是。东南流者有之，如开都河之流入博斯腾淖尔是。东北流者有之，如和阗河之流入葱岭南北两河是。西南流者有之，如特克斯河之流入苏联大那林河是。西北流者有之，如额尔齐斯河之流入苏联宰桑淖尔是。

全省河流，纵横南北，平时雨量稀少，水之来源，大都由山岭积雪融化而来。夏秋之际，奔注河湖，流者为河，潴者为淖尔，淖尔者，即海子之谓，如罗布淖尔、鄂尔淖尔是。西人考古学家如斯坦因、斯文·赫定均曾亲至罗布淖尔考察，据最近斯文·赫定察勘，该淖尔因塔里木河之改道，又恢复其原有位置。诚以罗布淖尔为南疆六十余大小河流之总汇，实为天然之大蓄水池也。西域万山丛错，岩谷冰雪，历古不化，一旦崩释，泛滥四注，汇为巨海，于是有洪水之祸，夏禹察水之性，行地注海，以奠山川，原野既潴，大地呈露，《禹贡》云："织皮昆仑，析支渠，搜西戎，即叙。"昆仑，即相传河源所出，西戎即西域；即叙，谓水就次叙，不复泛滥。是禹之治水，亦系自西域昆仑着手矣。古人有云："山脉所起，即水源所出。"又云："当举水以证山，不当指山以觅水。"西域山脉既发源于葱岭，则水道亦当发源于葱岭，唯潜流地下出为黄河之源，是否信而有征，则不可有不论列。

按：我国古书所载河源出自昆仑，而普受西域诸水之罗布淖尔则为黄河之初源。《尔雅》："河出昆仑虚，色白，河图始开，曰昆仑之墟。"《禹记》："河出昆仑，其高二千五百里，上有瑶池，即大黑龙池。"《穆天子传》："阳纡之山，河伯所居，是为河宗。"《淮南子》："河水出昆仑东北陬，贯渤海，入禹所导积石山。"《史记·大宛列传》："汉使使河源，源出于阗，其山多玉石。"《汉书·西域传》："蒲昌海一名盐泽，去玉门阳关三百余里，广袤三百里，其水亭居，冬夏不增减，皆以为潜行地下，南出积石为中国河。"《山海经》："不周之山，东望泑泽，河水之所潜，其源浑浑泡泡。"《水经注》："河水自葱岭分源。"《大唐西域记》："（波谜罗川）春夏飞雪，昼夜飘风……中有大龙池，东西三百余里，南北五十余里，据大葱岭内……其地最高也。水乃澄清皎镜，莫测其深，色带青黑，味甚甘美，潜居则蛟、螭、鱼、龙、鼋、鼍、龟、鳖，浮游乃鸳鸯、鸿雁、驾鹅、鹔、鸨。……池西派一大流……池东派一大流……"《凉土异物志》："葱岭之水，分流东西，西入大海，东为河源。"《河源纪略》："罗布淖尔为西域巨泽，其地在西域近东偏北，全受西偏众山水，共六大支，其余沙碛限隔，潜伏不见者无算，以山势揆之，回环纡折，无不趋归淖尔。"清道光徐松《西域水道记》开篇第一章，即谓："罗布淖尔者，黄河初源所渟滀也。"清宣统《新疆图志》："乾隆四十七年再遣使穷河源，始知河源出于葱岭，葱岭即古之昆仑，在回部之西北，所谓举水证山，而得诸目见者也。”又曰：“塔里木河东南入婼羌境，经流二百余里，汇于罗布淖尔，又伏流东南千五百里，再出积石为黄河。”凡此，皆我国河源出于西域之说，以古人得诸目见而云然者。

但近人则以“河出昆仑”之说，纯系古人之误。盖张骞奉使西域，见塔里木河上游叶尔羌、于阗诸河，误为即是黄河之源。归报汉武帝，帝据张骞误会之报告，即考诸古书“河出昆仑”之说，即定为河源，所出之山即为昆仑。实则罗布淖尔与黄河并无关系，如风马牛之不相及。所持之理由如下：

第一，就地形而言，罗布淖尔距海面仅二千六百尺，真正河源之星宿海，在青海内，其上游之鄂棱泊，则高出海面一万四千尺，水断不能逆流而上。

第二，就地势而言，罗布淖尔、星宿海之间，有大岭之阻隔，今河源所出，或泉或涧，皆有山名可考。水更不能逾山而伏流。

第三，就地质而言，塔里木盆地原属沙漠，水潴成湖，被沙吸没，不能多入地层，间有伏流复出者，不过近在百数十里内，更无潜流千五百里外之理。

第四，就水性而言，水能穿沙，不能穿土与石，若伏流地中，亦必突出为泉，安能伏至千余里，经高历卑，复出为河之重源。

第五，就海子而言，罗布淖尔为海子之一，容纳众流，不竭不涨，有入无出，遂起伏流之疑。殊不知瀛海收纳众水，皆入而不出，日力能吸水入空际，化为云雾雨雪，何独于罗布淖尔而疑之。（参阅裴景福著《河海昆仑录》及翁文灏著《锥指集》）

唐元之际，对于河源，已有探考。清康熙年间侍卫拉锡探河源，乾隆年间侍卫阿弥达再履其地，奏言：“溪流出北面，及中央流出者，水皆绿色。从西南流出者，水作黄色。沿溪行四十余里，水伏流入土，又行二十余里，复见黄流涌出，又行三十里，至噶达素齐老地方，山根有二泉流出，其色黄，此盖河源也。”再东北流百余里，有泉千百，灿如列星，即《元史》所谓大敦脑儿，译言星宿海，是为黄河之真源。又东南流千余里，经古之东麓，是为古大积石山，黄河自此始大，即夏禹导河处也。清光绪二十八年（1902）置婼羌县，经行之路，高下屈曲，皆沿河溪行，或浅水，或涸沟，疑即古来南出积石故道。自经数次之实地考察，黄河源流，缭绕曲折，朗若列星。其源之在星宿海附近，已属毫无疑象。张骞误认于阗河为黄河之源，汉武帝按古图书名河所出山曰昆仑，遂以流传，当时当地并无昆仑地名。班孟坚本其家乘，作《汉书·西域传》，采取张骞之说，而又无解于《禹贡》“导河自积石”之文，故为潜源重发之说以解之。司马迁作《大宛列传》云：“《禹本纪》言河出昆仑，今张骞穷河源，乌睹所谓昆仑者乎？”顾祖禹亦言：“河源本在西南，而张骞乃求之西北，所谓差之毫厘，谬以千里者欤？”综上各说，张骞河源既非真确，而其与黄河之关系，自亦连带失去根据，彰彰明矣。

罗布淖尔为黄河初源之说，由来最古，稽诸古籍，一致承认无疑，清魏源有言：“众山之太祖，必为众水之天潢。”是直以天下大水，皆应出于葱岭矣。嘉、道年间，祁韵士、徐松二人久居西域，又从而证实之，似古人必曾躬亲勘测而后云然。近代始悟自古相传至今，河流潜源重发之说，为不可靠，而其理由之最有力者，则以星宿海地势高于罗布淖尔一万余尺，地下潜水，断不能上涌至如是之高。此必曾经近人实地勘测，而后证明古人传统理想之错误。于是古书所载黄河重源之说，根本动摇，不攻自破，诚为古今对于河源思想变迁之一大问题也。前清康、乾图籍，对于西域山脉水道，多所发现，足为我国地理学生色。唯是罗布淖尔与星宿海之间，地形地势以及地质构造，有待于考察者尚多，甚望当代地理学家兴起探讨，勿令外人来华考古者专美于前也。

附：新疆戈壁、金玉、石油考

（一）戈壁

天山南北，多有渺无水草人烟之戈壁。戈壁为干枯石砾，望之如破瓦片，似与沙漠有别，人行戈壁中，一望无边，寸草不生，如见有树木青草，掘地必可得泉，行人须自带饮料，若中道失迷，则有渴死之虞。唐玄奘取道哈密，经过北山戈壁，四夜五日，无一滴沾喉，若无识途老马觅得草池，必至渴死。土人称戈壁为戈壁滩，史书称之为瀚海。山北有穷八站之称，山南则有大戈壁，西起英吉沙尔，东至罗布淖尔，横二千里，纵八百里。沙起自又，"东护沙"，甘肃玉门关，至罗布淖尔北部，即古所谓白龙堆是也。按《新疆图志》：于阗县戈壁占七十二万余方里，婼羌二十一万一千余方里，和阗八万七千余方里，新平[1]八万三千余方里，皮山五万九千余方里，巴楚四万四千余方里，洛浦四万二千余方里，其他各县未及备载。

中国北部之黄土，为我国特殊之地质，黄土被冲刷而下，是以水作黄色，而有黄河、黄海之称。德国地质学者李希霍芬研究我国黄土层，提倡黄土风成之说，深信中国北部黄土，系由西北戈壁中被风吹送而来。新疆丘陵丛错，原野广漠，岩石经历久风化而成沙土，又被风挟而飞，水卷而流，殆为可信也。

(二)金玉

古时金玉并重，而银次之。《汉书·西域传》言西域产金之处凡数见。张骞未出使西域之前，已有私人往来，将中国产物转入西域，易回其地黄金。新疆南路于阗产大瓣金，土人用木盘扬金法，移矿砂于当风处，铺毯于地，以木盘缓缓簸之，灰土他扬，金沙落毯。北路阿尔泰古称阿勒坦山，即蒙古语"金山"也。伊犁古乌孙国，亦以产金称。

自古论玉，以新疆和阗为最。温润细腻，洁白无瑕，以其酷似羊脂，称为脂玉。《穆天子传》："天子于是攻其玉石，取玉版三乘，玉器服物，载玉万只。"《西域传》："于阗（即今之和阗）多玉石。"又："莎车国出青石。"《太平御览》引《尸子》曰："取玉甚难，越三江五湖，至昆仑之山。千人往，百人反；百人往，十人反。"《新唐书》："有玉河，国人夜视月光盛处，必得美玉。"玉原产山上，日久被山洪冲荡，深入于河，土人每于河边暗中摸索，是玉是石，出水始知。但亦有就山中开井，寻求玉璞者。"金生丽水，玉出昆冈"一语，丽水，即今之伊犁河，唐时称伊犁为伊丽；昆冈，即昆仑山也。

---

[1] 新平，即今尉犁县。

（三）石油

石油，古无称之者，或谓古之所称玉膏，即今之石油。新疆石油已发现者，天山南路则有莎车、喀什、阿克苏、温宿、库车等处。天山北路则有迪化、绥来、沙湾、乌苏、塔城等处。似我国石油之分布，乃起自新疆天山而至甘肃西部之敦煌、玉门，复自甘肃东部入陕西北部，再越秦岭山脉而至四川盆地。新疆为世界上离海最远之大陆，然在古时则为内海，石油本为海底动物脂肪质沉积而成，产于古时内海之新疆，自属可信。且与苏联中亚细亚油田，疑系同一线脉。

第十五章

新疆丧地考

今日之新疆，乃包括汉时天山以南之三十六国，及天山以北未尝服属于汉之乌孙、匈奴两大部；清初，讨平准噶尔之乱，明代天山北路之四卫拉特，全部尽入版图，拓地二万余里，而藩属之效顺者，若哈萨克、布鲁特、浩罕、安集延、塔什干、布哈拉、阿富汗、兴都斯坦等十余国，当时西域范围之广大，南及坎巨堤，西至阿富汗，北逾斋桑淖尔溢出额尔齐斯河下流二百余里，其疆域几领有现在苏联哈萨克斯坦、吉尔吉斯斯坦、塔吉克斯坦、乌兹别克斯坦、土库曼斯坦各联邦，自汉唐以来，未有若斯之盛也。唯是我国对于边疆向持怀柔政策，只使边藩纳贡内附，即各相安无事，此种和平宽大，实为我国传统之政策。但彼时俄国对于中亚细亚业已开始侵略，自与波斯战争后，俄得了亚美尼亚，复陷撒马尔汗，继则基法、布哈拉两小国，亦被吞并，又复进取浩罕，遂与我国西北边界愈益接近，而我国边疆丧地自此始矣。兹请分别言之：

一、新疆北部

阿尔泰乌梁海在科布多西北，为额鲁特游牧地，广袤数千里，其最北部远越斋桑淖尔而上，几及今之苏联斜米。清康熙间，平定准部，设将军于伊犁，设都统于乌鲁木齐，设参赞于塔城，独阿尔泰乌梁海则未顾及，唯设卡伦不准哈萨克潜入阿、乌地方游牧而已。其后，准许哈萨克依卡度冬，夏令则仍驱之卡外。盖卡伦之为物，本只禁止游牧私行出入，初非国界所在，历年巡卡官吏，每以边卡荒凉，饮食不便，又迭私将卡伦移于近边之地，卡界已形缩蹙，俄复乘隙而入，于咸丰十年（1860）乘我国有事，与我订立《北京条约》，竟以常驻卡伦为界，同治三年（1864），本《北京条约》旨，缔结塔城界约，当时虽与力争，谓中国卡伦本有常驻移设之分，移设者即更番而戍之意，其地在极边，常驻则距城甚近，不过数十里，故必当以最外卡伦为界，然终不克挽回成约，于是阿尔泰山后阿尔泰诺尔，乌梁海游牧地，科布多卡伦以西，以及斋桑淖尔东岸，爱古斯各地，全隶俄属矣。迨同治九年（1870）建立塔城界牌时，俄人又将察罕鄂博界牌，建于中国界内，侵入百余里，断我塔城、阿尔泰间之要道。光绪七年（1881）中俄改订条约，又谓同治三年所订斋桑湖迤东之界未妥，请由两国特派大臣勘改，而斋桑淖尔全湖与阿拉克别克河以西蒙、哈各游牧地，又被占去。此北部丧地之大略情形也。虽然新疆阿尔泰实赖杨增新将军而获保全，盖阿尔泰本属科布多，不在新疆管辖之列，杨氏以新疆既已孤悬塞外，而阿尔泰又为塞外之塞外，形势岌岌可危，特为声叙理由，剀切陈明，于民国十一年（1922）呈准划归新省，于是获以保全，未致随外蒙而独立，无形中为国家保此领土，胥则杨氏之力也。（时库伦都统陈毅亦条陈政府，请将阿尔泰归并新疆。）

二、新疆西北部

新疆西北哈萨克，即汉时之康居国，乾隆年间新疆去俄尚远，边徼之地，荒而不治。道光间，俄人逐渐南下，以治哈部，清廷亦不过问。迨至咸丰年间，俄于伊犁卡伦外边之阿拉木图地方设立商埠，又遣兵抵阿拉木图以西之哈萨克境内筑立炮台，复于塔城东北设立斜米省，继则夺取塔什干、阿拉木图，乘我北京有事，诱我藩属，复与我议约，以常驻卡伦为界，而地图红线又出自俄人所绘，于是卡伦以外之地，沦失至数千百里。同治三年（1864）成立塔城之约，而西界一变。同治十年全疆沦陷，俄人进据伊犁，至光绪七年（1881）始立中俄改订之约，而西界再变。光绪八年、十年，立喀城之约，而西界三变。

统计前后立约十余次，要以此三约为原起，三约之中，又以塔约为提纲，改订约为枢纽，喀约为结束。

当乾隆之勘定西陲也，哈萨克左右二部内附，彼时旧境在斋桑淖尔西北之额尔齐斯河北流约二百里，为科、塔两城分设卡伦之处，亦为中俄西北旧界。当时诸藩入贡，藩界即国界，与卡伦无涉，卡伦有常设、移设，亦与国界无与。伊犁将军派员出卡数十里，清廷申饬，谓为界外生事，于是以卡外为界外，益不敢闻问。我既视之不甚爱惜，彼故据之以肆要求，京约既定，塔约遂亦莫可如何，从此江河日下，西界蹙地，至于不可究诘。

同治九年（1870）俄人乘新省回乱之际，进据伊犁，借词代收代守，延至十三年之久，或以为发捻初平，宜休兵息民，徐以观衅，西域阻远，非所宜急，且强邻干预，尤恐牵动全局，颇有主闭关之议者。时左宗棠督师陇右，独力持不可，疏言："自古中国边患，西北恒剧于东南……是故重新疆者，所以保蒙古；保蒙古者，所以卫京师。若新疆不固，则蒙古不安，匪特秦晋各边，时虞侵轶，即直北关山，亦将无晏眠之日。况夫今昔势殊，俄人拓境日广，缘边东西万余里，与俄壤地毗连，仅藉蒙部边之遮阂。徙薪宜远，曲突宜先，臣愚以为地不可弃，兵不可停，愿挈旧有之疆宇，还隶职方，以弭外衅固吾圉也。"清廷卒用其策，大军西指，尽复失地，独伊犁一隅，尚在俄人掌握中。

光绪四年（1878），崇厚使俄，议交还伊犁之事，俄要割让特克斯河，截天山南北孔道，并要求增设各处领事，推广商务。左宗棠奏称："伊犁本我旧土，猝沦于逆回，俄人乘衅以代我收复为名，入踞要区，亦知所为本冒不韪，佯言俟官军克复乌鲁木齐、玛纳斯即行交还，迨官军已克乌、玛两城，而俄踞伊犁自若也。官军逾岭而南拔吐鲁番，连下八城，安集延逆酋，既伏其辜，贼匪白彦虎等蹿入俄地，俄纳之屡索不交，而踞伊犁自若也。既而蹿俄诸逆，领取俄票，假贸易三次窥边，为官军搜获，俄官诿为不知，而踞伊犁仍自若也……此次崇厚议允其设立领事，已过所望，若于嘉峪关内再允推广，则有关国家疆圉、华民生计者甚大，再四思维，非赖使臣坚持定见，剀切言之，俾决计阻止不可。”

又奏：“俄之踞伊犁也，将大城西北三城，毁其庐舍。迤东清水河、塔勒奇、绥定三城，居以汉回，芦草沟、城盘子等处，均弃而不守，唯取各城堡木料于金顶寺，营造市廛几二十里，察俄人用心，盖欲踞伊犁为外府……况崇厚所议第七款接收伊犁后，霍尔果斯河及伊犁山南之帖克斯河归俄属，无论两处地名中国图说所无，但就方向而言，是划伊犁西南地归俄也。武事不竞之秋，划地求和者有之，兹一矢未闻如遗，乃遽议捐弃要地，餍其所欲，譬犹投犬以骨，骨尽而噬仍不止，此可为叹息痛恨者矣。”

已而崇厚因率行画押，擅自回京，革职拿问，改派曾纪泽续议伊犁交涉，而左宗棠始终主用兵力收复伊犁，分为三路出兵，东路精河一带，伊犁将军金顺主之；中路阿克苏一带，广东陆路提督张曜主之；西路乌什一带，通政使司刘锦棠主之，已则由肃州再度出关，舁榇以行，示决一死，为国家收复失地。

行抵哈密，俄闻之，亦增兵伊犁纳林河，又复派舰出没中国洋面，意在胁和，以索兵费。清廷卒召左宗棠来京备咨询，并准曾纪泽画押新约，除赔偿俄币九百万卢布外，并允为改订条约，重勘边界，于是每次修约，有明改，有暗侵，而失地从兹愈多矣。

光绪八年(1882)，分界大臣沙克都林札布，依改订条约勘分喀什噶尔东北界，十年又勘分喀什噶尔西北界，以支山作正干，统曰天山之顶，名目疏阔，是未经履勘遥计之词，又无图籍与之比较，卒以俄人所画红线为凭，无端丧地数千百里。当定界之时，刘锦棠奏云：“乌什通贡古鲁克一路，地界八城之中，且约文明言天山之顶，非指乌什之贡古鲁克山麓为言，乃复于贡古鲁克山口，乃别叠里达坂中间相距二十三丈五尺埋立中俄界牌，心殊叵测，请责成分界大臣勿稍迁就，然后由乌什达贡古鲁克出卡达伊犁之路，足可索还。”然卒以改约为难而止，所立界约含混粗略，各山岭以人不能到，俱作为天然之界，两国大臣均未详为履勘也。

沙大臣仍会俄官向西履勘，时帮办军务大臣张曜奏称：“伊尔克什塔木与现管之界，舛错太甚，其处地势平衍，既不沿葱岭，又不依浩罕，而现管之帖列克达湾，系葱岭正干，必收回此地，然后可以换约。”沙大臣商之俄官，坚不肯允，伊犁将军金顺亦奏边隅片壤，未便再招俄使重勘，徒费周章，转致有碍大体，于是南段喀什噶尔之界始定。方曾纪泽改订条约之时，俄人请以玛里塔巴尔山口为止境，纪泽不许，谓崇厚议约未及之地，断不能复有增加，乃光绪十年分界，俄人乘我不觉，竟越玛里塔巴尔山口南侵入二百里，至乌仔别里山口，此侵蚀我各帕米尔之狡谋所由启也。

三、帕米尔高原

帕米尔者，葱岭之脊，地处极高，形如平顶之屋，南北五百余里，东西八百余里，称为“世界之屋脊”。平顶之中，又复山脉隆起，言帕地者，谓山势一纵四横。群山相间，分为数区，区各异名，而总称之曰帕米尔。全地分八帕，而有大帕米尔、小帕米尔之称，上有乾隆纪功碑，其为中国属地，自无疑议。

光绪五年（1879）全疆收复，刘锦棠展设边卡以扼俄罗斯、阿富汗、坎巨提之入帕。光绪十七年，俄兵游弋帕境，扬言各帕均归俄属，英人闻之，亦侵入坎巨提，以固印度藩篱，新疆巡抚陶模乃具图与俄费尔干纳巡抚、英印度总督据理诘问，咨商总署，争于英、俄使臣，又请驻英使臣薛福成、驻俄使臣许景澄争于其外交部，英曰防俄，俄曰防英，讫无成说，陶模派兵驻守各地。

乃光绪十八年（1892）总理衙门曲徇英、俄要求，命陶模放弃各卡伦。方英之入坎巨提，曾劝我速分帕地，其意盖欲我支格其间，阻俄南下之路也。我既不允，英遂不得不唆阿据帕之中心，我迟之又久，而欲分阿所已取之地晚矣。嗣后英、俄私分帕界，订立帕米尔协约，漠然置中国于度外，而弗我与闻，虽俄驻英使照会英外交部文，有“界中国地，须三国共分”之语，然终未闻与我商订也。今唯塔克敦巴什一帕，尚在蒲犁县境内，其余小帕米尔、大帕米尔等七帕，均被英俄私分而去，总计失地二十余万方里。

此外又有坎巨提交涉发生。考坎巨提在帕米尔东南隅，为自印度库须山而至印度之门户。乾隆二十四年(1759)入贡内属,岁贡沙金一两五钱,而得缎二匹之赐赏,薛福成奏牍有“近年回族之入贡中国者,仅坎巨提一部”之语,但同时又向隶属印度之克什米尔岁贡马二匹,细狗二匹,而得二钱五分重之银圆一千五百枚之赏金。

自俄出兵帕米尔后,英惧其南侵,危及印度,对于坎巨提内政横加干涉,并补助年金,撤并某王,要求修筑铁路通过其境内。当时薛福成向英提出抗议,英谓:“绝无阻止坎巨提入贡中国之意,亦不欲妨碍中国在坎巨提之一切权利,英国在坎巨提境内修筑一路,系出于保护境界,与防俄之侵占,如俄无侵占境界之事,英决不欲出印度库须山界线外,而有所行动。如俄意在侵占,则此界线以东之中国地方,自亦将被占据,岂止撤去印度藩篱而已。”薛称:“坎巨提之年贡黄金一两五钱,固甚微少,然就权利上言之,所关甚巨,况曾内属中国百余年,若一旦置之不顾,于中国体面上大有妨碍。”

然而坎巨提虽为中国旧属,尚未驻有军队守备,是以空言终归无补。当英拥立坎巨提某王时,邀请中国派员参加典礼,薛向英外部请求:“请令中国官吏与英国官吏居于同一尊贵之位置,克什米尔之派员则居于较低之位置。”当由新疆巡抚陶模派员出席新王选立典礼,华员居右,英员居左,英属克什米尔员居左之下,新王又次之,华员宣布中国德威,赏给大缎,并谕饬须与从前一样贡金,镇抚部民,勿为剽掠。民国以来,坎巨提犹岁贡沙金至喀什,可谓我国属地之硕果仅存者矣。虽然主权早已旁落,由英从中操纵,彼得其实,我拥虚名而已。此英、俄私分帕米尔,并英侵入坎巨提之大略情形也。

著者编辑是章既竟,不觉喟然叹曰,新疆每经一次变乱,则招一次外侮,何先后如出一辙耶?清廷于咸、同年间方用兵东南,新疆因而变乱,安集延酋入据迪化,伊犁被俄占据十三年之久,陕回白彦虎等窜入俄地,俄人纳之。与今日国内多故,新疆随亦发生事变,两相参照,前后情形,一一如合符节,仿佛六十年来又复重演一遍,噫!亦足奇矣!虽然细思其故,则亦无足为异。新省民族各有其传统之观念,牢不可破,一旦有机可乘,则变乱随之,邻国亦自有其传统政策,越俎代谋,抑若已有成例。内争结果,自有幸不幸之分,山川不改,地势犹昔,不幸者辗转出亡如蹈故辙,此亦事之寻常者也。

左宗棠像

尝谓：当日新疆之危急，殆尤甚于今日，清廷亦恐牵动全局，暗主闭关之议，独左宗棠力持不可，卒至舁榇以行，决死报国，至今读其奏议，忧国之诚，犹觉跃然纸上，有左宗棠其人，而后刘锦棠、张曜等人才辈出，遇有交涉发生，皆能据理力争，不为迁就，奠定全疆，卒唯此数人是赖，凡事待人而兴，岂不信哉！昔俄侵略中亚细亚，与我边境接近，于是我之西界屡蹙，今则土西铁路迫近边疆，其感受压迫又当如何。昔因依据俄国红线地图，遂使卡伦以外之地，沦失数千百里，今则我国边疆仍无地图自若也。当南疆独立，安集延人纷赴喀什，狡然思逞，数十年前之死灰，俨有复燃之势。

鉴古证今，有足耐人寻味者矣。有守土之责者，当懔其自身之地位，最大使命，即为国家保全领土，不使国权有所损失。果能谨其心之所向，忍辱负重，兢兢以安民守边为职责，自为世人所共谅，事实胜于雄辩，奚恤乎人言哉！前事不忘，后事之师，著者追考丧地之陈迹，亦使今之为政者，知其成败得失，而有所儆戒云尔。

第十六章

新疆之过去及未来

新疆为古雍州外地，周秦以前，敻隔声教之外，史乘阙而不载。自汉武通西域，城郭三十六国皆属焉。新莽时，海内多故，西域各国，改属匈奴。遂与中国隔绝。光武中兴，未遑外事，其时山南君长，互相攻击，裂为五十余国。自明帝遣班超使西域，遂复来朝，终后汉之时，西域三绝三通。三国及晋，北为乌孙及鲜卑西部，南为于阗、龟兹诸国。北魏蠕蠕、乌孙、悦般、高车尽有山北之地。后周突厥、铁勒又据之。迄隋突厥、铁勒、西突厥雄于北，而南为于阗，龟兹诸国犹昔。

唐室勃兴，沙陀、突厥、回鹘、西突厥诸属北部者，先后来归，设都督府于其地。复于山北庭州置北庭大都护府，山南龟兹置安西大都护府。又以于阗、疏勒、碎叶、焉耆别为四镇。中叶以后，为吐蕃所有。五代并于吐蕃、回鹘(原名回纥)，本铁勒中之一部。宋则乌孙、回鹘居山北，而于阗、龟兹诸国悉入于辽。

元朝蒙古族兴，天山南北尽为征服，奄有中亚细亚全部。于阿力麻里置元帅府，以治天山北路。于别失八里置元帅府，以消天山南路。明代天山北路，尤为蒙古族后裔之四卫拉特部所有(绰罗斯、杜尔伯特、和硕特、土尔扈特)，其南路则为回部诸族所居。清初康熙三临朔漠，平定准噶尔之乱，复击降哈萨克，底定伊犁。窜附俄罗斯之土尔扈特率众来归，四卫拉特全部尽入版图，广轮二万余里，设置文武官职九百余员，列戍开屯，星罗棋布，西北宴然无警百有余年。其后虽有张格尔之乱，然指顾间即归平定。

咸丰之初，洪、杨变乱，清廷方用兵东南，而新疆武事废弛，黠回金相印阴结安集延酋阿古柏作乱，陕回白彦虎应之。同治三年(1864)，尽失天山南北之地。清廷命左宗棠移师讨之，不数年尽复失地。独伊犁一隅，尚为俄有。宗棠以为非革除旧俗，渐以华风，难冀久安长治。乃建议开行省，置郡县，未及行，而宗棠内召。光绪八年俄人还我伊犁，总督谭钟麟、通政司刘锦棠因损益宗棠先后之建议，开设新疆行省。光绪八年至二十八年(1882—1902)，凡设道四，府六，厅十一，直隶州二，州一，县二十一，分县二。(见宋伯鲁撰《新疆建置志》)

降至民国，阿尔泰区又划归新疆管辖，省长杨增新因中央协饷截止，因陋就简，平定哈密之乱，消灭哥老会，统一全疆，平定白俄变乱。坐镇边陲十七年之久，未予国家损失丝毫权力，厥功之伟烈，为民国以来所罕有。

虽然闭关愚民政策，亦自杨氏始。金树仁袭其余威，二年无事。迨后哈密激成变乱，星星之火，遂成燎原，而有省城“四一二”之政变，迫令金氏去职。汉、回、蒙、维、哈各族成立维持委员会，公推刘文龙、盛世才为民政、军事首领，实行军民分治，政事公开，气象一新。无何，马仲英占领古城，和平无效，卒复兵连祸结，塔城乱事甫平，伊犁之变复起。全疆无一干净土，祸害之烈，为六十年来所未有。厥后马仲英败退苏联境内，省军到达伊犁、喀什。全省军民两政则由盛世才、李溶处理之。(民国三十一年李溶因病出缺，省政府主席由盛世才督办兼任。)全省分为九行政区，在北路者，曰迪化、塔城、伊犁、阿山、哈密；在南路者，曰焉耆、阿克苏、喀什、和阗。辖县六十，设治局六，此为新疆之过程，叙其大略，作一总结，已往陈迹，无烦回顾，今日所应注意者，亦曰未来之新疆而已。

新疆东西广三千七百里，南北长三千里，面积五百五十万方里，当中国本部三分之一，东三省之一倍有半，合欧洲各国，除苏联外，不敌新疆一省。论其地理，山脉雄伟，水土甘沃，金、银、煤、铁、羽、毛、齿、革，靡一不备。论其人口，则不过二百五十万，平均每方里不及一人。降至今日，犹成为荒芜不治之边域，非土地人民有何缺憾，乃历代鄙视边疆有以致之。

吾人处兹20世纪刀俎鱼肉之世界，拥有欧亚中心点之庞大天府，果将漠然视之而无所动于怀乎？抑将袭守历代不彻底之传统政策，从来西域为军人罪犯遣戍之所。谋国者只求边地纳贡内附，便即相安无事。各民族之疾苦，向鲜过问，强邻窥伺，则亦听其自然。对于边疆纵非歧视，亦属消极政策，是以经营西域，皆不彻底，政治上虽为中国支配，而各族依然维持其固有生活。左宗棠有鉴及此，故曰非革除旧俗，渐以华风，难冀久安长治也。夫土地人民皆为立国要素，新疆土地如此广大，民族如此庞杂，已往之失地，由于平时之漠视疆土，一旦有事，则听人宰割。已往之变乱，由于平时之不顾各民族利益，一旦事变发生，则纯用高压手段。今后之新疆，应先于斯二者加以纠正，注重边防，有备无患。凡百设施，应以新疆民族利益为依归。

然则未来之新疆果如何乎？虑者常为种种之推测矣。余谓我国今日诚如一大破落户，产业荡然，穷居逼处，不可终日。犹幸祖遗有西花园一座。其空地几及内院三之一，可以兴建无数屋宇，尽可移族而居，以免拥挤之患，家虽败落，不难振起。新疆者即吾之西花园，为今日中国唯一之尾闾，地广人稀，物产富饶，稍事整理，移民千百万不厌其多，一般青年，各有其出路，亦免误入歧途。况令盛倡民族复兴，舍此其又将奚赖乎？尚使不幸竟如愿者之预测，莽莽神州，陆沉是惧。黄帝子孙，神明后裔，将永陷于万劫不复之境，素以仁爱和平为怀之中国，所得果报，应不至是。故余对于未来之新疆，不改其乐观态度，以为千古神秘之区域，已届开发时期，正吾人奋发有为之时，谓余不信，请申其说：

一、交通

自欧亚通航，新疆形势为之一变（目前阻梗自系临时性质）。由柏林飞至上海，全程仅需五日，此后欧西人士来至东方，自必舍地中海及西伯利亚各需二十余日之长程，而取此五日之航线。所有邮件，更将尽由航空转递。而西人首履华土即为迪化，殆将恢复当年之大陆交通，其地位才重要，将与香港、上海并驾齐驱。反观今日之迪化，物质文明一无所有，较诸内地至少退后在半世纪以上。（每届春融，道路泥泞，寸步难行，前有大街淹死骆驼之笑谈，其他可以想象。）昔之闭关自守，犹可说也。今之春光漏泄，俨然为欧亚间首先接触之地，而卑陋至此，实为事实上所不容许。而阻碍世界交通，尤为不合时宜不可长久之事。今昔形势殊异，航空既能改造世界，何况区区一隅之新疆乎？

次则绥新汽车路，就目前道路情形，全程十三日可达。若筑成公路，修竣桥梁，可以缩短至八日，为国内最捷之路。行旅货物可以通行无阻，较诸兰州大道动需两月余者，其进步已有足多矣。至开辟边疆根本之图，仍须建筑铁路，今兹陇海路业已修至西安，自必赓续西进，应将陇海线赶速展至迪化、伊犁，合全国力量，共赴事功，调用各机关人员，保留原薪原资，全国总动员，限期完成，行此图存救亡之"一事计划"，殆并绝对不可能之事也。

二、实业

开发边疆，有赖于交通，而不全赖交通。盖交通之便利，诚非一朝一夕之故，且有待乎催动，与当地实事互相表里，成为正比例。实业推进一分，交通亦随之便利一分，必俟交通完成，而后谈及实业，抑谓西北无交通，便无实业之可言者，斯皆不通之谕。必也，两者相辅而行，期以时日，而开发之原动力，则尤在西北自身之实业也。

新省地广人稀，凡百事业，全未着手，故步自封，仍过其太古生活。今日南疆之一县，即为古时之一国，所有城郭，皆为数千年来聚族而居，流传至今，颓垣败壁，无可足称。至北疆之游牧生活，即古所谓行国，其卑陋更不足论。自唐玄奘西行以迄今日，交通情毫无改变，其他工商业，亦莫不如是，较诸其同族在中亚细亚之生活，瞠乎后矣。

是以新疆真正之价值，不在大部分之戈壁，不在固有之城池，而在水草之区域，肥沃之土地，以及蕴蓄至今尚待开发之宝藏。戈壁寸草不生，满目荒凉，省会县城湫隘嚣尘，不合市政之用，亦属无足重轻。其能繁荣全省者，应在他日另建之工业区域，彻底经营，根本改造，平地从事建设，使荒凉偏僻之区，成为光明灿烂之域，举数千年来之旧城，听其自然淘汰，殆无不可也。俄属中亚细亚亦多有回教旧城，其狭隘卑陋，与新省各城初无差异。但帝俄时代，皆就其地另筑新城，两相比较，不可同日而语，俄人已先我行之矣。然则未来之新疆，既有赖乎水草土地以及蕴蓄之宝藏，换言之，即牧畜、垦务、矿产三者而已，更请分别言之。

(一)牧畜

新省土地辽阔，水草繁茂，牧畜事业称为最盛。问其家之富，则数畜以对。远客相逢，先以畜询，畜有不安，寝食俱废。全省羊数一千二百万至一千八百万，山羊一百五十万至二百五十万，牛一百万，马二百万，骆驼五六万。至其畜产额，则有羊皮、牛皮、马皮、羊毛、驼毛、马鬃等类，就地消费之肉类、油类、乳酪、肠、骨诸正副产品，尚不计及。(见行政院印行《建设新疆计划大纲》)全省每日需宰羊三万头，游牧之哈萨克，则以羊肉当饭。出口货物，几尽为畜产，而羊皮、羊毛、羊肠尤为大宗。概括言之，全疆实赖羊为生活，亦即羊维持全省人民之生计。故新省牧畜，向称发达，水草从无荒废之虞。唯是人民缺乏科学知识，任其自然滋生，终未脱离原始时代之游牧生活。官家只知苛索捐税，从未讲求牧政。如能改良畜种，预防兽疫，提倡畜产工业，统制畜产贸易，则边疆实得之利益，将若干倍于今日，殆可断言也。

(二)垦务

新省幅员除山脉、水道、戈壁外，余均平原可耕之地，应有三百余万方里，而已垦熟地据官册所载，仅有一千三百余万亩，以五百四十亩为一方里计之，现垦之地，不及百分之一。农民因不施肥料，又有歇地之习。(今年已种之地，须歇二三年再种。)

以如此广袤之区，耕田只有此数，非地不足垦，特水利未兴耳。南疆终岁不雨，虽雨亦年仅一两次，是以汉时西域有名为“无雷”[1]之国。农民不识雨于禾苗有何效用，只知资水灌田，故不患无田，而患无水，水所不至，遂成弃地。农间四五月需水之时，水多不至。春月虽至深之

[1] 古代西域城郭国之一。

井，亦复干涸。秋月山雪尽消，水乃大来。故曰新疆之垦殖之问题，直一水利问题也。全省河流遍地，纵横南北，居民只能就近河之地，因势浚道，以资灌溉。距水稍远之区，则任其干旱，无从开辟。又有地高河低之处，人民不知戽水溉田，亦只能听其荒废。林文忠公谪戍伊犁，在吐鲁番提倡坎井，其地为古火洲，亘古无雨泽，文忠命于高原掘井而为沟，导井以溉田，遂变赤地而为沃壤。厥后湖南黄冕继文忠之后，开凿坎水，因土性渗漏，水泽易竭，令民以败毡垫渠，始得灌溉，父老感念，称道弗衰。（见《新疆图志》）是在倡道者之如何耳！如能修治沟渠，广开坎井，倡为官开民领，按所领地亩匀摊渠价，荒废之地，不难变为沃壤。他如绥来、乌苏、伊犁一带之荒渠废田，塔里木河两岸及阿尔泰、奇台、哈密一带之荒地，倘能利用机器开渠抽水，再购备农机，为大规模之垦殖，其利甚薄，亦一绝好农事试验场也。

语云："有人此有土，有土此有财，有财此有用。"新疆不在于无土，而在于无人，财出于土，而土则出于人。故欲图开发新省，非大举移民不为功，而欲移民务农，而首应从事沟渠。估计可垦之地，分期妥为安插，来者即可躬耕，免为地方之累。邻省农民陆续西移，亦可稍减人满之患。此项沟渠工程，非难兴举，其成效则可计日而待也。

（三）矿产

新疆无价之宝，在于矿产。牧垦虽各有其利，安能侪及矿产之富博哉！新省矿产无一不备，举其大者，则有迪化、伊犁、疏附之煤，孚远、疏勒之铁，阿尔泰、塔城、于阗之金，拜城、库车之铜，绥来、乌苏、沙湾之石油。其他未经发现者，尤多不胜记，前人所调查者，挂一漏百，未足以尽全省之矿产也。

按：煤铁为工业之母，本应先行举办，唯为速谋成效充裕经济起见，则宜先办金矿，以为各种事业之导。金矿复有石金、沙金之分，则莫如先办沙金，坐收事半功倍之效。阿尔泰山蒙古语"金山"之意，尤为产金策源地。每年仅凭甘省人民远道前往洗金，互聚数千人，年产巨量金额，而其淘洗之简陋，器具之苦窳，则又不值一道。金沙损失，不知凡几，官家除按丁抽纳官金，任其狼藉开采外，对于应办工程，则从未顾及。如能加以改良整顿，何难倍蓰其数。倘用挖金机器开采，利益之大,更不待言。开办之初,可以利用原有矿丁,及流落苏联之华工,而后徐图扩充,购用机器开采。运输方面,可以假道西伯利亚铁路及额尔齐斯河之航路,尚不感若何困难也。

美国西部之加利福尼亚州,本亦荒凉地带。自1849年发现金矿,不数月间,东美人士接踵而至,人口骤加十余万。年产金额值美金三千余万元,至今不衰,各种工商业亦随之而兴。铁路卒由中美展至西部,荒野之西方,遂亦成为繁盛之区。横穿东西美两海洋之铁路,实由加州金矿有以促成之,此华人所以称三藩市为旧金山也。

又北冰洋阿拉斯加半岛,本为俄属,1867年以七百万美金之代价售于美国,美得其地后,发现大金矿,来者蜂拥而至。迄今每年所产金额,皆在七百万美金以上,其他物产尚未计及,俄以荒岛不屑为意,美国得之,赖金矿而兴。近更成为空军根据地,而逞其权威矣!

尝谓今日之新疆,即为1849年前之美国加利福尼亚。今日之阿尔泰,则又如1867年前之俄国阿拉斯加。如能仿效美之如何繁荣西部,而以俄之放弃失策为戒,安知他日横穿我国东西铁路线,不由阿尔泰金矿而有以促成哉?

次则塔城喀图山金矿,旧厂林立,矿丁曾聚数万人,复经一度与俄商合办,购有机器,以及于阗、且末两处所出之大瓣金,亦均有开采价值。

新省矿产除金矿外,则应首属石油,范围至为宽远,复沿天山北麓而入甘、陕,再越秦岭而至川省,实为我国石油策源地。全省南北发现石油不下十余处,而以绥来、乌苏、沙湾,为最有希望。乌苏独山子地方油质较佳,且产石蜡,通明透彻,着火即燃。前曾将油质送往俄国巴库地方化验,每百斤可提净油六十余斤。石蜡可制洋烛,较牛羊油光明耐久,更为天然原料。曾于宣统元年(1909)购运俄国挖油机一座,油井深至七八丈,井内声如波涛,油气蒸腾,直涌而出,以火燃之,焰高数尺。居民亦时用土法开采,藉以燃灯。最旺时,日可采油数百斤。官家曾将油质提炼,开驶汽车,完全适用。当俄国内乱时,煤油停止输入,土产曾畅销一时,迨至俄油重来,土法难与竞争,遂告停止。此种不可多得之富源,如在美国,不知造成几个煤油大王,促成几条铁路,而在我国,则弃置无人过问。迪化附近温泉已有自然气之发现,则亦等闲视之,无人加以研究。

著者此次特往考察苏联巴库油厂，见油井最多之处，昔日波斯人所建之火神庙，巍然犹存，盖亦仅见自然气燃烧之足异，而不知下有无尽量之石油也。俄有其地，开井盈万，布满井架，远望如森林，1934年每日产油四万余吨，全世界产油，苏联俨居第二位。优胜劣败，无所逃避，深恐新疆今日之程度，尚不及当年之波斯，更安敢望及苏联之项背哉！论者谓日本缺乏石油，东北矿物皆备，独于石油，亦付阙如。（抚顺页岩油年产五万公吨，全部供给日本海军。）是以石油之于日本已成为严重问题，除与苏联订立购油合同外，又欲购买苏联产油区库页岛之北部，思所以增加油量者，无微不至。我国今日无汽车工厂，无涓滴汽油，而大修公路，专备汽车开驶，吾恐全国公路修成之日，亦即我国宣告破产之时。舍己之所有，而仰赖于人，一旦断我供给，则恐慌立至，平时漏卮之巨，更不堪言，盖亦早应反求诸己矣。

至开采石油，其法固甚单简，即按其地形，多鉴油井，迨及油泉，油质自然外溢，数十年如一日者有之，而油不可胜用矣。炼油方法，亦甚平易，依次提取各种油质，同时汽油、煤油、机器油，皆得以解决。他国唯恐无此资源，如曰有之，无论如何险阻艰难，未有不黾勉以求之也。

新省与苏联衔接，殆已取得世界之交通，办理各项重工业，应需机器，可由土西铁路输入，实较陕、甘、川之腹地为便。至如何运输内地，自属另一问题。然一省之内，如有煤油，则全身血脉流通，再就油区设立大磨电厂，即以煤油为燃料，供给电力于各方，彼时有此充分原动力，举办煤铁，其易殆如立竿见影。重工业兴起，凡百轻工业亦自随之而生，石油为改造新疆第一要素，信不诬矣。

最后愿再列举要点，作为本章之归结：

第一，过去之新疆，全不彻底，无足称述。未来之新疆，必须彻底改造，为民族复兴之基础。

第二，彻底改造，当以新疆民族利益为依归，且须有大规模之计划。万事非财莫举，或发行新疆兴业公债，或指拨的款，作为一次投资。此后即以新疆之财，办新疆之事。

第三，地方财政人才两告缺乏，必须仰助中央。中央应以经济力量，统一全疆。内外相维，其赴事功。

第四，陇海线完成，尚需巨款，诚恐悠悠无期。展筑至新省，更属河清难俟。应先兴办本省实业，便利省内交通，新省地位优越，远在陕、甘之上，且为西北之屏蔽，不能因与内地阻隔，而不从事经营。

第五，整理金融，确定军政费之治标办法，自为必要。但治本仍在开源，应先由“牧”“垦”“金”“油”四事着手。前二者只需加以扩充改良，后二者则宜按科学程序进行，务底于成，而后举办煤、铁、电气各种工业。

第六，新省关系国防，且为开发计划计，必须有确实详细之地图，应由中央用航空测量，制成全省标准地图。

第七，沪迪航线，应即恢复。绥新公路，应即修筑。同时并应赶修甘新公路。

第八，新省需要人才，为技术家及工匠。西人称新疆为“中国土耳其斯坦”[1]，英国某考古学家更有“近印度”之称，吾每闻之怵然而惧。未雨绸缪，胥赖内外之勠力同心，以固吾圉，为民众谋福利，为疆域阔富源，未来之新疆，譬诸璞玉之有待磨琢，而后能显其光泽。否则处此环境之下，必有越俎而代之者。精光宝气之所蟠结，亘古未尝一泄者，盖有不能谩藏之势矣。有国家之责者，得吾说而存之，则当权其轻重，择其缓急，转移视线，倾全国财力以赴之，导人民于生产之途，富新疆即所以富全国，不禁为之馨香祷祝者也。

---

[1] 所谓“中国土耳其斯坦”，亦称“东突厥斯坦”，是西方学者歪曲事实、杜撰历史的错误观点。中国历史上从来没有把新疆称为“东突厥斯坦”。

第十七章

新疆之演变及其展望——三版增辑[1]

新疆消息，报纸久已沉寂，自民国三十一年（1942）七月起，各报始披露新疆之事，各界极感兴奋，一时开发西北之声浪，甚嚣尘上，撰文论列者，更如春笋之怒发，《大公报》且认为抗战中之“奇迹”。于是茶余酒后，所谈者无非西北问题，对于前途各抱有无穷希望，政府亦在分途设计，大有剑及履及之慨。余适在重庆从事著作，凛乎“不在其位不谋其政”之明训，雅不欲有所论列，只对新省消息，随时留意，见地方与中央关系日臻密切，表示欣慰而已。

因国人之注意边事，遂觉边疆书籍之缺乏，藉曰有之，而在战时之重庆，亦不易得，商务印书馆适由他分馆获得余之旧著《新疆纪游》一册，视为孤本，而索阅者日众，应接不暇，遂有重行排版之议。该馆主人嘱余增加材料及意见，使其合于时代性，免贻明日黄花之诮。余对开发新疆，固未尝一日去怀，今乘重版机会，亦欲一吐衷曲。唯是个中消息，

[1] 本章原为《边城蒙难记》（原名《新疆纪游》）第三版的增辑，记述作者离开新疆之后发生的重大事件，并编排在全书之前。暂以写作时间顺序，改作为最后一章。

多系得自传闻，虽比较认为可靠，但非若旧著之躬与其役者所可比拟。最后所述开发新疆之展望，则又个人管见所及，不惮觍缕，愿与中央地方当局及留心边事者，一为商榷者也。

新疆之演变，择其荦荦大者，依次分别说明如下：

(一)肃清反动分子

新疆自民国二十二年"四一二"政变以来，变乱时起时伏者，又有数年之久。马仲英自败走吐鄯后，乃复秣马厉兵，待时而动。民国二十二年冬，马由达坂城进扑迪化，伊犁张培元亦由乌苏进窥省城，截断迪化往塔城要道，马仲英围攻省城一月，城外各险要均被占领。当兹省城岌岌危殆之际，幸获苏方派兵救援，张培元部行至中途，全被击溃，张拔枪自裁。马仲英部素以骁勇称，但无法与机械部队抵抗，遂自喀什退却。马仲英见大势已去，约同高级军官数人，经依尔克什塘卡走入苏境，受苏方优待，曾在塔什干受军事训练，以后消息隔绝，有谓尚在莫斯科者。

自马仲英、张培元相继失败后，省城之围始解，盛世才督办势力达于北疆全部，但反动分子仍多时有破获。时南疆独立业已取消，省派刘斌为喀什警备司令，势力渐及南疆，唯马仲英部下马虎山尚领少数东干军占据和阗、于阗，直至民国二十六年马虎山、麻木提等在南疆叛变未逞，旋被剿平。马虎山经印度走上海，麻木提有辗转逃至日本受日方优待之说，南疆遂告统一。

民国二十六年冬，迪化发生大阴谋案，重要官吏株连逮捕者颇众，为肃清反动分子之最大案件。维吾尔族首领、省政府副主席和加尼牙孜，即于此次置之于法，其他汉人官吏同遭刑辟者，亦颇有人在。据官方宣布，反动分子曾受日本金钱运动，阴图推翻现政府，斯时南疆发生骚动，延至焉耆，与省城暗相联络，但不久亦被驱散。

次则哈密警备司令维吾尔族尧乐博斯，久与省城不睦，卒至不安其位，于民国二十六年间弃职逃入内地，向南京报告。

(二)宣布六大政策

盛氏治新，提出六大政策，即"反帝""亲苏""民平""清廉""和平""建设"是也。该六大政策，并非同时提出，最先提出者为"民平"(民族平等），其次为“反帝”，再次方为“亲苏”，至“清廉”“和平”“建设”则为以后提出。

当提出“反帝”时期，南疆之英籍印商多被驱逐，居住新疆四十余年之迪化内地会胡进洁牧师亦被驱逐出境。同时指摘日本帝国主义曾派员参加马仲英扰乱新疆工作，曾经掳得日本报务员一人，足资佐证。又指摘南疆独立，亦是帝国主义国家一大阴谋。

当提出“亲苏”口号时，曾引起全疆民众之疑虑，国内人士更觉惶惑不安，且有疑及新疆业已脱离中央，从事赤化者。实则新疆与苏联因地理上之关系及经济与商务之联系，有不容不亲近之势。彼时迪化，苏联总领事具有相当权力，军事、财政均聘有苏联顾问，亦有类似苏联特务机关之设立，星罗棋布，各界各族横被逮捕者，实繁有徒，人民谈虎色变，深感不安，为新省以前所未有。

（三）新疆内政

新疆省政府前曾设有副主席，各厅长现犹设有副厅长，且有多至二三人者，各行政区设有副行政长，行政长、县长不必专限汉人，有由其他民族担任者。民国二十九年，省政府主席李溶因病出缺，中央发表由盛氏兼任，盛氏除民国二十七年曾往莫斯科一度游历外，坐镇迪化已达十年之久。

论及财政，新疆在前清本由各省协饷，民国后协饷无着，杨增新整理财政，杜绝陋规，发行一两银票，信用卓著，人民旅行苦带白银，有情愿贴水兑换银票者。杨氏坚持只发一两钞票，故终杨时代，银票虽稍跌落，犹能维持每二两银票换洋一元。

金树仁继任，因哈密变乱，军用浩繁，续出三两、五两省票，遂至不能兑现，省票跌至每十二两换洋一元。“四一二”政变后，军饷大事增加，省库穷于应付，遂复印发十两省票，价亦继跌至每五十两换洋一元，时余在省政府会议席上力持反对，认为饮鸩止渴，今日所出下策，未几又将变为无策，曾拟具整理财政计划由委员李溶等连署，经大会通过施行。无如军用日繁，省库如洗，果又续发五十两省票，从此发票愈多，价格愈跌，由七十五两至一百两、五百两、一千两换洋一元，最后竟跌至每四千两折合法币一元，财政紊乱，于斯为极。

民国二十七年十月开全疆三全大会，始决定改两为元，遂于民国二十八年一月发行银洋钞票二千万元，票额以十元为限，收回省票喀票，保持与法币同价。新省钞票与美金折合率，始终维持以三元五角计算，实际高于法币五倍。民国三十一年十一月财政部规定，新币一元合法币二元，或关金券二十五分，自是法币、关金券可在新省按规定折合率通用。民国三十二年五月中央银行在迪化设立分行。

次论教育，近来教育却在飞腾猛进。从前杨增新利用愚民政策，教育向不提倡，期其浑浑噩噩相安无事。占全省绝大多数之维族子弟向不读书识字，只掌教阿訇能读阿拉伯文之《古兰经》及粗通文理，而令子弟读教外之书，又恒为阿訇所不允许，以致入汉人学校读书者，几如凤毛麟角。至哈萨克族以游牧为生，更无文化之可言。近来省府厉行教育政策，各族文化却能平衡发展，维族子女能用自己文字写信，为前所未曾有，尤其妇女教育，发展特别迅速。

全省报纸，除在迪化设立《新疆日报》总社外，并在塔城、伊犁、阿勒泰、喀什设立分社，用汉、维、哈、蒙四种文字印行日报，亦为从前所无。喀什维文报纸每日能销二千余份，伊犁民众文化水准较高，报纸内容亦较好，且有俄文报一份，供归化俄阅览。迪化另有刊物两种，一为《反帝战线》，一为《新疆青年》。

次论卫生，近在每城市均设有医院或诊疗所，设备相当完善，市民可以免费住院。此原为苏联之特色，今则行之于新疆，医生护士大半仍为苏联籍。迪化设有官药房，分送药品至各医院，人民可用低价购到需要药品。

（四）新疆外交

谈到新疆外交，实际上就是对苏外交，因地理上之关系迫之使然，自苏方完成土西铁路，与新疆边界平行千余里，益感实迫处此。例如新省有事，苏方军队可以朝发夕至，我方由兰州至迪化，现虽有汽车路，亦非半个月不办，仅此一点，即觉新省对苏外交之不易处理。当杨增新时代，适值俄国发生革命，白俄退入新疆，悉被解除武装，复基于平等互惠，重订《伊犁商约》，苏方要求在新省恢复原有五领事馆，杨亦要求在苏境内设立五领事馆（通称“新疆五领”）。杨氏坐镇十七年，对外未尝损失丝毫权利，厥功甚伟。

金树仁因哈密激成事变，需要军火镇乱，不得不向苏方告急，而有新苏临时通商协定之订立，应允苏方权益，作为交换条件。“四一二”政变后，马仲英围攻迪化，气势汹汹，设有差池，则变乱蔓延不知底止，中央鞭长莫及，远水不救近火，唯有苏方之援助，方能转危为安，此亦非当机立断不为功，否则不知又将牺牲若干生命。

故苏方何以毅然如此？则因迪化为中国任命合法之政府，马仲英仅系私人行动，况苏方认为马之背后，有日本帝国主义暗为策应，马如得逞，则日本势力到达新疆，不但苏联中亚细亚直接受到威胁，将成东西夹击之势，即高加索之巴库油场亦有被轰炸之虞。当时余在苏境，曾阅到报纸频作此警戒之语。民国二十八年四月，孙哲生[1]院长在莫斯科时，斯大林[2]先生曾向之谈及，并谓当时帮助迪化之合法政府，即系帮助中国云云。（见民国三十年十月十二日孙院长在香港大学演说词）至借款与省方，俾得修筑公路及他建设，亦可同作如是观矣。

从此苏联在新势力相当膨胀，与其曲予掩饰，毋宁认为合理性之演变。自倡出“反帝”“亲苏”口号，旗帜益复鲜明，民国三十一年春间，盛督办四弟世骐突然被刺身死，其中自有背景，使盛精神上感受痛苦，最近新疆之急转直下，对此不无相当联系。自是地方与中央日益接近，完成内外相维之局，实属国家前途之庆。至新省所聘苏联顾问，现虽尚未解雇，但实无权力，哈密虽尚驻有少数苏联红军，亦有不久即行撤退之说。

新疆对英外交，原只限于南疆（据称，现已调回），在省城宣布六大政策之下，英籍印商颇受影响，有勒令停业驱逐出境者，即驻喀什英国领馆环境亦颇困难。民国二十四年北平英国大使馆参赞台克满（Sir Eric Teichman，现任重庆英大使馆参赞）奉其本国政府命令，特经由新疆、印度返国。同时驻喀什英总领事格劳瓦（Coloner Thomson Glover）亦来迪化，俾与省当局有所接洽。民国二十八年因南疆反英空气颇为

---

1. 孙科，字哲生。
2. 斯大林，原文为“史达林”。

浓厚，几使当地印商无法立足，喀什英总领事詹森(Major H. H. Johnson)复往迪化谒见当局，效果如何则不得知。民国三十二年，英美鉴新省地位之日趋重要，先后获得我国政府许可各在迪化创设领馆，外交部亦于民国三十一年九月恢复驻新疆特派员公署，新疆五领亦改由外交部派充，正在遴选人员中。要之，新疆外交渐入正常轨道，诚边陲之福音也。

(五)新疆交通

新疆与内地交通，目下可称全赖飞机。民国二十二年间欧亚航空公司(中德合办)开始航行，设分公司于迪化。嗣因苏德关系日趋恶劣，苏方不允德机过境，飞机遂告停驶。彼时尚有新绥汽车公司由绥远开往迪化，约二十日可达，但不久亦告停止，所有卡车多被新省截留。当斯时也，新省与内地交通几濒断绝，消息亦阻梗不通。

自中日战事发生，中央欲在新省另辟国际路线，遂于民国二十八年九月间成立中苏航空公司，独占经营自哈密经迪化、伊犁至苏境阿拉木图之航空线。资本定为美金一百万元，中苏股本各半(中航美股仅占百分之四十五，欧亚德股仅占三分之一)，开办后又增加股本一百万元。董事六人，中苏各半，中国方面任董事长(张元夫氏担任)，苏方任副董事长。飞机七架由苏方供给作为股本，每周开行一次，哈密、迪化、伊犁均设有飞机站及旅馆，设备堪称完善。公司人员以及机师，多数为苏联人，三次董事会开会皆在苏境阿拉木图举行。当时因急亟通航，打通国际路线，所有拟订章程，不无优待及迁就之处。自从中苏航空公司开航，欧亚交通可于三日完成，即由重庆起飞，第一日至哈密，第二日至阿拉木图，第三日至莫斯科是也。

此外，又复完成甘新公路，计长一千一百七十二公里，汽车约半个月可达。又新省创设五百瓦特无线电台，于民国二十八年三月间完成，可与全国各地直接通报，无需由兰州转电。民国三十一年底迪化重庆间直接通电话，尤称利便。

至省内汽车公路，计已完成者，则有迪化伊犁线，长七百二十公里，迪化塔城线，长六百九十公里。又铺建塔城至阿尔泰，迪化至吐鲁番、七角井，迪化至喀什、和阗公路，全省汽车增至四百余辆，在本省内汽车到处畅行无阻。

(六)曾至迪化之中外重要人士

"四一二"政变后,除黄慕松、罗文干先后奉派来新外,此后来者,则有陈立夫、李根源、杨杰、孙科、邵力子、朱绍良、翁文灏、蒋宋美龄、吴忠信、梁寒操、沈鸿烈、傅秉常诸氏。或系衔有中央使命,或系往苏经过迪化,或系私人交谊前往,俱作短时间之淹留,督署东花园则为其下榻之所。其中以梁寒操氏居住较久,且亲往伊犁及南疆考察,于民国三十二年四月间返渝复命,朱绍良长官与盛氏本属旧交,不及半年去新四次,罔辞劳瘁,赞助独多。

至外人方面,民国二十三年,伦敦《泰晤士报》记者傅礼明(Mr.Peter Fleming)偕同瑞士女记者梅莱提(Miss E. K. Maillart)由北平经青海私入南疆游历,道出印度返国。傅礼明归著 *Newsfrom Tartary* 一书,1936年出版(内中叙及苏方如何出兵击败马仲英),文笔流畅,称为名著。梅莱提女士归著 *Turkestan Solo* 及 *Fordidden Journey* 两书,均经由法文译成英文,先后在伦敦、纽约出版。民国二十三年,瑞典名探险家斯文·赫定奉南京行政院令往新疆查勘路线,经由绥远搭汽车入新,并至南疆罗布淖尔查勘,归著:(1)《马仲英逃亡记》叙述马仲英如何失败退却綦详;(2)《丝绸之路》叙述古代运丝旧道,重获重要地位;(3)《游移的湖》叙述罗布淖尔之形势,均由瑞典文译成英文。民国二十四年,英大使馆参赞台克满经由新疆、印度返国。民国二十九年二月,英国工党领袖国会议员克利浦斯(Sir Stafford Cripps)由重庆飞往迪化,为抗战后英人赴新者第一人。民国三十一年十月,美国共和党领袖威尔基(Mr.Wendell Willkie)经由迪化来渝。民国三十一年,苏联驻华大使潘友新返国述职,经过迪化。

(七)抗战大后方

自"七七事变"发生,新疆成为抗战大后方,地位极其重要,负大后方重责者,盛晋庸督办也。盛曾电呈中央极力表示拥护,并请在西北训练新兵以期长期抵抗。民国二十七年十月,全疆第三次代表大会通过捐献飞机十架,冬令军衣一百万套。民国三十年新省认购大批战时公债，情绪之热烈，不亚他省。

因国际运输之需要，中央严令主管机关赶修甘新公路（即当年左宗棠出关时之阳关大道，中途经过一段戈壁，渺无人烟）。彼时分段赶筑，所用工人约有十万，在军队监督之下赶修，至民国二十七年底，全路告成，于是苏方接济军火、汽油得以运入内地。无数卡车以及坦克车、铁甲车，每日在此路上行驶，另有骆驼队不下二万峰以及骡车、马匹装运汽油军火。当滇越铁路不通，滇缅路复被封锁之际，甘新公路成为唯一之国际路线，其重要可以概见。所有中国产品如羊毛、茶、砖、钨砂等类，亦皆经由此路运往苏联，俾便以货易货。中苏两国公路之交接处在伊犁边界之霍尔果斯，所有苏联运华货物，首在霍尔果斯出发，经迪化、兰州、西安、汉中、成都而至重庆，全线长五千二百七十四公里。抗战期间，新省实行后方责任最著劳绩者，则为沟通陆路及空中之交通，维持国际路线，使苏联货物得以源源接济。中国各省亦唯有新疆无虑空袭，人民得以安居乐业。

（八）中央对于新疆之措施

中央调整新疆，始于民国三十一年六月，自是年春间盛世骐被刺后，驻重庆代表张元夫飞往迪化，无何偕同盛之五弟世骥飞渝。六月间，经济部部长翁文灏、第八战区司令长官朱绍良奉命同飞迪化，淹留弥月返渝复命。七月间，蒋委员长偕同夫人飞往兰州，并亲往青海视察。当时有盛督办来兰谒见蒋委员长之传说，因省城治安关系未果得行。蒋夫人偕同吴忠信（蒙藏委员会委员长）、梁寒操（军事委员会政治部副部长）、吴泽湘（新任外交部驻新疆特派员）飞迪，停留两日，仍偕吴忠信返兰。九月，迪化设立中央通讯社分社。旋经济部组织西北实业考察团，以林继庸任团长，前往新疆考察。新疆省亦派重要职员来渝，受训于中央训练团。时中央将裁汰各部院公务员有移往新疆服务之拟议，又有拣选难童数千名移新之计划。监察院院长于右任则提倡凿井开边，有十年万井之远谟。民国三十一年一月新疆省党部成立，盛氏任党部主任委员，中央特派梁寒操前往监誓。三月一日，教育部主办开新疆中外书籍展览会于中央图书馆。三日发表罗家伦为新疆监察使，王籍田为监察副使。四月六日，行政院通过改组新疆省政府案，李溥霖任民政，彭吉元任财政，林继庸任建设，刘效藜任秘书长。四月八日，经济部主办开西北工业资源展览会于中央图书馆。中央大学地理学系主编《中文新疆书目》及《西文新疆书目》。五月十八日，政府公布《奖励从政边疆条例》。六月间，中央设计局组织之西北建设考察团，全国专门约人员二十人，由罗家伦率领赴新疆考察。

以上所述，为新疆最近之演变，换言之，即新疆之好转，前途日趋光明是也。往者俱成陈迹，毋庸回顾，今后，对于新疆应注意何事，及如何开发，方与国计民生两有裨益，作者不敏，愿抒管见，请分别言之：

（一）只是新疆可称西北

我国习称之“西北”本甚广泛，并不专指新疆，例如甘肃、宁夏、青海亦常被称为西北，坊间见有制就《中国西北详图》出售，察其内容，则只绘至甘肃、青海为止，新疆竟不在内，窥其用意，只知以甘、青为重，而将新疆视若化外之地。此种狭隘心理，实至危险，况新省之富庶，远非甘、青所能望其项背乎？盖我国真正西北实为新疆，当有“极西之中国”之称，倘内地可将甘、青称为西北，则充其所极，闽、粤视皖、赣亦可称为西北，不通孰甚。此虽末节，然已暴露国人漠视边疆之弱点，更足引起强邻觊觎之心。我国曾受驻俄某公使翻印俄方地图之赐，而因之丧失国土矣。又因边界所立卡伦界牌之不确定，而丧失边地矣。

为今之计当以正名为先，以免淆乱听闻，应由中央明令规定，凡称我国西北，定是新疆，或包括新疆在内，换言之，中国唯新疆一省为西北，其他皆非西北，庶几获一确定之界线。西人称东三省为满洲，认为不在中国本部之内，今东三省已被侵略，新疆亦自有其危机，倘国人再不加以重视，而屏诸西北之外，则恐贻人口实，其弊有不可胜言者，亟应予以纠正者也。

（二）开发新疆应采取开放政策

开发新疆甚嚣尘上，愿如何开发，似尚未拟就具体办法。个人愚见，如欲开发之早见成效，莫如采取开放政策，不宜沿用统制办法。语有之曰：“利之所在，人皆趋之。”今欲开发新疆，千头万绪，要在引起国内商家及海外侨胞之企业心，使其争相投资，趋之如鹜，众擎易举，集腋成裘，必使官家倡导于先，人民踊跃追随于后而后可也。

兹应研究如何使内地游资自动移至边疆，如何使内地工商界络绎阳关道上，以开发遍地宝藏之新疆。内地游资充斥，数以亿万计，既无正当之企业又虑纸币贬价，遂相率囤积货品，为物价上涨之主因。如欲使其自动西移，空言宣传无益，必也许以重饵，自能入吾彀中。所谓重饵者何，即将全省农工矿业完全开放，公布简明条例，任听人民自由竞争，如荒地之发放，矿区之请领，特种工业之专利，保须验明资本，或缴纳保证金，并在期限内举办，官家可概不过问。唯应严禁当事公务员兼营商业以图自肥，对于真正商人则给予一切便利，可能时免征国税若干年，使其自由发展，遇有重要工业，或由政府补助使底于成。香港本一荒岛，英人有之而能如是发达者，端赖其采取自由港政策，各物进口概不收税，眼光短促者，必斥其坐弃税收，作法自毙矣。

初颁条例难期周到，不免有挂一漏百之处，然而无伤也。政府既处于指导匡助地位，总以宽大为怀，以广招徕，其中容有独占大利之辈，究系捷足先得，开风气之先，同属国人，如家庭中之子弟，政府又何必靳而不予。唯能如此，而后风声远播，具有绝大之号召力，如政府发行储蓄券，设无人获得头标，立致巨富，谁肯摩肩接踵，争相以有限金钱，投诸无底壑耶。

盖自由竞争，方能争先恐后，人莫不好利，唯有以利劝之，如有利事业概归国营，实则无异与民争利，结果人民认为无利可图，或不值冒险尝试，定必裹足不前。抗战期间，国内为平衡外汇关系，不得不采取统治政策，若在新疆需要奖励人民前往，断非仅以国家观念所能打动其心理。况开发事业，如仅由政府热心计划，而不能动员全国工商界，其无济于事也明矣。

美国当年开发其“野蛮西方”，即系采取开放政策，自加利福尼亚州发现金矿，美人争往寻求富源，政府向不加以限制，凡先标插矿区者，即有优先权，两年内证明投资若干，矿即归其所有，法令简单故能金矿陆续发现，促成横穿东西两海之铁路。盖知政府力量毕竟有限，必使全国人民共赴事功，方能收到伟效，何况我国官营事业，往往归于失败，可不惩前毖后，另开新途径乎。

(三)开发新疆应由南疆着手

南疆气候温和,有如长江沿岸各省,林文忠[1]公称其"美利不减东南"。全省财富在南而不在北,省库收入专靠南疆,若无南疆,则北疆不易维持。

至往南疆之天山南路,系由嘉峪关经安西折向西南至敦煌、且末、于阗、喀什。该路前本通行,后因行旅稀少,路渐闭塞不通。南疆为维吾尔、柯尔克孜、塔吉克等族聚居之地,汉人极少。

余尝谓新疆真正价值,不在固有之城池,而在肥沃之土地,及蕴蓄待发之宝藏,原有城池无足重轻,应由平地建设农场及工业区,移民而居,数年之后必能蒸蒸日上,驾原有城市而过之。例如南疆塔里木河流域可耕之地甚多,尽可容纳无数人民,他如库车之石油,于阗之金,皆有开采价值,由新事业着手,与维族毫不发生权利冲突,且能深受地方繁荣之益,欢迎之不暇,奚至反对哉!

再南疆接近印度,向为英人势力所及,迩者新省采取"反帝""亲苏"政策,苏方势力渐次侵入南疆,按理应由中央推展,树立基础,以固吾圉。方今我国军队开往印度者,为数颇众,俟无需要之时,与其开返内地,不如就近开入南疆,以尽守边之责。国家军队原为保卫疆土,非作对内之用,苏联在中国、伊朗边界常川驻扎相当兵力,而我国边卡乃竟空虚无备,战后应将军队实边,虽设陪都于帕米尔高原而不为过。然则利用驻在印度之国军,以实南疆,而树风声,岂不值得考虑耶!但恐由印入新孔道,备极险阻,不易通过多数军队耳。

(四)开发新疆交通第一、水利第二

集多数专家之意见,尽知开发新疆,交通最要,水利次之。所谓交通,非指航空路线,亦非汽车公路,乃系延长陇海铁路至迪化、伊犁,而后新疆终为我有,可以谈建设矣。非然者,邻国铁路已将新疆包围,实逼处此,彼迩我远,彼速我迟,一旦有事,鞭长莫及,以求彻底建设难

---

[1] "文忠",林则徐的谥号。

矣！航空只能供少数人之往来，且为中苏两国合办，权非完全操自我手，万一国际发生变化，随时有中断之可能。欧亚飞机飞行数月而停止，即其先例。甘新公路告成，虽聊胜于无，然亦未足担任开发之责，唯有将陇海线延长，方足保持疆土，从事开发。新疆为欧亚中心点，此路告成，则贯穿欧亚两洲，必由此线负其全责，远在北部之西伯利亚，定将失去其重要性，而莫敢抗衡矣。深望举国上下，勠力同心，聚精会神，专办此事，能早一日兴工，则早收一日效果。

至新省荒地甚多，皆因水利未兴，致历久沦为戈壁。全省已垦熟地，不及百分之一，开拓荒地，轻而易举，且适合于我国国情，唯问题不在垦殖本身，而在灌溉之水利。盖新省雨水稀少，全赖山上消融雪水，以资灌溉，春间需水之时，山雪尚未融化，虽深井亦告枯竭，迨至山雪尽消，水挟土壤逐流而下，欲其停留而不可得，是未见其利，先见其害也。再全省河流散布甚广，距河流稍远之地，则无法灌溉，任其荒废。凡此，皆属水利问题，或开沟渠，或凿坎井，稍明水利工程者，皆优为之，再教以机器抽水，火犁耕地，效苏联集体农场之所为，其利不可胜收矣。故欲移民开垦，必先讲求水利，水之所至，荒地立可变为沃壤，水如不来，沃壤亦将变为石田，其重要性实为移民之首决问题也。

（五）开发新疆中央应有负责机关

开发新疆之声浪，有时高唱入云，有时寂无所闻，各机关既无专责，其缓急则似以当局之意旨为转移，新省数年来之措施，未能与中央尽合符节，今仅发表省委数人，而各区行政长究属何人，则尚未见明令发表（按：新省十区行政督察专员兼区保安司令，已于本年六月二十二日行政会议通过），其他军职及应行呈报事件，恐尚不少，头绪纷繁，诸待整理，若待当局推动，深恐顾此失彼，难成系统。似应设立机关专司其事，不但负整个计划及推动之责，即对各方面条陈，亦可从事审查，以备当局随时之咨询，遇有事项，亦可会同主管机关办理，即以移民而论，亦应有负责机关会同陕、甘省等筹划进行。凡事得人则举，应办之事甚多，倘得其人，则应予以事权，责其后效，为开发新疆之基本工作。

(六)大规模开发新疆应利用外国资本人才

开发新疆欲使其有益国计民生,势非具有大规模不可,将数千年来之农业区、游牧区,一跃而成合于时代性之工业区,万应先行兴办重工业。举其大者,为煤、铁、石油及电气事业,再在均需雄厚资本,将统留作国营乎?抑将归商承办乎?战后,吾国经济难遽恢复,官商交相疲敝之际,而责其大规模开发边疆,诚恐心余力绌,徒耗时间。藉使有此财力,而全国技术人才亦大缺乏,难胜重任。

是以大规模之开发,国内有贝之财,兴无贝之才,俱感不足应付。今日疮痍满目,到处剩得破碎山河,如不藉此复兴中国,更待何时!但若无彻底办法,则年复一年,徒见纸上谈兵,不见实地进行,抑或零星枝节,无补时艰,吾恐不特终吾人之身,不得见新疆之开发,即吾人子孙至何时代方得及见,亦在不可知之数也。谓余不信,请以交通而论,人人尽知如无铁路,则谈不到开发,延长陇海路至迪化、伊犁,绵亘几千公里,势非提前赶筑不可。试问此笔巨款,将从何出?需要大批有经验工程师,又将何出?其他应办之重工业,皆有同感。今如作一简单计划,列出开发新疆所不可缓者数事,需要资本若干,人才若干,再集合全国财力人才,是否足以配合,如相差过巨,毋庸吾人掩饰,唯有利用外资外才之一途,虽须与人分润,而我实得其利,我国铁路类皆利用外资而成,然到期皆得收回,况今不平等条约业已取消,外人不得再享治外法权之权利,不过因其投资关系,获得若干利益而已。

抑更有进者,外资外才,最好能由美国方面担任,盖美国尊重私人资本,政府仅居辅助地位,无甚权力。战后可由我国银行界或公司径与美国公司订立合同,各经政府立案后,发生效力,免由两国政府接触,转多顾忌,一事成功,他事随之,其蓬勃气象必有不可遏止者,我国边疆藉以开发,间接利益尤为不可胜计也。

美人开发西方,暴富者不知凡几,至今犹为人所称道弗衰,欲再重逢其盛而不可得,只有向外发展,售其欲望。今如欢迎美资美才与我国各界合作,开发新疆,自能打动其好奇心,必有闻风而起者,只要无损国权,虽彼得厚沾利益又有何伤,资本经验,各为成功要素,其成事也并非偶然,吾人与之合作,获得经验,他日亦能自营,况事须经多次挫折,而后可底于成乎！方今美国正在考虑废止限制华人移民律，该案如获国会通过，则国人可以自由入境，不受限制，吾人亦可报以自由来新投资之权利，增进两国间友谊，确保太平洋和平。

新省与苏联接壤，苏联资本同在欢迎之列，将来所有应用机器，均须假道西伯利亚及土西铁路运新，更需得其赞助。其他盟国情愿参加者，亦无不欢迎，不过希望美国多尽倡导之责耳。方今世界大战方酣，此时提出利用外资，未免失之过早。唯是事关国策，如能早为决定，则可从事准备，至事先派员赴美宣传，征求意见，及对某项事业之实地踏勘，更为不可少之举，亦可于战时相机进行。迨至战事结束，或于四盟国首领会晤之时，即有确实方案提出，获得全体之赞助，更觉美满顺利，此皆有待于负责机关之设立，方能秉承政府意旨，统筹进行方案，以备不时之需也。

（七）奠定新疆不拔之基，应有上下共同遵守之法律

国人坚忍耐劳，乃其天性，或往新疆，或往南洋群岛，其冒险精神初无二致。新疆地大物博，远过于南洋，平、津人之聪明才智亦不亚于闽、粤侨胞，何以一在异国，致富千百万者比比皆是，一在本国劳碌终身，或尚不免遭遇凶险，幸不幸如此悬殊，此盖无他，有无法律保障问题而已。倘无上下共同遵守之法律，则人生命财产无所依托，何有于开发，即使偶有成就，不待根基稳固，亦被剥削摧残，哪有光荣美大之日。此为中国隐虑所在，奚止新疆为然哉。

今如将新疆作为全国之试金石，亟应制定法律，上下遵守不渝，往者新省政治权威太大，斯文·赫定曾评杨增新为“地球上统治者无比他更大之权力”，处理过当，以及滥用威权之处，在所难免。此种极权制度，遗传至今，各方面不能平衡发展，宁为新省之福。夫“国人皆曰可杀，唯士师可以杀之”，士师，即今之法官，匪异人任也。设有犯罪行为，一经审判属实，自应依法惩治，以免姑息养奸，非然者人民概应受有法律保障，无故绝对不能逮捕，即使犯法，亦唯司法机关可以执行，必须养成此种习惯，而后政治始上轨道，人民可以安居乐业，地方可以繁盛。

人类职业，应一律平等，方能自由发展，非具有权威者，高人头地，可以任意支配。今欲开发新疆，势必罗致国内各专家，以收集思广益之

效，此项专家，各行其分内之事，与政治上毫不发生关系，实具有神圣不可侵犯之尊严，任何政治权力，不能加诸其身，非谓凡来新疆者，悉应俯首听令于政治之支配，无形中失却自己尊严及个人自由也。此为开发新疆之人权保障问题，执政者必须树立法治精神，对于各界，互相尊重，不以个人喜怒爱憎为转移，则来者可以安心任事，反动分子亦无从施其伎俩矣。

综上各款，皆与开发新疆有关，而法治尤为基本问题，必须上下共同遵守，而后足以转移风气。往者已矣，来犹可追，有地方之责者，其应以身作则，纳全省于正执，为人民造幸福，新疆已届开发时期，凡阻碍其开发者，皆为时代所不容许。为保持新疆永远为中国国土，是犹无过无功之消极政策，必也开发新疆，负起大后方之重要使命，方为赫赫功业，垂诸不朽，全国福利，实攸赖之。作者身历其境，爱护新疆，不在人后，深望其大规模开发，以苏全国人民之困；故不觉言之恳切，语皆出于至诚，完成对事而非对人，当为读者所共谅，倘有一得之愚，足供采择，则是篇之作为不虚矣。

民国三十二年五月二十六日，重庆脱稿。

附:《苏联游记》

一、中亚细亚

民国二十二年(1933)十月,余在斜米领馆送罗钧任部长返京后,本应返迪化复命,乃因塔城发生变乱,道途阻梗,不得不在俄境暂驻,探听前方消息,处兹战云密布,风声鹤唳之际,个人行止亦不得稍加慎重也。一月以来,奔走劳顿,应接不遑,精神殊觉疲惫,在领馆略事休息。王翻译返伊犁,由阿拉木图搭飞机到萨玛,两小时即达。

余偕领馆赵、傅两馆员,至新巴扎一游,巴扎者即市集之谓,其穷状与去年相同,苹果数枚,洋糖数块,洋葱数棵,居然亦可上市,最可哂者,手携肉类斤许,伫立待售。我国穷乡僻壤,每逢市集,肉菜水果必罗列满前,供多于求,此盖非所望于今日之苏联也。虽然斜米今年可以买到面包,较去年已有进步矣。复至老巴扎,则尤卑陋不堪,手执破衣破鞋出售者,比比皆是,偶有迫于饥饿,出售家藏私物,如手表、毛毯者,殊不多见。苏联政策集富于国,人民不许私有产业,更不许经商及任何买卖行为,所有商店,即如街头小摊,概归官营。至买卖金钱,从中牟利,以及其他投机事业,在此帮则属犯罪行为,科以若干年监禁。华侨在此,唯利是图,往往罹于大辟,领馆无能为力也。

苏联法律与各国殊,各国视为正当营业,在苏联则为犯罪。反之,各国认为犯罪,而在苏联则否。游是邦者,实有入国问禁之必要也。外国人来此旅行,须用金卢布或美金,另有贸易局,供给物品,吸收现金,民间藏有金银首饰者,亦可兑换购买食用物品,为纸卢布所不可得到者。盖苏联工作人员,向领不兑现之纸卢布,日用物品以及医药,可用廉价向公家商店购取。唯物质极为缺乏,稍好之物,则非用硬通货购买不可,故贸易局之设立,不特吸收外人现金,亦且搜括民间私藏金银货饰之绝妙好法也。

今日市集中,见有华侨数家,仍营小本生意,向官家领取小票,但税率极重,有增无已,困于无法维持,皆愿作返国计,此辈流落外国,颠沛流离,存亡莫卜,情形殊觉可悯。余在旧衣店中购得黑呢衣料一袭,欲即制成洋服,而无缝工,即衬里亦无处购买,在苏联居住之不便,有如此者。领馆食品,皆从伊犁、塔城购办,馆员欲添置衣服,只有购买旧衣,聊足御寒而已。

马耀华君为北平回教,来新已有十余载,余偕耀华至医生处检验心脏,并照X光照片,苏联向为科学落后之国家,然各种设备,亦应有尽有,即如斜米偏僻之地,而有四架X光机器,且皆本国制造。我国医院除外人设立者外,殆少有此设备,国人对科学犹在半信半疑之间,欲与文明各国竞争,自图生存难哉。

致伊犁张师长、塔城陈行政长电,询问塔、迪消息。余在斜米数日,无事则学习俄文,偶尔出门,恒被途人指余为中国领事,盖往来行人莫不衣服褴褛,稍有服装整齐者,则群加注意,以为非外国领事不能有此也。余因此间无法得到迪化消息,且久居诸感未便,决偕耀华同赴阿拉木图中国领馆。在市集中买的牛奶鸡蛋,备车中食用,白面包、茶叶则由领馆代备,外间亦无处购买也。临行之夜,哈萨克斯坦政府顾秘书特派汽车来迎,并为送至车站。

余等抵站,因行李稍多,多买一张车票,俾便安放,乃忽来一艳装女子,因无车票,愿与同行,余笑却之。苏联女子忙于工作,不事铅华,此女装束如此娇艳,愈觉敬谢不敏矣。车上温度适宜,悬有电灯,唯须自带食物。同车有一夫妇挈两幼儿，前往塔什干，每顿吃粗面包泡开水，与以奶油茶叶，称谢不已。车上工役多用女子，一执旗者，装束形状，直一男子，倘不开口说话，几莫辨其雌雄。据告数日前四辆客车翻覆，死者十人，伤者不计，彼亦受伤，头上尚蒙白布，旅行亦有幸不幸耳。

余等于二十七日夜离斜米，二十九日晨抵阿拉木图，在站等候领馆派车来接，久之不至，买一西瓜解渴，委弃瓜皮于地，被候车妇孺纷纷拾去啮食，余瓜付一旁伺之人，余看其食法，告耀华曰，此乃当饭啮，非食瓜也。站上有一老妇，年迈龙钟，犹任扫街之役，望之面有菜色，盖无论男女，不做工，则不得食。有顷，巴图沁领事始乘汽车来站相迎，盖亲向外交署借车，非金钱所能雇到也。

领馆为某维族捐赠，深知不损亦终被苏联没收，乐得报效本国政府。此间亦未有省城确息，南疆情形尤为隔绝，为之怅然。阿拉木图食物更为欠缺，人民久已不得食肉，除在职党人稍获分润外，一般民众只能领到粗黑面包。余对苏联观感，一言以蔽之曰“国家可强，人民太苦”而已。新西伯利亚高楼大厦之筑成，大半利用面包问题，驱使人民工作，街市往来之人，恒手执黑面包，亦有随行随吃者，今日领到，则欣然色喜，明日如何，且待明日解决，面包之在苏联，意义亦大矣哉！领馆食品向由苏联政府供给，自本年起，供给忽告停止，迭经新疆省政府抗议无效，以致领馆须派人赴伊犁自办食品。

李绶青都统偕留德学生朱玉宁、鲁克敏二君由伊犁抵此，相逢之下，益感人生离合靡定，盖余与李君方在伊犁握别，不图又在此相遇也。据告伊犁得讯，省军进攻达坂城不利，退驻省城，金前处长树信、崔前团长肇基、白前指挥受之，均按逃犯处决。今日领馆宰羊饷客，问其羊自何来，则曰来自伊犁，今已所余无几，又来如许不速之客，深恐慌领馆食品难于供应，外间既无旅馆，来者亦非住领馆不可耳。

阿拉木图为哈萨克斯坦首都，土西铁路告成，方设车站于此，据告：苏联政府尚不许他国人民游历中亚细亚，故欧美人士，鲜有能至其地者，此间只有中国领馆，华侨流落在此者，难图一饱，状极可怜。既同治年间逃来回教人，亦纷纷请领护照返新疆，由此乘伊犁河轮船，可以直达萨玛，再行起早前往伊犁。领馆来一中国妇人请领护照，操北方口音，盖即同治年间回教逃窜至此者。男子改装，女子则仍旧贯，故有“男随女不随”之说,此项人民,或华或俄,国籍不明。领馆置有收音机,某晚听到南京广播无线电报告,金前主席在京被捕之讯。

二、莫斯科

十一月三日,余偕朱、鲁二君及一维商名艾克贝尔者,前往莫斯科,刺探新疆消息。马耀华君因来新已久,今则藉此机会返内地一行。阿拉木图至莫斯科有国际列车,五日方达。车中余与艾维商交谈,则由朱、鲁二君用维语代为传译。二人均随宦新疆有年,一在南路,一在北路,维、哈语毕通,朱之维语,尤为流利,他日学成,留在新省服务,诚为人地相宜也。饭车尚称洁净,一汤一菜一点心,并有啤酒、泉水可饮,较来时实有进步。

车向西行,四日五时抵齐姆堪提,赴塔什干由此换车。艾在俄八载,人甚开通,不禁食物,有弟二人在南京读书,渠对余兴办伊犁实业,应先开办银行之主张,极表赞同。五日上午抵一大站,乃前哈萨克斯坦首都,购得甜瓜数颗,大如西瓜,甜美无匹,每于饭后食之,维俗如是也。车渐向西北行,五日下午,到喀萨林斯克,乃海边一站。六日晨抵察尔喀,距此不远,恩拔地方产石油,虽不及巴库所产之多,而质纯则过之。午餐时,侍者告曰:“面包没有了!”幸朱君由伊犁带有馕,否则殆矣。苏联到处皆是面包问题,国际列车虽挂有饭车,有时亦靠不住,旅客几无人不自带面包,此又游历苏联者,所不可不知也。

明日为苏联革命十六年纪念日,沿站正在悬旗挂红布标语,预备庆祝。午后抵一大站,晚饭遂有面包,今夜过奥伦堡,即由亚洲转入欧洲,全程已行三分之二矣。欧、亚两洲以乌拉尔岭为界。乌拉尔岭区域,矿产最为丰富,几乎无矿不备,五年计划最著成效之铁矿马格尼托戈尔斯克在焉。计民国二十一年(1932)投资总额十八亿卢布,新增化铁炉二十四座,民国二十年(1931)产铁三百万吨,矿产总量估计为二千七百五十万吨。

七日下午抵萨马拉,一大站也(即今之古比雪夫)。是地为产粮食重要区域。旋过伏尔加河铁桥,车行五分钟,颇似海南黄河桥,伏尔加河乃苏联最长之河,长二千三百公里。晚餐因饭车食品俱罄,仅进少许冷食。

十一时抵莫斯科，车站行李过磅，补付逾量费。出站，既无旅馆迎接，亦无汽车可雇，等候许久，始觅得跑城公共汽车，抵一旅馆，辞无房间，被拒于外，汽车坚不肯待，索资而去。艾、鲁往觅旅馆，余与朱君在路衢看守行李，寒风袭人，几不能耐，街市灯光辉耀夺目，满挂红布标语及要人相片，并有汉字标语，文为“世界革命万岁及社会主义建设胜利”，盖庆祝十六周年革命纪念也。久之始驱至新莫斯科旅馆检验护照，余可居住，一小房间，每日美金三元。朱、鲁因系过境护照，按章不得停留二十四小时，坚持不予房间，朱等至警察局交涉，亦归无效，卒至旅馆客室坐以待旦。

余抵莫斯科尚为第一次，九日晨，首至我国大使馆谒见颜骏人大使，得悉迪化方面仍无消息，使馆去电询问，亦无回复，唯此间亦有省军退驻省城之讯。同时遇驻安集延领事刘德恩来此报告南疆情形，晤使馆吴南如（炳文）参事及诸同人，路途遇日本共产党领袖 Sen Katayama 出殡，送葬者均系党员，无虑数千人，斯大林、莫洛托夫等要人均步行参加，沿途军警戒备森严。朱、鲁经使馆出函证明允停留两星期，余亦迁住大旅馆。

参观莫斯科著名之美术馆 Tretyakov Gallery，馆建于1856年，陈列18、19两世纪著名油画甚多，美不胜收，惜余为门外汉，不能形容一二。最近世界名人滑稽画中，有我国名人，为蒋介石、汪精卫二氏。复游动物园，飞禽走兽以及鱼蛇之类，不可胜计，余独爱一雌狮，生四小狮，视同黄犬，母狮频用其舌舐其幼子，不胜舐犊之爱，狮为万兽之王，而母爱则同，此盖天性使然欤？此外一巨蟒，长数丈，亦为未之前见，步行四小时，两足为之酸楚。晚应颜大使宴。

莫斯科有《真理报》《消息报》两种，同系政府机关报，且多宣传文字，余每日则阅《莫斯科英文日报》，其总编辑乃一度居华鼎鼎大名之鲍罗廷是也。使馆中国报纸以纽约《华文商报》为最速，约十二日可达，沪报则需二十余日。莫斯科天气每届冬令多阴雾，鲜见日光，雪后道途泥泞不堪，当地人民殆已习惯。此种天气，虽伦敦亦不能免，难怪外人一到北京，便有乐不思蜀之意。国人对固有之锦绣山河，不甚爱惜，拱手让人，逍遥自在，复何言哉。晚间应约往观马戏，散后冒雪步行而归，皮鞋几乎湿透,欲雇一汽车不可得也。

余谒颜大使于其旅馆,承留晚餐,畅谈新省情形。余自初到之夜,站立街头许久,遂至伤风咳嗽,渐至失声,医戒暂勿出门,外间落雪纷纷,而窗间瞭望电车往来,犹有人满之患。余在屋内略事休养,整理笔记,旅中幽居无事,又动诗兴,赋《赠颜骏人大使》七律一首,聊作纪念。

葵向堂堂报国颜, 嵯峨事业满人间。
折冲数典无遗阙, 出使申盟几往还。
差喜观光趋节署, 更容接席话天山。
门墙造就皆时彦, 只恐顽庸未易攀。

连日报载,苏联外长李提维诺夫抵华盛顿,美苏两国正式复交,互派大使。

数日以来,余游禁止宗教博物院,所有宗教,均在打倒之列,又游列宁墓即在克里姆林宫墙外,街市繁盛中心,为列宁生时常对工人演说之处。全部用红花岗石建筑而成,光明如镜,每晚五时至七时开放,谒者鱼贯而入,列宁遗体装在玻璃棺内,面如生,唯较相片略为瘦削。众环行一周而出,不得停留,前后有两卫队,荷枪守卫,十分严肃,此外别无长物,可谓极端平民化。又游革命博物馆及地质勘探所,矿物地质标本甚多,内有俄境阿尔泰各种金银矿石标本。余虽日在学习俄文,但尚未能交谈,连日独自到处参观,幸均有人引导,用英、法语解释,苏联人民对于外宾甚表诚恳,毫无慢待之意,甚足钦感。

余偕吴炳文参事,往拜苏联外交部远东司长及总务科长,系普通拜会性质,又承该部交际司约定往游克里姆林宫,当由使馆冒君陪同前往,一兵士来迎,引导进皇宫,先游博物馆,有一女职员招待,代为解释,内多陈列兵器及俄教王冠裳,满镶珍珠宝石,即《圣经》一部,亦皆满镶珍珠,至俄皇冠冕以及皇后衣服,无一不非珍宝造成,华贵无匹,令人想及皇帝之盛。又有各国赠品,亦多陈列在内,见有日本赠品,乃用象牙制一大鹰,立在树上,极见精彩。我国赠予第一任驻华公使鞍鞯,以及瓷器、玉器等物,陈列颇多。俄皇御用舆车以及接待各国公使礼舆,亦陈列楼下，内有一辆套马十七匹。总之无处不表现皇帝之尊贵耳。

次游皇宫内之礼拜寺，建于15世纪，上有金顶五座，辉煌华丽，历任皇帝奉安于此，寺内铜棺，累累皆是，各镌刻帝号及年、月、日于其上。又经过一宫殿，为俄皇接见各国公使之所。其他含有历史之古物，则为16世纪俄皇所制巨炮，及18世纪时代巨钟，该钟重二百余吨，据称为世界第一，惜已脱落一块，致有缺口之憾。我国北平西直门外大钟寺有一巨钟，架在楼上，钟之内外满镌《金刚经》，相传某皇帝虔奉佛教，扣钟一下，即当读经一遍，以视今日之钟，更有过之，外人来平多知访游，久居旧都人士，多有未知之者，盖国人不知尊重固有之古物耳。今日天气，寒暑表零下二十度，游皇宫时，寒风迎面如割，参观两小时始出。

余留莫斯科月余，曾在大戏院观剧三次，布景极佳，音乐尤为驰名，该戏院坐落市之中心，建筑宏伟，六层楼可容三千人，在莫京首屈一指，每逢革命纪念日，政府即在此处开会演说。又偕艾维商至交通工人俱乐部一听鞑靼音乐，故曲皆系鞑靼，男女成群，携手往还，须臾开音乐会，全队数十人各操乐器，曲调委婉可听，并有女子独唱，声音清脆，颇似中国及日本歌曲，为余所酷嗜者。盖鞑靼本系蒙古人，为成吉思汗后裔，13世纪曾征服莫斯科，势力直达欧洲，儿童闻成吉思汗之名而震惧，至今苏联喀山地方即为鞑靼首都。全国鞑靼尚有三百万人，其种族介于半欧半亚半白半黄之间。性聪颖，善音乐，为苏联中最有希望之民族，喀山大学尤为著名，托尔斯泰及列宁均系该校高才生，然则异族互婚可以改善人种之说，言而有征矣。今夜所见男女鞑靼难与西人相似，而头发眸子多黑，举止尚有东方气派，崇奉回教，革命后渐被同化，不加禁忌，唯女子仍守贞节，十余年前女子尚蒙布纱，今则改穿西服，窈窕多姿。

苏联男女交际极为自由，婚姻制度更为简单，成年男女如愿结婚，同往婚姻注册局注册，以彼此相爱为基本条件，即生法律效力，亦有不往注册实行同居者。反之，如不相爱，则可离婚，有一方面愿离，则可自去或托人至注册局取消注册，付卢布百元，由局通知另方来领，解除婚约，男女一律，无离婚后担负赡养之说，可谓绝对自由平等，不受任何拘束，唯因法律规定如此简易，女子被遗弃者，正复不少，盖男子别有所欢,则可弃其旧而新是谋矣。我国礼教诚有过当之处,而此邦亦未免矫枉过正,婚姻制度究以何种适宜,殊有研究价值也。此邦女子对于外国人,似尤倾心,摩登之流,艳装盛服,不离脂粉,且将睫毛涂成黑色,硬直可数,以为美观,虽于眼睛有碍,亦所勿恤,世间女子之心理,真有不可解者。余居僻陋之迪化,心如死灰,所谓不见可欲,其心不乱,今来此男女解放之地,受环境诱惑,一缕情思,几不可遏,饮食男女,人之大欲存焉,余又安能外是哉!

我国通称革命后之俄国为“苏俄”,其实,应称为“苏联”方为符合。彼国简称为CCCP,英文译为USSR(Union Socialistic Soviet Republics),亦并无“俄”字在内也。新疆毕竟与俄接近,故无论政商各界,概知以“苏联”二字称之,我国内地报纸以及个人著作,尚多沿用“苏俄”二字,似应以苏联替代苏俄也。驻欧记者戈公振君曾谓:“苏联”应译为“庶联”,取“天下有道,则庶人不议”之意。然则,其不能单独称为“苏俄”,更属显而易见矣。

三、列宁格勒

余于十二月二日夜十二时半,偕使馆曹君搭“红箭号”特别快车,赴列宁格勒游览,次晨十时到达,寓欧罗巴旅馆。上午游街市,下午由旅行社派一女引导员坐汽车往游著名博物馆艾尔米塔什,缘前某俄皇酷爱油画,搜集各国名画而建此馆,收藏之富,久已闻名于世。据说如将各名画接起,可长二英里半,其中以意大利油画为最佳,美不胜收,游人类皆走马看花而已。次则法之古瓷,德之武器,亦均陈列在内,冬宫有一部分为此馆占用,余则为革命博物馆。该皇宫建于17世纪,最后俄皇尼古拉二世因国内革命风潮涌起,不敢居住城市,而住郊外之避暑皇宫,然卒及于难。列宁格勒为俄皇时圣彼得堡京都,繁盛不亚莫斯科,今已成为工业区域矣。

曹君因星期日陪同来游,夜车遄返莫京,余则多留一日,偕一女导员乘汽车往游避暑皇宫,现成为慈幼院,为苏联政府所组织,距列宁格勒尚有二十三公里,车行五十分钟始达。

继游宫内金蓝色礼拜堂、唱歌厅、客厅,墙壁全用锦绣,饭厅全用绿色，次至一长廊为女皇叶卡捷琳娜二世所建，美丽雄伟，罕有其传，内分各种房间，顶于四壁，均有精彩油画，地板花样亦各不同，一室为招待外交团，又一室全用琥珀制成，琥珀来自德国，墙炉来自荷兰。又一宴会室，每年所用食品，均列表于旁，数目至足惊人。又一大殿中设宝座，顶作圆式，能使回音颤动，乃为奏乐时传音而设，紧接此大殿，则有三候见室，陈列我国古瓷，全系精品，第一室最多，次第有差，盖为文武官员候见之室，而有等级之不同也。次则为女皇之坐室、寝室，是后则为中国室，陈列瓷器、铜器、宝塔、漆器甚多，墙壁概用中国画，另有女皇之办公室、休息室，此为克施连皇宫之大略情形，一言以蔽之曰，民膏民脂，以供一人之穷奢极欲而已。

次由克施连公园乘汽车至亚历山大公园游览，亚历山大皇宫亦系女皇为其爱孙亚历山大所建，即俄皇亚历山大第一是也。此宫之建筑以简朴胜，不似彼宫之华丽，亦有一礼拜堂。经过一客室，导者告1917年“十月革命”，俄皇尼古拉二世及其家属即在此室被逮，而卒于西伯利亚被难。初，1905年1月9日，人民聚众请愿，俄皇竟命军警开枪，死者无算，至今称为“血的星期日”，故列宁谓革命之成功，实基于是日，由此可知俄国人民受压迫之深矣。

归途，女导员尚告圣彼得堡居涅瓦河岸，本系低洼之地，彼得大帝欲与各国通商，建都于此，首建炮台于海滨，于是强派丁壮建筑城市，因地带寒冷，死亡甚众，工程之伟大，不亚秦始皇之筑长城也。彼得大帝死后，圣彼得堡作为京都，达二百余年之久，至革命成功，始迁都于莫斯科，而将圣彼得堡更称为列宁格勒，盖以纪念列宁也。此地既居极北，又近海滨，故多云雾而少佳日，据二百年来计算，每年中日旦至暮完全日光不断者，不过二十日，亦可异也。

避暑皇宫地带较高，空气鲜美，附近即有火车站，革命后育婴室、幼稚园、疗养所麇集于此，昔日为一人独乐之所，今则为群众同乐之场，每至夏令，游人如鲫，物极必反，不其然乎！

归后稍憩，又偕女导员往游著名之礼拜堂。晚，搭“红箭号”快车返莫斯科。

苏联因系反宗教，星期之名称，自在废除之列，工作人员于每五日休息一日，是以每月实有六日休息，每逢休息日街店拥挤不堪，购买一物,动需长久时间。即平日往贸易局买物,价系金卢布,而外人或付美金或付金镑,须按时价折合,亦耗甚久时间,无谕何种外币,找回零数,亦用同种外币,余在莫京向用美金,而所找零数分毫不爽,仿佛身在美国,此又苏联之特殊情形也。

余约艾维商同游高加索,参观巴库石油矿,并返阿拉木图,请使馆代为接洽。吴炳文参事以及使馆同人纷纷为余作饯,席间晤陈友仁氏公子及女公子,陈氏两子均在莫京,服务报界,其女公子则系跳舞专家,曾在莫斯科表演,均操流利英语,惜皆不通本国方言耳。颜大使赴伦敦,余偕使馆同人送至车站。

十二月十日,俄报载阿拉木图八日电,伊犁张培元师长进兵迪化,声明与马仲英合作,分治南北疆。此种消息,殊为奇突。翌日,又载阿拉木图十日电,伊犁军队不利。前后消息,甚为离奇,余离伊犁不及两月,竟发生如此变化耶?伊犁卒亦卷入旋涡,惜哉!余因离莫在即,邀宴使馆同人于国家饭店,作为临别纪念,吴、魏、黄诸君又在新使馆为余饯别,原有使馆尚系莫德惠全权所设办事处,今仍留作办公,至新使馆本为我国使馆旧址,近由苏联发还,重加装修,作为大使及随员住宅宴会之所,房屋宽敞,所有木器均购自柏林云。

四、高加索巴库石油厂

余于十二月十二日午偕艾维商搭坐国际列车赴巴库,两人一室,甚为便利,车中无事,彼此交换中俄文,藉破岑寂。由莫斯科至巴库车向南行,穿过乌克兰省,为苏联联邦之一,户口约有三千万,占苏联总户口百分之二十,气候和暖,盛产煤铁,13世纪曾一度被鞑靼占领,帝俄时代不准该省人民用其自己文字,及研究历史,几经奋斗始得自由。午后抵一大站,过此则属高加索省矣。余隔室亦系两人床位,乃有两男一女,笑语喧哗,或与余前在斜米登车时,一艳装女子要求同车同一故事也。次日午后四时,抵谷洛斯来,此地亦产石油,油井炼厂,历历皆在眼前,车站停留之间罐车,等候装油外运者,盈千盈百。

过此后,一路沿里海而行,直抵巴库,于十五日晨七时到达。乘马车至新欧洲旅馆,无房间,其他旅馆亦无余房,卒由旅行社分给一间。

旋偕该社女导员往访巴库交涉，接洽参观油厂程序。承允电告石油托拉斯派能通英语之工程师导观油田及炼厂，时间则由旅行社代为规定。午后乘汽车游巴库全市，若者为旧城（极似东方建筑），若者为八百年前之炮台，若者为新村，若者为石油专门学校（学生三千余人），若者为肺病院，均经女导员一一解说。

晚偕艾到土耳其戏院观剧，布景亦颇可观，唯观众似不整齐，衣服褴褛之孩童，亦掺杂其中。艾甚加赞赏，因彼通土耳其语，得悉戏中情节也。

十六日晨十时，余偕艾君及女导员乘汽车参观斯大林炼油厂，沿途所见炼油厂不计其数，而以斯大林厂为最新式，由该厂经理及工程师引导参观，该工程师曾派往美国油厂实习，粗通英语。

午后，参观油田，由工程师引导，出街市不过三四里，即见油井林立，触目皆是，煞是可观。此地首先发现者，称"天然气"，人民视为神异，远方来此祈祷者，接踵而至。1875年始发现石油，开始提用。今日得窥巴库油田，实为游苏联以来最足快意之事，归后拉杂记其大略而已。

晚至大戏院观剧，并邀女导员同往，此女已与其夫离异，自谋生活，此邦离婚女子如是之多，男子之过欤？女子之过欤？抑法律之过欤？是晚为土耳其戏，表演波斯恋爱悲剧，情节颇有与我国相似之处。

十七日晨，乘汽车参观抽油总站。旋驱车参观油田中之古火神庙，因此地首先发现天然气，土人谓之"灵火"，争来拜祷，四百年前印度人建筑此庙，庙中石亭一座，亭之四柱铁管暗通其中，引天然气由管内上升，至四柱之顶，举火燃之，远近皆见，以供人民拜祷。庙之四周，尽盖土屋，备远来香客居住，至今庙之陈迹俱存，而周围油井，已多至不可胜数，盖当年发火之处，即系油田之中心也。据告波斯国亦有一火神庙，与此相同。

反观我国新疆石油，已屡发现，如玛纳斯、沙湾、库车等处，乃其著者，即迪化附近亦有油田，距城七八里水磨沟温泉，亦有天然气之发现，取火燃之，可以烹茶，乃鲜有注意及之。若不急起直追，几何而不为波斯之续也。吾观此庙巍然犹存，而环绕之者，则有无数油井，且昔日所称之灵火，今则供全市炊爨及磨电之用，不胜感慨系之矣。1924年巴库产油四百六十六万吨,1931年则涌至一千五百三十三万吨。此又岂当年拜礼之人所能逆料者哉! 虽然俄国石油历史不过五六十年事耳。我国如欲步其后尘,首应开发新疆之石油,实属毫无疑义,余来自新疆,而欲参观油区,莫京外部人员即以是否欲开新省石油相询,余虽蓄有此志,但恐终成泡影耳。

午后参观工人俱乐部,建于1931年,耗款二百万卢布,内有戏院两座,一容九百人,一容四百人,图书馆藏书三万册,石油陈列馆陈列标本、油样、图书,不一而足,有一地图指明苏联产油之处,又有德国采取油质标本,系按采煤方法,油质出井后,再用机器榨油,以及用电具在地面测探地下油田图,均感十分兴趣。

十八日晨,偕艾步行游巴库古城,街道窄隘,极似远东建筑,5—6世纪波斯王始筑城于此,"巴库"亦即波斯语,意谓"风口",盖地多北风故也。又游古炮台,为石建圆塔,高二十八米突,口径六米突,分作八层,共石阶一百一十六级,登顶全城在望,地在海滨,为古时阿拉伯、蒙古、波斯、土耳其、俄罗斯互争之地,故特设高塔以备瞭望。巴库于1806年始入俄罗斯版图,只此石油不知岁入几许金钱。今日之世界,实为石油世界,苏联知其为强国要素,积极采炼,五年计划中之石油事业,竟于二年半完成,日本不产石油,而不失为强国,我国新、甘、陕盛产石油,而任其弃置,甘为四等国,是诚何说也哉!

五、布哈拉旧城(即布哈尔)

余在莫斯科原定计划,游巴库后即渡里海,回到亚洲,仍以阿拉木图为终点,探听新疆消息,藉定个人行止,并约艾同行以备传译。艾则怂恿顺途至回教中心布哈拉旧城一游,余亦许之。及至巴库,悉渡海轮船每三日开行一次,而今日应开之船,则以修理停驶。旅行社劝余仍返莫斯科,乘国际列车赴阿拉木图,谓旅客绝少经行此路,故船期极不准确。余为好奇心激动,却欲一试新线,俾得漫游外人鲜到之中亚细亚。嗣经旅行社接洽改搭货船,由船长将其房间让出,此却非旅行社不为功,多费金钱亦其宜也。

船于晚九时开,连日伴游之女导员送余等下船,见未带何食物,谓余曰君等将挨饿矣！但船即解缆，购买食物已来不及，此君本不赞成余等果走此路也。余对旅行久经习惯，向不喜带食物，抱定“寇能往，我亦能往”主义，以为既好旅行，必能随遇而安，方能感到兴味。余携此政策，旅行国内外二十余年，向未发生问题，独在今日形式下之苏联，竟走不通，到处碰钉，几经“在陈”之厄，愿为叙述，以供阅者一笑。

余下船后首先察觉者，为船上既无饭厅，亦无卖食物者，由巴库横渡里海，计一百八十海里，须三十二小时方达。船载重一千三百吨，满载货物，搭客除余二人外，有三等客四百余人，在船面露宿情形，与我国三等舱无异。此海风波颇大，余等方苦晕船，自亦不能进食。

十九日晨六时，抵克拉斯诺瓦尔斯克码头，首应解决者，即为食的问题。艾往市场半日，购回每人四百格兰姆黑面包，并由两妇手中买到鸡蛋四个。余等草草食毕，即偕往车站，往布哈拉火车今日已开，须明晚方有软铺，须在此地停留两日，到处寻觅旅馆不得，承船长允准仍宿船上，而无时不在解决食的问题，始悟女导员之警告为不诬矣。午饭后，余偕艾同赴巴扎（即市集），果然无可购买，见一农妇手持一新猎鸭，索价十余卢布，艾尚在犹疑中，余曰，如不买此野鸭，试问尚有可买之食物否？急出卢布买得，又游行街市，良久始觅得一饭铺，即以购得野鸭以一半助餐。其余一半留备火车上食之，此地牛羊，无人喂养，人民久已不知肉味，但求日有面包四百格兰姆心满意足矣。余等在饭铺用餐，妇孺乞食门外，逡巡不去，来者各自备面包，食铺所备者，粗粝不堪下咽。余在莫斯科大旅馆居住月余，几忘却中亚细亚人民之艰苦，今又历历在吾眼前矣。

此地虽系海滨码头，但尚不发达，楼房无多。有营房一所，驻兵五千人，与波斯交界相距不过十五公里，地属土库曼斯坦，为七联邦之一。码头缺水，饮料须用海水蒸气而成，此或其未能发达之一因。山上亦有油井，不如巴库之盛，岂里海海底尚蕴蓄无数量之油田耶？石油为鱼类沉积而成，巴库油田凿井，开出鱼类化石甚多，已足证明。唯何以有许多鱼类，同时湮没，供给如许油量，此理尚不能明。

终日与艾忙于购买食物，备火车上两昼夜之用，但所得者只面包、鸡蛋、果子酱、黄豆及所保留之野鸭半只而已。食物欠缺，苟非亲临其地殆难相信也。车于二十一日晚间开行，余等购票至布哈拉，再转赴安集延。中亚细亚铁路,以此为起点,距安集延尚有二千零三十九公里。途中来一哈萨克中年妇女,与余等同屋,观其举止不凡,始悉系一党员,曾在莫斯科训练,自称再往某大学读书。哈萨克本系游牧之徒,今则妇女亦自知求学,有教无类,岂不然哉?余在车中吃食所遗之野鸭,为数日以来唯一之肉味,肥美无匹,虽北京烤鸭无以过之,众人皆瘠,此鸟独肥,其被猎也宜矣。途中又来一军官同车,亦系党员,颇知世界大势,问余对苏联观感。余谓五年计划成功,至足惊服,国际地位因之增高,国家前途甚有希望,唯目前人民生活未免过苦,似应略加调剂。渠认为知言,谓:"不如是节衣缩食,则不能运粮出口,交换机器改良工业。"苏联竟下此决心,野有饿殍,亦在弗恤,以求国家之复兴,奈何我国朝野尚在梦中也。

二十三日下午,过一大河(即阿姆河)桥,经时约六分钟,阿姆河为苏联国中大河之一。四时,抵布哈拉站,步行至一旅馆,辞无房间。街市萧条,复无其他旅店,百般设法,不能得一安身之地。余之来此,本为好奇心所激动,意在参观千余年前回教中人所建旧城,乃竟为食宿所困,眼看天将昏黑,饥寒交迫,颇悔此来之孟浪。

后致电旧城,订好房间。相距尚有十余公里,搭末次长途汽车前往,车行约一小时始抵旧城,道路泥泞不堪,房舍、坟墓以及破城、陋巷均与新疆省相似。旅馆类似野店,湫隘不堪,然在吾人得之,已觉喜出望外矣。在苏联中旅行,对于外交护照,颇加重视,一经声明,可以提前买票,及要求旅馆房间。今日设非有此,则人将置之不理,不知何处栖宿矣。于是进谋解决食的问题,则又煞费踌躇,土路泥滑,寸步难行,探询至再,始觅一饭铺。人多几无隙地,食品之粗劣,无可比拟,勉强吞咽,聊以度饥。然在此嚣杂之场,尚有人奏钢琴以娱食客,亦可见彼邦人士之酷嗜音乐矣。此地属乌兹别克斯坦,为苏联七联邦之一,户口百分之八十为乌兹别克人民,状貌语言习惯,均与新疆维族无异。

翌晨,坐马车游布哈拉城,街市窄隘,完全东方形式。参观回教礼拜寺,有古塔一座,甚属辉煌,为八百余年前建筑物。又游旧时王宫,四面皆有城墙,内中房屋,大半倒塌,石槽石缸,皆系二千余年前之物。

布哈拉昔以回教学校著名,四方远道就学者,年以数千计,唯所教尽系经典，新疆维族每年来此就学不在少数，故地方亦颇繁盛。是以，艾久耳闻其名，欲来一观。自革命后，宗教不容存在，前之回教最高学府，悉被废置，另设专门学校。现时户口约有三万二千人。

当地前产黑胎羔皮以及丝业、地毯、铜器闻名于世，为中亚细亚贸易重镇。人民夙以富庶称，对于宗教观念极深，当改革时，此地人民抵抗最烈，曾发生巷战。今则牲畜告绝，房屋塌陷，无处不现困穷模样，非复贸易时代之旧观矣。苏联积极从事建设，于短时间内，固难望其普及也。中亚细亚包含哈萨克斯坦、乌兹别克斯坦、塔吉克斯坦、吉尔吉斯斯坦、土库曼斯坦各民族，多系游牧性质，人民生活，毕竟落后，生活困苦，亦遂不堪言状。

余得漫游其间，虽稍受劳困，亦所乐为也。游毕返新城，长途汽车今日不开，另有火车支线，与新城相接。余等在站候三小时，车始开至，概系三等，长凳五人同坐，拥挤不堪，上面尚有三层，亦皆人满，车中臭味扑鼻，乞丐可以上车唱曲行乞。抵新城车站，宿雨未晴，衣服尽湿，在食堂进餐，粗劣几难下咽，而乞丐尚环伺不去也。

候车数小时，百无聊赖，步阎荫桐领事见赠原韵，率赋两章（《漫游中亚细亚次友人见赠原韵却寄》），聊以自遣而已。

眉尖百感动相侵，身世悠悠欲不禁。宿愠即今当一哂，新愁犹复托微吟。遨游欧亚壮怀在，弥望乡关客思深。（闽省独立）且喜君诗趋简淡，了知弦外有遗音。

走遍天涯晓气侵，忍饥含垢渐难禁。残羹粗粝宁甘咽，细雨新泥入苦吟。野店萧条惊客至，故墟凭吊感人深。（游布哈拉旧城）嗟余避乱更逢乱，战鼓频闻未绝音。

晚九时，登车，无软铺床位，经车站特许，搭坐军人三等硬铺，较普通三等稍为整齐，可免偷窃之虞。唯车中黑暗如漆，并蜡烛亦无之，军人多挈有眷属，只见各燃火柴藉取光亮，余与老艾亦挤于其中，许久始将行李安置。余占上层硬铺，和衣而卧，三等车滋味久已未尝，况与外国军人共处之黑暗三等车乎！此皆游布哈拉之所赐也。晨兴浑身酸楚，如坐囚牢，但因倦极，却得酣睡，下午抵一小站，在此换车，转赴安集延。晚九时,车由莫斯科开到,幸有软铺,为之谢天谢地,误游布哈拉,竟发生种种困难,今当渡过难关,亦为旅行苏联中之一段趣事也。

六、安集延与塔什干

余等抵安集延,雇马车至领馆,刘德恩领事赴莫斯科未归,晤随习领事王润庵、馆员张其英,始悉途中两电均未接到。《塔什干报》载塔城军队进至石河[1],省城马队亦向伊犁出发,逃至塔城边境者,有一万二千人。

领馆特为设宴欢迎,此间食品尚不甚缺乏,系购自伊犁、喀什。晚赴老城乌兹别克戏院观剧,音乐亦颇可听,剧情则表演农村革命、女子解放,盖亦属于宣传工作也。乌兹别克人民较前已有进步,唯街市所见乌兹别克妇女,尚有用马尾制成帘子,以蒙面部,为状却似轿帘,蒙者类皆中年妇女,现如戏院、电影院禁止蒙面妇女入内,而若辈蒙障如故,习俗之难移如此。又乌兹别克马车,车轮高大无比,御者复骑马上,亦为当地之特色。

连日阴雨缠绵,颇似南方天气,道路泥泞,寸步难行,则与迪化相似。

王润庵谈,渠于一月间曾至喀什谒马绍武行政长,适金树智师长服毒身亡,风声鹤唳,遂急行离喀。嗣复赴伊尔克什塘边卡,接济逃来汉官十四员粮食,乃该员等已先离卡,行至中途,悉被杀害云。今日为民国二十二年末日,领馆同人设宴除旧迎新,余不意竟来中亚细亚之安集延度岁。人生无时不受环境支配,何必预为之计哉!

领馆法律顾问品女士,卒业于圣彼得堡大学,通英、法语,曾任律师数载,父母拥有巨资,悉被没收,相继愁愤而死,其夫亦逃往德国,生死莫卜。女士道及身世,辄掩面而泣,余亦为之酸鼻,偶为之咏曰:“梅雨纷纷已断肠,那堪更对愁人泪。”

余等于民国二十三年一月三日抵塔什干,寓领事馆,牟维潼总领事

---

[1] 石河,应指乌苏。乌苏又名“西湖”。

患病，由其介弟学习领事牟维濂招待，声称接电较迟，未及赴站迎迓。塔什干有旅馆六处，皆无余房，在苏联境内，到处居住最是困难问题。

塔什干为乌兹别克斯坦首都，在中亚细亚为唯一之重镇。户口为四十三万人，分新旧两城，新城为俄人所建，马路、公园、电车、电灯、自来水一切设备皆有。而旧城为15—16世纪乌兹别克人所建，土路土屋，湫隘嚣尘，完全东方形式。余偕牟、张二君乘领馆汽车游塔什干全城，过省政府新建筑、红军司令部、大监狱、阿富汗领事馆。（此间原有三领馆，去岁波斯撤回领馆，所余者仅阿富汗与我国而已。）塔什干道路宽敞，两旁杨树直上，欲干云霄，余颇爱之。旧城则到处颓垣败壁，颇似我国外县境况，唯是如此窄路，尚有电车往来其间，直通新城，乘车者按次等候，无虑百余人，人人知守秩序，已成习惯，如在国内恐早挤成一团，或骂声互起矣。新旧城毗连，人烟稠密，屋宇栉比，塔什干城不愧为中亚细亚之一大城也。此地有水电厂两处，因冬令冻冰甚厚，电力大减，用炸药轰击，声音隐约可闻，苏联到处提倡电业，可谓知急所务矣。

晚至亚美尼亚戏院观剧，藉观其风俗民情，来者皆亚美尼亚人，由该院介绍一女观客代为解释，该女子在党部做事，演时逐句翻译，津津有味，以一芳龄女子，与三位外国人同坐，侃侃而谈，毫无羞涩之状，亦难能矣。亚美尼亚为苏联共和联邦之一，居高加索北部，人民约有十万，开通较早，前驻我国公使加拉罕氏，即亚美尼亚人也。

晨，游博物馆，馆中陈列中亚细亚所产各品，馆系乌兹别克王旧宫，建筑颇称华丽。又游动物园，兽类无多。晚，观乌兹别克戏，跳舞歌唱皆备，音乐采用西洋乐器，全队亦有三四十人之众。

在塔什干停留四日，喀什派来代表六人已与晤面。

七、阿拉木图

一月七日，由塔什干前往阿拉木图，领馆为备食物，并送至车站，车殊窄小，不及旧式卧车。同车有喀什维族二人，询以苏联与喀什孰优，答以喀什利于富者，而不利于穷人，此间到处需人，只要工作，便有吃有穿，不似喀什无工可做，言次，大有此间乐不思蜀之慨！

次日抵一车站，因前面货车损坏，停留至七小时之久，余等带来面包告罄,忍饥而卧。九日晨,抵阿拉木图总站,雇爬犁至领馆,晤巴松如领事,询悉迪化派城防司令邢占清、省政府秘书鲁伦赴伊犁磋商和平。十日,当地载伊犁张培元师长出亡,由行政长王之佐暂时维持秩序,余情不详,全馆人员同深诧异。次日复载张培元死耗,愈觉奇离。

巴松如领事通俄、维、满、汉文字,对同人谈话,分用四种方言。承告渠原名"富隆阿",满语即"盛"之谓,友人遂赠予"松如"二字为别号,其舅氏充伊犁锡伯营佐领,迭呼其小名"巴图沁",意即"巩固"之谓,于是众人随之。汉人则以为"巴"其姓,"图沁"其名,实则真姓为"民觉罗",皇室为"爱新觉罗",稍亲为"紫觉罗",次则"民觉罗",至"觉罗"二字,果何意义,亦不知悉。

晚赴音乐会,有塔吉克音乐及戏剧,塔吉克,仅新疆蒲犁与阿拉木图一带有之。所用音乐如我国弦笛之类,加以钢琴,颇足动听。

阎荫桐、刘子惠两领事由莫斯科返阿,余为南疆事,特邀巴松如、阎荫桐、刘子惠、李峄山诸领事,暨萨比特、艾克贝尔两维商,共同讨论,便向中央建议。余致颜大使电,请转向行政院报告南疆情形,同时电迪化刘主席、盛督办,因此间对于南疆消息较为灵通也。

当地喀什维族约有千余人,拟联名反对喀什独立,脱离中国,甘为外人利用,余允为转陈中央。

华侨在此因苦万状,多来领馆告急,盖苏联禁止经商,有亦科以重税,华侨皆营蝇头小利,生计几为断绝。少壮为异国作牛马,老弱则转死沟壑,亦足怜已。

偕子惠、峄山出外散步,并游博物馆,内陈列帝俄时代之总司令阿连阔夫败退新疆,在迪化与杨增新将军及各厅道摄影。余在贸易局购得酒肉糖果,约萨、艾两维商并巴、阎、刘、李诸君小酌,共祝新疆太平。

余偕峄山赴浴,适值工人休息日,候浴者无虑百余人,均鹄立以待,对于光阴,殊不知爱惜。幸领馆已先一日买票,浴限一小时,逾时不出,则叩门催促,余觉身上痒甚,竟在内衣觅得虱子,前经人警告,火车软铺上有虱子,今乃果然。忆童稚时曾生虱子,何期数十年后又来光顾,余今可以效王猛扪虱而谈当世之事,所不同者,此系外国虱耳。晚观哈萨克戏,所演系红军与皇党战争故事。

一月二十一日，为列宁逝世十年纪念，全市下半旗。今日来数侨民向领馆求助，询系东北军苏炳文、李杜之旧部，面带饥容，流落在此而不得去者。又一华侨挈两儿一女，面目清秀，问其身世，则怆然眼泪欲出，自称田姓，山西汾州人，祖父翰林，父举人，已在恰克图经商，十八年前被掳至俄国，送至煤窑做工，辗转流落至此。目下苏联华侨尚不下数万人，类皆衣服褴褛，欲求一饱而不可得，返国又不可能，父母妻子离散，处境至堪悯恻，安得国家筹一笔巨款，将此辈华侨悉数载回，令其各返故乡耶？又当地报载，马仲英围攻省城，受极大损失，死伤达二千人，俘虏二百人。

阅一月十日《益世报》，载迪化刘、盛二氏电告中央：张培元师长因内部叛乱，率亲信三四十人出巡，行至离惠远四十里地方，被仇众狙击身死，现暂委刘斌为警备司令等语。曾几何时，变乱如此离奇，令人无从捉摸。

八、西伯利亚归途

余奉部电准予回京，巴、阎两领事为余饯行，余起述个人对新省已生特别情感，设有利于边疆，祸福利害在所不计，倘无益于地方，而有损于个人，则亦不能为此无谓之牺牲。

二月十九日午后出发，与同人一一握别，因护照展限签证事，又须绕至莫京一行。仍乘国际列车，以为挂有饭车，乃车开行后，始知此次并无饭车，余一人旅行，须在车上历五昼夜，而身边除带有面包、茶、糖外，别无所有，真使人啼笑皆非。

同屋三人皆共产党员，余新学俄文本不足交谈，今亦不得不勉与周旋，幸得字典之助，彼此尚能领会，据告，苏联共产党员现有三百万，又青年团即预备党员，数为五百万。一人突然发问，苏联与日本开战，君意地点当在何处，似深知战事必不能免者。

沿途均无食物可买，彼辈助以牛油、罐头，略塞饥肠，余亦出茶叶、方糖互通有无，彼辈甚为欢迎。车中坐客争来谈话，自诩无产阶级专政之成绩，俟第四个“五年计划”成功后，将无敌于世界。又诵报载，本年第十七次共产党大会第三国际首领演辞，声称中国现有共产党若干人。彼等对于中国古代人物,知有孔夫子,近代人物,知有蒋介石、吴佩孚、张作霖三人而已。

车每至一站,余即探首外望有无食物可买,有时只买得咸黄瓜数条,或肉肠少许。有一日买得野雉、鲫鱼,如获珍品,犹幸余此次携有面包,否则与苏联人通融面包,殆为不可能之事也!隔屋有一工程师,时与接谈,其同屋有三妇人,初疑其眷属,询知彼系个人旅行,其他三妇亦非同伴,在苏联国中“男女无别”四字,可谓完全做到,乘客买票,不分男女杂处一屋,车内男女工役亦共处一室,饭车内男女厨役,及晚则用椅作床同睡车内,殆皆成为习惯矣。车中无事,偶成五古一首《中亚细亚纪行》,藉破孤寂而已。

昔日游俄京,俦侣相持挈。车中日两餐,粗劣犹堪咽。
今日游俄京,独作万里客。况复无包厨,坐凛在陈厄。
斗室四人居,面觑语扞格。既虑日长饥,复虞夜多窃。
行路难如此,中心怀逼侧。已而渐交谈,领会赖指划。
对语自生情,鱼脍供馋嚼。亦向道旁沽,偶得雉与鲫。
所求只一饱,未许讥老饕。行行望前旌,驿站略能识。
昨来踏春泥,忽又雪盈尺。每事辄好问,欣然为解释。
解释有未明,字典差可托。隔室争谈问,笑语资嘲噱。
置身庄岳间,学语真易得。党人意气豪,自诩无匹敌。
邻妇唱和声,赓续无中辍。朝去暮复来,五日如瞬息。
客边通有无,互助乃天职。人性本相同,初无种族别。
云胡我西鄙,未已兄弟阋。更有冀渔利,身败名亦裂。
坐是外力侵,边事益蹇厄。我今庆生还,心犹念民瘼。
凭将千百虑,输献二三策。妻子重相逢,抚昔泪恐滴。
便当卖棹归,念母心如结。士当为国用,地僻也辞责。
平生利济心,皎若窗外雪。高枕忧喜并,起视东方白。

二十五日晨三时,抵莫斯科,乘使馆汽车仍住大旅馆,旋晤吴炳文参事于新大使馆,办理签证护照,并预购置赴海参崴车票。莫京街市近又新添无轨电车,苏联努力建设之精神,至堪钦佩。又新开一百货店,食物应有尽有，无须至贸易局用外币购买，因之近来卢布价格，亦稍提高。

杨耿光将军一行六人，于三月二日由土耳其来莫斯科，苏联外交部、参谋部均派员赴站迎迓，余与杨氏本系相识，忽在莫京相遇，尤为快慰。午在大使馆餐会，杨谈此行与墨索里尼、希特勒、凯末尔各巨魁会话情形。旋由陈友仁氏长公子陈丕士导游莫斯科全城，并参谒列宁遗体，余亦陪往。

次晨，余再访杨氏谈新疆事。晚大使馆设宴欢迎杨氏，苏联来宾有参谋总长、军事委员会副委员长、陆军大学校长、外交次长、海军次长、远东司长等，宾主二十余人，颇极一时之盛。使馆屋宇高敞，跳舞厅可容数百人，为其他使馆所不及。

三月七日，搭西伯利亚国际快车赴海参崴，承使馆同人走送，下午五时三刻车蠕蠕动，又与莫斯科告别矣。饭车食品尚称完备，唯价较昂。同室乘客系一军官，余之俄语略足交谈，不似初来时之窘状矣。

次日，因前面一车出轨，等候五小时，余此次漫游苏联，眼见他车出轨两次，旅行亦有幸不幸也。沿途所见，为树林与雪，及挡雪之木栅，木栅高可三尺，或有或无，则视风之方面，此种设备，亦为俄路之特点。

九日下午，抵斯维尔德洛夫斯克大站，为乌拉尔岭各种林矿中心站，亦为欧亚分界之处。余于未动身前，在莫斯科国际书店，买得中西书籍十余种，备车中取阅，又购备各种食品，盖此路全线长一万零一百五十六公里，由莫至崴长九千三百六十公里，如不误点，尚需十昼夜，倘无书籍能不闷煞。国际快车头等四间，二等五间，均系两人一间。头等床铺作纵横式，两间公用一盥洗室。二等床铺为上下式，不带盥洗室。

此次列车，头等只余为外国人，余皆苏联政府人员，乘车例有特别优待。二等有一美国人、一德国人，该美人本系俄籍，幼年赴美，取得美国籍，此来为看视其弟，操流利英语，俄语反不能说。车中多与此君交谈，询以对苏联感想如何，渠谓曾赴乡间见多数人为领面包，须挨次等候竟日，似仍在困苦中。又指车站之人，大都衣服褴褛，此种现状，为美国所无。抵崴前一日，该美人在一小站下车，远见一人来迎，呼名始识其弟，彼此拥抱接吻，眼泪夺眶而出，彼此不见二十七年矣。其兄面团团如富家翁,其弟则面目黧黑,一望而知为劳动者,兄弟二人可为资本主义国家及无产阶级国家之代表。莫斯科与海参崴时间相差七小时,以致眠食时间皆不习惯,饭车居然有糖果点心零售,携带食品亦颇丰足。某站见一妇人倒卧站旁,被人强曳之出,想系发生面包问题者,上车拭地板妇女,亦向余乞面包。

十七日下午抵崴,总领事陈广平派段君在站迎候,住旅行社旅馆。遇塔什干领馆牟维濂君,渠在新西伯利亚候国际车十日,又在此候船经月。余此次幸赴莫京搭通车来崴,方得有床位,若在新西伯利亚,则又不知等候何时矣。晚偕牟、段诸君至北京街中国饭馆,有新鲜干贝、蛎黄、蟹腿,皆当地海味也。

崴埠华侨尚有万余人,山东掖县居其大半,有赤波舞台及饭馆十余处,皆系国营。华侨房产悉被充公,至今华侨居住弄巷内,烟馆、宝局林立,可谓中国人之特色。牟君约观中国戏,余不感兴趣,先行辞归,巷口成群华侨,囚首丧面,口喊卖烟卷、火柴,若辈岂非无职业之徒欤?

陈式之总领事、刘璧人副领事答拜,并邀往领馆午餐,谈悉新任新疆建设厅长高惜冰等四人昨过此赴新。又报载,新疆刘文龙主席请假,由财政厅长朱瑞墀兼代。

二十日上午下轮,次晨抵朝鲜雄基。日轮天草丸,由敦贺至海参崴系直驶,归途则在朝鲜雄基、清津二埠挂口装货,每月开始三次,货物稀少,搭客亦无多,闻由政府特为补助维持航线。船上挂有地图,上书"日满间最快路",乃久成悬案之吉会路,业已通车,我国袭守闭关传统政策,以为拒筑此路,即可杜他人之侵略,而又不知及时努力,迨入他人之手,不两载而全路告成矣。二十三日,抵敦贺,余偕牟君至雄谷旅馆稍憩,店主侍女欣然相迎,风景依稀,一如当年。当晚抵神户,停留二日,承江华本总领事招待。

二十六日,搭北岭丸开往塘沽,于三十日下午到达。一履国土,便觉杂乱无章,缺少秩序,如脚行之勒索,钱摊之欺骗,车站之嘈杂,令人生不快之感。至日本兵、安南兵荷枪把守车站,更为塘沽之特殊现状。

此次西征,适逢变乱,到处伏有危机,除在迪化外,东至古城,西至伊犁，西北至塔城。又复漫游苏联，西北至欧洲之列宁格勒，南至中亚细亚之安集延，东至日本海之海参崴，孤身旅行数万里，幸而未死穷边，重得家人团聚，其欣慰为何如耶？

旋赴京赣，分谒当道，报告南北疆情形。

整理说明

《边城蒙难记》以吴蔼宸先生的纪实之作《新疆纪游》的主要章节整理而成，并且依据内容，题作《边城蒙难记》。《新疆纪游》原分上下两篇，共二十章，并且附录了《苏联游记》八章。《边城蒙难记》收入了《新疆纪游》原书上下两篇的十七章，《苏联游记》也略做归并。

吴蔼宸先生于1933年完成《新疆纪游》的撰写，商务印书馆于1935年10月初版。整理者所据的版本是1944年在重庆出版的第三版。这一版的书前有增辑《新疆之演变及其展望》一文，《边城蒙难记》作为第十七章编在最后。

在1935年初版至1944年第三版之间，作者还在留学英国期间(1940年)用英文出版了反映马仲英侵扰新疆的书籍《新疆变乱记》，风行欧美，接连再版。

《新疆纪游》是关于马仲英侵扰新疆的重要著作，《边城蒙难记》在整理过程中，依据《新疆纪游》有关章节略做删节。

为便于读者阅读，繁简字转化的同时，对标点符号略做调整，并由整理者增加了部分注释。

文中涉及的民族称谓多用简称，为保持原貌，故未做更改。

◎山东省社会科学规划研究项目(项目号:13CGMJ02)
◎山东大学基本科研业务费资助项目(人文社科青年团队项目)(项目号:IFYT18017)

马克思主义发展观与资本主义发展观比较研究

王　瑜　著

山东大学出版社
SHANDONG UNIVERSITY PRESS
·济南·

图书在版编目(CIP)数据

马克思主义发展观与资本主义发展观比较研究 / 王瑜著. —济南:山东大学出版社, 2021.6
(庆祝中国共产党百年华诞研究丛书)
ISBN 978-7-5607-7008-6

Ⅰ. ①马… Ⅱ. ①王… Ⅲ. ①马克思主义—发展观—对比研究—资本主义—发展观 Ⅳ. ①A81②D091.5

中国版本图书馆 CIP 数据核字(2021)第 092429 号

责任编辑 李艳玲
封面设计 杜 婕

出版发行 山东大学出版社
社　　址 山东省济南市山大南路 20 号
邮政编码 250100
发行热线 (0531)88363008
经　　销 新华书店
印　　刷 济南新科印务有限公司
规　　格 720 毫米×1000 毫米 1/16
　　　　 13 印张 209 千字
版　　次 2021 年 6 月第 1 版
印　　次 2021 年 6 月第 1 次印刷
定　　价 46.00 元

总 序

习近平总书记曾指出,“历史是一面镜子,鉴古知今,学史明智”。这就鲜明昭示了,历史是一种重要资源和宝贵财富,学习历史,可以从中汲取智慧。显然,这里的“历史”,主要是从中国近现代历史宏观整体的一般意义上而言,中国共产党百年历史则是其中必不可少且耀眼夺目的组成部分。党的历史,简单来说,就是我们党所走过的道路,所经历的过去。了解我们党所走过的道路和它所经历的过去,于我们明理增信崇德力行有大益,因为波澜壮阔的党史中蕴含着解答中国近现代以来如何实现国家富强、民族复兴的黄金密钥。自1921年成立到今年,中国共产党已经走过了整整一百年的风雨历程,这里的百年绝不是一个简单的数字,而是真真切切蕴含了博大、丰富的实践内容。不夸张地说,中国共产党的恢宏历史犹如一座理论富矿,蕴含着丰富的思想元素;中国共产党的恢宏历史也犹如一轴书画长卷,蕴含着磅礴的奋斗经验;中国共产党的恢宏历史还犹如一部百科全书,蕴含着博大深邃的智慧。其实,不管是理论富矿、书画长卷,还是百科全书,都旨在说明我们党的历史是一种重要资源和无价财富。

这里的资源和财富,具体而言,主要表现在两个方面:其一,党的自我成长经验。回顾党的风雨百年路,20世纪20年代初,我们党从上海及浙江嘉兴的南湖起航,实现了从无到有、由小到大、由弱到强的历史性跃迁,逐步从一个仅有50余名党员的小党和弱党发展壮大为一个有9500多万党员的世界第一大执政党。党的自身成长发展史，蕴含着自我净化、自我完善、自我革新、自我提高的诸多宝贵经验。纵览当今国际社会，世界上存续百年有余的政党并不多见，在国际比较的视野下，更可足见中国共产党的成功与伟大。如今，中国共产党已经走过整整一百年的风雨历程，依旧富有青春朝气和蓬勃生命力，可谓“恰百年风华正茂”。中国共产党缘何能做到青春永葆、活力永续？解码这一重大历史命题，即需要我们走入历史中去不断探索和追问。其二，党领导人民拼搏奋斗的实践智慧和经验结晶。百年党史，可以说是党领导和团结全国各族人民为了革命、建设和改革事业不懈求索和奋斗的历史。在这百年历程中，党领导人民进行奋斗历经了几个不同的阶段。在新民主主义革命时期，党在马克思主义的指导下，领导人民逐渐探索出了一条最适合中国国情的革命之路，最终赢得了新民主主义革命的胜利，建立了新中国，为实现中华民族伟大复兴创造了根本社会条件。在社会主义革命和建设时期，我们确立了社会主义基本制度，实现了中华民族有史以来最为广泛而深刻的社会变革，为实现中华民族伟大复兴奠定了根本政治前提和制度基础。在改革开放和社会主义现代化建设新时期，中国共产党开创、坚持、捍卫、发展中国特色社会主义，为实现中华民族伟大复兴提供了充满新的活力的体制保证和快速发展的物质条件。在新时代，中国共产党团结带领中国人民，自信自强、守正创新，创造了新时代中国特色社会主义的伟大成就，为实现中华民族伟大复兴提供了更为完善的制度保证、更为坚实的物质基础、更为主动的精神力量。总结取得这些成就的历史经验，最核心的无疑是党的正确领导。回顾党的百年宏阔历史，我们党在领导全国各族人民矢志向前的伟大历史征程中，真正做到了不忘初心、牢记使命，始终坚持以人民为中心的根本立场，以坚定的理想信念把对民族复兴的伟大目标落实在行动上，从胜利不断走向胜利，并在这个过程中积攒沉淀下丰厚的经验和智慧。这些经验和智慧对于我们党、对于国家民族而言，无疑是最为宝贵的财富。

习近平总书记指出：“历史，总是在一些特殊年份给人们以汲取智慧、继续前行的力量。”既是最宝贵财富，必然不能只作为回顾总结之素材，特别是站在实现第二个百年奋斗目标的历史新起点上，唯有用这些由百年经验和智慧凝聚而成的宝贵财富烛照当下与未来，才能在新的历史征程中继续释放其强大动能。山东大学马克思主义学院积极响应并深入落实党中央关于

“学党史、悟思想、办实事、开新局”的重要精神，同时也为了着力打造党建研究的“山大高地”，进而充分释放山东大学全国重点马克思主义学院的引领示范效能，启动实施了党建学科“迎接建党百年学术研究‘五个一’工程”。截至目前，该工作已完成“加强党对制度建设领导研究”“中国特色社会主义‘四个自信’研究”等一批国家级与省部级重大课题；将陆续出版49册国外政党治国理政研究丛书及15部党建研究丛书；完成2017～2020年四卷本《政党政治研究年鉴》编撰与刊印；主办“中国共产党百年：历史、理论与实践”学术研讨会、“四史”教育与“大思政课”工作交流会、第十届中国政党研究论坛等系列高端学术会议。而工程之“一”便是呈现在大家面前的这一套“庆祝中国共产党百年华诞研究丛书”。事实上，从2003年设立山东大学政党研究所，到2018年率先设立党的建设学科，再到2019年与中国社会科学院共建世界政党研究中心，山东大学一直致力于建设一流党建学科、着力打造构筑马克思主义政党理论研究的新高地。而到目前，山东大学党的建设学科事实上也已经推出了一系列具有“山大气派”的高端成果，充分发挥了传统优势特色，为进一步打造具有国际影响力的理论研究高地、人才培养基地和智库咨政中心奠定了坚实基础。尤其是王韶兴教授在《中国社会科学》英文版中连续发表的7篇学术论文，提出的标识性学术概念和观点更是奠定了社会主义政党政治研究的理论基础，被学术界称为此项研究的“学术地标”。

由于百年党史中蕴含的经验和智慧是多视角、多领域、多维度的，所以，这套旨在“学党史、取经验、得智慧”的研究丛书所涉及的领域也就自然是多视角、多领域、多维度的。山东大学马克思主义学院汇聚骨干力量组建丛书写作团队，结合学院在党史党建研究方面的整体传统优势与团队成员的研究方向，从党的领导、党的建设与国家治理现代化、中国特色社会主义政治建设与法治教育、中国特色社会主义文化建设与文化自信、中国特色社会主义社会建设与公平正义、中国特色社会主义生态文明建设与绿色发展等领域切入党史研究主题，通过回溯历史沿革、梳理发展脉络，形成系统理论观点与政策主张，推进深化了相关领域研究。

虽然这套丛书的研究主题所属领域不同，但具有鲜明的价值指向和时代诉求。一是从不同的视角和维度阐释了中国特色社会主义伟大成就与党的领导和党的建设之间的内在联系，明确党的正确领导、党的自身建设是中国各项事业取得成功的关键与根本保证，确证党的百年历史征程与实现中华民族伟大复兴的密切联系。二是在历史梳理与理论深耕的学术研究基础上，站在新的历史起点上回应科学总结党在百年奋斗历史中的理论与实践的时代要求。习近平总书记在给山东大学《文史哲》编辑部全体编辑人员的重要回信中指出："从历史和现实、理论和实践相结合的角度深入阐释如何更好坚持中国道路、弘扬中国精神、凝聚中国力量。"这是对全国哲学社会科学工作者提出的殷切期望和谆谆嘱托，为繁荣发展哲学社会科学提供了根本遵循，也为加强马克思主义理论和党史党建研究进一步指明了方向。此套丛书的重要目的之一即是落实习近平总书记重要回信精神，在守正创新中构建党建研究的"山大样本"与中国化马克思主义理论体系，进而为构建中国特色哲学社会科学尽绵薄之力。三是助力和推动山东大学马克思主义学院的发展迈上新台阶、步入新阶段，在山东大学百廿校庆之际贡献马院力量。当前，山东大学正处于加快实现"由大到强"历史性转变的关键期、机遇期、攻坚期，马克思主义学院担负着"强院兴校"的光荣使命和政治职责。面对这样的新形势新要求，要凸显学院党史党建研究的"山大特色"，推出具有"山大气派"的研究成果，奋力朝着高端、高质、精深、精进的方向不断前进，发挥首批全国重点马克思主义学院的"排头兵"和"领头羊"作用。

今年是中国共产党成立100周年，这无疑是一个特殊的时间节点，也是党和国家历史时间之轴上的光辉刻度，这个重大历史时刻无疑为我们从百年恢宏党史中汲取智慧、寻获经验提供了最佳契机。习近平总书记在庆祝中国共产党成立100周年大会上的重要讲话中回顾了党百年来走过的光辉历程、作出的历史贡献，为全党全国各族人民向第二个百年奋斗目标迈进指明了前进方向。从这个意义上说，本套丛书的成书和出版可谓恰逢其时。

山东大学马克思主义学院院长　张士海

2021年7月

前　言

一

发展从未受到如此密切的关注：从生态学到工程学，从经济学到社会学，从系统工程到未来学，从文艺学到伦理学，从哲学到数学，不同学科的研究者都在研究发展问题；各个国际组织、各个国家、各个政党、各个团体等都在探讨发展问题；从国王到平民，从总统到百姓，从政客到大众，从科学家到小学生，不同阶层的人都在关注发展问题。发展是时代的主题，也是时代的难题。发展是一个很广泛的概念，它不仅指涉经济的增长，国民生产总值的提高，人民生活水平的改善，而且指涉文学、艺术、科学的昌盛，道德水平的提高，社会秩序的和谐，国民素质的改进等。发展是人类为改善自身的生存和生活状况而从事的实践活动所导致的各种征象，它主要表现为经济、政治、文化、社会、生态、环境以及人本身等各个领域和层面的进步。

随着科学技术的突飞猛进、当代通信工具的日新月异、交通工具的便捷发达，地球已经成为人与人朝夕相处、休戚与共的整体——“地球村”。各国发展的历史汇聚成一部完整的世界史，与此同时，全球问题日益彰显——核战争威胁、国际恐怖主义、南北两极分化、生态危机、人口爆炸、艾滋病蔓延等等，引起了人们对发展问题前所未有的关注。我们站在新世纪的平台上翘首盼望全球化的浪潮，不经意间发现世界已悄然由旧全球化时代向新全球化时代过渡。旧全球化时代以现代化为发展主轴，而新全球化时代则以后现代化为发展趋向。全球化发展的新动向要求我们具备新的发展观。

发展研究可分为两个层面：一个是微观层面，主要研究个人发展、集体发展、社区发展、区域发展、部门发展、城乡发展等；另一个是宏观层面，主要研究国家发展、地区发展、洲际发展、全球发展等。本书的研究主要集中在宏观层面：一是研究社会的整体发展趋势，以期为中国发展提供普遍性的规律指引；二是研究各家各派之发展观，以期为中国发展提供特殊性的经验借鉴。发展观既有民族性又有共同性。发展观研究具有很强的理论意义和现实价值。研究的理论是文本的，研究的指向则是现实的。中国的发展离不开世界各国发展的经验，离不开其他民族优秀的思想成果，离不开马克思主义发展观的指引。马克思主义发展观与资本主义发展观比较研究，可以为当代中国的发展观提供翔实的发展思想史素材，开掘了丰富的理论源泉。中华民族历来重视博采众长而又独树一帜，本书希望通过博采各种发展观的“众长”来诠注当代中国发展观的“独树一帜”。本书以唯物史观为指导，以中外发展观的思想渊源和实践得失为研究对象，以探寻人类社会普遍发展规律为己任，以中国特色社会主义事业为服务对象。

具体概念有利于辩证地把握对象的本质，明晰的概念界定是理论模式建构的前提。开展马克思主义发展观与资本主义发展观比较研究，有必要首先从辩证逻辑具体概念的角度对发展、发展观、发展理论概念进行逻辑阐释。“发展”是发展观的起始基本概念；“发展观”是与发展实践密切联系着的思维形式，发展观的转变意味着发展范式的根本转变；“发展理论”则是发展观的系统化和理论化。发展、发展观、发展理论概念是处于辩证运动和相互联系中的概念，这三个概念是有理想形态的概念。洞悉发展—发展观—发展理论概念之间的逻辑关系，对于全面把握中外发展观的内涵和精神实质，具有重要的理论意义。

二

广义上的发展包括自然界的演化和人类社会的进步，是指事物自身的矛盾运动及各个组成部分在空间上相互作用和时序上相互联系的一种永恒的历史运动过程。本书所研究的发展主要是指人类社会的发展。发展是整个人类社会的永恒主题，无论是社会主义国家还是资本主义国家，无论是发展中国家还是发达国家，都共同面临着发展的课题。丹尼斯·古莱特在《痛苦的抉择》中写道："如果我们还未掌握发展的内在含义，那么我们占有发展方面的多少信息就无关紧要了。"那么，究竟什么是发展呢？人们从不同的视角来看待发展就会得出不同的结论。

有的学者从哲学角度来理解发展。哲学场景中的发展是指事物由小到大、由简单到复杂、由低级到高级的变化。① 古希腊很多哲学家认为，有机体渐次向生物成熟的阶段演化就是发展。古希腊哲学家对"发展"的理解既包括目的论的哲学含义，又包括决定论的生态学隐喻。古希腊这种以目的论和决定论为核心的发展观对以后整个西方哲学史之于发展的理解产生了重大影响。欧洲中世纪的基督教哲学用神学语言阐释了世界上所有事物向"上帝"这个终极目的无限趋近的发展过程。在德国古典哲学时期，发展被理解为精神的自我运动和自我实现的过程，黑格尔在胚胎发育和基督教线性时间观的基础上形成了理性的一维发展观，这种发展观对以后马克思的五形态学说产生了一定的影响。西方哲学史对于发展的认知具有非现实性的特征，它源于哲学家之超脱现实的无时间性的哲学思辨。直到 18 世纪末和 19 世纪初，发展才突破纯哲学的语境，逐渐呈现回归现实性的特征。

有的学者从社会学和经济学的角度来理解发展。英国社会学家布兰特对发展作了如下定义："发展是社会有意识地逐渐向科学化和成熟变化的过程，目的是实现既定的、估计可行的社会和经济的进步。"②发展经济学家帕特里克·纪芬蒙认为，发展就是人的基本需要逐步得到满足的演进过程，就是人的才能的增长和臻于完满。法国的弗朗索瓦·雷韦尔认为："发展并不

---

① 参见中国社会科学院语言研究所词典编辑室编：《现代汉语词典》，商务印书馆 2016 年版，第 352 页。

② 转引自吴寒光主编：《社会发展与社会指标》，中国社会出版社 1991 年版，第 1 页。

是一种简单的战利品的转移，而是一种新的财富的创造……有些国家依赖石油或者外国的援助变得富裕了，但并没有因此就有了发展，也就是说，它们的经济并没有现代化、多样化，并没有革新，并没有变得有效。发展能创造财富，但仅有财富并不能创造发展。”①美国著名发展经济学家迈克尔·P.托达罗提出：“应把发展看为包括整个经济和社会体制的重组和重整在内的多维过程。除了收入和产品的提高外，发展显然还包括制度、社会和管理结构的习惯和信仰的基本变化。”②

通过考察既往学者对“发展”含义的理解，笔者得出五个结论：第一，发展是一个多维体，它涉及政治、经济、文化、社会、精神、自然等多个维度。而且每个维度之间相互联系、相互影响、相互制约，任一维度发展的滞后都会牵绊其他维度的发展。发展的各个维度构成了人类生活的各个领域，发展的所有维度构建了人类生活的广袤空间。第二，发展概念本身是不断发展的。发展实践从根本上推动着发展概念的嬗变。由最初的“经济发展＝经济增长”到“经济发展＝经济增长＋社会变革”，再到后来的“经济发展＝经济增长＋社会变革＋保护环境”，反映了发展的内涵不断深化。第三，发展是对人类社会趋向的价值评判和前景预设。富足、自由、民主、平等、博爱、个性实现等价值理性充分实现的理性国度成了发展的最终趋势。理性王国替代了“千年王国”，人类将从“必然王国”迈入“自由王国”，正如克罗齐所言：“把历史设想成发展就是把它设想成理想价值的历史。”③第四，发展的话语权明显掌握在西方学者的手中。广大的第三世界国家并未形成自己体系完备的发展理论，目前的发展思想仍处于从“中心”（发达国家）向“外围”（发展中国家）传播的状态。在一定程度上讲，“发展”附着上了西方向外散播自己意识形态的色彩。正如A.戈登所言：“无论给发展和现代化下什么样的定义，它们实际上显然都是为西方化伪装。”④第五，发展研究的学科领域趋于整合。最初的发展研究集中在经济学领域，后来，政治学、社会学、历史学和心理学等学科都立足于各自的专业视域对发展进行了广泛研究，如今，发展的跨

---

① 转引自李琮：《第三世界论》，世界知识出版社1991年版，第326页。

② ［美］迈克尔·P.托达罗：《经济发展与第三世界》，印金强、赵荣美译，中国经济出版社1992年版，第50页。

③ ［意］贝奈戴托·克罗齐：《历史学的理论与实际》，［英］道格拉斯·安斯利英译，商务印书馆1982年版，第217页。

④ A.戈登：《现代化和发展的神话》，黄育馥译，《国外社会科学》1990年第5期。

学科研究方兴未艾，这一综合性的研究方法必将主导未来的发展研究。

在继承前人成果的基础上，笔者尝试这样来定义“发展”：发展是人类为改善自身的生存和生活状况而从事的实践活动所导致的各种征象，它主要表现为经济、政治、文化、社会、生态、环境以及人本身等各个领域和层面的进步。我们可以从四个层面来理解这个定义：第一，人类既是发展的主体，又是发展的客体，人类在发展中不断实现自身的超越。第二，发展既是一个过程，又是一种结果。发展是在过程中实现突破，在结果中获得积累。第三，发展既是一种主观意愿，又是一种客观活动，是主观见之于客观之上的一种实践活动。第四，发展主要表现为各个领域和层面的进步，但在发展过程中也会不时出现停滞甚或倒退的现象，一部人类社会的发展史就是一部总体进步局部倒退、大多时段内前进少数时段内退步的历史。

三

发展观通常是指人们对发展的根本看法和根本观点。笔者认为可以从两个方面来理解发展观：一方面，发展观是人们关于发展的态度、信念和价值的有机结合；另一方面，发展观是人们看待、探究和分析发展的一种基础性方法。也就是说，发展观是一种世界观，同时兼具方法论功能。发展观就像一个过滤器，它使人们乐于接纳与自己发展观一致的信息而拒斥与自己发展观相悖的信息。我们没有必要向已经具备某种发展观的人去解释这种发展观，然而也很难让已经具有某种发展观的人去接受一种新的发展观。发展观能够决定人从哪个角度来看待发展以及如何看待发展。因此，树立一种科学的发展观对社会各项事业又好又快发展无疑具有重要的建构性意义。当今世界任何国家和民族都面临着共同的发展难题，注重发展的公平性、持续性和共同性已经成为人类社会发展理念的主流。同时，各国的发展观又不可避免地打上本国国情、文化传统、制度框架和意识形态的烙印。

可以依据不同的标准把发展观划分为不同的种类。从时间上分，可分为古代发展观、近代发展观和当代发展观。按照发展观的性质可以将其分为无产阶级发展观和资产阶级发展观、科学的发展观和非科学的发展观、线性的发展观和非线性的发展观等等。比如，马克思、恩格斯、列宁和邓小平等无产阶级革命家的发展观属于无产阶级发展观，W. 刘易斯、迈克尔·P.

托达罗、保罗·P.斯特里顿、塞缪尔·亨廷顿等西方学者的发展观属于资产阶级发展观；科学发展观属于科学的发展观，中国20世纪50年代末的"大跃进"就属于非科学的发展观；当代发展观，包括马克思主义发展观和西方发展观，大都属于线性的发展观，而中国古代"分久必合，合久必分"、改朝换代、治乱兴替的发展观和古希腊的循环史观属于非线性的发展观。通常情况下，为了研究的方便，多数学者习惯把发展观划分为发展目标、发展阶段、发展战略和发展指标。

发展目标是指发展所要达到的境地或标准。塞缪尔·亨廷顿认为发展有五个目标：增长、公平、民主、稳定和自主。迈克尔·P.托达罗提出发展的三个目标：(1)增加像食物、住房、卫生保健和保护等维持生存的基本物品以及扩大这些维持生存的基本物品的消费范围。(2)提高生活水平，除了较高的收入外，还包括提供更多的工作机会、更好的教育条件，更多地注意文化和人类价值。(3)使个人和国家不仅摆脱对其他人和其他民族的屈从和依附，而且也摆脱对愚昧和人类痛苦的力量的屈从和依附，进而扩大他们经济和社会的选择范围。[①] 我国曾不断出现"股票热""房地产热""投资热""出国热"，唯独没出现"科技热""教育热""人才热"。这些问题出现的根本原因，就是人们心目中的发展目标出现了偏差。

很多学者都对社会发展阶段进行了划分。比如，摩尔根把社会发展划分为蒙昧时代、野蛮时代和文明时代。马克思把人类社会的发展划分为石器时代、铜器时代、铁器时代、蒸汽机时代和大机器工业时代。托夫勒把人类社会发展划分为第一次浪潮、第二次浪潮和第三次浪潮。亚当·斯密提出狩猎阶段、田园生活阶段、农业阶段和商业阶段四个阶段。李斯特提出野蛮或狩猎阶段、游牧阶段、农业阶段、农业加消费品制造业阶段、农业加出口品制造业阶段五阶段论。经济学家罗斯托认为，任何国家的发展都要经历传统社会、经济起飞准备阶段、起飞阶段、成熟阶段、高额群众消费阶段、收入的边际效应递减阶段这六个阶段。此外，还有农业社会、工业社会、信息社会(后工业社会、知识经济社会等)等若干发展阶段划分方式。

20世纪五六十年代，西方曾提出"赶超发展战略""起飞发展战略""进口

---

① 参见[美]迈克尔·P.托达罗：《经济发展与第三世界》，印金强、赵荣美译，中国经济出版社1992年版，第82页。

替代发展战略”“按部就班发展战略”“平衡增长战略”“非均衡增长战略”，70年代以后提出“基本需求战略”“科技发展战略”“生态发展战略”“基本需求发展战略”等。比如，“基本需求发展战略”是国际劳工组织1976年在日内瓦召开的世界就业大会上提出来的。这种理论认为发展的主要目标是满足人民的基本需求，衡量发展的主要指标包括基本必需品的消费量、收入和分配的均等程度、识字率、健康水平和就业状况。

很多学者、研究机构和国际组织设计了许多测度发展的指标体系，目前全球各国广泛采用GDP(国内生产总值)作为衡量经济发展的指标。此外，还有美国学者托宾和诺德豪斯1972年提出的“净经济福利指标”、日本政府1973年提出的“净国民福利指标”、美国学者卢佩托等1989年提出的“净国内生产总值”指标、联合国社会发展研究所1970年设计的“综合指标”、世界银行1978年设计的“世界发展指标体系”、海外发展理事会(ODC)1979年提出的“物质生活质量指数”(PQLI)①、美国宾州大学副教授埃思蒂斯1984年提出的“社会进步指数”(ISP)、美国学者戴利和科布1989年提出的“可持续经济福利指标”、美国社会卫生组织提出的以该组织命名的“ASHA指数”②、联合国开发计划署1990年提出的“人类发展指数”(HDI)③、联合国环境署1995年提出的“可持续发展指标”④、美国学者英格尔斯提出的“现代化指标体系”⑤等。

四

发展观的转变意味着发展范式的根本变革，而发展观成熟到一定程度就会形成各种各样的发展理论。发展经济学、发展政治学、发展文化学和发展社会学等发展学科领域的学者提出了诸多视角各异的发展理论。比如，

---

① 该理事会的“物质生活质量指数”基于三个广泛又易取得的人类基本需要指标综合而成：一岁时的预期寿命、婴儿死亡率、识字率。

② ASHA指数由六个指标组成：就业率、识字率、平均预期寿命、人均国民生产总值、人口出生率和婴儿死亡率。

③ 该指数综合了预期寿命、受教育程度(包括在校的平均年数和成人识字率)以及物质生活质量中的人均国民生产总值等指标。

④ 参见金泓汎：《应用发展经济学通论》，中国经济出版社2005年版，第69页。

⑤ 它由十个指标构成：(1)人均GNP；(2)农业占GNP的比重；(3)服务业占GNP的比例；(4)非农业劳动力占劳动力总数的比例；(5)识字人口的比例；(6)大学生占20～24岁人口的比重；(7)每名医生服务人数；(8)平均寿命；(9)城市人口占总人口的比例；(10)人口自然增长率。

哈罗德—多马经济增长理论、索洛—斯旺的新古典经济增长理论、卡尔多—罗宾逊的新剑桥经济增长理论、熊彼特的经济增长理论、缪尔达尔的经济发展理论、库兹涅茨的经济发展理论、W. 阿瑟·刘易斯的剩余劳动力无限供应理论、弗朗索瓦·佩鲁的"发展极"理论等。现代发展理论在其半个多世纪的演变中,归结起来,具有里程碑意义的发展理论主要有现代化理论、依附理论、世界体系论和自由发展理论,这也是现代发展理论经历的四个主要阶段。

现代化理论盛行于20世纪五六十年代,其代表人物主要有经济学家W. 刘易斯和W. 罗斯托、社会学家T. 帕森斯、政治学家M. 索普赛特等。现代化理论是研究传统社会如何向现代社会过渡,特别是发展中国家如何实现现代化的理论。它以结构功能主义的社会进化论为基本构架,在确定现代社会与传统社会区别的基础上,把历史描述为传统社会不断向现代社会进化的发展过程。现代化理论认为,发展是经济增长与社会变革的统一,是发展中国家的社会制度、社会体制和社会组织形式由传统向现代转型以实现社会变迁,达到社会结构要素平衡发展的过程,不发达国家只有学习和模仿西方文明才能实现现代化。20世纪70年代的"东亚奇迹论"或"儒家资本主义论"被认为是现代化理论的佐证。但由于很多发展中国家特别是拉美国家在运用这一理论之后出现了"有增长无发展"的现象,而其重蹈了先发资本主义国家在发展过程中的弊症,如贫富分化、通货膨胀、社会腐败、生态破坏、环境污染、债台高筑等,这一理论遭到广泛的质疑。

依附理论是20世纪70年代流行的发展理论。这一理论最初是由联合国拉丁美洲经济委员会的经济学家们在探讨拉丁美洲落后的原因时创立的,作为一种结构性全球主义思想,它的目的是解释世界上富国与穷国之间的差距问题。主要观点有:普雷维什的"中心"和"边缘"思想,弗兰克的"全球体系是牺牲一部分的利益而让另一部分发展起来的体系"的思想,阿明的"边缘国家不过是中心国家的附庸"的思想,以及桑克尔的"发达和不发达的全球体系导致国内两极分化"的思想等。依附理论把世界经济体系分为核心国家与边缘国家,核心国家对边缘国家的剥削与掠夺是造成边缘国家落后的根本原因。穷国之所以缺乏资本并落后于富国,并不是因为它们处于资本主义世界的边缘,而是因为它们是国际资本主义社会阶级结构中的一部分。依附论反对把现代化等同于西方化,认为西方化的过程就是把不发达国家纳入不平等的世界资本主义经济体系的过程。欠发达国家无法重走西方发达国家的现代化道路,出路在于脱离西方的控制,实现自主发展。

世界体系理论最初是由伊曼纽尔·沃勒斯坦在20世纪70年代提出来的。世界体系理论透过第三世界国家的现实问题,从总体上理解世界资本主义体系内政治、经济和社会等各个方面的不平衡发展;它将每个国家和地区的历史演进过程和16世纪封建时代转变而来的资本主义世界经济都纳入一个全球性的时空视角。沃勒斯坦认为,世界体系可分为世界经济体系、世界政治体系和世界文明体系。世界体系由中心国家、半边缘国家和边缘国家组成。中心国家控制世界贸易,利用边缘国家的原材料和廉价劳动力生产高附加值产品,从而在世界市场上占据垄断地位;半边缘国家既受中心国家控制,又部分地控制边缘国家;边缘国家则为资本主义世界经济提供廉价劳动力、原料和初级产品。世界体系理论把世界的历史发展和现实结构看作一个统一的时空整体,以动态和系统的方法揭示世界发展规律,从而超越了依附论"中心—边缘"两分法的简单范式。

20世纪90年代以来,诺贝尔奖获得者阿马蒂亚·森提出了一套以自由的视角看待发展的新理论。他改变以往发展观的旧范式,阐述人的实质自由是发展的最终目的和重要手段,建立了全新的理论框架。他在强调市场机制、全球化对提高人们生活水平作出基础性重大贡献的同时,指出需要政府和社会在人的生存、保健、教育等领域承担责任,更需要人作为发展的主体在全面的社会交往和变革中发挥主动作用。他认为发展具有超越效率、经济利益的意义,发展可以看作是扩展人们享有的真实自由的一个过程。自由是发展的首要目的,自由也是促进发展的不可缺少的手段,可以说自由在发展中可以起到"建构性作用"和"工具性作用"。建构性作用指的是实质自由对提升人们生活质量所发挥的作用。工具性作用指的是各种权利、机会和权益是如何扩展人类一般自由从而为经济发展作出贡献的。五种最重要的工具性自由包括政治自由、经济条件、社会机会、透明性担保以及防护性保障。森所指的"自由"是在"实质的"意义上定义的,即享有人们有理由珍视的那种生活的可行能力。这样的自由观既意味着个人享有的"机会",又涉及个人选择的"过程"。

资本主义发展观的发展脉络大致经历了一维客体论、多维客体论、主客相关论和主体中心论四个阶段的路径选择,表现出一定的规律性。西方发展观大致沿着三条主线跃进:由客体中心论转变为主体中心论,由关注发展的进度转变为关注发展的代价，由线性发展观转变为非线性发展观。研究和把握西方发展观的规律和趋势可以为我国的社会主义现代化建设提供有益的价值借鉴，我们可以学习西方先进的发展理念，避免重复西方发展走过的弯路，从而促进我国社会主义各项事业又好又快发展。

五

发展、发展观、发展理论三者之间既有区别又有联系，厘清这三者之间的关系，是发展研究得以深入开展的基础和前提。发展是客观性和主观性的统一。发展不是一种单纯客观事实的描述，而是内含着人的主观价值评判和自身愿望的标杆。发展是一个与主观价值判断密切相关的范畴，其自身就包含着价值选择，不能偏离人的价值取向来空谈发展。发展观源于发展实践而又高于发展实践，特定的发展实践催生特定的发展观，特定的发展观映射特定的发展实践，所有的发展实践都有意无意地受一定的发展观的指引。发展目标的确定、发展战略的制定、发展道路的选择、发展成效的评估都受发展观的制约。

发展观与发展理论密不可分。发展观的转变意味着发展范式的根本转变，发展观是发展理论的思想渊源，发展观为发展理论提供思想导向和理论素材，发展理论则是发展观的系统化和理论化。发展观寓于发展理论之中，发展理论体现特定的发展观。同一种发展观可以有不同的发展理论，同一种发展理论也可以体现不同的发展观。邓小平提出“发展才是硬道理”的观点，江泽民提出“发展是党执政兴国的第一要务”的思想，胡锦涛提出“科学发展观”，习近平提出“五大发展理念”，就是发展理论的不断丰富、完善和发展。而以上这四种发展理论又都属于马克思主义发展观范式。发展概念演化的历史呈现出发展的内涵不断深化、发展的外延不断扩展、发展的要求不断提高、发展的指标不断细化、发展的意境不断升华的趋势。洞悉发展、发展观、发展理论之间的逻辑关系，对于科学把握马克思主义发展观的深刻内涵、助推中华民族永续发展具有重要的理论意义。

王　瑜

2021 年 4 月

目　录

绪　论

一、选题价值

发展是自然界与人类社会永恒的主题。探索人类社会发展的规律，为社会发展确立正确的目标和道路，是人类历史上任何一个民族都在孜孜以求的古老而又常新的课题。前资本主义社会的人们对社会发展也有过各种柏拉图式的构想，但人们系统地探讨社会发展问题，却是随着资本主义大工业社会的到来而开始的。社会学较早地对发展问题展开了系统探讨。近代社会学之父奥古斯特·孔德认为，人类理性的进步是社会变迁的基础，历史主要是理性的进步史。他将人类社会的历史划分为神学阶段、形而上学阶段和实证阶段三个阶段，认为实证阶段即资本主义工业社会是人类社会发展的最高阶段。孔德希望通过社会学实证地描绘和分析工业社会的种种现象。他进而将社会学分为社会静力学和社会动力学两部分，前者研究社会秩序和社会历史连续性的源泉，后者研究社会变迁和社会发展。自此往后，社会发展成为社会学研究的重要内容。追求发展的意识是人类对社会发展的自然历史过程的觉醒。从人类社会的发展历史看，当一个社会的发展达到一定的阶段，调整或转换经济发展模式、变换发展观是很自然的选择。当今世界，无论是发展中国家还是发达国家，都面临着严峻的发展问题，如果不转换经济发展模式，必然阻碍经济和社会的发展。当国家发展进入关键阶段，转变发展观是国际上一些国家崛起的成功经验。

发展理论之所以成为一门显学，从根本上讲，是源于发展中国家追求现代化的实践。发展的根本属性是实践性，发展理论研究的核心问题是发展观。当代意义上关于发展的系统性理论研究是从第二次世界大战后开始的，发展观范式的形成也同样肇始于此。随着西方各国经济社会的迅速发展和发展中国家发展实践的不断推进，人们对发展本质的理解也不断深化，从而促进了当代发展观的不断演进。理论指导实践的发展，实践检验理论的对错并推动理论的成熟，这是发展理论与发展实践的互动性规律。当代中国的发展实践理所当然要借鉴和吸收西方国家的成熟经验，以利于创建适合自己国情的发展理论。研究和讨论西方发展观的内涵、实践指向及其时代特征，对树立和落实科学发展观，促进经济社会又好又快发展，具有重要的理论和实践意义。从另一方面来讲，西方发展理论的复兴活力也离不开中国发展实践的推动，甚至需要接受中国发展实践的检验并不断推陈出新，因为中国是世界上最大的发展中国家，其发展牵动着整个世界的神经。中国共产党人对发展和现代化问题作出了与时俱进的新的回答。中国共产党人认为，随着以信息技术为标志的新科学技术革命的兴起，发展理论应随之被理解为不仅是实现工业化的过程，而且包括信息化过程以及在工业化和信息化基础上的社会全面进步过程。科学发展观的树立和实践标志着一个发展理论勃兴的局面已经在中国大地孕育和生成。

我们党自执政以来，一直在孜孜不倦地探求社会主义现代化建设的道路，探求科学的发展理念。对“什么是发展”的探索过程，也是发展观的历史演进过程，随着人们对现代化实践在认识上不断深化，国际社会在发展问题上的探索也取得了不少宝贵的思想成果。党和国家不仅在理论上继续重视社会的协调发展，认真总结世界各国在发展中的经验教训，吸收借鉴 20 世纪人类的发展理论，而且采取了一系列措施，在解决全球问题方面作出了自己的努力。马克思主义世界观、方法论是科学的世界观、方法论，只有坚持科学的世界观、方法论，才能有科学的发展观。

马克思主义发展观在中国的最典型代表是科学发展观和五大发展理念。党的十六届三中全会第一次以中央文件的形式，全面深刻阐述了科学发展观这一完整理论体系。科学发展观是我们在发展观念上的一个重大突破,引起发展方式、发展途径的重大革命。科学发展观既是我们党适应新世纪新阶段全面建设小康社会的客观要求提出的,又是吸收了世界其他国家发展的经验和教训所形成的新认识,也是对当代国外发展理论科学合理因素的理性吸取和辩证扬弃。2015 年 10 月 29 日,习近平在党的十八届五中全会第二次全体会议上鲜明提出了创新、协调、绿色、开放、共享的发展理念。2016 年 1 月 29 日,习近平在中共中央政治局第三十次集体学习时强调:新发展理念就是指挥棒、红绿灯。科学发展观和五大发展理念的提出符合世界发展潮流和趋势,并且由于它们是在深刻总结了国内外在发展问题上的经验教训,吸收人类文明进步的新成果之后提出来的,因而具有更全面、更科学也更切合我国发展实际的特点。深入研究西方发展观产生的背景和诱因,对我们更准确地理解和把握科学发展观和五大发展理念的精神实质,进一步贯彻、落实科学发展观和五大发展理念,具有十分重要的现实意义。

人类社会发展存在诸多共性,东西方发展观也存在诸多共性,西方发展观与中国共产党发展观的演进趋势路向一致,它们在不少方面是相通的,这在一定程度上反映了人类社会发展的共同规律。马克思主义发展观吸收了西方发展理论的优秀成果,但又不是对它的简单照搬。马克思主义发展观是世界发展观的一个有机组成部分,其演进是在国际发展观演进的大背景下进行的,在不同程度上受到国际发展观演进的影响。国外发展观的频繁推进式历史演进是人类审视发展实践的结果,其中很多是人类在发展问题上科学探索的宝贵结晶。而且由于全球化的影响日益加深,中国改革开放的不断深入,中国发展与世界发展的关系日趋紧密,西方发展观对中国的影响将会越来越大,科学发展观、五大发展理念的演进正反映了这一趋势。但这并非表明马克思主义发展观就已经尽善尽美了,我们在实践上与马克思主义发展观的要求还有较大差距,在理论上也还必须密切关注国外发展理论的新进展,继续吸收人类文明进步的新成果来充实马克思主义发展观的内涵。

对于西方主流发展观,我们既不能全盘接受和照搬,也不能全盘否定。我们应该运用马克思主义的立场、观点和方法进行分析,以便用更加宽广的世界眼光进一步丰富我们的发展理论。由于缺少科学的世界观、方法论指导，西方发展观演变亦有不少缺陷。20世纪80年代以来发展中国家的实践表明，现代化除在少数发展中国家和地区取得重要进展外，在多数发展中国家则陷入停滞和衰退。中国是发展中国家中的一员，其基本国情与其他发展中国家相似，因而相比较当代西方发展理论来说，科学发展观和五大发展理念或许对广大发展中国家具有更多和更积极的借鉴意义。和而不同地坚持全面树立和落实马克思主义发展观，将使中国加速融入世界发展潮流的步伐和走上世界文明大道的进程，进入全面、协调、可持续发展的新时代。

二、结构安排

发展研究在当代西方是一门“显学”，流派纷呈，观点各异，形成了具有不同特点的发展观。西方学者从各自的视角对发展问题进行了深入的思考，提出了诸多颇有见地的关于发展的论点，诸如“发展不等于经济增长”“经济发展不等于社会进步”“应当选择适合本国国情的发展道路”“发展不能以牺牲生态环境为代价”“发展应是可持续发展”等已成为世界各国的共识。西方发展观的演进过程贯穿几条逻辑主线：从经济增长到经济发展、社会发展再到人类发展；从物到人，把人的发展确定为发展的根本目标；从欧美中心主义到发展道路的多样化；从关注发展速度到关注发展代价，再到关注发展的负面效应。西方发展观演进到21世纪，表现出了几个重要趋势，即强调发展的全球性、知识性、主体性、参与性、草根性和超越性。① 西方发展观的演变历程，既是这些国家思考和选择发展道路、发展模式和发展战略的理论历程，亦是这些国家为实现国家富强、人民安居乐业、社会和谐的梦想的历程。尽管这些发展观还存在某些不可避免的缺陷，但是，反思西方当代发展观的演进和发展实践的得失，对我们建构与中国特色社会主义相适应的当代马克思主义发展观具有重大的借鉴意义。

由于中西方发展观框架宏阔，内容丰富，仅仅一本著作无法展示其全部的理论内容和学术价值，因此笔者不打算对西方发展观的整个历史脉络进行梳理与审视，而是本着服务于我国现代化建设、服务于我国科学发展战略

① 参见曹荣湘、邓翠华：《国外发展观的历史演进与视角转换》，《中共天津市委党校学报》2007年第2期。

的宗旨，选取西方发展观中最具有借鉴价值的部分进行深入发掘研究，并且与马克思主义发展观加以对照研究，揭示出它们之间的共同点和分歧，最后将落脚点放在西方发展观对我国经济社会发展的启发价值上。本书采取了一种跨学科的、多维度的理论解释方式，凡是有助于本书研究的，无论政治学、经济学、文化学、人类学抑或社会学的内容，都将被纳入到本书的研究框架中来。遵循这样的研究理念，本书在框架安排上设置了三部分：

上篇介绍资本主义发展观。本部分主要介绍佩鲁的新发展观、里夫金的熵发展观、森的自由发展观、熊彼特的创新发展观和罗马俱乐部的极限论发展观等。笔者拟从一维客体论、多维客体论、主客相关论、主体中心论、规律与趋势等方面来描述西方发展观的演进路径。第二次世界大战后，西方发展观的发展脉络大致经历了一维客体论、多维客体论、主客相关论和主体中心论四个阶段的路径选择。这种路径选择的依次更替，使战后西方发展观既一脉相承又不断推陈出新。在分析西方发展观演进路径的基础上，笔者开始总结西方发展观演进的规律。大致来看，西方发展观演进脉络呈现如下规律：第一，由客体中心论转变为主体中心论；第二，由关注发展的进度转变为关注发展的代价；第三，由线性发展观转变为非线性发展观。

中篇介绍马克思主义发展观。本部分主要包括马克思、恩格斯的发展观、苏联的马克思主义发展观以及中国共产党人的发展观。具体涉及社会发展的基础、社会发展的动力、社会发展的主体、社会发展的规律、未来社会的发展等内容。马克思、恩格斯的发展观以科学的实践观为基础，揭示了社会是处在不断发展中的有机整体，社会发展是自然历史过程；社会发展是社会诸领域全面协调的发展；实现社会发展必须正确处理人与自然的关系；社会发展的最高目标是人的全面和自由发展。科学发展观以马克思主义的发展哲学和发展观为基础，体现了科学性和价值性的统一、发展观和历史观的统一、合目的性和合规律性的统一，具有深厚的哲学基础。

下篇是对马克思主义发展观与资本主义发展观进行比较分析。马克思主义发展观与资本主义发展观是建立在不同经济基础之上的异质性文化，两者是分属于不同的社会意识形态的文化。但同时，马克思主义发展观与资本主义发展观在形式和内容上有诸多相似之处。比较二者的异同及阐释马克思主义发展观的超越之处，可以更好更深入地领悟马克思主义发展观的魅力，正确处理马克思主义发展观与资本主义发展观的关系，进而推动我国经济社会又好又快地发展。

三、研究方法

研究方法的不同决定了概念和观点组合方式的差异，进而形成了研究结果的差别。西方发展观涉及政治学、经济学、社会学、文化学、人类学等众多学科的知识，这种复杂性要求本书综合采用多种研究方法。

第一，唯物辩证法。马克思主义既是世界观，又是方法论。列宁认为，马克思的唯物史观和唯物辩证法“第一次使科学的社会学的出现成为可能”。唯物辩证法具体说来，就是在坚持辩证唯物主义和历史唯物主义的基础上，运用多种社会科学研究方法。在马克思看来，社会历史的发展是人类生产力及其所创造的生产关系的辩证发展过程，只有通过认识历史过程才能解释人们的社会活动。马克思还指出，知识的发展也是一个辩证过程，因为人类所认识的世界不一定是真实的世界，而是经过思想加工的文化世界，这种文化世界是人类所创造的思想产物，即社会价值、社会制度、社会关系和意识形态等上层建筑。本书在西方发展观研究的各个部分和环节都坚持马克思主义的基本立场和分析方法，即客观性原则、普遍联系原则、运动和发展的原则以及理论与实践相结合的原则等，唯物辩证法贯穿始终。

第二，文献研究法。文献研究法是根据一定的研究目的或课题，通过查找文献来获得资料，从而全面和正确地了解掌握所要研究问题的一种方法。文献研究法被广泛用于各种学科研究中。西方国家的许多学者对西方发展观都作出了有益的探索，积累了大量的论文和著作，了解西方学者关于西方发展观的前期研究，对于本书的研究课题来说是一项基础性的工作。研究西方发展观的发展历程、理论基础、理论体系以及分析评说都要以客观的文献为依据，都离不开文献作为依托。对西方发展观的研究是从仔细研读西方发展观的大量著作开始的，研读文献之后才能在头脑中形成一个关于西方发展观的清晰思想框架。

第三，历史分析法。本书从西方发展观的回顾中探寻西方发展观演进的线索，亦从历史的角度获取西方发展观演变的规律，以奠定对西方发展观的研究基础。列宁曾经指出：“在社会科学问题上有一种最可靠的方法，它是真正养成正确分析这个问题的本领而不致淹没在一大堆细节或大量争执意见之中所必需的，对于用科学眼光分析这个问题来说是最重要的，那就是不要忘记基本的历史联系，考察每个问题都要看某种现象在历史上怎样产生、在发展中经过了哪些主要阶段，并根据它的这种发展去考察这一事物现在是怎样的。"①这一历史分析的方法对于我们研究西方发展观问题同样是适用的。

第四，经济分析法。这一方法是从社会的经济关系和经济发展水平入手，去分析西方发展观的演变。它一方面挖掘五光十色的发展观背后的经济动因；另一方面从经济发展的逻辑入手，去推演西方发展观演变的结果。这一分析方法能够帮助我们从根本上找到西方发展观演变的最终决定性变量。从某种意义上说，西方发展观的演变是经济发展促动的结果。西方学者在提出一套崭新的发展理念和构建自己的发展观模型时，运用十分精密的经济分析工具。要实现真正的科学认识，不仅要研究质的规定性，还必须重视对它们的量进行考察和分析，以便更准确地认识研究对象的本质特性。但是，这并非意味着，西方发展观的所有演变都是由经济因素决定的，各种非经济因素在西方发展观的演变中起着非常重要的作用。正如恩格斯所指出的："……根据唯物史观，历史过程中的决定性因素归根到底是现实生活的生产和再生产。无论马克思或我都从来没有肯定过比这更多的东西。如果有人在这里加以歪曲，说经济因素是唯一决定性的因素，那么他就是把这个命题变成毫无内容的、抽象的、荒诞无稽的空话。"②由于西方发展观不仅仅局限于经济领域，而是已经涉及社会生活的各个领域，所以本书也体现了将经济分析与政治分析、社会分析、文化分析相结合的方法。

第五，比较分析法。有比较才有鉴别。只有把客观事物加以比较，才能认识事物的本质和规律并作出正确的评价。本书的比较分析主要集中在三个方面：其一，西方各国不同发展观之间的比较，判断出各种发展观之间孰优孰劣。其二，西方发展观与马克思主义发展观之间的比较，思考西方发展观具有哪些借鉴价值。其三，发展观与现实的比较，考量西方发展观对我国国情的具体适用性。我们能从这三种比较分析中得出西方发展观的哪些方面值得我们学习与借鉴，如何借鉴，如何应用，如何创新，如何发展。比较分

① 《列宁选集》第4卷，人民出版社1995年版，第26页。

② 《马克思恩格斯选集》第4卷，人民出版社1995年版，第19页。

析法是贯穿本书始终的一个分析方法。

以上分析方法都是相辅相成的，只不过在不同的章节、不同的问题上各有侧重。

四、有关概念术语含义辨识

现实生活和日常文献中出现的“现代性（modernity）”“现代主义（modernism）”“现代化（modernization）”“后现代（postmodern）”“后现代性（postmodernity）”“后现代化（post-modernization）”“后现代主义（postmodernism）”等常用术语之间有很大的关联，但是它们又内涵模糊、歧义颇多，所以有必要对这些术语的含义有一个基本的了解和掌握。

（一）现代性

从构词法上来看，“现代性（modernity）”是在“现代（modern）”的词根之后加上表示“性质”“状态”“程度”等意义的后缀“-ity”构成的。现代性被理解为某种总体性社会状况。这不是指社会及其成员的情绪等层面的感性倾向，也不是指其共享的心智结构的样态，主要是指社会结构意义上与古典社会有别的某种宏观特征。汪晖认为，现代性的词源学证明：现代性是一个涉及政治、经济和文化的具有内在张力的整体性概念；通过词义由贬到褒的历史转变，现代性话语重构了人们与过去、现在和未来的关系；启蒙运动制造的现代性话语是建立在不可逆转的时间意识之上的历史目的论的承诺，其核心是“理性”与“主体的自由”；现代性话语利用理性、主体的自由等普适性概念及其反宗教姿态遮盖了它与欧洲基督教文化的历史联系。① 现代性是欧美近代社会变迁的产物，发掘和揭示现代性的内涵和特征是经典社会学理论的中心任务。现代性表现在经济上是工业资本主义的扩张，政治上是民族国家与自由民主的出现，文化上则是理性的张扬。

吉登斯对现代性的研究是从社会学角度进行的，他将现代性看作“后传统的秩序”，“现代性是现代社会或工业文明的缩略语”。吉登斯在他的《现代性的后果》一书中明确地写道：“现代性是指大约从十七世纪的欧洲起源，

---

① 参见汪晖：《韦伯与中国的现代性问题》，《汪晖自选集》，广西师大出版社 1997 年版，第 2～12 页。

之后或多或少地影响到全球的一种社会生活或组织的模式。”[①]现代性是一项尚未完成的设计，无论对于发达国家还是对于走向现代化的落后国家，现代性的价值都远远没有完全展示出来。全球化在某种意义上是“现代性的全球化”，“现代性正内在地经历着全球化的进程”。[②] 我们现在理解的“现代性”是指启蒙时代以来的“新的”世界体系生成的时代，一种持续进步的、合目的性的、不可逆转的发展的时间观念。现代性推动了民族国家的历史实践，并且形成了民族国家的政治观念与法的观念，建立了高效率的社会组织机制，创建了一整套以自由、民主、平等等政治意义为核心的价值理念。现代性由于其内在的矛盾而不可避免地出现某种危机，但是，其内在的动力机制也使它有能力不断超越这些冲突和危机。这种冲突和危机的不断产生和不断超越既是现代性的生命力所在，也是人类社会的内在驱动力所在。

所谓现代性，就是人类文明在告别前现代而进入现代这一过程中所创造和衍生出来的那些新的状态和特性。西方结构功能学派认为，现代性是社会在工业化推动下发生全面变革而形成的一种属性，这种属性是各发达国家在技术、政治、经济、社会发展等方面所具有的共同特征。这些特征是：(1)民主化；(2)法制化；(3)工业化；(4)都市化；(5)均富化；(6)福利化；(7)社会阶层流动化；(8)宗教世俗化；(9)教育普及化；(10)知识科学化；(11)信息传播化；(12)人口控制化；等等。[③] 现代性是一个永恒的创造性破坏过程，传统、制度、建筑、社团，以至于民族，只有被证明具有合理性，才能得以留存，而是否合理则通常根据金钱的标准。陈腐的、失效的事物被抛弃了，更合适、更现代的则取而代之。大卫·莱昂(David Lyon)在《后现代性》一书中说：“什么是现代性？这是一个用来指涉自启蒙运动之后而产生的那种社会秩序的概念。”[④]它在内容上包括结构分化、理性化、城市化、纪律化、世俗化、均质化或标准化等方面。福柯把现代性理解为“一种态度”，而不是一个历史时期，不是一个时间概念。“所谓态度，我指的是与当代现实相联系的模式；一种由特定人民所作的志愿的选择；最后，一种思想和感觉的方

---

① [英]吉登斯：《现代性的后果》，田禾译，译林出版社 2000 年版，第 1 页。

② Anthony Giddens, *The Consequences of Modernity*, California: Stanford University Press, 1990, p. 63.

③ 参见罗荣渠：《现代化新论：世界与中国的现代化进程》，北京大学出版社 1993 年版，第 14 页。

④ David Lyon, *Postmodernity*, Buckingham: Open University Press, 1994. p. 19.

式，也就是一种行为和举止的方式，在一个相同的时刻，这种方式标志着一种归属的关系并把它表述为一种任务。无疑，它有点像希腊人所称的社会的精神气质(ethos)。"①现代性首先是一种思想的状态——只有现代的思想才能创造出现代的世界。因而，现代性开始于文艺复兴的思想革命，这一革命又反过来孕育了一系列其他革命——政治的、经济的、工业的、技术的、社会的、心理的和文化的革命。现代性通过众多的机构——公司、学校、官僚、交通、媒体、通信、实验室以及大城市得以传播。

哈贝马斯把现代性看作一种新的社会知识和时代，把现代性理解为一个方案、一项未竟的事业，它用新的模式和标准来取代中世纪已经分崩离析的模式和标准。作为一个时代的现代性的特征与贡献，是个人自我选择，实现主体价值的自由。哈贝马斯采用一种批判性的总体性的社会理论，他高度评价早期资本主义的公共领域，也批判它在当代社会中的衰落。大卫·格里芬在讨论"现代性"概念时，提出既有"从社会的、社会学家的、政治哲学家的、经济和社会历史学家的观点出发"来加以讨论的"现代性"概念，也有"从个人的、心理学的、哲学家的、神学家的以及思想史学家们的观点出发"来进行讨论的"现代性"概念，前者指称的是"现代社会"，它包括"社会生活的巨型结构与私人生活之间的二分化"、普遍的结构分化、机械化和实利主义等特征；后者则指称的是"现代精神"，它包括个人主义、二元论、世俗主义、未来主义等。②

韦伯认为所谓现代化就是理性化，而现代性则是合理性。韦伯将合理性区分为工具合理性和价值合理性或形式合理性与实质合理性等理想类型，将社会行动区分成实质合理性行动(价值理性)、目标合理性行动(工具理性)、传统行动、情感行动四种类型，认为目标合理性行动逐渐增多是现代社会的基本特征，也是资本主义政治经济发展的内在要求。③ 工具合理性和形式合理性主要被归结为手段和程序的可计算性，是一种客观的合理性；而价值合理性和实质合理性则以信念、理想、主观价值为目的，是一种主观的合理性。现代性主要表现为工具合理性和形式合理性。现代性的历程实际

---

① [法]福柯：《何为启蒙》，汪晖等编《文化与公共性》，三联书店 1998 年版，第 430 页。

② 参见[美]大卫·雷·格里芬编：《后现代精神》，王成兵译，中央编译出版社 1998 年版，第 4～6 页。

③ Max Weber, *Economy and Society*, New York: Bedminster Press, 1968, pp. 24-26.

上就是工具理性不断扩张,神圣脱魅、不断合理化的过程。工具理性把手段和效率当作终极目标来追求,它危害到人类社会的基本价值和终极关怀。工具理性的过度膨胀和恣意扩张一方面带给人类幸福感,另一方面,合理化过程中价值理性的不断流失是人类无法摆脱的“铁笼”。[①] 现代性用全能的和坚硬的官僚复合体“铁笼”将人类禁锢其中。韦伯所说的现代性是一个矛盾综合体。

中国学者也对现代性的观念及其特征进行了广泛的研讨。曹天予认为,“现代性”这一术语有其历史的和社会经济的指称范围,它指的是西方历史的一个特定时期。人们可以用不同的方式来表示现代社会的特性。对卡尔・马克思来说,它是有强制性扩张趋势的资本主义的同义词;对埃米尔・迪尔凯姆来说,它指自然界被机械改变了的工业化世界;对马克斯・韦伯来说,它的特征表现为在中央行政机关的监视和控制下合理性地组织起来的社会。有关现代社会体制的特性的这些表述是互补的,而不是矛盾的。[②] 现代性的各个方面的核心,有一个根本的东西,就是个人的自由、尊严和权利。其他各个因素,都是为它服务的,因它而获得价值。韩庆祥教授认为,从哲学角度来讲,现代性的一般含义主要包括:(1)现代性是一种理念和价值取向,即在传统和现代的关系中,它是一种现代取向,它倡导解放人,倡导人的主体性与个人价值。(2)现代性是社会发展的一种历史状态与历史秩序,这就是在经济上实行市场经济,在政治上实行民主政治,在文化上倡导自由、平等、博爱。(3)现代性是人的一种存在方式,它尊重人的正当利益,注重人的能力发挥,确立理性的权威(注重规范与规则、标准与程序、精确与科学等),崇尚人的自立,维护人的权利。(4)现代性还是一种反思精神,它包含着对现代化进程中的进步与代价的一种审视、反思和批判。[③] 韩庆祥教授主张中国现代性的建构从以下几方面着手:不断推进人性革命,不断推进制度创新,实现教育模式转换,开展能力建设。

现代性不仅代表着人的生存条件和环境的改善水平,而且代表着人的生存的新的标尺。因为标尺的转变,也就是现代性的诱惑,人们必然要有进

---

① Max Weber, *Economy and Society*, New York: Bedminster Press, 1968, pp. 24-26.

② 参见赵景来:《关于“现代性”若干问题研究综述》,《中国社会科学》2001 年第 4 期。

③ 参见韩庆祥:《现代性的建构与当代中国发展》,《天津社会科学》2004 年第 3 期。

一步的自由要求和权利要求。唐文明认为，现代性首先是一种时代意识，通过这种时代意识，该时代将自身规定为一个根本不同于过去的时代。其次，现代性造就的是一种注重现在的精神气质，但由于对“现在”的不同理解使之呈现出差异。再次，人类历史是一个不断理性化、祛魅的过程，现代性在某种意义上就是理性化；理性作为现代性主流的意识形态之一，通过一系列的制度安排建构起现代社会的政治、经济结构。最后，除了理性和个人主义，进步的观念也是现代性主流的意识形态。[①] 西方马克思主义研究专家认为，现代性特指西方理性启蒙运动和现代化历程所形成的文化模式和社会运行机理，它是人类社会从自然的地域性关联中“脱域”出来后形成的一种新的“人为的”理性化的运行机制和运行规则。现代性包含着相互关联的多重维度，在最广义的尺度上可划分为精神性维度和制度性维度，具体表现为：个体的主体性与自我意识、理性化和契约化的公共文化精神、意识形态化的社会历史叙事的现代性以及表现为经济运行的理性化、行政管理的科层化、公共领域的自律化、公共权力的民主化和契约化等等。

万俊人则深入探讨了现代性的内涵，他认为西方社会的“现代性”的内涵主要有三个方面，即个人主义、市场经济和民主政治，而从根本上说，隐含在这三个基本要素背后的核心理念则是自由主义，更具体地说，就是个人权利或个人主义的人权观念。[②] 无论现代化还是现代性，都包含一系列内容。它涵盖文明的各个方面，包括物质层面、制度层面和精神层面，涉及经济、政治、社会、文化等各个领域，是一个整体结构。宋林飞认为，现代性是一个历史断代的术语，是指接踵中世纪或封建制度而来的新纪元，涉及各种经济的、政治的、社会的以及文化的转型。[③]

贺来教授阐释了马克思的“现代性”理论。他认为马克思生活于资产阶级占主导的现代社会，因此，从“资本的角度”来透视“现代社会”，从“资本的命运”出发来探讨“现代性的命运”，就被马克思自觉地选择为解剖现实生活世界最恰当、最有效的途径。在此意义上，马克思关于资本主义的理论，实质上也就是他关于“现代性”的理论。马克思通过对“资本”的解剖，确立了

---

① 参见唐文明：《何谓现代性》，《哲学研究》2000 年第 8 期。

② 参见赵景来：《关于“现代性”若干问题研究综述》，《中国社会科学》2001 年第 4 期。

③ 参见宋林飞：《西方社会学理论》，南京大学出版社 1997 年版，第 468 页。

关于“现代性”的“发生学”“病理学”和“未来学”，从而完成了他对“现代性命运”的系统的、全方位的考察。[①] 在列斐伏尔看来，马克思经常用“现代”这个词语来“表示资产阶级的兴起、经济的成长、资本主义的确立、他们政治上的表达以及后来——但不是最终——对作为一个整体的这些历史事实的批判”。马克思已经觉察到了现代性的分离状况：私人生活与社会—政治实践的分离，理性与非理性的分离，表面的理性统一的背后是普遍的“非现实”。马克思认为，只有通过革命性的实践才能改变这些分离状况，重建真正的统一。

我们已经为“现代性”这一能指初步指定了基本轮廓，但这一轮廓的实质内涵，为各个现代性理论家呈现的是一个不断滑移的意指链。胡塞尔、韦伯、齐美尔、卢卡奇、葛兰西、霍克海默、阿多诺、哈贝马斯、利奥塔、福柯、德里达、鲍德里亚、吉登斯、鲍曼等著名学者和理论家都非常关注现代性问题，他们对欧洲科学危机、启蒙理性、工具理性、技术理性、意识形态、大众文化、现代国家等命题的探讨都可以理解为现代性批判。总体而言，现代性主要是一套思想观念与行为方式，它们既促成现代化的形成，同时又在现代化的过程中表现为它的结果，并相应形成现代人的特有人格以及社会在经济、政治与文化等方面的特定属性。现代性的本质标志与前现代的文化模式的根本区别在于，它体现了人的生存中的开放的超越性维度。人以自由自觉的实践活动为本质的存在，本身就内在地具有不断超越给定性的特征。虽然现代的思想已经从文艺复兴演进到了今天，但它的本质依然是一个信念，即人的理性而非先验的神才是人类命运的主人，个人理应自由追求自己物质的、情感的和精神的需求。很多思想家在思考现代性的问题时，主要着眼点是现代社会的本质性文化精神，如康德关于“启蒙”的理解、艾略特（T. S. Eliot）的“我们是空心人”、赫伯特·马尔库塞（Herbert Marcuse）的“单向度的人”、阿尔温·托夫勒（Alvin Toffler）的“未来的冲击”、胡塞尔的“纯粹的理性”、霍克海默和阿多诺的“启蒙理性”、哈贝马斯的“时代意识”、利奥塔的“宏大叙事”等等。

现代性的合理性不断受到争议。在胡塞尔关于科学世界与生活世界的分析、韦伯关于价值理性和工具理性的分析以及关于“宰制社会”的论断、哈

---

① 参见贺来：《马克思哲学与“现代性”课题》，《吉林大学社会科学学报》2000年第3期。

贝马斯关于交往合理化与劳动合理化以及关于系统与生活世界的分析、霍克海默和阿多诺的启蒙辩证法批判、马尔库塞的单向度人的批判、哈贝马斯和利奥塔等人关于现代性与后现代性的争论、福柯关于现代权力结构的“全景敞视主义”(panopticism)或“全景监狱”特征的微观政治学分析、鲍德里亚的“完美罪行”的批判、鲍曼的“现代性与大屠杀”的探讨等理论争论中,关于现代性的价值的肯定与现代性的激进批判,一直没有间歇过。贝克和吉登斯等人称现代社会为“风险社会”。但是就现代性问题而言,最严重的就是价值理想的虚无化和人生的无意义感。伯尔曼将此概括为“整体性危机”,其根本含义是:生活的意义何在,人们被引向何处去。[①]

现代性问题具有普遍性,中国社会的现代转型也已经显示出现代性问题的种种特征。中国现代性的构建需要立足中国特殊的国情背景。陈嘉明分析了中国构建现代性的制约因素并提出了有针对性的突破方向。这些制约因素主要有:(1)离开利益作为控制人的手段的“义”;(2)权力本位的观念;(3)狭隘的“人情关系”;(4)依附、等靠的社会心理;(5)注重血统、出身和身份的思维方式;等等。陈嘉明教授为了破解制约中国现代性的因素,提出当代中国所要建构的现代性主要包括:其一,文化价值体系的现代性:以“利益、能力、理性、自立”等为主要内容的价值体系,而能力本位则是现代价值体系的基础和核心;其二,经济的现代性:社会主义市场经济;其三,政治的现代性:社会主义民主与法制。[②] 从应然性角度来讲,中国在现代性的构建过程中,应该实现传统文化的现代转型,重建现代人的心性结构,并建立现代性的制度结构。

(二)现代化

现代化(Modernization)是一个经济、社会、政治、文化等各方面全方位发展的过程,它不仅包括工业化带来的经济增长,还包括制度、道德、文化等各方面的更新以及全面的社会变革。现代化的根源是科学理性,现代化的目标是发展和进步,西欧和美国等国家所具备的现代文明是现代化的典范。现代化理论致力于推动其他国家或社会也出现这种同质性的现代化特征。

---

① 参见[美]伯尔曼:《法律与宗教》,梁治平译,三联书店 1991 年版,第 35 页。

② 参见陈嘉明:《“现代性”与“现代化”》,《厦门大学学报》(哲学社会科学版)2003 年第 5 期。

“现代化”与“现代性”概念的区别首先在于，现代化主要是一个在经济学与社会学层面上谈论的范畴，现代性则主要是一个哲学范畴；其次，现代性乃是现代化的结晶，是现代化过程与结果所形成的属性。布莱克对“现代性”与“现代化”这两个概念作过区分：“从上一代人开始，‘现代性’逐渐被广泛地运用于表述那些在技术、政治、经济和社会发展诸方面处于最先进水平的国家所共有的特征。‘现代化’则是指社会获得上述特征的过程。”[①]“现代性”与“现代化”也具有很多同质性，有些人常常将这两个概念混用。

现代意义上的现代化是指一个国家或社会从传统农业社会向现代工业社会转化过程中发生的主要的内部社会变革。帕森斯认为现代化方案具有普遍意义，其他国家必然要走类似于西方国家的发展道路。传统社会与现代社会的区别在于社会价值体系的不同，具体表现在五组模式变量上，即特殊性与普遍性、泛布性与专一性、先赋性与自致性、情感性与中立性、集体取向与个人取向。社会体系的不同类型表现为这五组变量的不同结合方式。传统社会向现代社会的转变就是每组模式变量中的后一个变量逐渐得以合法化，并成为社会上一种普遍化的价值观的过程。[②] 帕森斯的学生利维也曾为现代社会提出了六项标准：认识方面的理性主义，人际关系方面的普遍性原则，社会机制方面的特定功能，情感方面的克制与回避，目标取向上的责任感，社会结构方面的非等级制。现代化的过程则是向这些标准靠拢。

现代化是一个“模糊”概念，它的计量单位是百年，比如究竟英国、美国是哪一年实现的现代化，我们只能说出一个大概时间，误差可以有几十年或十几年，而不会影响到结论的正确。1960 年，欧美和日本学者在“现代日本”国际研讨会上提出现代化的八项标准共识：(1)人口相对高度集中于城市之中，城市日益成为社会生活的中心；(2)较高程度地使用非生物能源，商品流通和服务设施的增长；(3)社会成员大幅度地互相交流以及这些成员对经济和政治事务的广泛参与；(4)公社性和世袭性集团的普遍瓦解，通过这种瓦解在社会中造成更大的个人社会流动性和更加多样化的个人活动领域；

① [美]C. E. 布莱克：《现代化的动力：一个比较史的研究》，段小光译，四川人民出版社 1988 年版，第 9～10 页。

② Talcott Parsons & Edward Shils, *Toward a General Theory of Action*, New York: Harper and Row, 1951；郑杭生、陆汉文：《现代性社会理论的演变——从现代化理论到新发展观》，《浙江学刊》2004 年第 3 期。

(5)通过个人对其环境的世俗性和日益科学化的选择,广泛普及文化知识;(6)一个不断扩展并充满渗透性的大众传播系统;(7)大规模的制度的存在,如政府、商业和工业等,在这些制度中科层管理组织不断成长;(8)在一个单元(如国家)控制之下的大量人口不断趋向统一,在一些单元(如国际关系)控制之下的日益互相影响。①

人的现代化是社会现代化的中心问题,社会现代化的关键是人的现代化。社会现代化与人的现代化是同一个现代化过程的两个侧面。著名的美国社会学家英克尔斯(Alex Inkeles)主要探讨了人的现代化问题。英克尔斯从经验层面描述现代人的特征:对世界有充分了解,并作为公民扮演积极的角色;重视教育与专门技术,追求经济上的改进;强调个人责任,了解规划(含家庭规划)的优点;赞同社会变革和乐于接受新经验,包括城市生活和工业就业的经验;表现出个人效能感,如相信通过个人努力能够把握环境,应付生活中的挑战;不绝对地屈服于家族、种族或宗派中得到承认的权威;认同弱势群体应有更多的自主与权利。同时,个人现代性应视为个人素质的一个复合体或特征组,体现为众多领域的特定态度、价值和行为方式。个人现代性的塑造主要有三条途径:一是学校教育,二是大众传播媒介,三是工厂经历。② 一个国家的现代化客观上要求有人的现代化与之相适应,现代化的发展必然会使人们形成一系列新的思想、新的观念,从而创造出一批"现代人"。英克尔斯给出了一个量化的社会现代化指标,其具体参数如下:(1)人均国民生产总值(GNP)3 000 美元以上;(2)农业产值占国民生产总值的比重在 12%～15%以下;(3)服务业产业占国民生产总值的比重为 45%以上;(4)非农劳动力占总劳动力的比重为 70%以上;(5)识字人口的比重在 80%以上;(6)适龄年龄组中大学生的比重为 10%～15%以上;(7)每名医生服务的人数在 1 000 人以下;(8)平均预期寿命 70 岁以上;(9)城市人口占总人口的比重为 50%以上;(10)人口自然增长率在 1%以下。③ 社会现代化首

---

① 参见赵宝煦:《传统与变迁——国外现代化与中国现代化问题研究》,黑龙江人民出版社 1992 年版,第 2 页。

② Alex Inkeles & David Smith, *Becoming Modern: Individual Change in Six Developing Countries*, Cambridge: Harvard University Press, 1974;郑杭生、陆汉文:《现代性社会理论的演变——从现代化理论到新发展观》,《浙江学刊》2004 年第 3 期。

③ 参见罗荣渠:《现代化新论:世界与中国的现代化进程》,北京大学出版社 1993 年版,第 15 页。

先是人的现代化，人的现代化是社会现代化的前提。一个国家的国民素质和社会心理直接决定了一个国家实现现代化的可能性和实际状态。社会现代化归根到底是人的现代化，并且依赖于人的现代化。

列维（M. J. Levy）从社会结构的角度对现代化进行了研究。他对“现代化社会”与“非现代化社会”的结构特征进行比较，认为“现代化社会”的特征有：(1)各类组织的专业化程度较高；(2)各类组织是相互依存、功能非自足的；(3)伦理更具有普遍主义性质；(4)权力运作更加民主；(5)社会关系是合理性的、普遍性的、功能有限和感情中立的；(6)有发达的交换媒介和市场；(7)有高度发达的科层制组织（而非现代化社会即使有科层制组织的形式，也是建立在个别性的社会关系之上的）；(8)现代化社会的家庭规模变小，功能减少。[①] 现代化是人类文明的一种深刻变化，是文明要素的创新、选择、传播和退出交替进行的过程，是追赶、达到和保持世界先进水平的国际竞争。列维认为，社会结构不是非此即彼的类别变量，而是渐形递嬗的连续型变量，传统与现代并非决然二分，也不存在纯粹的现代化社会和非现代化社会。现代化是一个永无终结的命题。

现代化常被用来描述现代发生的社会和文化变迁的现象。根据马格纳雷拉的定义，现代化是发展中的社会为了获得发达的工业社会所具有的一些特点而经历的文化与社会变迁的，包容一切的全球性过程。罗荣渠归纳出有关现代化含义的四类界说，它们分别是：第一，现代化指在近代资本主义兴起后的特定国际关系格局下，经济上落后国家通过大搞技术革命，在经济和技术上赶上世界先进水平的历史过程。第二，把现代化视为工业化，是经济落后国家实现工业化的进程。第三，现代化是自科学革命以来人类急剧变动的过程的统称。第四，现代化主要是一种心理态度、价值观和生活方式的改变过程，换句话说，现代化可以看作我们这个历史时代的一种“文明的形式”，这主要是从社会学、文化人类学、心理学的角度考察现代化的。[②] 现代化的核心是“人性的解放”和“生产力（效率）的解放”，因从欧美等西方社会开始，有时也被称为“西方化”，但不专属于西方社会。经典现代化理论

---

① 参见[日]富永健一：《“现代化理论”今日之课题——关于非西方后发展社会发展理论的探讨》，[美]塞缪尔・亨廷顿等：《现代化：理论与历史经验的再探讨》，罗荣渠主编，上海译文出版社 1993 年版，第 113 页。

② 参见陈嘉明：《“现代性”与“现代化”》，《厦门大学学报》（哲学社会科学版）2003 年第 5 期。

可以分为六个分支：政治现代化、经济现代化、社会现代化、个人现代化、文化现代化和比较现代化等；如果根据研究方法的特点分类，经典现代化理论可以分为六个学派：结构功能学派、过程学派、行为学派、实证学派、综合学派（历史学派）和未来学派等（见图 1）。

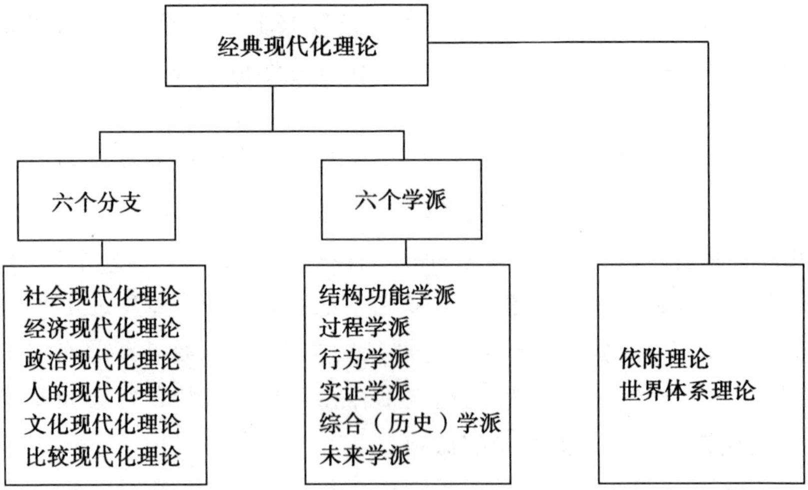

图 1 经典现代化理论的结构①

在 18～21 世纪，世界现代化可以分为两大阶段：其中，第一次现代化是农业社会向工业社会、农业经济向工业经济、农业文明向工业文明的转变；第二次现代化是工业社会向知识社会、工业经济向知识经济、工业文明向知识文明、物质文明向生态文明的转变。沃德（Robert E. Ward）阐述的经济现代化的特征，包括科学技术的积极应用、非生命能源的利用、劳动力的高度专业化、非个人市场间的互相依赖、大规模的财政、经济决策的集中、物质生活水平的提高等。亨廷顿（Samuel Huntington）则描述了政治现代化的标志：以单一的、非宗教的、全国性的政治权威代替分散的、传统的、宗教的、家族的和种族的政治权威。新出现的政治职能如法律的、军事的、管理的、科学的职能必须由科层制组织来执行，并按照成就原则而非先赋原则挑选组织成员；各个社会集团积极地参与政治，并孵化出政党之类的新型组织以动

① 参见何传启：《现代化概念的三维定义》，《管理前沿》2003 年第 3 期。

员人们的政治参与。[1] 亨廷顿以政治现代化研究为切入点，进而归纳了现代化过程中的九个特征：(1)现代化是革命的过程，从传统社会向现代社会的转变，只能与人类起源的变化和从原始社会向文明社会的变化相比拟；(2)现代化是一个复杂的过程，它实际上包含着人类思想和行为等一切领域的变化；(3)现代化是一个系统的过程，一个因素的变化将联系并影响到其他各种因素的变化；(4)现代化是一个全球的过程，现代化起源于欧洲但现在已经成为世界性的一个现象；(5)现代化是一个长期的过程，现代化所涉及的整个变化需要时间才能解决；(6)现代化是一个阶段性的过程，不同社会的现代化过程可以区别出不同水平或阶段；(7)现代化是一个趋同的过程，传统社会有很多不同的类型，现代社会却基本是相似的；(8)现代化是一个不可逆的过程，虽然在现代化过程中某些方面可能出现暂时的挫折和偶然的倒退，但在整体上现代化是一个长期的趋向；(9)现代化是一个进步的过程，在转变时期，现代化的代价和痛苦是巨大的，从长远看，现代化增加了人类在文化建设和物质享用方面的幸福感。[2]

现代工业文明是现代化的结果，现代化是人类社会发展不可逾越的历史阶段。传统的现代化道路带来的后果包括道德沦丧、环境污染、生态破坏、人口膨胀、资源匮乏等。[3] 要消解现代工业文明的弊端，必须对现代化实践作出深刻的反思。马克斯·韦伯认为这样做不能产生出“合理的资本主义”，因为资本主义的发展不仅依赖于“合理的劳动组织形式”，而且依赖于“一种可靠的法律制度和一种依据于正式规章的行政管理制度对经济活动所起的规范作用”。韦伯特别强调经济活动的“合理性”和“规范性”，认为这种“合理谋利”精神和道德力量“比单纯鼓励资本积累重要得多”。[4]

如何解决传统与现代化的关系是人们必须正视深思的问题。“每个社会应该根据本身的文化特征，根据本身的思想和行动结构，找出自己的发展类型和方式。有多少社会，就应有多少发展蓝图和发展模式。共同适用的

---

① Samuel Huntington, “Political Modernization: Comparing America with Europe,” *World Politics*, Vol. 18, No. 3, 1966, pp. 378-385；郑杭生、陆汉文：《现代性社会理论的演变——从现代化理论到新发展观》，《浙江学刊》2004 年第 3 期。

② 参见何传启：《现代化概念的三维定义》，《管理前沿》2003 年第 3 期。

③ 参见顾玉兰：《后现代主义与可持续发展观之比较》，《延安大学学报》(社会科学版)2002 年第 2 期。

④ 参见[德]马克斯·韦伯：《新教伦理与资本主义精神》，于晓、陈维纲等译，三联书店 1987 年版，第 163 页。

统一发展模式是不存在的。”[①]迪尔凯姆、韦伯、齐美尔、舍勒、滕尼斯等人通过对“机械团结”与“有机团结”、“神魅化社会”与“合理化社会”、“自然经济社会”与“货币经济社会”、“休戚与共的社会”与“竞争的社会”、“共同体”与“社会”的区分，描绘出与“传统”社会相对的“现代”工业社会的特征，并分析“传统”社会如何向“现代”社会过渡。[②] 根据世界价值观念调查项目(World Value Survey)委员会的执行主席殷格哈特教授的研究结果，尼日利亚刚刚开始现代化，中国正加速进行现代化，韩国接近于从现代化向后现代化的转折点，英国、德国和美国已经进入后现代化，北欧国家(瑞典、挪威、丹麦、芬兰等)和荷兰基本是后现代社会。[③] 著名国情研究专家胡鞍钢教授认为：“从世界各国现代化的历史过程来看，大体分为四种类型：一是现代化的先行者；二是现代化的后来者；三是现代化的赶超者；四是始终未能进入现代化，处于停滞甚至落后状态的国家。我们发现有几个大国是属于现代化赶超类型的国家。首先是美国，在上个世纪下半叶开始加速工业化，在上个世纪与本世纪之交，迅速追赶上并超过了英国；其次是日本，从明治维新以后开始发动工业化，特别是二次大战以后，日本实现经济起飞，迅速追赶美国；第三个是亚洲的‘四小龙’，在60年代开始迅速起飞，缩小与发达国家的差距，成为新兴的工业化国家(和地区)；第四个是中国，从1980年前后进入经济起飞阶段，显现出现代化追赶效应或追赶模式的明显特征。”[④]

中国走向21世纪的过程，就是从世界经济大国走向世界经济强国的过程。中国已经确定了社会主义现代化为基本战略目标。赵海月教授认为，以下几种世界各国提供的不同模式可供我们参考与借鉴：英国的改良渐进模式、法国的暴力革命模式、伊朗的传统复归模式、菲律宾的专制动荡模式、日本的借助传统模式。中国现代化面临着文化上的传承与转变的问题，如何在稳定、秩序和规划下走向既定的目标，是我们必须给予学术解释的课题，也是实践中回避不了的问题。马克思主义社会现代化理论揭示了现代化发展的一般规律，为中国现阶段的改革发展指明了正确的方向，对中国的

---

① 联合国教科文组织编：《内源发展战略》，社会科学文献出版社1988年版，第19页。

② 参见郑杭生、陆汉文：《现代性社会理论的演变——从现代化理论到新发展观》，《浙江学刊》2004年第3期。

③ 参见何传启：《现代化概念的三维定义》，《管理前沿》2003年第3期。

④ 胡鞍钢：《中国走向》，浙江人民出版社2000年版，第1页。

社会主义现代化建设无疑具有重大的现实意义。

(三)后现代

“后现代”是一个较为一般的概括性概念或术语,它常常被看作“后现代性”“后现代主义”“后现代化”的统称。“后现代性”是指一种社会历史状况。米歇尔·迪尔(Michael J. Dear)在《后现代城市状况》的书中写道:“我们生活在一个后现代时代,这个时代以我们在认知事物的方式和创造城市的方式上的‘激进断裂’为特征。那些发生在认识论方面和物质生活方面的决裂可以各自区别为‘后现代主义’和‘后现代性’。”后现代主义(Postmodernism)是一个从理论上难以精准下定论的概念,因为后现代主要理论家均反对以各种约定俗成的形式来界定或者规范其主义。“后现代主义”是指一种社会思潮或文化运动。米歇尔·迪尔认为:“后现代主义是一种将认识条件作为社会理论疑问中的一个必要组成部分结合进来的本体论立场。”“后现代性则指涉人类生存状况方面的一种激进断裂。”[①]“后现代化”是指实现“后现代性”的一种过程。费瑟斯通利用“后现代化”这个术语来概括与“后现代性”所指称的那种“新社会秩序和阶段性转变”相伴随的一系列“特殊的社会过程和制度变迁”。后现代化建立在对现代主义、现代性和现代化运动的种种问题和局限性的反思和批判的基础上。克鲁克(Stephen Crook)、帕可斯基(Jan Pakulski)和沃特斯(Malcolm Waters)等人在《后现代化》的书中指出,“后现代化”是一个比“后现代性”更为适当的概念,因为目前正在产生的新社会在具体形式上还是不确定的和有疑问的,“我们没有有关它是什么的确切知识,仅仅知道它不是现代性而已”。[②] 后工业社会理论预测了发达工业国家的经济和社会变化,后现代主义反映了发达工业国家的思想和文化变化,后现代化研究在前两者的基础上,分析从现代化范式向后现代化范式的转变。

现代与后现代、现代性与现代化、现代主义与后现代主义之间并非截然二分。现代与后现代并不是一个单一的历时性指谓,“后”并不意味着“后现代”是在“现代”的时间之后,而是主要指二者在文化逻辑上的前后递进关系,它们

---

① 转引自潘泽泉:《社会学视野中的后现代社会理论》,《天府新论》2005 年第 1 期。

② 参见谢立中:《“后现代性”及其相关概念辨析》,《社会科学研究》2001 年第 5 期。

在空间上甚至可能是共时并存的,在精神上也可能是混杂难分的。这里的"后"(post)既反映哲学发展阶段在时间上的差异,也代表某种否定性话语的出现。但是,否定性话语依赖肯定性话语而存在,只有在现代主义的语境中才能理解后现代主义,只有在现代性的话语体系中才能谈论后现代性。很多思想家和理论家都断然否认所谓"后现代性"与"现代性"之间彻底断裂的结论。正如美国后现代主义者伊哈桑说的:"现代主义与后现代主义并没有一层铁幕或一道中国的万里长城隔开;因为历史是一张可以被多次刮去字迹的羊皮纸,而文化则渗透在过去、现在和未来的时间之中。我猜想,我们都同时带有些许维多利亚、现代和后现代的气质。"①鲍曼也说:"至关重要的是,后现代性策略并不含有排斥现代性策略的意思;相反,如果没有对现代性策略的继承,后现代性策略也不可能被构划。"②后现代的文化批判如果存在着重要的价值,绝不是表现在发现了与理性化的现代性截然不同的文化精神和社会机理,而在于其对现代性的风险后果的深刻揭示和对现代性的反思性本性的淋漓尽致的发挥。在当前的语境中,理解现代性与理解后现代性是互为条件的,它们的性质是通过对方的性质加以确定的。

利奥塔认为西方社会是个病态的社会,显著症状是科学/知识的功能发生了不利于人文精神或曰"精神文明"的功能性变化。科学(science)沦为技术化和程序化的"科学"(technosciencs)。利奥塔早在1979年《后现代状况》一书中就提出了"后现代"概念。该书还在很多地方用"后现代主义"指涉"后现代性"。利奥塔认为,所谓"后现代性"不是在"现代性"之后到来的东西,"相反我们必须说后现代总是隐含在现代里,因为现代性,现代的暂时性,自身包含着一种超越自身,进入一种不同于自身的状态的冲动。现代性不但以这种方式超越自身,而且把自己变成一种最终的稳定性,举例来说就像乌托邦计划,也像解放的大叙事包含的明确的政治计划致力达到的最终稳定性那样。现代性在本质上是不断地充满它的后现代性的"③。利奥塔不把后现代看作现代性的终结,反而认为现代性本来就不断地孕育着它的后

① 转引自江永平:《后现代主义发展观》,《辽宁工程技术大学学报》(社会科学版)2003年第2期。

② [英]齐格蒙·鲍曼:《立法者与阐释者:论现代性、后现代性与知识分子》,洪涛译,上海人民出版社2000年版,第6~7页。

③ [法]让-弗朗索瓦·利奥塔:《后现代性与公正游戏——利奥塔访谈、书信录》,谈瀛洲译,上海人民出版社1997年版,第154页。

现代性。电脑的广泛普及导致知识本性产生变化。可传达性(可翻译性)和可操作性成为考量一切知识的尺度。知识本身成了一种压迫的和受操纵的权力形式。“工具理性”广泛左右着社会生活的各个领域。威特姆在《现代性的终结》一书中提出,不能将后现代主义看作现代性结束之后的独立历史阶段,但他又不像利奥塔那样将后现代性视为现代性的一个时期,而是认为现代性和后现代性共处同一母体和历史空间之中。

美国哈佛大学社会学教授丹尼尔·贝尔在20世纪60年代就预感到一个以信息为工艺对象、以科技产业为主要职业的崭新的时代正在到来,并将这种社会命名为“后工业社会”。贝尔以生产力发展的标准划分了三种社会形态,即前工业社会、工业社会和后工业社会。他在《后工业社会的来临》和《资本主义的文化矛盾》等著作中阐发他的后工业社会理论。丹尼尔·贝尔勾勒了一幅后工业社会的大致画面,即以服务性经济为主,理论知识处于中心地位,职业结构以专业技术为主。在后工业社会,现代社会理论的解释力受到了前所未有的挑战。他认为现代主义付出了重大代价:失掉了文化的一致性;颠覆传统文化秩序的同时,也影响了文化标准本身;艺术与生活之间的界限模糊以至消融;整个社会向享乐文化偏航。“后工业社会”具备以下特征:一是市场逻辑或大众消费逻辑占据主导地位,二是知识信息的爆炸,三是文化价值观念的危机,四是复杂性的挑战。后工业社会的图景,从经济角度来考量,主要是从产品生产经济转变为服务性经济;从职业分布角度来考量,主要是专业和技术人员居于主导地位;从中轴原理的视角来考量,大致是理论知识处于中心地位;从技术发展的角度来考量,核心是创造新的“智能技术”。新教伦理决定了数百年的资本主义的经济增长,最后却毁灭于一种直接消遣的文化。恰如特纳所言:“如果要为后现代社会理论阐述找到一种正当理性,或许就能在下面这种观念中找到,即认为关于社会生活的既有现代观念与分析即使不说是彻底错误,也越来越开始表现出不足与不当。”①通俗文化和流行艺术被广泛地运用在家用物品、影视形象、食品及服装方面。“玩”和“性”构成了以刺激为核心的消费文化的两个主题。②后现代主义是一种反文化,其目的是通过对人们感觉方式的革命而对社会

① [英]布赖恩·特纳编:《社会理论指南》,李康译,上海人民出版社2003年版,第22页。

② 参见欧阳谦:《后现代主义思潮的兴起》,《教学与研究》1996年第1期。

结构本身加以改革，以反文化的激进方式，使人对旧事物一律厌倦而达到文化革命的目的。

哈贝马斯不仅致力于对现代性的批判，而且致力于建设性的重构。作为经典现代化产物的现代性，带来了极大的物质财富，也带来了理性的专制、人性的淡化、精神的空虚、生态的灾难等人类越来越难以忍受的“现代病”。哈贝马斯提出一个晚期资本主义的变革方案，探讨了变革的“动因”（为什么要变革）、“目标”（建立一个什么样的社会）、“主体”（依靠谁去进行变革）、“对象”（究竟变革什么）、“道路”（以怎样的方式进行变革）的完整方案。哈贝马斯通过对“现代病”的揭露、批判和否定，开阔了人们的视野，为未来发展提供了新线索。

后现代主义者的思维方式以强调否定性、非中心化、破碎性、反正统性、不确定性、非连续性和多元性为特征。其质疑客观真理、理性、同一性和客观性这样的经典概念，质疑普遍进步或人类解放，不信任任何单一的理论框架、大叙事或终极性解释。后现代社会理论反对形而上学的二元对立模式，反对结构主义，主张解构，否认世界本源、本质的存在，否认事物之间联系的必然性及对整体规律把握的可能性。它认为世界充满偶然性，没有一个坚实的基础，是多样化、不稳定的；这个世界没有一个预定的蓝图，而是由许许多多彼此不相连的文化系统和解释系统组成。有些后现代主义者倾向于对现代思想的否定和解构，有些后现代主义者比较重视后现代社会的建设和创造。可以从社会经济、文化和艺术三个方面来理解后现代的特性。在社会经济方面，“后现代”指的是一个以信息、传媒等为主导的新时代；在文化方面，“后现代”指的是一种反理性主义、反中心、反主体性的哲学思潮，它从根基上拆除了一切带有总体性倾向的终极希望；艺术上的“后现代”是指20世纪70年代以来的新前卫艺术运动，反对现代主义的贵族意识和拯救情结，强调艺术的平民化和生活化。[①]

后现代社会是信息和科学技术膨胀和泛滥的新时代，通过高科技的力量符号化、信息化、复制化的人为的文化因素越来越压倒自然的因素。社会生产不再是前工业社会中“人同自然的斗争”，而是“人与人之间的竞争”，是信息的竞争、知识的竞争、人才的竞争。如果说现代精神是以原子物理学为

① 参见江永平：《后现代主义发展观》，《辽宁工程技术大学学报》（社会科学版）2003年第2期。

基础的,那么,后现代精神则是以生态学和量子物理学为特征的。主体消失、深度消失、历史感消失、距离感消失等正是后现代性同现代性相区别的显著特征。德里达反对“逻各斯中心主义”,尼采宣布“上帝死了”,巴特宣布“作者死了”,而福柯干脆宣布“人死了”。后现代的主体经验不再是一种焦虑,而是一种心理上的分裂,所能体验到的是一个变形的外部世界和一个类似“吸毒”一般幻游者的“非我”。费德勒在《越过边界——填平鸿沟:后现代主义》一书中即呼吁填平精英文化和大众文化之间的现代主义鸿沟。在后工业时代,曾经一度被认为是高级精神产品的文化和艺术也被当成了消费品:无限制的重复、模拟甚至大批量的生产和制作代替了现代主义时代对艺术这一高级精神文化产品的精雕细琢。利奥塔宣布“元话语”和“元叙事”的无效,高雅文化和通俗文化、纯文学和通俗文学的距离正在消失。它以无价值的毁灭显示世界的荒诞和无价值;文艺走向平民的日常生活并成为人们的精神消费品。平面的人物描写代替了达到心理现实之深度的充满忧郁感的人物的分析,破碎的甚至精神分裂式的艺术结构代替了现代主义的深度模式,心理分析式的精神分析(psychoanalysis)为精神分裂式的分析(schizo-analysis)所替代。艺术和生活的界线也被突破,艺术正在向非艺术蜕变,而行动本身则成了艺术。后现代主义认为对给定的一个文本、表征和符号,有无限多层面的可能性解释。

有些后现代主义者把社会发展分成三个阶段,即传统社会、现代社会和后现代社会。后现代化理论认为,从传统社会向现代社会(农业社会向工业社会)的转变是现代化,从现代社会向后现代社会(工业社会向后工业社会)的转变是后现代化。在后工业化社会中,扮演主要角色的与其说是纯粹的私有制,不如说是生产资料的公司所有制。早在马克思时代就已出现的大多数大企业的股份化,在成熟的后工业化社会中依然被广泛采用。从现代化向后现代化的转变还包括政治、经济、性和家庭、宗教观念等的深刻变化。象征所有制关系的股票,成为有价证券,从而加快了资本的流通。同时,随着有价证券的作用和意义不断增强,它们逐渐在居民中扩散,这就冲击了私有制主要职能的意义。现代化的核心目标是经济增长,通过工业化和系统的技术应用来扩大有形产品;后现代化的核心目标是使个人幸福最大化,追求生活质量和生活体验。国家所有制以及优抚基金和非营利组织所有制等等机构所有制,具有越来越重要的意义。这些所有制形式的比重,就其总的规模而言，大大超过了私有制，并在不断增加。西方学者对待后现代的态度可以归纳为五种：一是竭力主张与推崇后现代的人，如鲍德里亚等；二是被标定为后现代论者，但自己并不承认的人，如福柯等；三是彻底反对后现代主义的人，如哈贝马斯等；四是反对后现代性却又欢迎后现代社会到来的人，如吉登斯等；五是对上述人物的理论进行分析综合研究的人，如尼科尔森、弗雷泽等。[①] 各种对待后现代的不同态度还将继续论争下去。

西方通过其强势的工业文明及世界市场力量造就了世界的"均质化"，但西方文明的强势地位也将非西方置于"从属于西方"的被动地位。后现代思潮在全球已横扫整个文化领域，它所禀有的反抗性和颠覆性能量，充分暴露了资本主义制度和文化的各种缺陷和矛盾，揭露了资本主义意识形态的欺骗性和虚假性。后现代主义以极端方式"告别"哲学的目的是摆脱西方固有的文化模式。后现代性秉持认识论上的怀疑主义和相对主义，价值论上的多元主义、无政府主义和虚无主义，以非理性的方式大张旗鼓地"反体系""反中心""反整体"，破解对真理、正义、理性的崇拜，导致话语混乱和精神危机，使得生命的价值和世界的意义变为虚无，由此导致相对主义、怀疑主义和虚无主义盛行，社会理想、人生意义、国家前途、传统道德等在后现代主义的浸淫下变得相当模糊、淡化，这就难免导致文化生态的失衡和社会大众文化素养的低俗化。现代性或许是西方创造的最后一个神话，"当代"本身就成为现代性持续在场的时间指证。但是，完全从文化基因上摆脱现代性的影响几乎是不可能的。

多数西方学者将后现代性思想追溯到海德格尔或者尼采，但事实上，马克思对于后现代性的洞悉更为深邃。康德曾在超越时间的意义上确定"现在"，但这一思想直接被后现代主义强化了。马克思实现的是哲学思维方式的根本变革，这就是从实体主义的和本质主义的思维方式转向实践的和关系性的思维方式。马克思后现代思想的意义在于促使人们理性地审察人的历史性，马克思提出的人类解放论超越了后现代对"现在"的自我迷恋。马克思虽然生活于19世纪，但他未卜先知地觉察到后现代主义所倡导的个性与多样性将导致全球文明的"片面性与局限性"；马克思认为非西方国家首先应该获得实现自身个性发展的权利与身份条件。从致思取向、怀疑与批

① 参见王慧博：《后现代社会理论的发展观》，《黑龙江社会科学》2006年第2期。

判方法、超越西方中心论的人类性的价值关怀、社会理论的旨向等方面而言,马克思的思想中都蕴含着丰富的后现代性成分。马克思的思想还赋予了后现代性一种新的质素,这是一种理性的、反思性的和前瞻性的质素,通过它,马克思的思想与这一时代发生着一种深刻的亲和效用。[①] 研究马克思的后现代主义向度与后现代主义的马克思导向具有重要的理论意义和现实价值。

---

① 参见邹诗鹏:《马克思思想与后现代性》,《现代哲学》2003 年第 2 期。

上篇　资本主义发展观

从事资本主义发展研究的西方学者、组织和科研机构众多。资本主义发展观是一个庞杂纷繁的学说体系。较之于其他学说而言，佩鲁的新发展观、里夫金的熵发展观、森的自由发展观、熊彼特的创新发展观、罗马俱乐部的极限论发展观等发展观更具有代表性和影响力。本篇希望通过对其“解剖麻雀”，对资本主义发展观的认识完成由“抽象”到“具象”的转变。

第一章

佩鲁的新发展观

弗朗索瓦·佩鲁(Fransois Perroux)是法国经济学的领军人物，著有《权力与经济学》《经济与社会》《新兴国家经济学》《二十世纪经济学》《经济结构》《新发展观》等诸多经济学著作。其中，《新发展观》一书是受联合国教科文组织的委托而作，旨在总结以往发展观的利弊并提出有效指引未来发展的新型发展观。佩鲁在此书中全面阐述了以人为中心、以文化价值为尺度、整体的综合的内生的新发展观。佩鲁的新发展观是一种对发展主体、文化价值和世界交往整体结构进行全面探索的发展哲学理论。

一、对传统经济增长型发展观的批判

西方经济学家曾长期利用总量分析方法来研究经济发展，这实质上表达的是一维客体论的经济增长型发展观。这里的“增长”是指某一单位(通常指一个国家)以国民生产总值(即在考虑到贬值的情况下一定时期内产出的商品和服务总量)来表示的规模扩大。美国经济学家威廉·阿瑟·刘易斯在《经济增长理论》的书中只强调产出的增长，而未研究诸如分配、消费、满足、福利、人的幸福等问题。他在《劳动力无限供给条件下的经济发展》的文章中提出著名的二元经济模型，认为发展过程实质上是以储蓄和投资为契机、以农业部门和工业部门在整个经济中的比重发生重大变化为基本特征的经济结构的转变过程。国民生产总值及人均国民收入的增长是发展的重要甚至唯一的评定标准。沃尔特·罗斯托在《经济增长的阶段——非共产党宣言》一书中提出，一个国家只有经历某种以经济的第一次重大增长为标志的起飞阶段才能实现国家富强，为此必须不断地进行资本积累和扩大生产规模。此外，还有各种发展模型，如哈罗德-多马模型、索洛模型等。“最伟大的思想往往最容易成为某种简化主义的牺牲品。这种简化主义是肤浅的，它为了能被懒惰的读者和职业鼓动家所接受而背叛了思想本身。”[①]这种唯经济增长型发展观是由国家会计制度、长期统计分析和对平衡增长的静态描述共同引发的。这种单纯经济增长型发展观并没有产生预期的效果，相反却带来更多的社会问题，如经济结构失衡、分配不公、失业人数增加、贫富悬殊、政治腐败、通货膨胀加剧、社会动荡等。“在理论研究中被定义和使用的在过去30年前正规化了的这个增长概念，对于制定一个适用于发展中国家或被发展中国家采用的经济政策，总的来说并不是个坚实的基础。这一概念出于建立模式的需要而选择和突出的经济现象方面，如果脱离其他方面而孤立存在，就会同为富国制定一项战略的任务毫不相干，更不用说为穷国制定战略了。”[②]唯经济增长型发展观的实质是“披上神圣之光的数学公式”和“穿着唯物主义外套的牛顿-拉普拉斯物理决定论”。

鉴于唯经济增长型一维客体论发展观带来的巨大负面社会效益，以佩鲁为代表的西方学者提倡从哲学、社会学、文化学、历史学等多学科的视角研究发展问题。佩鲁批评刘易斯说：“他的著作只与增长有关，除增长外概不涉及其他问题：在他笔下竟然偶尔也露出发展或进步的字样，但这只是为了使叙述有所变化而已。”[③]佩鲁认为，唯经济增长型发展观诱使企业把追求利润最大化作为目标，个人把追求私利最大化作为目标，这必然排斥国家民族利益和公共价值的最大化。比如，某公司在生产、运输和分配成本的有效条件内实现了以价值表示的最大预期利润，却可能会给国家造成文化衰败、环境污染等无法估量的社会灾难。这种社会代价却不在追求利润最大化的

① [法]弗朗索瓦·佩鲁：《新发展观》，张宁、丰子义译，华夏出版社1987年版，第99页。
② [法]弗朗索瓦·佩鲁：《新发展观》，张宁、丰子义译，华夏出版社1987年版，第8页。
③ [法]弗朗索瓦·佩鲁：《新发展观》，张宁、丰子义译，华夏出版社1987年版，第57页。

公司或个人的考虑范围之内。“只有在公共的、集体的最大化场合中才能证明私人的最大化一般是可以辩护的。可是，后者并不是受定义严谨明确且易于应用的规则支配的。如进行这类尝试，势必会使从市场价值、价格和产品数量推导出来的并作为‘财富’而为人知的模糊实体最大化。”[①]追求经济总量的最大化和私人利益的最大化，会损害社会公共价值的最大化。

佩鲁把自己的发展观称为“新发展观”，目的是与凯恩斯主义和新古典主义的发展观相区别。佩鲁认为，新古典主义发展观是一种无视社会创造性和人的自主性的机械论发展观。凯恩斯主义重视总量而忽视结构，而且政治权力的全面介入容易导致极权主义。后凯恩斯主义过分强调社会、市场和公民的作用，导致公共物品供给的缺乏。以往的发展观都难以适应形势发展的需要，必须建立一种新的发展观。佩鲁认为发展应该是整体的、综合的和内生的。所谓“整体的”就是不仅要考虑人类的各个方面，而且要承认和兼顾各个方面的不一致性。所谓“综合的”就是要把发展的各个方面和各种因素综合在一起，形成相互联系、紧密相存的结构。所谓“内生的”就是强调一个国家内部力量和资源及其合理的开发和利用。佩鲁从经济学和哲学相结合的视角重新审视社会发展问题，把发展看作经济增长、政治民主、科技水平、文化观念变迁、社会转型、自然协调、生态平衡等各种因素的综合发展过程，强调人与人、人与环境、人与组织、组织与经济的协调发展。[②]

佩鲁的新发展观是典型的非线性发展观。他认为：“社会的进步不是沿着一条有规则的笔直的道路；那条道路必须经过波动、加速、减速、中断和阻碍。无论所谈及的制度是多么自由，作用和反馈都要受某种等级类型的集体调节。”[③]进步不是各种机制的运行造成的，它发生于各种活动和相反活动的过程中，发生于人类行为的彼此冲突的评价中。新发展观之“新”就在于如此看待发展：“发展是行为者在不可逆时间中进行的相互作用。就这点而论，发展过程是全新的。变化涉及每个行为者、他们之间的关系、生产与交换的机制以及这些机制同使用者之间的关系。”[④]人的发展寓于社会结构的演变之中。“发展是活动，是辩证法和精心建立的组织；个别系统的自我组

---

① [法]弗朗索瓦·佩鲁：《新发展观》，张宁、丰子义译，华夏出版社 1987 年版，第 7 页。
② 参见赵海月、王瑜：《战后西方发展观演进路径及其规律探析》，《湖北经济学院学报》2010 年第 2 期。
③ [法]弗朗索瓦·佩鲁：《新发展观》，张宁、丰子义译，华夏出版社 1987 年版，第 91 页。
④ [法]弗朗索瓦·佩鲁：《新发展观》，张宁、丰子义译，华夏出版社 1987 年版，第 17 页。

织形式充满了冲突，它要求有更高级的组织为其提供相互的和谐。”[①]佩鲁认为：“发展的前提是人们之间以商品和服务、信息和符号为形式的交往。”[②]具体包括三个层次：一是整体内部各组成部分之间的联结，各机构、行业、地区和企业等组成部分是有机的亚群体；二是各不同部门之间直接或间接地作用和相互作用，并对作用和反馈进行控制；三是各种形式的人力资源在进化结构中都有机遇获得效力和能力。从根本上讲，任何发展都在于做到两点：其一是促进发展中的动态因素，也就是人类生活中的动态因素；其二是为组织传播有经济效益的效应提供必需的物质设施和信息服务。

二、提出以人为中心的新发展观

传统发展观见物不见人，把人简化为无。唯经济增长型发展观是由那些忽视甚至排除活动者及其活动的经济学家提出来的。以往的经济学理论建立在两个假设基础之上：一是经济活动只需要市场及其空间；二是经济学只研究货币总额与商品总量之间的平衡关系。而作为价值前提的人却被“净化”掉了。当经济学家在追问效益最大化的时候，根本不考虑“是谁在追求最大化”“对什么实行最大化”“随这种最大化而出现的间接效应是什么”的问题。佩鲁认为：“一个扼杀社会成员生命的社会，并不会知道它在做的是什么，由此证明，这样的社会是轻视人的。然而，普遍地重视人则是一个社会能够正常运行和保证稳定的关键之一。”[③]佩鲁批评过分注重市场而忽视人的行为：“市场是为人而设的，而不是相反；工业属于世界，而不是世界属于工业；如果资源的分配和劳动的产品要有一个合法的基础的话，即便是在经济学方面，它也应依据人为中心的战略。”[④]“总的说来，社会生活体现了行为者的活动与行为者合作的一种结合。行为者彼此给对方提供了一系列变化的客观社会经济条件。在市场研究中，这些都被忽略。但如果我们要建立一种对经济和人来说都更加完善、更加有效的知识体系的话，则必须予

① [法]弗朗索瓦·佩鲁：《新发展观》，张宁、丰子义译，华夏出版社 1987 年版，第 93 页。
② [法]弗朗索瓦·佩鲁：《新发展观》，张宁、丰子义译，华夏出版社 1987 年版，第 12 页。
③ [法]弗朗索瓦·佩鲁：《新发展观》，张宁、丰子义译，华夏出版社 1987 年版，第 108 页。
④ [法]弗朗索瓦·佩鲁：《新发展观》，张宁、丰子义译，华夏出版社 1987 年版，第 92 页。

以注意。”[①]“以当代各种经济学为基础的‘哲学’反映了一种交易心理，这种心理破坏了人们之间的伙伴意识，随之破坏了一切哲学和宗教尤其作为人性来看待的价值观念。”[②]人们心中的道德律不再永恒，利润成了竞相追逐的对象。

佩鲁在《新发展观》中强调：“某些宣传极力说服我们相信：全部动员居民的劳动是增加社会产品最有效和最迅速的办法。如果这种办法有害于人的生活、有害于人的能力的话，那么，中心是人的发展就与这种办法水火不相容。在考虑规划时，我们所要遵循的准则是人力资源的充分发挥。”[③]佩鲁把人的概念引入经济学。他说：“这是一些把人类、个人、活动者引入客体和物质世界的问题，这里，人不是作为市场的奴隶和被迫接受现行价格体系的生产者和消费者，而是有能力通过精心规划和组织为改变其环境这一目的而从事各种活动的真正的人及其群体。”[④]

人在佩鲁的“新发展观”中占有突出的目标性地位，发展同作为主体和行为者的人有关。发展的目的、中心和根本动力是“为一切人的发展和人的全面发展”[⑤]，这是发展观由客体中心论向主体中心论转变的一个显著标志。“必须牢牢记住，个人的发展、个人的自由是所有发展形式的主要动力之一。这种个人发展和自由能够在每个人所赞成的和其各种活动中所感受的各种价值范畴内充分实现他们的潜能。”[⑥]人的这种能动性是社会发展的根本动源。丰富的人力储备要求有各种将来开发利用这些储备的理论阐释，这就是新发展的内在含义。佩鲁将人作为发展中心，将发展视为经济增长、权力、政府、文化价值相互关联的整体性过程。“要对世界历史的各种事实和现在的世界状况作出清楚的分析，看来无论如何需要从人的角度指出一条可以接受的一般研究路线，并指出每个人以及整个人类多方面的、全面的发展方向。”[⑦]“一种重视所有人和所有民族的经济学，绝不是一种单纯的道德说教、一种产生于基督教伦理学并用以对付各种经济机制的理论。恰恰相

---

① ［法］弗朗索瓦·佩鲁：《新发展观》，张宁、丰子义译，华夏出版社1987年版，第121页。
② ［法］弗朗索瓦·佩鲁：《新发展观》，张宁、丰子义译，华夏出版社1987年版，第8页。
③ ［法］弗朗索瓦·佩鲁：《新发展观》，张宁、丰子义译，华夏出版社1987年版，第151页。
④ ［法］弗朗索瓦·佩鲁：《新发展观》，张宁、丰子义译，华夏出版社1987年版，第9页。
⑤ ［法］弗朗索瓦·佩鲁：《新发展观》，张宁、丰子义译，华夏出版社1987年版，第11页。
⑥ ［法］弗朗索瓦·佩鲁：《新发展观》，张宁、丰子义译，华夏出版社1987年版，第175页。
⑦ ［法］弗朗索瓦·佩鲁：《新发展观》，张宁、丰子义译，华夏出版社1987年版，第175页。

反，它是一种属于经济科学检验的经济知识之列的对客观现实的正确反映。它可以帮助我们认识到，只有在开始探索、运用和开发人力资源的潜力之后，我们才能知道自己究竟是会变富还是变穷。”[①]“既然没有社会、没有组织就不存在着市场，那么从经济振兴向经济进步的转变，就要以安全和自由、培训和教育等条件的存在为前提，这样，它们便属于社会和政治范畴了。”[②]发展中国家要真正实现进步，必须具备三个条件：(1)在一个漫长的时期内，发展中国家必须就生活条件、文化和政治意志的锻炼提高个体和群体的标准(社会前进的条件)。(2)它必须始终使特殊的经济和社会结构向着最佳结构的方向发展，以促进共同体内每个个别成员的个性全面发展(良好结构的条件)。(3)一旦具备了这两个先决条件，它必须尽可能迅速地促使革新和投资的收益、科学知识和艺术创造性在整个人口中普及。[③]

佩鲁对人的本质的理解是抽象和孤立的，《新发展观》一书“从一开始就表明它的目的是确立一个能被我们的‘理性才能’所把握的善与恶的标准——它本身既不是快乐，也不像这个时代的某些道德家所担心的那样是与快乐相反的用途。人生活的唯一目的是其理性、感性和道德情感所领悟的幸福”[④]。马克思指出，人的本质在其现实性上是一切社会关系的总和。佩鲁把个人从社会关系中分离出来，这里的个人只能是单个抽象的人，对社会发展没有实质性的作用，最终陷入抽象人性论和文化决定性的唯心史观的窠臼之中。

三、构建以文化为尺度的新型发展观

如果说人的发展是经济增长的价值前提，那么文化则是经济增长的合理性标准。佩鲁强调经济对文化的依赖性，他认为经济现象和经济制度的存在依赖于文化价值。他说：“经济体系总是沉浸于文化环境的汪洋大海之中，在这种文化环境里，每个人都遵守自己所属群众的规则、习俗和行为模式，尽管未必完全为这些东西所决定。意义比较明确的价值使某些目标处

① [法]弗朗索瓦·佩鲁：《新发展观》，张宁、丰子义译，华夏出版社 1987 年版，第 121 页。
② [法]弗朗索瓦·佩鲁：《新发展观》，张宁、丰子义译，华夏出版社 1987 年版，第 20 页。
③ 参见[法]弗朗索瓦·佩鲁：《新发展观》，张宁、丰子义译，华夏出版社 1987 年版，第 22 页。
④ [法]弗朗索瓦·佩鲁：《新发展观》，张宁、丰子义译，华夏出版社 1987 年版，第 95 页。

于相对优先的位置，对这些目标的追求，激励着每一个人对经济和社会的发展作出自己的贡献，但是，他们也可能提出反对意见，采取阻挠行动，抵制这种发展。”[①]佩鲁对文化也有着独特的理解。他认为：“文化被理解为一整套渗透于人类生活的外在形式以及思想深处的规范和价值。这些规范和价值可以通过人们的反思，转化为各种概念，并得到程度不同的论证。但是，这些规范和价值在概念化之前就已存在，并且超出了这种基本上有条理的转化。这些规范和价值可以通过口头传播到家庭和各种基本团体。文化渗透于珍藏和传播着各种思想的生活环境。这些思想的形成与潜意识和所谓的超意识有关，而这种超意识即是深藏于人们记忆与习惯中的传统、日常交往以及社会知识等这些评价与生活准则……文化是‘混合的’、‘具体化的’，然而又是内在的、本质的，它是通过存在的环境与意识的不断交换而起作用的。”[②]文化不能进行各种度量，也不能将其发展归结为某些过分简单化的动机。文化既是一个民族思想深处的规范，又是不同团体间进行交流的一整套价值。文化是经济发展和社会进步的重要变量。

在经济与文化的关系上，佩鲁片面夸大了文化的作用。他说：“最具有破坏性的失败和最富有成效的胜利都是在人的思想和意识深处中所进行的一种悲剧性运动的结果。这种世界性规模的运动很可能造成一种虚假的印象，但我们应该看到，它绝不会改变这种判断的实质。每个人和每个人类社会都在探究他（它）们命运的意义，而这种意义就是文化的意义。”[③]他又说：“各种文化价值在经济增长中起着根本性的作用，经济增长不过是手段而已。各种文化价值是抑制和加速增长的动机的基础，并且决定着增长作为一种目标的合理性。”[④]“在文化因素起决定作用的不断变化的环境中，各种经济与社会角色到处都会无能为力。”[⑤]“在财产所有权、契约关系、企业组织、对雇佣劳动者的保护等方面，经济同样服从于文化价值。”[⑥]在佩鲁看来，文化决定着人们喜欢什么和不喜欢什么，做什么和不做什么，决定着一个群

---

① [法]弗朗索瓦·佩鲁：《新发展观》，张宁、丰子义译，华夏出版社 1987 年版，第 19 页。
② [法]弗朗索瓦·佩鲁：《新发展观》，张宁、丰子义译，华夏出版社 1987 年版，第 163 页。
③ [法]弗朗索瓦·佩鲁：《新发展观》，张宁、丰子义译，华夏出版社 1987 年版，第 169 页。
④ [法]弗朗索瓦·佩鲁：《新发展观》，张宁、丰子义译，华夏出版社 1987 年版，第 15 页。
⑤ [法]弗朗索瓦·佩鲁：《新发展观》，张宁、丰子义译，华夏出版社 1987 年版，第 168 页。
⑥ [法]弗朗索瓦·佩鲁：《新发展观》，张宁、丰子义译，华夏出版社 1987 年版，第 166 页。

体的生产方式和生活方式，文化具有相对稳定的特性，不会因外来的力量而轻易消灭。“正是文化和由文化价值所造成的社会等级决定着比对生产和分配的任何经济分析更为重要的角色分配。”①

佩鲁一直反对西方的文化优越论和西方的文化霸权。他指出：“直到最近，西方还坚持认为是它创造文化，而且就其实质来说，是一种具有普遍价值的文化，这种文化与其值得效仿的政治上和法律上的办事方式结合在一起。现在，这种文化实质受到了人们的怀疑，其办事方式也受到了非议。这种文化危机要比经济制度失灵更为深刻：其原因就在于人们的思想和感情发生了危机。”②物质富裕化与精神贫困化的二律悖反是个世界性难题。

佩鲁认为很多发展中国家并不享有完全独立的主权地位，他将这些国家称为“准国家”。“如果不能使世界摆脱饥饿和贫困，那么，它能够逃避各种批评吗？而且，从大国与小国之间各种赤裸裸的不平等关系来考虑，国家主权究竟意味着什么呢？这些小国严格说来是一些‘准国家’，因为它们不仅缺乏真正的内在结合，而且缺乏抵御外部世界的强大力量。”③佩鲁认为发展中国家正遭受西方发达国家的文化入侵。每个国家在长期发展过程中都形成独特的文化，有些发展中国家为了早日追上发达国家的脚步而丢弃本民族的传统文化，实施全盘西化的战略，最终会使主权大打折扣。“市场和资本主义‘毁灭’了它们所不能取代的文化价值和道德价值。它们所运用的各种方法，就其现有形式看，并不是与教科书中的那些通常解释相符合的。由于对物质产品的迷恋、人际关系变得客观化、无所不在地登广告以及各种货币收入形式的诱惑——包括金融投机，市场和资本主义实际上易于使文化标准发生动摇，并使人的思想具体化。当然，更不用说市场和资本主义在公共管理与私人利益关系上所助长的腐化了。”④佩鲁提醒发展中国家注意西方文化入侵的目的，是为了引起人们对各个群体中持久的文化价值和传统价值的注意。

文化在抵制经济侵略中发挥着重要作用，因为“经济现象和经济制度的存在依赖于文化价值。并且，企图把共同的经济目标同他们的文化环境分

① [法]弗朗索瓦·佩鲁：《新发展观》，张宁、丰子义译，华夏出版社 1987 年版，第 167 页。
② [法]弗朗索瓦·佩鲁：《新发展观》，张宁、丰子义译，华夏出版社 1987 年版，第 160 页。
③ [法]弗朗索瓦·佩鲁：《新发展观》，张宁、丰子义译，华夏出版社 1987 年版，第 114 页。
④ [法]弗朗索瓦·佩鲁：《新发展观》，张宁、丰子义译，华夏出版社 1987 年版，第 169 页。

开,最终会以失败告终,尽管有最为机灵巧妙的智力技艺。如果脱离了它的文化基础,任何一个经济概念都不可能得到彻底的深入思考”[①]。发展中国家应该重视保护和发掘自己的传统文化。“发展中国家正在逐渐意识到它们自己的文化价值,并且从中得到了安慰,找到了保持这些文化价值尊严与个性的理由。也许,调和物质利益上的对立要比发现全面价值、超越历史上由人们思想的不协调所维持的文化冲突更容易些。然而,如果发展中国家是接受另一方的办事方式而又转过头来用这些方式抵制它,那么,那些从其历史悠久的过去中了解到具有重大价值的精神和道德发展的所谓不发达国家,就应该从过去来寻找表达自己文化的新方式——当然不是背叛这种文化。”[②]佩鲁认为,如果不从理性和精神的更深的层次上去认真对待政治上与经济上的各种争论,就不可能从根本上解决发展问题。文化是使一个团体能够结合在一起并且使它能够与其他团体进行交流的一整套价值。“如果新的发展研究不能深入到人们的思想深处,深入到人们所设法永久保持的但常常又是虚弱的社会的最深处,那么,对于这种研究以及由这种研究所要求的总体调整的思考将会是肤浅的,并且是很难达到目的的。”[③]但是,佩鲁对文化价值缺乏动态分析,更没有对文化间相互关系作辩证考查,他过于强调文化的多元性和异质性,而忽视了文化间统一性和融合性的一面。

四、增长极战略

20世纪50年代,西方发展经济学家就平衡增长战略与非平衡增长战略展开激烈争论,针对以罗森斯坦-罗丹的“大推进”理论和纳克斯的“恶性贫困循环”理论为代表的平衡增长战略,佩鲁提出“增长极”(Pôles de Croissance,法语中“Croissance”兼有增长和发展之义,故也可译为“发展极”)理论。斯佩格尔(Spiegel)盛赞佩鲁是一位“发展一种理论体系来挑战传统均衡分析的经济学家”。博卡基(Bocage)认为:“佩鲁教授是一位在我们时代的最伟大的和最富独创性的思想家。”希金斯(Higgins)认为:“对计划和政策方面

① [法]弗朗索瓦·佩鲁:《新发展观》,张宁、丰子义译,华夏出版社1987年版,第165页。
② [法]弗朗索瓦·佩鲁:《新发展观》,张宁、丰子义译,华夏出版社1987年版,第160页。
③ [法]弗朗索瓦·佩鲁:《新发展观》,张宁、丰子义译,华夏出版社1987年版,第169页。

的理论基础来说，佩鲁的体系将比凯恩斯和熊彼特的体系更有用。”佩鲁的增长极理论对战后各国的经济政策选择具有重要的影响。

佩鲁的增长极理论是一种非均衡发展理论，它建立在“支配”“创新”和“关联”这三个核心概念基础之上。布代维尔把增长极的研究视域从抽象经济空间转向地理空间关系，由此诞生了关于增长极研究的“法国学派”“美国学派”和“联合国学派”。增长极理论在世界各国得到广泛应用，它对我国经济发展具有重要的借鉴价值。

（一）佩鲁的增长极理论原理

新古典经济学学者信奉均衡说，认为空间经济要素配置可以达到帕累托最优，即使短期内出现偏离，长期内也会回到均衡位置。佩鲁则主张非对称的支配关系，认为经济一旦偏离初始均衡，就会继续沿着这个方向运动，除非有外在的反方向力量推动才会回到均衡位置。佩鲁认为：“在整个经济发展史上，还找不到一个不同的群体和地区曾经经历了相似的、平衡的、分布均匀的增长这样的特例，也找不到一个不同的群体和地区曾经经历了分布均匀的持续增长这样的特例。事实上，增长和发展是与地域集团有关的，而且也是与在某些特殊方面投资、人口、贸易、信息的集中有关的。这对于那些大公司、公司联合体、地区经济密度不均匀的国家以及整个世界都是成立的……如果一个集团在其所处环境中引起不对称的增长和（或）不对称的发展现象，而且这些增长与发展现象至少在一个时期中是相反的而不是同步的，那么，我们就可以将这个集团称为一个增长的极或发展的极。”[①]佩鲁的增长极理论是吸收拓扑数学、信息论、控制论、系统论、耗散结构理论的先进成果而创立的非均衡发展理论。这种非均衡发展理论认为：“发展可以导致物质与能量远离平衡位置的亚稳状态。假如排除纯粹语言上的变换之外，这种观点就为物理的、生物的和‘信息的’熵和负熵的研究，以及它们在经济系统与社会系统应用结果的研究开辟了一条道路。”[②]这条道路既是新的研究视角又是新的研究方法。“新的分析不是仅仅为了适用于受静态分析基本顺序所约束的个人、个体单位和物品，而是要运用必要的手段来寻求

---

① ［法］弗朗索瓦·佩鲁：《新发展观》，张宁、丰子义译，华夏出版社 1987 年版，第 132 页。

② ［法］弗朗索瓦·佩鲁：《新发展观》，张宁、丰子义译，华夏出版社 1987 年版，第 184 页。

各个单位与部门之间的联合(矩阵),并探索这些单位与部门同各种不对称现象的潜在因素(对角矩阵)相联系(转变矩阵)的道路。另外,是把有序时期的矩阵置于矢量空间和能量空间中,而在这种空间中,这些矩阵会变形。显然,这是把整体中的各个部分综合起来作了一种发展的描述。"①这种新的描述可以更恰当地描绘出行为者即活动单位的各种计划网络和活动网络,并描绘出各个单位与其联盟或同盟之间的斗争-协同网络以及冲突-合作网络。佩鲁自信地宣称:"一般均衡的力学正在让位于更贴切的、更灵活的、在某种意义上说更为复杂和精致的形式化,这些形式化包括对行为者、活动,以及行为者与活动结构的形式化,因而,这些形式化从表面看,完全适合于那些整体的、内生的、综合的发展形式,而这些发展形式在直观上正是发展中国家所需要的。"②

佩鲁的增长极理论是建立在"支配""创新"和"关联"这三个核心概念基础之上的。佩鲁把一个单元对另一个单元所施加的不可逆或部分不可逆的影响称为支配效应。经济要素是在非均衡条件下发生作用的,各经济单元之间存在着非对称性影响,其中一些经济单元便发挥着支配作用。比如,某企业引入先进生产技术,会迫使其他企业加大科技研发力度或增加设备更新投入。增长极是特定经济空间或经济环境中的"推进型单元"(propulsive unit),这里的推进型单元指的是优势经济单元,这种推进型单元与周围经济环境相结合,它自身的增长与创新能够诱导其他经济单元的增长。如果拥有支配效应的经济以"受力场空间"形式出现,那么增长极即是给定环境中的一个推进型单元。佩鲁认为特定企业的支配是发展过程中的积极因素,支配者和被支配者都将从中获益。

熊彼特把创新作为企业家的基本职能,把关于生产条件和生产要素的"新组合"引入生产体系,建立一种新的生产函数。佩鲁的增长极理论吸收了熊彼特的创新理论,把创新作为增长极的重要功能特性。佩鲁认为,创新是所有经济单元实现利润最大化的根本途径。"创新把不同的或追加的变量引入积极的代理人和一群代理人的经济视野和计划之中,它具有不稳定

① [法]弗朗索瓦·佩鲁:《新发展观》,张宁、丰子义译,华夏出版社1987年版,第184页。

② [法]弗朗索瓦·佩鲁:《新发展观》,张宁、丰子义译,华夏出版社1987年版,第185页。

的效应。”[①]企业家创新是经济进步的最主要因素，创新性的经济活动往往存在于大的经济单元中，这种大的经济单元便成为支配性单元。佩鲁将最富有活力的领头产业称为“活动单元”(active unit)，后来又称之为“增长诱导单元”(growth-inducing unit)。佩鲁和熊彼特都强调企业家和创新是社会经济发展的推动力。所不同的是，熊彼特认为短期垄断的出现是发展过程中的一种正常现象，而佩鲁注意到垄断企业作为技术创新源的积极效应和垄断所产生的收益过度集中的负效应。他认为垄断并不是社会经济发展中的一种正常现象，极化才是社会经济发展中的正常现象。佩鲁提出增长极理论的真正意图是利用增长极的推动效应和产业之间的连锁效应来带动全局的发展。

经济发展往往存在以下事实：“行业A的扩充所产生的外在经济效果有利于行业B，而行业B随后的扩充所产生的外在经济效果对行业A终归是内在的(或对行业C)，如此等等。在每一阶段，某一行业都享受到因前一阶段扩充所产生的外在经济的利益，同时，产生新的外在经济效果，为其他行业所利用。”[②]我们由此便认为行业之间存在关联。关联是指在投入-产出表中所表现出来的产业之间的连锁。产业之间的连锁效应分为前向关联反应、后向关联反应和旁侧关联反应三种。佩鲁认为，占支配地位的企业的推动效应在区域发展过程中起关键作用，因为它可以通过产业之间的连锁效应把经济增长扩散到各个企业或各个地区，最终可以实现收入分配的均衡或降低收入分配的不均衡性。增长极理论之所以重视连锁效应，主要是因为利用它可以确定某一项投资的乘数效应，并为制定计划者提供选择投资项目的依据。佩鲁重视领头产业(即包含着创新企业的主导推进型产业)的带动性作用。一个新兴产业的设立能够刺激其他产业的创新与模仿，在某种环境条件下产生席托夫斯基(T. Scitovsky)式的“金融性外围经济”。主导推进型产业通过支配和扩散、投入产出关系、市场竞争和价格联系，能够使它的前向、后向、旁侧联系的相关产业或企业进一步聚集，形成大型产业群或产业联合体(industrial complex)，从而放大增长极效应。增长极效应是指

① [法]弗朗索瓦·佩鲁：《略论增长极概念》，李仁贵译，《经济学译丛》1988年第9期。

② [美]艾伯特·赫希曼：《经济发展战略》，曹征海、潘照东译，经济科学出版社1991年版，第59页。

增长极对受其支配或依赖其发展的产业(国家或地区)所实施的非对称性推进作用。增长极对其他相关企业的成长具有决定性的支配作用,这种作用可以通过实物、信息、货币等形式表现出来。

(二)增长极理论的发展

佩鲁式增长极概念的出发点是抽象的经济空间。现代数学中的空间是指各种抽象的关系结构,经济空间(economic space)是现代数学中抽象空间概念向经济学领域的延伸,它与普通的经济地理空间(geonomic space)有着严格的区别。经济空间是指存在于经济元素之间的经济关系,有多少种确定经济科学目标抽象关系的组成结构,就可以在我们的学科中区分出多少种经济空间。法国经济学家布代维尔(J. R. Boudeville)把经济空间区分为计划空间、极化空间、均匀空间三种类型。计划空间是指由各个单位的计划所形成的关系结构;极化空间是指由产生各种离心力和向心力的若干中心或极群构成的相互作用体系;均匀空间是指同类型的经济行为主体所面临的相同或相似的市场环境和价格体系。佩鲁的增长极是从极化空间的概念引申出来的,极化空间中的各种离心力或向心力分别指向或发自若干中心(或极、焦点)。围绕每一个中心的各种力形成一定的场且与其他中心的场重叠交汇。与之相类似的是,"增长并非同时出现在所有地方,它以不同的强度首先出现在一些增长点或增长极上,然后通过不同的渠道向外扩散,并对整个经济产生不同的最终影响"①。如果把整体中各个部分综合起来作关于发展的描述,"运用那些采取三种规范形式(结构空间、极化空间、计划内容空间)并且同函数有关的各种空间(决策空间、运行空间)结合在一起的经济空间,就有可能完全精确地描述地域结构的异质性,并有可能为形式化地表示'国家'开辟道路"②。法国经济学家布代维尔把佩鲁增长极的适用范围从抽象经济空间转向地理空间关系,认为经济空间是经济变量在地理空间之中或之上的运用,由此诞生了区域增长极战略思想。他把地理空间中的区域划分为计划区域、极化区域和匀质区域,其中极化区域是指地理空间中围绕区域重心(城镇或极)而相互补充和相互依存的连续异质地域。

---

① [法]弗朗索瓦·佩鲁:《略论增长极概念》,李仁贵译,《经济学译丛》1988年第9期。
② [法]弗朗索瓦·佩鲁:《新发展观》,张宁、丰子义译,华夏出版社1987年版,第185页。

增长极理论被广泛应用于区域发展的政策选择。区域增长极理论主要分为三个学派：法国学派主张以大型推进型工业作为增长极来带动周围地区的发展。西班牙学者拉苏恩(J. R. Lasuen)认为，"增长极是围绕着特定的主导部门而发展起来的，通过投入产出关系而紧密联系的，并在地理上又聚集在一起的产业群，主导产业及其相关联的产业群可以比极地以外的产业以更快的步伐创新和发展"[①]。美国学派主张培育城市增长极作为区域发展的中心。美国学者尼科尔斯(V. Nichols)认为："增长极即经济活动的城市中心，它自身给增长的制约达到这样一种程度，以致增长能够扩散到该增长极所在的区域中，并最终扩散到所在国家欠发达的整个区域中。"[②]联合国学派强调增长极所起的综合性的发展中心的作用而非仅仅是区域经济增长中心的作用。美国区域经济学家埃德加·胡佛(Edgar Malone Hoover)在《区域经济学导论》中指出，城市除发挥区际联系功能外，还仅仅由于是同一区内或区内其余地区人们汇集的地方，人口密度和生活条件与农村地区有天壤之别，能够迅速融化周围腹地的固执的保守传统与观点，使人们生活方式中，工作的计划性和组织化加强，货币化交易和非个人的作用加强。胡佛实质是强调了增长极在区域发展中的综合作用。

赫希曼(A. O. Hirshman)认为增长极对周围地区会产生正负两方面的影响，正面影响可称为"淋下效应"或译作"涓滴效应"(trickling-down effect)，主要是指增长极在周边地区增加投资和提升购买力并吸收其剩余劳动力，从而提升周边地区的人均消费水平和边际劳动生产率；负面影响称为"极化效应"，主要是指增长极地区会吸引周边地区的优秀人才、生产资料和闲散资金，从而扩大增长极与周边地区的差距。增长极在发展到相当大的规模之前，极化效应往往大于扩散效应。布代维尔提出"乘数效应"和"极化效应"理论。布代维尔认为推进型产业能产生里昂惕夫乘数效应和极化效应。推进型产业可以对其他产业产生前向或后向联系效应，其他产业或是成为推进型产业的"上游"(upstream)供应者，或是成为其产品的"下游"(downstream)使用者。但是很多推进型产业往往成为经济部门中的"极"而非区域中的"极"，使存在推进型产业的地方成为"飞地"，这是把增长极理论

---

① [西班牙]拉苏恩：《增长极概念概括》，国际地理学会论文，巴西维多利亚，1971年。

② [美]尼科尔斯：《增长极：推进型效应估价》，《环境与规划》1969年第1期。

从抽象经济空间转换到地理空间时面临的最大难题。瑞典经济学家缪尔达尔(Gunnar Myrdal)提出“扩散效应”(spread effect)和“回浪效应”(Back-wash effect)理论。英国经济学家悉德尼·彼拉德提出工业化的“发疹过程论”,认为发展好比“发疹”,它会自动从中心地区“感染”到其他地区。美国城市经济学家威尔伯·汤普森提出“城市规模棘轮”理论。他认为增长极规模愈小稳定性愈差,作为增长极的城市人口至少应该保持在 25 万人口左右。扩散效应和回浪效应在不同地区的表现是异质性的。在经济发展水平较高地区,增长极的扩散效用较强;而在落后地区,增长极的回浪效应较强。贫困本身成了贫困之缘由。缪尔达尔提出累积因果循环理论,认为回浪效应总是大于扩散效应,市场总是趋于扩大地区间的差异,增长极的“效率工资”(efficiency wage)不断上升,它将比周边地区获得更多的累积竞争利益。他主张政府执行平均主义政策来减弱回浪效应和加强扩散效应,但这会过早地抑制地区发展的活力。赫希曼认为极化效应只是暂时现象,增长极达到特定规模后必然产生聚集不经济,市场这只“看不见的手”会发挥自动调节的功能。另外,要避免地区发展过程中的“两极分化”效应(polarisation effect),还可以给落后地区提供某些主权等效物(equivolents of sovereignty),例如建立区域性的税赋体系和赋予落后地区某些能够保持地区活力的权力。

后期区域增长极理论转而强调城市在一国或一地区社会、经济、文化发展中所起的作用。城市作为区域经济、技术、政治、生产、人口、信息、交通和文化的聚集点对周围区域产生辐射力。美国学者埃里克·兰帕德(E. E. Lampard)把现代化城市的发展看成一种文化过程,通过这种过程可以使传统的价值观念、生活习惯、社会经济关系等都得到转换。城市在历史上是应经济、行政、防御、宗教等综合需求而出现的,现代城市的出现同现代技术与工业组织的出现有关。① 很多城市的功能是多种多样的,如金融中心、决策中心、贸易中心、交通中心、信息中心、服务中心、生产中心等。这些中心的优先增长,可以带动周边地区的经济发展。增长极的形成至少应具备三个条件:一是存在具有创新能力的企业群体;二是具有规模经济效益;三是有适宜的经济环境。增长极战略的实施要有一定的区位条件:区域内各种产业基础设施比较健全;该区域产业之间基本形成投入产出链;城镇体系基本

---

① 参见[美]埃里克·兰帕德:《经济发达地区的城市史》,《经济发展与文化变化》1968 年第 1 期。

形成；区域经济发展已进入成熟阶段；拥有广阔的市场、成熟的技术和发达的交通。

(三)增长极理论的应用

增长极可以有不同的分类：按照其产生方式，增长极可以分为自组织形成的增长极和规划培养形成的增长极。按照其作用方式，增长极可以分为吸引中心（attraction centers）和弥散中心（diffusion centers）。前者把周边地区的居民吸引到中心来，通过减少周边地区的人口负荷而提高其人均福利水平，后者通过投资提高周边地区的人口密度，改善那里的经济状况。按照其发展阶段特征，增长极可以分为农业增长极、工业增长极、后工业增长极。按照其推动型产业种类，增长极可以分为单一产业型增长极和复合产业型增长极。张战军先生借鉴廖什的需求圆锥体模型和贾文毓的广义需求圆锥体模型，提出广义增长极的增长圆锥体模型（见图 1）。

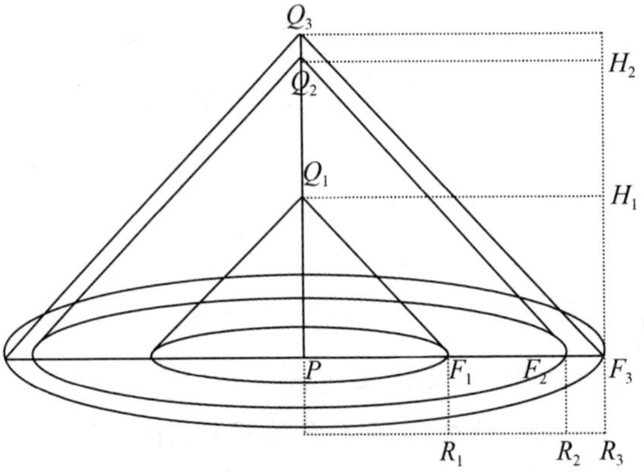

注：$PQ_1=H_1$，$PQ_2=H_2$，$PQ_3=H_3$，$PF_1=R_1$，$PF_2=R_2$，$PF_3=R_3$。

图 1　广义增长极模型[①]

图 1 中若设农业生产地为 P，农产品供应量为 PQ_1，农产品最大供应距离为 PF_1，以 P 为圆心、PF_1 为半径的圆为 P 处农产品的供应范围。由此，可将 P 点看作圆 P（以 PF_1 为半径）范围内的增长极。同理，若设工业生产地为 P，工业产品销售量为 PQ_2，工业产品的最大供应距离为 PF_2，则可将 P

① 参见张战军：《广义增长极及其生长》，《热带地理》2008 年第 5 期。

看作圆 P(以 PF_2 为半径)范围内的增长极。若设后工业产品生产的地方为 P,后工业产品销售量为 PQ_3,后工业产品的最大供应距离为 PF_3,则可将 P 看作圆 P(以 PF_3 为半径)范围内的增长极。增长圆锥体的层序可以内外替换;层数可以是一层、二层或多层,即增长极可以是农业增长极、工业增长极、后工业增长极中的任意一种或几种。

从图 1 中我们可以看出,增长极对周边地区的带动效应主要取决于 PQ_1、PQ_2、PQ_3 的增长,其性质取决于 PQ_1、PQ_2、PQ_3 之间的比值。PQ_2/PQ_1 的值越大,其作为工业增长极的性质越明显;PQ_3/PQ_1 或 PQ_3/PQ_2 的值越大,其作为后工业增长极的性质越明显。一般广义增长极的大小可用其增长圆锥体的内外层圆锥的体积之和表示,即

$$V_1 = \sum_{i=1}^{3} \frac{\pi}{3} H_i R_i^2 \tag{1}$$

农业、工业和后工业这三种产业内部又可以分为多个层次,如农业内部有种植业、林业、牧业、渔业及副业等,工业可分为采掘工业、钢铁工业和机械工业等,后工业可分为信息产业、科教和旅游等,所以广义增长极的增长圆锥体的这三层的每一层还可分解为多层圆锥体。由此,广义增长极的大小估算公式则变为:

$$V_2 = \frac{\pi}{3}\left(\sum_{j=1}^{n} H_{1j} R_{1j}^2 + \sum_{k=1}^{n} H_{2k} R_{2k}^2 + \sum_{l=1}^{n} H_{3l} R_{3l}^2\right) \tag{2}$$

式中:$0 \leqslant H_{1j} \leqslant H_1$,$0 \leqslant H_{2k} \leqslant H_2$,$0 \leqslant H_{3l} \leqslant H_3$,$0 \leqslant R_{1j} \leqslant R_1$,$0 \leqslant R_{2k} \leqslant R_2$,$0 \leqslant R_{3l} \leqslant R_3$。

增长极理论在世界各地得到广泛实践。例如,意大利南部区的卡塔尼亚-锡拉库扎、卡利阿里、卡塞塔-那不勒斯、巴里-塔兰托-布林迪西增长极的组建;加拿大安大略省的增长极战略;法国的八大平衡城市和十四个振兴极;英国英格兰东北部和苏格兰中部增长区规划;联邦德国提出的"联邦增长极方案";美国阿巴拉契亚地区增长中心规划;非洲农村增长中心实践;拉丁美洲次级增长中心的建立等。此外,非洲的尼日利亚、坦桑尼亚、尼日尔、肯尼亚,亚洲的新加坡、菲律宾、泰国、印度、马来西亚、印度尼西亚、韩国,欧洲的荷兰、挪威、西班牙、比利时、瑞典,拉丁美洲的巴西、墨西哥、委内瑞拉、秘鲁、玻利维亚、阿根廷、哥伦比亚、智利,前东欧国家的罗马尼亚、捷克斯洛伐克、波兰等国都实施过增长极战略。

实施增长极战略的例子成败参半，因此增长极理论饱受非议。但是不能由此一概否定增长极理论，应该具体分析设立增长极地区成败的原因，进而提高增长极战略的实际有效性。例如，意大利南部增长极失败的主要原因是新建的大型现代化企业和当地传统企业之间出现产业链的断层和连锁效应的中断，无法形成资源要素向外扩散的网络。化工工业、钢铁工业与传统的家具制造业、榨油并不相关，因而未形成产业之间的通道效应。由于增长极大都是资本有机构成较高的大型企业，加上二元结构中产业之间的隔离作用，使得企业之间的连锁作用和扩散作用都未发挥出来。我国中西部地区很多现代化企业与当地传统的产业活动之间也存在着产业链断层现象，最后这些地区只能形成"飞地"式经济。譬如包钢的真正贡献不在包头和内蒙古，而是向沿海地区供应原材料。由政府推进建立的增长极与当地的产业结构表现出极大的分离，很难实现降低单位产品成本的规模经济的要求。在强调增长极发展的同时，要充分注意与其周围地区的协调发展，避免极点发展的负面影响。

增长极理论的实质是把有限的稀缺资源投入到规模经济和投资效益明显且发展潜力大的部门和地区，强化增长极的经济实力，并通过市场经济机制的传导媒介力量引导整个区域经济的发展。我国正处在社会主义初级阶段，财力和物力资源都比较有限，我国应该选择条件比较好的地区作为"增长极"，并选择关联效应比较强的产业作为其主导产业，通过"增长极"的发展来带动周边地区乃至国家的经济发展。我国东部沿海地区的发展以"城市增长极"为特征，表现出明显的极化效应和扩散效应。极化效应表现为各种生产要素向"城市增长极"集聚，从而有力推动了沿海地区的经济发展。扩散效应表现为东部沿海地区乡镇企业的迅速崛起以及先进技术和深加工产品向中西部的转移。片面强调平衡原则是违背区域发展规律的，但是区域发展的非均衡要有一定的限度。我国东、中、西部地区区域发展不平衡现象相当突出。区域发展差异悬殊不仅会背离国民经济发展的根本目标，而且会违背社会主义社会的本质，从而酿成一系列政治和社会不稳定因素。科学发展观的基本要求是全面协调可持续，根本方法是统筹兼顾，我们应该按照科学发展观的要求，促进区域间的协调发展。一方面要承认区域间发展水平的差异，按照经济发展规律使东、中、西三大经济地带分梯次有序发展；另一方面，要注意区域之间发展的协调性，在中、西部地区培养增长极，带动当地经济发展,缩小东、中、西部地区发展水平的差距。我国区域发展的宏观布局应是:西部地区推行"点"战略,在具备条件的地区培育增长极;中部地区推行"线"战略,将重要增长极连成一线;东部地区推行"面"战略,形成珠江三角洲、长江三角洲、环渤海湾等经济发达地区,同时适时地实现点线面的有机融合,充分发挥比较优势和互补优势。

第二章

里夫金的熵发展观

热运动是物质运动的一种基本形式，热力学第一定律和第二定律揭示了热运动的基本规律。热力学第一定律是指自然界的一切物质都具有能量，能量能够从一个物体传递给另一个物体或者从一种形式转化为另一种形式，能量的总量在传递和转化过程中保持不变。热力学第二定律是指不可能把热从低温物体传到高温物体而不引起其他变化，或者说不可能从单一热源吸热使之完全转化为功而不引起其他变化。由于自发过程的不可逆性并不取决于过程的进行方式，而仅仅与过程的初态和终态的某种性质存在一种必然的内部联系，所以可以通过数学方法用一个仅仅与系统状态有关的态函数来表达，克劳修斯将这个态函数命名为"熵"①，用符号 S 表示，$\triangle S = S_2 - S_1 = \int_1^2 \mathrm{d}Q/T$。热力学第二定律亦即熵定律。熵变可以分为两部分，一部分是由体系和外界环境间的相互作用引起的，我们称其为"熵流项"，用 $\mathrm{d_e}S$ 表示；另一部分是由体系内部的不可逆过程引起的，我们称其为"熵产生项"，用 $\mathrm{d_i}S$ 表示，$\mathrm{d}S = \mathrm{d_i}S + \mathrm{d_e}S$。对于孤立系统而言，$\mathrm{d_e}S = 0$，

---

① 为了理解上的方便，我们可以将"熵"简单理解为"不能再被转化为做功的能量总和的测定单位"。

$dS=d_iS\geqslant 0$。[①] 熵定律表示下述规律：在任何平衡系统中存在熵，并且在孤立系统和热孤立系统中发生任何情况时熵不减少，它表明孤立系统中热能转化为其他形式能量的这种能力的衰减，也表明物质热运动过程的方向性。根据熵定律，能量总是从有效状态转化为无效状态，从有序状态转化为无序状态，从集中状态转化为耗散状态。

一、熵发展观的实质

熵定律本质上是一条统计性规律，因此，有一定的使用范围，即它只适用于孤立系统。耗散结构理论则很好地解释了开放系统的熵变问题。耗散结构理论认为，任何一种新出现的有序结构总可以被看作某种无序结构状态失去稳定性的结果，是在不稳定性之后某种涨落被放大的结果。普利高津把这种在开放和远离平衡的条件下，在与外界环境交换物质和能量的过程中通过能量耗散过程和内部的非线性动力学机制来形成和维持的宏观时空有序结构称为“耗散结构”。[②] 生命系统和人类社会系统都属于耗散结构，人类不断地从环境中摄走负熵和向环境输送熵，从而维持自身生存。耗散结构理论在自然科学和社会科学的鸿沟间架起了一座桥梁，建立了物质世界、生命世界和历史领域的一元论解释框架。

熵定律揭示了一切物质与能量转化的趋向，因此一开始就具有发展观意义。熵作为一种新的发展观是对传统的机械论发展观的超越。机械论发展观认为宇宙间有一个可以在天体的运行中观察到的精确的数学规律，人类遵循这个规律来安排自然万物，杂乱无章的世界就会变得井然有序；熵发展观认为宇宙的发展是一个从有序到无序的逐渐衰亡的过程，宇宙的熵总是趋向最大值。机械论发展观认为宇宙间的能量取之不尽、用之不竭，技术的进步将帮助人类不断开发利用新的资源和能源；熵发展观认为宇宙间的能量是一个常数，我们不能创造能量，技术只不过是能量的转化器而已，人类正站在历史性的熵的分界线边缘。机械论发展观认为人类对自然的征服

① 参见李如生：《非平衡态热力学和耗散结构》，清华大学出版社 1986 年版，第 8～9 页。

② 我们可以把形成耗散结构的现象更一般地叫作“非平衡非线性现象”，也可叫作“合作现象”或“自组织现象”。对这类现象的研究除了普利高津的耗散结构理论外，还有哈肯（Haken）的“协同论”（Synergetics）和托姆（Thom）的“突变论”（Catastrophe Theory）。

是人的本质力量的体现和人的伟大之处，对自然的否定就是通往幸福之路，主张把人类从自然的束缚下解放出来；熵发展观用一切事物之间都有联系的整体论理解方法取代了超脱于生态系统之上的现代人类观，人与自然和谐相处的理念取代了征服自然的观念，熵发展观认为人是自然的一部分，保护自然就是保护生命之源。机械论发展观认为物竞天择，适者生存，人类进化是一个逐渐从低级状态向高级状态发展的过程，进化能从自然界获得比原始状态下所能产生的更大的价值；熵发展观认为进化意味着建立起秩序越来越大的孤岛而必将带来更大混乱的海洋，熵发展观用生命体吸收负熵这一现象来解释生命有序增长，寻求负熵与有序增长的平衡。机械论发展观认为人们积累的财富越多，世界就越有秩序，物质财富的增长等同于进步，科学技术就是履行这个使命的工具；熵发展观认为消费不能再被看作人类生存的目的，低熵文化贬低物质消费的重要性，而把节约当成警示名言，低熵经济是必需品经济，低熵发展观的主导道德原则是将能流降低到最低限度。杰里米·里夫金曾预言熵的发展观将取代牛顿的机械论发展观，成为今后的历史时期中占统治地位的模式。笔者认为熵发展观的许多理念已为人们所广泛接受，但由机械论发展观向熵发展观的转变需要一个长期的过程。人类能源危机的加剧和熵的临界线的迫近可能会加速这一进程。

二、熵发展观与生态文明

生态文明建设必须以变革人们的发展观为前提，即以熵发展观替代机械论发展观。哈肯的协同学指出，一个非平衡的开放系统能否保持有序结构，关键在于吸入的负熵能否保持在一定的阈值。负熵流小于或大于一定阈值，都会导致系统由有序变为无序。这表明系统维持有序结构的概率远远小于走向无序的概率。这就从理论高度阐明了维持生态平衡和人类社会稳态发展的难度，这足以警醒那些对人类社会的未来抱有盲目乐观主义情怀的人。如果说，人类的能动性在以往是一种对未来的蒙昧无知的冲撞，那么在今后，这种能动性应当而且必将是眼界越来越高的对未来的科学选择。

人类社会系统是人与之处于相干状态的构成要素或子系统在特定时空的组合，它们不断和外界进行着物质、能量和信息交换，在交换过程中，人类社会系统通过涨落、自组织而实现其在时间、空间和功能上的稳定有序。系统各构成要素(或子系统)之间的合理结构、相干状态和非线性的协同作用决定着系统的有序性、稳定性和整体效应的优化程度。根据熵世界观,污染只是世界上转化成无效能量的全部有效能量的总和,耗散了的能量就是污染,污染是熵的同义词。①

三、破解熵危机

根据熵定律,我们无法逆转熵的进程,但却可以影响熵的进程的发展速度和不同系统间熵的交换方式,可通过对自身生活与行为方式的选择,影响世界上有效能量的耗散速度。站在新的熵的分界线边缘,笔者归纳了四种破解熵危机的可行之道:第一,将熵过程减慢到更适应其性质的速度,尽量减少不必要的能量流通,人类社会从殖民阶段向极点阶段②过渡,这就要求我们建设节约型社会。第二,公平地分配现有能源,使其效率最大化,使已经减少了的能源得到最充分的利用。这就要求我们建设一个公平正义的社会。第三,采用新技术开发新能源,以太阳能、风能、水能等可再生能源逐步代替非再生能源,同时回收利用废弃物,减慢周围环境熵的增加速度。这就要求我们建立循环型经济。第四,增强人类社会系统和自然生态系统之间互为负熵的转化能力,艾根的超循环理论已经阐明各个系统之间可以形成互为负熵的良性循环组织。如人的粪便(对人类系统来说是正熵)促进农作物成长(粪便对农作物系统来说是负熵),而农产品(对人类社会系统来说是负熵)又满足了人类的需要。这就要求我们建设一个统筹人与自然和谐发展的生态型社会。

---

① 参见[美]杰里米·里夫金、特德·霍华德:《熵:一种新的世界观》,吕明、袁舟译,上海译文出版社1987年版,第30页。

② 最大程度的能量流通是生态系统发展早期生物的共同特征,当某生态栖息地生态种类的密集程度越来越高时,这些生物种类被迫通过较小规模的能量流通来适应环境的最大负载能力。早期的最大能量流通阶段被称为"殖民阶段",后期的最小能量流通阶段被称为"极点阶段"。参见[美]杰里米·里夫金、特德·霍华德:《熵:一种新的世界观》,吕明、袁舟译,上海译文出版社1987年版,第51页。

第三章

阿马蒂亚·森的自由发展观

阿马蒂亚·森是1998年度诺贝尔经济学奖获得者。他在社会选择理论、社会福利定义及福利指标、贫困指数和对饥荒成因的解释等方面都获得了突出的研究成果。森综合他在经济学基础理论、经验研究以及道德-政治哲学领域研究成果的基础上,在《以自由看待发展》一书中提出了自由发展观。

一、实质意义上的自由

自由范畴是学术史上一个永久性的探讨主题。很多学者都从不同角度厘定过自由的概念。黑格尔认为:"必然性的真理就是自由。"恩格斯在《反杜林论》中提出:"自由就在于根据对自然界的必然性的认识来支配我们自己和外部自然。"[①]阿马蒂亚·森所说的自由是在"实质的"(substantive)意义上定义的,实质自由是把自由视为人们有理由珍视的那种生活的可行能力。"实质自由包括免受困苦——诸如饥饿、营养不良、可避免的疾病、过早死亡之类——基本的可行能力,以及能够识字算数、享受政治参与等等的自

---

① 《马克思恩格斯选集》第3卷,人民出版社1995年版,第455~456页。

由。发展的过程就是扩展人类自由的过程。”[①]它还包括法治意义上的自由以及各种“政治权益”(entitlements),比如,失业者有资格得到救济,收入在最低标准线之下者有资格得到补助,每一个孩子都有资格上学受教育等。森提出“自由是发展的首要目的”的规范性命题和“自由是促进发展的不可缺少的重要手段”的实证性命题。森尤其重视和强调自由的内在价值,他认为,自由是人的价值标准和发展目标中固有的组成部分,自由之价值无须通过其他有价值的事物来表征。森强调,自由具有许多层面,分别与各种各样的活动以及机构和制度有关。除了自由的机会层面外,必须考查自由的过程层面,而且机会层面又必须按其自身固有的重要性以及衍生的重要性来看待。更进一步,自由参与政治讨论和社会互动,也可以在价值标准和伦理的形成中具有建设性作用。从自由出发,并不能产生一种可以直接转化为某个简单“公式”的发展观,例如资本积累,或开放市场,或实施高效率的经济计划。把所有不同的要素放入一个整体框架之内的组建原则是,对扩展个人自由的过程和对有利于实现这一目标的社会承诺的关注。

个人自由本质上是社会关系的产物,个人自由和社会结构两者之间是一种双向互动的关系:首先,合理有效的社会结构可以扩展个人自由;其次,个人自由除了能够改善个人生活状况之外,还会促使社会结构更加合理有效率。森之所以认为自由是发展的核心命题,是基于两方面的考量:(1)评价性原因:考量社会进步程度的首要标准是人的自由程度。社会是否成功的评判依据主要是其社会成员所享有的实质性自由。森所提出的衡量社会进步程度的标尺与传统的规范性分析大相径庭,传统规范性分析强调的是效应、或程序性自由、或实际收入等其他变量。(2)实效性原因:发展目标的实现根本地取决于人们拥有的自由之主体地位。毋庸置疑的是,自由不仅是决定个人成功或失败的基础,还是构成个人首创性和社会良性运转的主要决定因素。人们拥有更多的自由也便会拥有更强的自助能力以及影响和改造世界的能力,这些能力对个人和社会发展是极为重要的。

阿马蒂亚·森把发展看作扩展社会成员享受的实质自由的一种过程。扩展自由既是发展的首要目的,又是发展的主要手段。“它们可以分别称作

---

① [印度]阿马蒂亚·森:《以自由看待发展》,任颐、于真译,中国人民大学出版社2002年版,第30页。

自由在发展中所起的‘建构性作用’和‘工具性作用’。自由的建构性作用是关于实质自由对提升人们生活质量的重要性。自由的工具性作用包括若干种不同的但相互关联的组成部分。自由的工具性作用，是关于各种权利、机会和权益(entitlements)是如何为扩展人类的一般自由，从而为经济发展做出贡献的。”[①]阿马蒂亚·森具体分析了五种类型的工具性自由：政治自由(主要表现为言论民主和自由选举)、经济条件(主要表现为参与贸易和生产的机会)、社会机会(主要表现为教育和医疗保健)、透明性保证(主要表现为信息公开和人民享有知情权)和防护性保障(主要表现为贫困救济、失业救济、饥荒救济等社会安全网)。自由作为工具之所以具有实效性是因为，各种类型的自由之间具有相互关联性，一种自由往往可以影响另一种自由。这些关联可以是正的，也可以是负的，发展过程受这些相互关联的强烈影响。森举了一个例子来说明政治自由和公民权利与避免经济灾难的自由之间的联系：从来没有任何重大饥荒在一个民主国家中发生，不管它是多么贫困。这是因为，如果政府致力于防止饥荒的话，饥荒是极其容易防止的，而在有选举和自由媒体的民主体制中，政府有强烈的政治激励因素去防止饥荒。这表明，以民主制度形式出现的政治自由有助于保障经济的自由(特别是免于极度饥饿的自由)和生存的自由(免于饥饿致死)。与这些相互交错关联的自由相适应，应该构建多元化的制度体系，其中包括民主政体、法律体系、市场结构、救济机制、教育系统、医疗保健设施、社会保障制度、传播媒体等信息公开渠道等。以上制度的存在形式既可以由私人创建又可由公共安排，还可以是更加混合型的结构，例如非政府组织及合作制机构。

为了具象和动态地阐释“实质自由”的命题，森提出了“可行能力”这一概念。一个人选择有理由珍视的那种生活的实质自由便是可行能力。“一个人的可行能力指的是此人有可能实现的、各种可能的功能性活动组合。可行能力因此是一种自由，是实现各种可能的功能性活动组合的实质自由或者用日常语言说，就是实现各种不同的生活方式的自由。”[②]森举例说，一个出于某种目的而故意节食的富人，就他所获得的食物或者说是所获得的

① [印度]阿马蒂亚·森：《以自由看待发展》，任颐、于真译，中国人民大学出版社 2002 年版，第 30～31 页。

② [印度]阿马蒂亚·森：《以自由看待发展》，任颐、于真译，中国人民大学出版社 2002 年版，第 62 页。

营养量方面来说，其实现的功能性活动完全可以和一个因贫穷而挨饿的人相等，但富人与穷人具有不同的"可行能力集"（富人随时可以作出吃好吃饱的决定，拥有选择吃饱或挨饿的自由，而穷人则根本无法做到这一点）。判断一个人"可行能力"的大小，既可以依据实现了的功能性活动（即他已经能够做到的水平），又可以依据此人所拥有的由可选组合构成的可行能力集（即他所拥有的真实机会）。聚焦于选中的功能性活动向量与集中注意可行能力集的效果是一样的，因为一个人的可行能力集最终要依据选中的功能性活动向量来判定。任何人的"可行能力集"都是由可供此人选择的均可相互替代的功能性活动向量组成。

总而言之，一个人的功能性活动组合体现出此人实际所获的成就，而可行能力集则体现出此人有能力实现的自由：这个人可以任意选择的各种相互替代的功能性活动组合。森指出："既然一个可行能力集的价值并非一定要由最优的或实际采用的选择来反映，可行能力集所反映的自由也可以按其他方式来使用。我们可以认为，拥有那些并没有被选中的机会是重要的。如果使结果得以产生的过程自身具有意义，自然就会得出这样的结论。"①"做选择"本身就是一种可贵的功能性活动，节食与被挨饿并非可以同等看待。森还非常关注现实层面每个人满足可行能力的特殊要求。森多次以残疾人和正常人为例来加以说明：通常而言，残疾人的可行能力远远低于正常人，所以应该给予残疾人以额外的关照，使残疾人能够与正常人拥有同样的可行能力。任何人都是社会环境中的存在物，个人的生活质量必然会受到社会治安状况、社会舆论氛围、环境质量、他人的评价、周围人的素质、公共卫生保健条件等多重因素的影响。非洲裔美国人比发展中国家人民的收入普遍要高，但是，非洲裔美国人的死亡率却要高于收入相对较低的中国人，就是因为非洲裔美国人所处的社会氛围明显不如中国人所生活的社会环境。对弱势群体所拥有的实质自由的特别关注，使森的自由发展观无论在内容上抑或在形式上都极具普遍意义和现实价值。

阿马蒂亚·森极力褒扬自由说明他高度重视人的主体性。他继承了康德等人关于理性而自由的思想，认为有必要把人自身看作目的而不是仅仅

---

① [印度]阿马蒂亚·森：《以自由看待发展》，任赜、于真译，中国人民大学出版社 2002 年版，第 63 页。

作为其他目的的手段。西方的自由观在康德那里达到了一个顶峰，康德意识到自由在道德领域中的核心地位和作用，意识到没有自由就没有道德，自由是康德道德哲学的拱心石。康德所说的“先验自由”包括两种含义：其一，自由是对经验世界包括我们自我的感性冲动的一种独立性，也就是说我们要摆脱一切自然因果性的约束，这是人可以自由选择的择别意志的自由。“准则源于择别意志，择别意志是人随意抉择的意志……只有择别意志方可称作是自由的。”[①]对各种可能行为进行选择的能力是自由的一种表现。康德把这种择别意志的自由称为“自由的任意”。这只是一种消极意义上的自由。其二，自由也表现为我们自己成为自己行为的一种原因，即自行开始一种行为的因果性，真正自由的行动是指自主地、遵从我为自己设定的规则而行动，也就是通俗我们讲的主动性，而不是出于自然法则或因果定律。正是这种自由行动的能力赋予了人类独有的尊严。对人类尊严的尊重不仅仅意味着要将人视为实现目的的手段，而且要将人本身也视为目的。这是积极意义上的自由。康德认为：“有意选择行为的自由，在于它不受感官冲动或刺激的决定。这就形成自由意志的消极方面的概念。自由的积极方面的概念，则来自这样的事实：这种意志是纯粹理性实现自己的能力。但是，这只有当各种行为的准则服从一个能够付诸实现的普遍法则的条件下才有可能。”[②]

康德自由观的基石是一条先天的道德律：“这样行动：你意志的准则始终能够同时用作普遍立法的原则。”[③]康德所提出的这条道德律的重要意义就在于，它宣称意志“自律”即“自由”。康德说：“自由尽管不是得之于自然的、意志所固有的性质，但并不是无规律的，而是一种具有不变规律的因果性。它不过是另一种不同的规律罢了；如若不然，自由意志就变成荒唐（Unding）了。自然必然性，是一种由作用因所构成的他律性；……那么，意志自由就只可能是自律性了，这就是说，意志所固有的性质就是它自由的规律了。”[④]人作为有理性的存在者，自己为自己所确立的理性法则是一种普遍性的法则。人的理性法则将人的自由作为发展的目的，也就是要全面真正地

---

① [德]康德：《康德文集》，郑保华主编，改革出版社 1997 年版，第 337 页。

② [德]康德：《法的形而上学原理》，沈淑平译，商务印书馆 1991 年版，第 13 页。

③ [德]康德：《实践理性批判》，韩水法译，商务印书馆 2003 年版，第 31 页。

④ [德]康德：《道德形而上学原理》，苗力田译，上海人民出版社 1986 年版，第 100 页。

实现人的自由。自由概念是一个纯粹理性的概念,它不能被描述为任何理论认识的对象,它在任何方面都不是构成性而仅仅是调节性的概念。它在经验世界中不能被推导出来,且不能直接呈现在我们面前,所以它不是实践行为的出发点。社会生活的实践往往令人沮丧地面对人的基本权利被剥夺,但人仍然可以通过自身理性超越并实现普遍的理性事实。人只有在纯粹理性的活动中,才能将自由确定为人生存的最高价值和最终目的,才能建立一个以人为本的社会,而不是在经验世界中去寻求工具性的自由。

斯宾诺莎认为,自由是对必然性的认识。而康德则认为,自由不仅是对必然性的认识,而且还是对必然性的遵循。意志的自由绝不意味着意志不从属于任何规律,只是意味着它从属于和敬重自己订立的规律,人可以摆脱自然规律的支配而完全按照理性为自己订立的法则即所谓道德律行动。康德所说的自由是对道德法则的遵循,因此,这种自由也就是一种遵循必然性的自由,或者说是一种具有必然性的自由,一种把自由与必然统一起来的自由。道德法则“径直导致自由概念”,道德世界是独立于现实世界的“自由王国”。康德在伦理学上的“哥白尼式的革命”开创了自律伦理学的先河。人类社会的发展和进步,人类对于自由的追求和向往,是要实现人格意义上的平等。这个唯一的纯粹理性的事实就是每一个个体所追求的理性目的,也是整个人类要实现的理性目的。康德的自由观念第一次将人从自然律与宗教神学的束缚中解放出来,他高扬人的主体性与能动性,使人从自然和宗教的奴仆一跃而成为自己的主人,从而也就为确立人的尊严和价值打下了牢固的基础。森在吸收康德的自由思想的基础之上,认为发展应当聚焦于人类可行能力的延展,人是发展成果的最终享受者。但确定了人是发展的目的并非就能完全保证人的主体性地位。人们不应该被视为各种已经安排好的发展计划的被动受益者,而应该高度重视人们在发展过程中的主体性地位,提升每个人的参与度与主人翁意识。那么应该如何增强人们在发展中的主体性地位呢?森认为,那就是自由。人们享有更多的自由也便意味着人们可行能力的提高,以及人们认识世界和改造世界能力的增强。

在自由范式的组合体之中,参与至关重要的评值和社会价值标准选择的自由,应该是社会成员最重要的自由。所有社会价值标准的选择,不能简单地由垄断权力的政府部门以命令的形式来宣布。因为自由既包括决策的过程,又包括实现有价值成果的机会,所以我们的目光就不能只是聚焦在成果上，参与政治决策以及社会选择的这个过程，不能仅仅被视为发展的手段，而应该认为其自身就是发展目的的构建性组成部分。以民主[①]为例来具体分析，民主工具性的作用会推动社会经济不断进步，民主的结果是对社会各群体、各阶层的利益给予考量的空间。只有政治活动领域实现了自由和理性，经济活动才会有充分的自由和理性。同时民主也具有建构性作用，民主本身是人类发展的内在要求，民主这一目标的合理性无须通过其他功利性关联而得到论证。阿马蒂亚·森批判以效用为基础的社会成就价值评价标准，原因在于："当且仅当不减少其他人的效用就无法增加任何一个人的效用时，这种社会状态就称为帕累托最优。如果不分享富人的奢侈荣华，穷人就无法快乐自在，那么，随着一些人的极度贫困和另一些人的极度奢侈，这种社会状态也可以被称为帕累托最优。"[②]由于人们对于其所处的环境具有合理化解释的倾向，所以不能以效用来衡量社会发展的成果，而应该以扩展人类的自由(亦即扩展人的可行能力)为参照。与此同时，扩展社会个体可行能力的努力应该与社会体制建设相配合，致力于建立灵活的社会配置体系，向社会成员提供透明性的保障以建立彼此间牢固的互信关系。

责任以自由为条件，自由以责任为依托。对以社会扶助来扩大人们自由的认同，可以看作对个人责任的赞同，而不是反对个人责任。"自由与责任的联系是双向的。没有实质自由和可行能力去做某一件事，一个人就不能为做那件事负责。但是，实际上有实质自由与可行能力去做某一件事，也就向一个人施加了义务去考虑是否做那件事，而这就确实涉及个人责任。在这个意义上，自由对责任既是必要的，也是充分的。"[③]森并不赞同完全依靠"保姆国家"来"照管"个人的选择，对个人自由的社会承诺，并非只能通过国家来实施，还需涉及其他机构：政治和社会组织、以社会为基础的安排、各种非政府机构、传播媒体和其他的公共理解与交往的媒体，以及为保障市场和契约关系发挥功用的机构。人们自己必须承担起发展和改变他们生活于其中的世界的责任。"把照看一个人利益的负担加诸另一个人，这样的责任划分，会在很多重要方面造成问题：动机、参与，以及自我知识——一个人自

---

① 这里的民主可以视为实质性自由的一部分。

② [印度]阿马蒂亚·森：《伦理学与经济学》，王宇等译，商务印书馆2000年版，第35页。

③ [印度]阿马蒂亚·森：《以自由看待发展》，任赜、于真译，中国人民大学出版社2002年版，第285页。

己也许处于一种独一无二的位置拥有这种知识。用社会责任来取代个人责任的任何正面行动，不可避免地会在不同程度上产生负面作用。个人责任没有替代品。”[①]“作为能力健全的人，我们不能逃避对现状进行判断，以及决定应该采取什么行动这一任务。作为反思性的生灵，我们有能力去体察别人的生活。”[②]我们分别享有的、使我们得以履行我们责任的实质自由，极大地取决于个人的、社会的和环境的具体情况。

二、以自由来看待发展

阿马蒂亚·森认为，现代经济学的伦理不涉现象已经成为主流，它主要表现在三个方面：经济学与伦理学的疏远；经济人与道德人的分裂；工具理性与价值理性的隔离。经济学有“伦理学”和“工程学”两个根源，经济学和伦理学本来同属一家。“其中一个，即经济学与伦理学、政治学中有关伦理观念的联系，为经济学规定了不能逃避的任务。”[③]森否定了经济学中关于“经济人”的前提假定，把“斯密问题”看作后人对斯密理论的误读，而这正是导致经济学与伦理学分道扬镳的主要原因。亚当·斯密的古典经济自由主义理论体系建立在以“自由人”和“看不见的手”为指导的自然秩序理论基础之上，这一理论体系实质是自利与利他相统一的整体。所谓的“自由人”主要指涉追求利润的资本家。资本家在自由投资、自由生产、自由经营、自由贸易和推动生产要素自由流动过程中，完成着资本人格化职能。斯密设定政治经济学研究的目标是：“被看作是政治家或立法家的一门学科的政治经济学，提出两个不同的目标：第一，给人们提供充足的收入和生计；第二，给国家和社会提供充分的收入，使公务得以进行。总之，其目的在于富国裕民。”[④]后人只记住斯密在《国富论》中关于人类行为“自利”的人性假设，斯密之后的西方经济学发展中最突出的特点是把“经济人”假设作为理论之基，

① [印度]阿马蒂亚·森：《以自由看待发展》，任赜、于真译，中国人民大学出版社 2002 年版，第 284 页。

② [印度]阿马蒂亚·森：《以自由看待发展》，任赜、于真译，中国人民大学出版社 2002 年版，第 284 页。

③ [印度]阿马蒂亚·森：《伦理学与经济学》，王宇等译，商务印书馆 2000 年版，第 10 页。

④ [英]亚当·斯密：《国民财富的性质和原因的研究》，郭大力、王亚南译，商务印书馆 2003 年版，第 1 页。

把“经济人”概念抽象化为永恒的自利性和理性，偏执地认为这种自利性和理性能有效地促进社会公共利益的实现，并且大多数经济学家将其作为分析社会经济运转和个人经济行为的出发点。

人们大多忽视了《道德情操论》中斯密关于人类善良、无私、慷慨、包容等种种美德的论述。森对此感慨道：“亚当·斯密的确在互惠交易和劳动分工价值的分析中做出了开拓性的贡献，这些贡献与缺乏友善和伦理的人类行为是完全一致的，人们大量引用的恰恰是亚当·斯密著作中关于这一部分的内容。而亚当·斯密著作中关于经济和社会的其他部分，包括他对悲惨现实的关注、他所强调的同情心、伦理考虑在人类行为中的作用，尤其是行为规范的使用，却被人们忽略了，因为这些思想在现代经济学中已经变得不时髦了。”①这种抽象的结构就是将人非“人”化，人变成了纯粹的“经济动物”，由此造成了“经济学的贫困”。现代经济学家越来越关注复杂的经济指数计算和完美的经济模型构建，这使得经济学背离了它的原初动机——面向人类的生活和现实，承担起“经世济民”的使命。阿马蒂亚·森既因循斯密在《国富论》中所阐释的关于市场机制的经济学原理，又秉承其《道德情操论》中的伦理关怀精神。森的发展观是对经济人假设的否定。森反对将人的道德伦理属性排除在经济学的考量范畴之外，他提倡经济学正视“真实的人”，重归工具理性与价值理性有机结合的研究路向。

阿马蒂亚·森继承了亚当·斯密、大卫·李嘉图和穆勒等古典经济学家的规范经济学传统，认为经济发展的最终目的是致力于人类福利的改善以及人在社会中主体地位的提升。森彻底打破了狭隘发展观的旧范式，将经济学研究的核心命题确定为关注人的自由发展，提出人的实质自由是发展的最终目的和重要手段，建立以人为着眼点、以自由为导向、以制度为依托的自由发展观的全新理论框架。经济学与伦理学的分离已成为一个不争的事实，这种由来已久的分离状况严重阻滞了经济学和伦理学健康的发展道路。传统发展观就是经济学与伦理学分道扬镳导致的后果。森认为，未来经济学要想重归正常发展轨道就要与伦理学相融合，这样才能避免工程学意义上的形而上学观点，更深入关注构成人类行为和判断的伦理思考。

① [印度]阿马蒂亚·森：《伦理学与经济学》，王宇等译，商务印书馆2000年版，第32页。

森并没有否认经济学的自利理性，而是在这个基础上着力延展理性的范围，从而将伦理诉求抑或人的发展吸纳到经济学的研究范畴之中。森重新阐释了经济理性的蕴涵，将伦理维度重新作为现代主流经济学的考量前提，重塑了经济学家原来应有的人文关怀和社会责任感。森的工作得到了瑞典皇家科学院诺贝尔经济学奖评委会的好评："在经济科学的中心领域做出了一系列可贵的贡献，开拓了供后来好几代研究者进行研究的新领域。他结合经济学和哲学的工具，在重大经济学问题讨论中重建了伦理层面。"这是对森所做研究工作的充分肯定。

虽然森的自由发展观带来了发展观范式的历史性变革，但狭隘的发展观并没有彻底退出历史舞台，比如，发展就是 GDP 的增长、或个人收入提高、或国民素质提升、或工业化、或技术进步、或生活条件改善、或社会现代化等观点还信徒甚众。殊不知，经济发展一方面带给人们巨大的物质财富，另一方面又给人们带来前所未有的心理压力，肥胖、失眠、心脏病、抑郁症、高血压等社会病逐年增多。如果是从人们所享有的实质自由的视角观之，经济发展并不一定会提高人们的生活水平。经济发展的辉煌成就应该真正帮助人们提高可行能力。"首先，经济发展的成果应该惠及全体人民，而不仅仅是集中于少数人之手。其次，以提高人们的实质自由为出发点，加大社会公共设施的建设力度。例如教育、公共卫生保健、社会治安、社会保障。再次，经济发展不能以环境污染为代价，经济发展应以提高人们的生活质量为落脚点。"①

如果从扩展实质性自由的角度来看待发展，发展是包括经济发展、政治发展、社会发展、价值观念变革等诸多向度的一个综合过程集合体，发展要求消解这些阻碍人们自由发展的桎梏，即：收入低下和贫穷、人身自由受到限制、经济机会的不均等以及官僚阶层的社会剥夺、各种歧视压迫政策、公共设施的欠缺以及专制政权的独裁统治、法治不健全和社会保障水平低下的状况，从而帮助社会成员提高按照自己的想法来生活的能力。发展是对个人自由的各种可能性的承诺、努力和兑现，而个人自由是发展的基础、方向和措施。

---

① 袁初明：《阿马蒂亚·森的自由发展观的伦理意蕴》，《中共天津市委党校学报》2007 年第 4 期。

森区分了两种关于发展的一般性观点:一种观点把发展看成一个"严酷"的过程。这种以"李光耀命题"为代表的观点认为,发展过程中不要"过早"地提倡政治权利、公民权利以及民主这样的"奢侈品",只有等到发展带来充足的成果之后,才能考虑建立社会安全网以及保护极端穷困者,才能为一般民众提供良好的社会服务。另一种观点把发展看成一个"友善"的过程,发展过程的友善性可以表现为利益共享、建立社会安全网、救助贫穷低能者、给予政治自由权、高雅文化的熏陶——或者是这些扶助活动的某种组合。森认为,全面的国际比较从来没有证明剥夺公民政治自由和基本权利可以促进经济发展的命题,也没有可靠的证据表明威权主义政治能够更加有利于经济的增长。与此相反,大量的实证证据表明,经济健康运行更多地与友善的经济环境而绝非严厉的政治体制相容,缺乏经济保障与缺乏民主权利和缺乏自由相联系,民主和政治权利的运作甚至能够有助于防止饥荒或其他经济灾难。更为重要的是,政治自由和公民权利本身就具有直接重要性,而无须通过它们在促进经济发展方面的作用来间接地证明。退一万步讲,即使有时在不享有政治自由和公民权利时社会成员仍可以享有充分的经济保障,他们还是被无情地剥夺了他们生活中本来应该享有的重要自由,即被剥夺了有权参与公共事务关键决策过程的机会。既然政治和公民自由是人类自由的组成部分,那么这种压迫性的剥夺本身就是有害的。有人或许会问:政治参与、持有异见的自由是否"有助于发展"? 按照以自由看待发展的视角来看,问题的这种提法本身就是非科学的,因为它不理解政治参与、民主决策、持有异见都属于发展自身的建构性要素。

以自由看待发展的视角来考量,贫困是人们缺乏实质自由所导致的。森认为,贫困必须被视为基本可行能力的被剥夺,绝对不能像现在通行的识别标准那样,把贫困仅仅定义为收入低下。"有时候,实质自由的缺乏直接与经济贫困相联系,后者剥夺了人们免受饥饿、获得足够营养、得到对可治疾病的治疗、拥有适当的衣服和住所、享有清洁用水和卫生设施等自由。在其他情况下,不自由直接关系到缺乏公共和社会关怀设施,诸如防疫计划、对医疗保健或教育设施的组织安排、有效地维持地区和平和秩序的机构。此外,对自由的侵犯直接来源于权威主义政权对政治的和公民的权利的剥夺,以及对参与社区的社会、政治和经济生活的自由的限制。”[①]所以,与其说贫困与天灾人祸等因素密不可分,还不如说贫困与实质自由的欠缺息息相关。

自由发展观的视角完全不否定低收入是导致贫困的主因之一,因为低收入是社会成员可行能力被剥夺的一个重要原因。对收入而言的相对剥夺,会产生对可行能力而言的绝对剥夺。但是,低收入与低可行能力之间的工具性联系是可变的。我们应该按照社会成员能够实际享有的生活水平和他们真实享有的自由来理解贫困和剥夺,仅仅减少收入贫困绝不可能是反贫困政策的终极动机。从根本上讲,我们应该着重发展人的可行能力来解决贫困问题,提高人的可行能力自然会扩展人的生产能力和挣钱能力。可行能力的提高能够以直接或间接的形式使人的生活变得丰富多彩,使被剥夺的情况减少和减轻。森的可行能力视角对贫困分析所做的突出贡献就在于,它把人们的关注点从聚焦于作为手段的单一收入转向人们完全有理由追求的目的,并进而转向可以使这些目的变为现实的自由,从而大大深化了我们对于贫困和剥夺的性质和原因的理解,我们由此得以在更加接近社会公平正义所要求的基本信息层面上来理解剥夺问题。这就是自由发展观视角的重要意义。

以自由看待发展的视角来考量,扶贫的最有效办法是提高人的可行能力,保障人的实质自由。“按照社会资本理论,经济资本、社会资本、文化资本间存在着相互转化的关系,同时也可以互相强化或弱化。经济资本的萎缩会导致文化资本和社会资本的减小,直接表现在人的社会关系网络的缩小、网络联系的弱化以及没有机会接受教育从而获得文化资本。因此,他们的应对社会风险、提高生活保障的能力依然不如人意,这也正是许多扶贫政策失效的原因所在,纯粹投入金钱而不提高贫困人群的可行能力不是解决贫困问题的根本办法。”[②]社会在分发它的优越性的时候,也可能在不知不觉中把人的品质中腐朽的依赖性充分地释放出来。脱离市场机制,单纯依靠政府输血式的扶贫,无法从根本上消除贫困。“输血”不如“造血”,应该不断

① [印度]阿马蒂亚·森:《以自由看待发展》,任赜、于真译,中国人民大学出版社 2002 年版,第 2 页。

② 肖关、王凯:《自由:构建人类可行能力的可能》,《宜宾学院学报》2010 年第 4 期。

尝试创新扶贫工作新思路、新办法。确立正确的反贫困指导思想，是反贫困事业成功的关键。引入市场机制，实现从计划经济向市场经济机制转变，利用贫困地区自身的资源和廉价成本优势发展特色优势产业，通过产业培育带动贫困地区经济社会可持续发展，实现贫困群众稳定增收进而稳定脱贫，就是开发式扶贫最直接的体现。重视贫困群体的能动性和主体性，将贫困群体的可行能力的提升当作中心环节，由此制定和实施反贫困的社会政策，实现物质帮助和可行能力建设的结合，是反贫困战略的必由之路，也只有如此才能从根本上解决贫困地区的贫困问题。

三、自由发展观的启示

森长期致力于广大发展中国家的发展问题和反贫困问题的理论研究，对世界各地遭受苦难的人们予以深切的同情和极大的关注，享有"经济学家的良心"的美誉。前联合国秘书长安南高度评价森的工作的实践意义："全世界贫穷的、被剥夺的人们在经济学家中找不到任何人比阿马蒂亚·森更加言理明晰、富于远见地捍卫他们的利益。通过阐明我们的生活质量应该不是根据我们的财富而是根据我们的自由来衡量，他的著作已经对发展的理论和实践产生了革命性的影响。联合国在自己的发展工作中极大地获益于森教授观点的明智和健全。"[①]安南对森的评价是比较客观的。森根据丰富的经验研究资料，深刻剖析了发展中国家发展过程中面临的重大问题，并且阐明在实践中切实可行的解决办法。森一方面强调市场机制、全球化对提高人们生活水平的巨大贡献，另一方面指出政府和社会在人的生存、医疗、保健、教育、环保等领域应该承担起责任，更为重要的是，人作为发展的主体在全面的社会交往和推动社会变革中应该发挥主动作用。

自由发展观的提出缘于阿马蒂亚·森对底层社会贫困人群深切的关怀。资本主义经济日益步入后现代轨道，资本主义国家客观上要求不断改善广大民众的生存发展状态。20 世纪的人们普遍认为，民主和参与式治理是政治组织的最好模式。人权和自由的理念在世界范围内已经成为流行语

---

① 转引自[印度]阿马蒂亚·森：《以自由看待发展》，任颐、于真译，中国人民大学出版社 2002 年版，第 2 页。

言。发展的最终目标和有力手段决定了以自由看待发展的视角处于发展观舞台的中心位置。从自由发展观视角来看,"必须把人们看做是主动参与——在他们有机会时——他们自身前途的塑造的,而不只是被动接受某些精心设计的发展计划的成果。国家和社会在加强和保障人们的可行能力方面具有广泛重要的作用。这是一种支持性的作用,而不是提供制成品的作用"①。森认为李光耀提出的所谓"亚洲价值观"是一种自然属性的、压制人的个性的、否定人权的不符合时代发展潮流的学说。森认为,理性就是人性,自由就是超乎自然属性的、重归人性发展轨道的自由意志的实现。

以社会成员享有的实质自由的视角来评判发展水平的高低,对于我们深刻洞悉发展过程及其本质,以及选择不同以往的更优发展方式和手段,都具有变革性的历史意义。"在评价性层面上,这意味着需要从消除使社会成员痛苦的各种不自由的角度来判断有关发展的要求。发展的过程与战胜这些不自由的历史并无实质区别。虽然这一历史进程绝不是与经济增长以及物质与人力资本的积累无关的,但它在内容和范围上都大大超出了那些变量。"②森以自由看待发展的视角,对政治运转和行政决策过程提出了更高的要求。"一个集中注意实质自由的、关于正义和发展的视角,必定不可避免地聚焦于个人的主体地位及其判断;不能把人们看做仅仅是发展过程所带来的利益的接受者。负责的成年人必须承担自己的福利;应该由他们来决定如何使用他们的可行能力。但是,一个人实际上确实拥有的(而不是仅仅在理论上拥有的)可行能力取决于社会安排的性质,这对个人自由可以是至关重要的。国家和社会不能逃避责任。"③发展的过程也是人们参与民主决策的过程,人的实质自由的扩展寓于这一过程当中。

阿马蒂亚·森的自由发展观也是关于公平正义的理论,森认为可行能力的平等是实现分配正义的基础。可行能力平等正义理论综合了当代三种正义理论——边沁和穆勒的功利主义、诺齐克的自由至上主义和罗尔斯的

① [印度]阿马蒂亚·森:《以自由看待发展》,任颐、于真译,中国人民大学出版社2002年版,第43页。

② [印度]阿马蒂亚·森:《以自由看待发展》,任颐、于真译,中国人民大学出版社2002年版,第25页。

③ [印度]阿马蒂亚·森:《以自由看待发展》,任颐、于真译,中国人民大学出版社2002年版,第288页。

正义理论，在更广泛的信息基础上讨论自由、正义和权利的问题。立足于“自由是人类存在的属性”这个思想基础上，自由发展观超越了功利主义和自由至上主义，扩大了评价人类行为的信息基础，主张自由的实现是对人的可行能力的保障，从而解决了阿罗不可能定理产生的福利经济学的难题。

森提出的自由发展观实现了发展观的一次历史性飞跃，充分顺应和体现了时代的发展要求和潮流，并日渐成为当今世界社会发展的主导思想。自由发展观的出现是历史发展的必然，是人类开始反思现代化进程的负面性以及人的思维方式发展到后现代的必然产物。森的自由发展观在方法论层面也别具一格，无论对人的实际行为动机的思考、经济理性的重新阐释，抑或对自由的信息基础的扩展，森教授所采用的多元化的思维方式本质上是一种非线性的复杂性思维方式：以更为宏观的视角重新审视伦理学与经济学的关系，这既有别于主流经济学排斥道德考虑的狭隘性，也有异于道德学家担心经济活动对道德的“腐蚀”所体现出来的保守性。森的自由发展观把经济学和伦理学这两个以前互不相干的学科有机地整合在一起。自由发展观对我们的实践启示是，我们可以借鉴“人类发展指数”的既有成果，构建起一套能够真正反映出我国经济发展水平、人民生活现状以及各方面能力（包括教育、就业、健康等）、能够优化资源配置以及保护生态环境的全面科学的综合发展指标体系。

发展是对自由的各种可能性的一种重要承诺，这就告诉我们应该高度重视就业工作。根据世界银行的定义，界定贫困的首条标准便是“缺少机会参与经济活动”。根据森的自由发展观，失业不仅会导致贫困，而且会导致“经济条件和社会机会”自由的缺乏。时任国家总理温家宝曾经指出：“无论是农民工就业，还是大学生就业，以及城镇零就业家庭就业，都时刻摆在我心里。因为我认为就业不仅关系一个人的生计，而且关系一个人的尊严。”①“我们所做的一切都是要让人民生活得更加幸福、更有尊严，让社会更加公正、更加和谐。”②为失业和无业者创造更多更好的就业机会就是对社会底层

① 《温家宝：农民工就业、大学生就业都摆在我心里》，中央政府门户网站，http://www.gov.cn/govweb/zlft/content_1246266.htm。

② 《新华时评：为了让人民生活更有尊严更加幸福》，国务院新闻办公室网站，http://www.scio.gov.cn/ztk/dtzt/39/15/Document/770044/770044.htm。

贫困人口提高可行能力的最大帮助。

社会公共资源配置得不合理，必然会使社会成员的可行能力出现差异性的结果。合理配置教育资源是提高社会普通成员特别是弱势群体的可行能力的重要途径。森认为，中国之所以比印度取得更大的经济成就，原因在于："中国1979年转向市场化的时候，人们特别是年轻人的识字水平已经相当高，全国有许多良好的学校设施。在这方面中国大陆与韩国或中国台湾的基本教育情况相差不太远。在这两个地方，受过教育的人口也在抓住市场机制提供的经济机会上起了重要作用。与此对比，当印度在1991年转向市场化的时候，有一半成年人口不识字，而且至今这一情况没有多少改善。"①但是，改革开放之后中国人力资本积累上的巨大差异，也给不同地区的群众造成巨大的可行能力差异和竞争能力差异。为了平衡各地社会成员的可行能力，中央和各级地方政府应该加大财政资源对中西部贫困地区以及农村教育的转移支付力度，并使其成为一项长期的制度安排。

森尽管算不上一位马克思主义者，但森的自由发展观却与马克思主义发展观十分切近。森读过《德意志意识形态》《资本论》等著作，在行文中不时流露出马克思哲学的影响痕迹。马克思的自由发展观是森的自由发展观的前期理论积淀。马克思、恩格斯在《共产党宣言》中把未来的理想社会描述为"代替那存在着阶级和阶级对立的资产阶级旧社会的，将是这样一个联合体，在那里，每个人的自由发展是一切人的自由发展的条件"②。可见，马克思始终把人的自由作为发展的目的。正如弗洛姆所说："马克思关心的是人，而且他的目标就是要让人从物质利益的支配下解放出来，让人从他自己的安排和行为所造成的束缚自身的牢笼中解放出来。如果人们不理解马克思这一关注点，那就永远无法理解马克思的理论。"③马克思是自由发展观的理论拓荒者，马克思所阐述的关于人的自由发展的理论为森后来提出自由发展观奠定了坚实的理论基础。森正是沿着马克思当年所开拓的研究路

① [印度]阿马蒂亚·森：《以自由看待发展》，任赜、于真译，中国人民大学出版社2002年版，第34页。

② 《马克思恩格斯选集》第1卷，人民出版社1995年版，第294页。

③ [美]艾瑞克·弗洛姆：《人的呼唤——弗洛姆人道主义文集》，王泽应等译，三联书店1991年版，第11～12页。

径,致力于构建马克思所预言的未来人类社会自由发展状态,才有了《以自由看待发展》这部反映底层人民呼声的扛肩之作。但是,森没有坚持彻底的历史唯物主义立场,也认识不到彻底推翻资本主义社会、建立共产主义社会才是实现人的自由发展的根本条件,这使森的自由发展观蒙上一层唯心主义色彩。

第四章

熊彼特的创新发展观

约瑟夫·阿洛伊斯·熊彼特(1883～1950)是著名的美籍奥地利经济学家,他以创新发展观的视角来说明资本主义基本特征及其产生和发展的趋势。从学术经历上看,熊彼特直接承袭了19世纪末、20世纪初庸俗经济学大师庞巴威克、瓦尔拉、马歇尔等传统和历史学派的传统;从社会经历上看,熊彼特又与右翼社会党人希法亭、考茨基以及鲍威尔等接触甚密。这些都是形成熊彼特的哲学思想、政治主张和经济观点的重要渊源。熊彼特的经济思想在欧、美、日都有很大影响。[①] 如今,创新已经成为全球范围内的一个热门话题。认真研究熊彼特的创新发展观,对增强企业的技术创新能力,加快构筑我国企业技术创新体系具有重要意义。

一、创新是经济发展的原因和实质

熊彼特在《经济发展理论》和《资本主义、社会主义和民主主义》等著作中表述了他在哲学、政治学、经济学等方面的思想,综合提出了创新型发展观。传统的庸俗经济学从不涉及生产方法的变更,而他们所说的"经济发

---

① 参见王慎之:《当代资产阶级经济学流派》,吉林人民出版社1983年版,第217页。

展”主要甚至完全是指人口、资本、工资、利润、地租等在数量上的逐渐变迁。熊彼特的“创新理论”，则用生产技术和生产方法的变革来解释资本主义的基本特征和经济发展过程，力图把历史的发展和理论的分析两者结合起来。[①] 熊彼特认为，创新是经济发展的实质，也是经济发展的根本现象。

熊彼特把创新与发展作为一对几乎可以无条件代换的同义词。熊彼特所谓的“创新”，就是“建立一种新的生产函数，把一种从来没有的关于生产要素和生产条件的新组合引入生产体系”。熊彼特把发展定义为执行新的组合。这个概念包括下列五种情况：(1)采用一种新的产品——也就是消费者还不熟悉的产品——或一种产品的一种新的特性。(2)采用一种新的生产方法，也是在有关制造部门中尚未通过经验检定的方法，这种方法绝不需要建立在科学上新的发现的基础上，也可以存在于商业上处理一种产品的新的方式之中。(3)开辟一个新的市场，不管这个市场以前是否存在过。(4)掠取或控制原材料或半制成品的一种新的供应来源，不论这种来源是已经存在的，还是第一次创造出来的。(5)实现任何一种工业的新的组织，比如造成一种垄断地位(例如通过“托拉斯化”)，或打破一种垄断地位。[②] “创新”是一个经济概念，而不是一个单纯的技术概念。创新是内在因素引起的经济变动。这里的“经济变动”是指从内部革新机构产生出来的不断用新的因素代替旧的因素的“产业突破”。产业突破是“创造性的破坏过程”，是资本主义的本质特征，因此，经济发展、创新都是资本主义的特点。他认为，“资本”就是资本家为了实现新组合把生产引向新的途径的杠杆和控制手段，是企业家“创新”的先决条件。

熊彼特的创新学说把企业家作为创新主体。他不赞同马歇尔关于企业家的定义，后者将企业家的职能看作最广义的“管理”，也不赞同关于企业家是风险承担人或资本所有人的观点。熊彼特把新组合的实现称为“企业”，把职能是实现新组合的人称为“企业家”。熊彼特认为，企业家是实现新组合的人，许多金融家、发起人可以是企业家，但不是各个厂商、所有的经理都可以称为企业家，企业家是一个特殊的阶层，他不同于普通的企业经营者和资本家。“不管是哪一种类型，每一个人只要当他实际上实现新组合时才是

---

① 参见刘涤源、谭崇台主编：《当代西方经济学说》，武汉大学出版社 1983 年版，第 572 页。

② 参见[美]熊彼特：《经济发展理论》，何畏、易家详等译，商务印书馆 1990 年版，第 73～74 页。

一个企业家;一旦当他建立起他的企业以后,也就是当他安定下来经营这个企业,就像其他的人经营他们的企业一样的时候,他就失去了这个资格。这自然是一条规则,因此,任何一个人在他的几十年的活动生涯中很少能总是一个企业家。"[①]"企业家的职能是,通过利用一种新发明……通过开辟原料供应的新来源或产品新销路,通过重组产业等等来改革生产模式或使它革命化……这种职能主要不在于发明某些东西或创制出企业得以开发利用的某些条件,而在于把事情付诸实行。"[②]在现有的经济体系中,新组合的实现会遇到很多困难。这些困难主要集中在三方面:第一,创新者没有关于新组合的经验、习惯,因此他难以根据熟知的数据来进行决策和制定行动规则。第二,创新者会受到固定思维模式的影响。第三,社会环境会对创新者施加影响,也就是反作用。创新的承担者(主体)只能是企业家,企业家的创新活动是经济兴起和发展的主要原因。企业家要具备三种品质(企业家精神):首先,存在一种梦想和意志,要去找到一个私人王国,常常也是(虽然不一定是)一个王朝。其次,存在征服的意志——战斗的冲动,证明自己比别人优越的冲动,求得成功不是成功的果实,而是为了成功本身。最后,存在创造的欢乐,把事情办成的欢乐,或者只是施展个人的能力和智谋的欢乐。[③] 企业家要有敢于冒险的精神,没有"创新"就没有企业家,经济发展就是企业家不断创新的过程。既然熊彼特把本来很宽泛的"创新"概念理解得很狭窄,那创新主体的角色也只能由为数不多的人来承担。熊彼特的创新学说认为只有企业的盈利活动才是创新,似乎经济活动、企业活动以外均无创新可言,只有企业家才进行创新,别的人都同创新无缘。这样的理解未免过于狭窄。

熊彼特的创新发展观呈现以下三个特征:(1)熊彼特的创新发展观是一种内生型发展观。这里的"经济发展",不是古典经济学家斯密所认为的基于人口、财富的累积性增加而造成的规模扩大或简单量变,而是经济生活内部孕育的质上的自发性突破。经济发展通常出现在工商业领域,而不是消费者对最终产品的需求领域。消费者的新需求一般不会引起经济系统中创

---

① [美]熊彼特:《经济发展理论》,何畏、易家详等译,商务印书馆 1990 年版,第 87 页。

② [美]熊彼特:《资本主义、社会主义和民主主义》,绛枫译,商务印书馆 1979 年版,第 164～165 页。

③ 参见[美]熊彼特:《经济发展理论》,何畏、易家详等译,商务印书馆 1990 年版,第 103～104 页。

新的出现。这种创新通常源于生产者行为的变化，消费者只是在必要时受到这种变化的启示，才产生新的需求。经济发展是由技术创新和生产组织形式的创新所引发的经济生活内部的一种创造性变动。(2)熊彼特的创新发展观是一种动态型发展观。他推崇经济学家瓦尔拉斯的一般均衡理论，但摒弃了新古典主流经济学静态与比较静态分析的理论模式，建立了一套从经济体系内部因素来说明经济动态现象的“动态的经济发展理论”。熊彼特认为，创新是一种“革命性”的变化，这种“革命性”变化的发生才是经济发展的根本问题。创新有突发性和间断性的特点，要对经济发展进行“动态”性分析。他采用历史分析、理论分析和统计分析相结合的方法，系统阐释了资本主义的产生和发展，勾画出静态运行和动态发展相互交织的经济生活图景，解释了利润、资本、信贷、利息等重要的发展现象，完成了对经济周期的考察。(3)熊彼特的创新发展观是一种经济主义的发展观。熊彼特认为创新有别于发明：发明是新工具或新方法的发现，创新则是新工具或新方法的应用。发明和实验都是科技行为，是一种知识生产活动，而创新则是经济行为，是为了获得更高的经济和社会效果而创造并执行一种新方案的过程和行为。“只要发明还没有得到实际上的应用，那么在经济上就是不起作用的。”[①]新工具或新方法的使用在经济发展中起作用，最重要的含义就是能够创造出新的价值。创新更多地转化为一种经济实体内部的自我更新。熊彼特认为只有经济活动才可能有创新，只有企业盈利活动才算作创新，只有企业家才称得上创新的主体，所以说熊彼特的创新发展观是一种典型的经济主义发展观。

二、创新发展观对资本主义的解读

熊彼特的创新理论旨在为人们提供一套关于经济周期的理论体系。熊彼特用“创新理论”解释资本主义经济周期的形成和特点：企业家之所以创新，是因为看到了盈利机会。创新活动使企业家获得垄断利润，并为其他投资者开辟了道路。创新引起模仿，模仿打破垄断。随着创新高潮的出现，原有企业盈利机会也随之消失，于是经济开始衰退。如果排除其他经济活动

① [美]熊彼特：《经济发展理论》，何畏、易家详等译，商务印书馆1990年版，第98页。

因素的影响，资本主义经济活动实际上就是由“繁荣”和“衰退”两个阶段构成的周而复始的重复活动。但熊彼特认为，资本主义经济实际上包括了繁荣、衰退、萧条、复苏四个阶段的交替。创新引起信用扩张，促进了投机，造成了过度投资行为，经济走向衰退。紧接着衰退而出现的，是病态的失衡的必要调整阶段，即复苏阶段。这样，资本主义现实中的经济周期是四个阶段的周期。资本主义经济的发展以及经济周期循环，都在于企业家所做的创新行为。创新使得经济摆脱原来的轨道，并导致一种非连续性的经济过程。这种动态发展过程的实现，只能依赖于企业家的创新行为。

熊彼特综合前人的观点，提出在资本主义历史发展过程中，同时存在着“长、中、短”三种周期的理论。熊彼特认为，打破均衡的“创新”活动并不连续均匀地分布在时间序列之上，而是“如果一旦出现，那就会成组或成群地不连续地出现”。社会上存在着许多种创新，不同创新的影响程度不同，大小各异的“创新”活动引起长短不一的经济周期。第一种是经济“长周期”(Long Cycle)，又称“康德拉捷夫周期”(Kondratieff Cycle)，每一周期历时50～60年。第二种是经济“中周期”，又称“尤格拉周期”(Juglar Cycle)，每周期历时9～10年。第三种周期是经济“短周期”，又称“基钦周期”(Kilchin Cycle)，平均每周期历时约40个月。熊彼特沿袭康德拉捷夫的说法，并且以他的“创新”理论作为基础，以各个时期主要技术发明和生产技术的发展为标志，将近百年来资本主义的发展过程进一步划分为三个“长波”(Long Wave)：第一波为“产业革命时代”(1780～1842年)，第二波为“蒸汽机和钢铁时代”(1842～1897年)，第三波为“电器、化学、汽车时代”(1897年至20世纪30年代)。统计资料可显示，各种周期的变动同各个时期的生产技术革新有着密切关联，各个周期都与特定的创新活动相联系。熊彼特显然是把危机周期性的原因和危机周期性的物质基础混为一谈了。危机产生的原因在于资本主义的社会矛盾，而它的物质基础是指大规模的固定资本更新。把技术革新的因素看作资本主义经济周期(包括经济危机)的根源，显然没有触及问题的实质。危机的根源在于资本主义社会的基本矛盾，具体表现为资本主义生产能力的增长与人民群众具有支付能力的需求相对缩小之间的矛盾。熊彼特抛开资本主义基本矛盾和生产关系，运用他的“创新”理论，单纯从技术发展因素来解释资本主义周期的产生，从根本上扭曲了资本主义经济周期和经济危机产生的根源。

熊彼特在《资本主义、社会主义和民主主义》的著作中用创新理论解释资本主义的生产周期，提出资本主义最终要走向灭亡。熊彼特说："资本主义，在本质上是经济变动的一种形式或方法，它不仅从来不是，而且也永远不可能是静止的。""它不断地从内部使这个经济结构革命化，不断毁灭老的，又不断创造新的结构。这个创造性的毁灭过程，就是关于资本主义的本质性的事实。"[①]熊彼特所说的"资本主义"只是一种"形式或方法"，不指涉资本主义的生产关系，从而掩盖了资本主义的基本矛盾。熊彼特认为，利润只是个别企业家采取了"创新"办法而获得的"超额利润"，资本主义根本就不存在剥削关系。熊彼特用"创新"解释利润的来源和形成，把资本家由于采用新技术设备等而获得的"超额利润"，说成是企业家为了实现"创新"而"应得的合理报酬"。熊彼特认为，企业家使创新取得成功后，就可以获得利润。一般理论都认为，企业的利润中包括投机所得的收益以及趁低价上涨而获取的差价等不劳而获的部分；这是一种对于利润的广义上的理解。熊彼特所谓的利润则仅指企业家所获取的利润。作为利润基本形式的平均利润以及特殊阶段的垄断利润，一概都不存在了。这样，他就把资本家对雇佣劳动的剥削完全抹杀掉了。熊彼特还认为，马克思的剩余价值论只适用于完全竞争状态下的静态经济过程。

熊彼特认为，资本主义的前景也是由创新决定的。通过不断创新，资本主义经济给它自己创造了两个局限性：一是经济活动领域越来越广泛，生产越来越复杂，私人企业家无法应付新形势下的要求；二是生产现代化造就了一个与之相适应的技术和管理人员队伍。"创新"成为例行公事，企业家成为多余的了。这样，生产和技术发展到一定阶段，资本主义的历史使命即告结束。中央机构将取代私人组织，技术和管理人员将取代企业家。熊彼特认为，"资本主义之所以活不下去"，是企业家的"创新职能"日益减弱，"投资机会"日渐消失所致。"经济进步日趋于非人身化和自动化。机关和委员会的工作日渐代替个人的活动。""革新本身已降为例行事务。""利润，还有亦步亦趋的利率，将收敛到趋于零。靠利润和利息生活的资产者阶层将趋于消失。""一种非常清醒而稳重的社会主义将几乎同时出现。"[②]这样，资本主

① [美]熊彼特：《资本主义、社会主义和民主主义》，绛枫译，商务印书馆1979年版，第104页。

② [美]熊彼特：《资本主义、社会主义和民主主义》，绛枫译，商务印书馆1979年版，第164～166页。

义便会自动过渡到社会主义。

熊彼特所说的“社会主义”，只是从生产技术方面来说的，指的是中央机构直接管理经济，实际上是国家垄断资本主义，并不是社会主义的生产关系。熊彼特主要从生产技术上描述资本主义世界，抹杀了生产关系上质的差别，这反映了他的学说的庸俗性。“我把（中央集权的）社会主义的定义规定为：不是由私有或私人经营的企业，而是由公共权力机关控制生产资料，决定怎样生产，生产什么，谁该得到什么东西的那种社会组织。”①熊彼特所说的社会主义，就是中央机构管理的一种制度形式，它在经济上是统一管理的，但在政治上则是“民主”的。这里的“社会主义”只是生产组织的一种形式，即“公有化”和“公营”的形式，而这种公营的形式，就是“中央政权”或“公共政权”控制生产资料，这恰恰正是国家垄断资本主义。熊彼特把美国实行的银行、运输、电力等行业的国有化称为“社会主义”政策。他说：“在资本主义体制范围内的逐步社会主义化，不仅是可能的，甚至是最明显的可以指望的事情。”②由此可以看出，熊彼特所说的要实现“社会主义”，只不过是在资本主义制度范围内实行的某种生产组织形式的改变，具体说来，就是自由企业和私有企业的国有企业的过渡。熊彼特完全扭曲了马克思关于资本主义必然灭亡、社会主义必然胜利的科学理论。

熊彼特认为，从资本主义向“社会主义”过渡，可以分为三种形式：成熟状态下的社会主义化、不成熟状态下的社会主义化、社会主义国有化政策。熊彼特极力推崇“成熟条件下”的和平过渡，也赞同实行实际上是资产阶级国有化的所谓“社会主义政策”，而诋毁和反对必须使用暴力的所谓“不成熟状态下”的革命转变，把它描述为“极端恐怖的”。熊彼特所说的“中央当局”或者“公共权力机关”，仍然是现代资本主义国家政权，而非无产阶级专政。他所说的作为社会主义标志的“公有”和“公营”，实际上仍然是资产阶级国家的国有化和国营，根本没有触动和改变资本主义的所有制。

---

① [美]熊彼特：《资本主义、社会主义和民主主义》，绛枫译，商务印书馆 1979 年版，第 515 页。

② [美]熊彼特：《资本主义、社会主义和民主主义》，绛枫译，商务印书馆 1979 年版，第 285 页。

三、创新发展观与建设创新型国家

根据熊彼特的创新理论，创新“只是蜂聚在某些时间里”，当企业家“以周期性云集的方式出现”，投资“在间隔里大批出现”，新组合便“成组或成群地不连续地出现”。我们所处的时代正是一个创新“蜂聚”的时代。美国的20世纪80年代被称为信息技术发展的“个人计算机时代”，90年代被称为信息技术发展的“互联网时代”。以美国的信息技术为源头，世界各国信息革命的发展速度超过了历史上任何一次产业革命的发展速度。按照熊彼特的观点，发展是“创造性破坏的过程”，新产业发展的同时要做到旧产业“有秩序的撤退”。在这个过程中，既要实现由机器经济转变为信息经济、工业经济转变为服务经济的产业变革，又要防止旧产业的突然崩溃而导致的混乱和萧条，采取工业化与信息化相互促进、相互融合的战略，使新兴产业和传统产业相互渗透、相得益彰。

企业家是熊彼特眼中最应受到尊敬的人物。企业家是从事经济创新活动的少数杰出人才，他们具有坚忍不拔的意志去克服困难而毫无享乐主义动机，他们心甘情愿为了创新而奉献毕生的“意志与行动”。我国的社会主义市场经济体制为企业家的成长提供了丰厚的土壤，但是也存在着个别地方“论资排辈”“年龄一刀切”等不尽合理的用人机制。鼓励冒险和容忍失败的社会氛围还不浓厚，这会使优秀人才的成长受到无形的压制。建立一支高素质的企业家队伍是创新时代的第一要义。

熊彼特所揭示的生产技术和生产方法创新在推动生产力、经济和社会发展进步中的巨大作用，对于我国这样的后发现代化国家加快科技创新和实行科教兴国战略具有很强的现实指导意义。根据熊彼特的创新理论，一项技术创新只有在它被广泛使用和推广时，才能真正体现出它的经济价值和社会价值。技术创新的真正意义和实际价值，不在于创新本身而在于这种创新的扩散。我们目前的科技成果转化率与发达国家相比存在较大差距。自20世纪90年代以来，我国年均获得3万余项重大科技成果，而转化率只有20%～30%，其中形成规模效益的仅有5%～10%。西方发达国家技术进步对经济增长的贡献率超过70%，而我国大体维持在35%左右，相当于发达国家20世纪30～40年代的水平。西方企业拥有79%的研发力量，而我国近70%的研发力量存在于企业之外。根据日本方面的经验数据，企业研发投入占销售收入的比重如果低于3%，则表示该企业没有竞争力，日本大企业中该比例通常在5%以上，著名企业此项比例通常在10%以上。我国企业研发投入占国家全部研发投入的比重不到40%，远远低于发达国家70%～80%的水平。以钢铁为例，虽然我国已经是世界钢铁第一生产大国，但是每年仅轿车、冷轧薄板等10多个品种就需要进口钢材700～800万吨，许多高附加值及技术含量高的产品长期依赖进口。我国出口商品中90%是贴牌产品。我国纺织服装出口占全球纺织服装贸易总额的24%，但自主品牌不足1%，且没有一个世界名牌。美国《商业周刊》和国际品牌公司2006年公布的全球100个著名品牌中，美国拥有50个，欧洲占有38个，亚洲也有11个(其中日本8个、韩国3个)，而我国却一个也没有。我国彩电、手机、台式计算机、DVD播放机等产品的产量虽居世界第一，但关键芯片依赖进口。企业不得不将每部手机售价的20%、计算机售价的30%、数控机床售价的20%～40%支付给国外专利持有者。[①] 凭借40年改革开放的成果，我国已经基本具备了自主创新的能力。我国科技人力资源总量已达3200万人，每年参与研究开发的人数达105万人，分别居世界第1和第2位。我国研发资金投入在2004年便达1843亿元，而且经费投入逐年增加。我国在生物、纳米、航天、高速计算机等领域的研发能力已经居世界前列。提高自主创新能力和科技成果转化率乃当务之急。

新熊彼特学派对熊彼特的理论从不同角度进行了研究和发展，为国家创新理论体系的研究奠定了基础。20世纪80年代以来，创新研究的一项重大突破就是从系统论的角度研究发展进程，开拓了国家创新体系这一全新的研究领域。英国著名技术创新研究专家弗里曼研究了日本经济起飞的过程，认为日本之所以能在战后迅速成为经济强国，原因在于日本以技术创新为主导，以组织创新和制度创新为动力，充分发挥了国家在推动企业技术创新中的重要作用。他于1987年在《技术与经济绩效：来自日本的教训》一书中首次提出“国家创新体系”(National Innovation System)的概念。国家创新体系是指“由公共、私有部门和机构组成的网络系统，它们之间的相互作

① 参见马凯：《加快转变经济发展方式是关系国民经济全局紧迫而重大的战略任务》，《党建研究》2007年第11期。

用及其活动促成、创造、引入、引进和扩散各种新知识和新技术，使一国的技术创新取得更好的绩效”。国家创新体系具有四大核心要素：政府政策的作用，企业以及研究开发机构的作用，教育和培训的作用以及产业结构的作用。美国经济学家纳尔逊进一步完善了国家创新体系的概念。他指出，现代国际创新体系既包括各种制度因素以及技术行为因素，也包括致力于公共技术知识的大学和研究机构以及政府的相关机构。国家之间在产业组合上的差异强烈地影响着国家创新体系的形态。国家创新体系的主要功能是优化创新资源配置，协调国家的创新活动。①

马克思同样强调创新的重要作用。正如金指基所言：“就体系的独立性和涉及范围的广泛性而言，熊彼特的经济学说在近代经济学史上恐怕是独一无二的。如果说倘有哪一位经济学家可以和他相提并论的话，那只有马克思一人而已。”②马克思倾向于从宏观和整体视角来洞察创新，熊彼特则倾向于从微观和个体视角来考察创新。马克思认为，创新包括科学创新、技术创新和制度创新，并且科学、技术和制度之间存在着必然的联系。熊彼特则认为，创新包括新产品、新方法、新工艺、新市场、新组合等。在马克思看来，创新主体进行创新是一个自然的历史过程，是客观需要。“技术发展水平”在创新主体的创新过程中占据着重要地位。在熊彼特看来，创新主体进行创新取决于企业家的特殊的天赋、特殊的动机、特殊的才干，是主观需要。“动机”在创新主体的创新过程中占据着重要地位。这样，在马克思那里，创新是一个社会现象，具有统计规律，是一个上升的曲线。而在熊彼特那里，创新是一个个体现象，具有不确定性，是一个跳跃不定的曲线。③ 从整个人类认识史来看，马克思是创新理论的源头，熊彼特则发展了马克思的创新思想，提出了具体的创新理论。但熊彼特没有形成系统的创新史观和马克思那样精致的哲学基础，较之熊彼特的创新理论而言，马克思的创新理论空间更广阔，思维更深刻。

我党历来重视创新，始终把创新摆在国家经济社会发展的关键位置。自20世纪90年代以来，江泽民同志反复强调，创新是一个民族进步的灵

① 参见方在农：《从熊彼特的创新理论说起》，《自然杂志》2006年第2期。

② [日]金指基：《熊彼特经济学》，林俊男、金全民编译，北京大学出版社1996年版，第35～36页。

③ 参见汪澄清：《马克思与熊彼特创新思想之比较》，《马克思主义与现实》2001年第3期。

魂，是国家兴旺发达的不竭动力，并且启动了国家创新体系建设。胡锦涛同志在全国科学技术大会上代表党中央、国务院提出用15年时间建设创新型国家的战略目标：到2020年，使我国的自主创新能力显著增强，科技促进经济社会发展和保障国家安全的能力显著增强，基础科学和前沿技术研究综合实力显著增强，取得一批在世界具有重大影响的科学技术成果，进入创新型国家行列，为全面建设小康社会提供强有力的支撑。十七大报告指出：提高自主创新能力，建设创新型国家。这是国家发展战略的核心，是提高综合国力的关键。要坚持中国特色自主创新道路，把增强自主创新能力贯彻到现代化建设各个方面。认真落实国家中长期科学和技术发展规划纲要，加大对自主创新投入，着力突破制约经济社会发展的关键技术。加快建设国家创新体系，支持基础研究、前沿技术研究、社会公益性技术研究。加快建立以企业为主体、市场为导向、产学研相结合的技术创新体系，引导和支持创新要素向企业聚集，促进科技成果向现实生产力转化。深化科技管理体制改革，优化科技资源配置，完善鼓励技术创新和科技成果产业化的法制保障、政策体系、激励机制、市场环境。实施知识产权战略。充分利用国际科技资源。进一步营造鼓励创新的环境，努力造就世界一流科学家和科技领军人才，注重培养一线的创新人才，使全社会创新智慧竞相迸发、各方面创新人才大量涌现。①

党的十八大以来，以习近平同志为核心的党中央高度重视创新。习近平总书记指出："创新是一个民族进步的灵魂，是一个国家兴旺发达的不竭动力，也是中华民族最深沉的民族禀赋。在激烈的国际竞争中，惟创新者进，惟创新者强，惟创新者胜。"②在日益激烈的国际竞争中，中国不时会遭遇卡脖子的技术瓶颈。破除卡脖子的根本方法在于创新。习近平总书记指出："一个地方、一个企业，要突破发展瓶颈、解决深层次矛盾和问题，根本出路在于创新，关键要靠科技力量。要加快构建以企业为主体、市场为导向、产学研相结合的技术创新体系，加强创新人才队伍建设，搭建创新服务平台，推动科技和经济紧密结合，努力实现优势领域、共性技术、关键技术的重

① 参见胡锦涛：《高举中国特色社会主义伟大旗帜，为夺取全面建设小康社会新胜利而奋斗——在中国共产党第十七次全国代表大会上的报告》，人民出版社2007年版，第22页。

② 习近平：《在欧美同学会成立100周年庆祝大会上的讲话》，《人民日报》2013年10月22日。

大突破，推动中国制造向中国创造转变、中国速度向中国质量转变、中国产品向中国品牌转变。”[①]2020 年 10 月 29 日，中共中央发布的《中国共产党第十九届中央委员会第五次全体会议公报》中 15 次提到“创新”，全会提出“坚持创新在我国现代化建设全局中的核心地位，把科技自立自强作为国家发展的战略支撑”，将创新提高到前所未有的高度。

四、创新发展观的正负两方面影响

熊彼特的创新理论的最大特点，就是强调生产技术的革新和生产方法的变革在资本主义经济发展过程中的至高无上的作用，把这种“创新”或生产要素的“新组合”看成是资本主义的最根本特征；强调没有创新就没有资本主义，既没有资本主义的产生，更没有资本主义的发展。熊彼特一方面吸收了以方法论上的个人主义为前提的纯经济理论，另一方面又充分认识到历史的重要性，并以此为基础建构起自己的理论体系。亦即说，所谓的熊彼特体系，既不是单纯的经济学理论体系，也不是单纯的历史学理论体系，而是一种既具有近代经济学中所缺少的历史性，同时又可称为理论化历史的经济学体系。这种体系可视为熊彼特的基本认识，即他的基本认识是试图克服门格尔与施穆勒以及施穆勒与韦伯之间的对立并使其达到统一。也就是说，熊彼特的经济学是要分析资本主义过程，换言之，其目的在于阐明资本主义的本质及其历史过程。[②] 当代西方经济学说中的所谓“技术创新理论”与“制度创新理论”，是对熊彼特“创新理论”的继承与发展，而且罗斯托的经济成长阶段与加尔布雷思等为代表的新制度学派也都受他的理论的影响。熊彼特综合其他经济学家对历史统计资料的分析，得出不同经济周期基础上的“三种周期”理论（尽管他单纯用技术发展因素解释周期的产生，歪曲了周期的本质），对于我们开展资本主义经济发展过程的研究具有一定的参考价值。[③] 它在一定程度上揭示了当代资本主义经济增长和社会进步的原因。熊彼特所揭示的生产技术和生产方法创新在推动生产力、经济和社会发展进步中的巨大作用，对于我国这样的

---

① 习近平：《深化改革发挥优势创新思路统筹兼顾　确保经济持续健康发展社会和谐稳定》，《人民日报》2014 年 5 月 11 日。

② 参见[日]金指基：《熊彼特经济学》，林俊男、金全民编译，北京大学出版社 1996 年版，第 1～2 页。

③ 参见邵敬勋主编：《近现代外国经济学说述要》，黑龙江人民出版社 1983 年版，第 98 页。

后发现代化国家，加快科技创新、实行科教兴国战略具有重要的现实意义，符合人类社会发展的一般规律。

熊彼特创新发展观的消极影响也不能忽视。熊彼特过分夸大了创新在经济发展中的作用，忽视了生产关系及其变革在经济发展中的作用。熊彼特运用“创新理论”，宣扬资本主义将“自动”过渡到“社会主义”，并鼓吹“企业家创造历史”的唯心史观。熊彼特所说的要实现“社会主义”，只不过是在资本主义制度限度内实行的某种生产组织形式的改变，具体说来，就是自由企业和私有企业向国有企业过渡。熊彼特的创新发展观撇开生产关系和生产力的矛盾及其在历史发展中的决定作用，否定社会变革和“暴力革命”的必要性，掩盖了资本主义的基本矛盾；他否定马克思的劳动价值论，歪曲了资本主义的实质和无视其剥削的本性，没有真正地揭示资本主义的发展规律。其创新理论实质是为资本主义生产方式服务的。以熊彼特为代表的传统创新发展观虽然具有一定的合理性和起到一定的积极作用，但它与科学的发展观在诸多方面存在不协调之处。

第五章

罗马俱乐部的极限论发展观

1968年，来自美国、德国等国家的30多名学者在罗马成立了一个非正式国际学术团体——罗马俱乐部。罗马俱乐部的目标是谋求"人类困境"的解决办法，并设法引起决策者和广大公众对这些问题的关注。这里的"人类困境"主要是指人同全球问题如自然资源枯竭、环境污染、人口过剩、战争危险等等的纠缠进行无穷的"搏斗"，而又把信仰放在物质增长的必然结果上。人类困境又可以分为人与自然、人与社会的外部困境和人与人自我的内部困境。《增长的极限》是罗马俱乐部的第一份研究报告，该书在全世界产生了巨大的影响，一出版便成为政界、企业界、学术界和其他各界的共同话题，并引发了关于增长极限的旷日持久的论争。该书曾再版十几次，被译成30多种文字，发行量高达1000万册，它成为世界各国100多所大专院校的教材，并曾被第三十一届联合国大会列为大会文件，被誉为"七十年代的爆炸性杰作"。以《增长的极限》为代表的极限论发展观对我国转变经济发展方式具有重要的启示价值。

以《增长的极限》为代表的极限论发展观认为，无限度的经济增长必然存在极限，解决办法是全球均衡增长。极限论发展观对我国经济社会发展具有重要的启示价值。转变经济发展方式应该做好以下几方面的工作：改革干部绩效考核制度，树立全新的政绩观；健全社会主义市场经济体制，建立资源和要素高效利用的激励机制；引导企业转变发展理念，构建有利于经济发展方式转变的微观基础；大力发展科学技术和教育，增强科技进步和自主创新能力。

一、《增长的极限》与极限论发展观

在《增长的极限》一书中，梅多斯等人运用系统动力学的方法描述人口、投资、粮食、资源、污染这五个影响增长的因素之间的相互关系，并借助电子计算机的演算和模拟，建立了著名的"世界体系模型"。该书认为："如果在世界人口、工业化、污染、粮食生产和资源消耗方面现在的趋势继续下去，这个行星上增长的极限有朝一日将在今后一百年中发生。最有可能的结果将是人口和工业生产力双方有相当突然的和不可控制的衰退。"[①]作者在该书1992年版又明确指出，人类在许多方面已经超出了地球的承载能力，世界经济的发展已经处于不可持续的状态。粮食短缺、气候变暖、臭氧层破坏等都可以被看作不可持续状态的征兆。影响经济增长的几个要素都呈现指数增长的态势，都有各自的极限并且相互作用。经济增长是有极限的，因为我们生活的地球上的资源是有限的；任何人类活动越是接近于地球承受这种活动能力的限度，权衡取舍就显得更加重要和更加艰难。因为这里所谓的"权衡"需要在目前利益和未来利益之间进行选择。我们"不可能确切地预言哪一种极限将首先出现或者后果会是怎样，因为人类对这种局面会有许多可以想象的、无法预言的反应。然而，人们可能研究世界系统中什么条件和什么变动可以导致社会和一个有限世界中的增长极限发生冲突，或者和这些极限相适应"[②]。所谓"经济增长极限"，就是环境-自然资源系统允许的最大的经济规模。增长极限的本质是在这个有限的地球上，人类始终追求着无限的发展——这带来地球人口的增加、资源的耗费以及能源的消费。增长在一定的时间内和一定的条件下将达到极限。这种极限性来自两个方面：自然的、物质的极限和人为的、社会的极限。人类的经济活动有三个可供选择的方案，即不受限制的增长、自己对增长加以限制和自然对增长加以限

① [美]梅多斯等:《增长的极限》，李宝恒译，四川人民出版社1983年版，第19页。

② [美]梅多斯等:《增长的极限》，于树生译，商务印书馆1984年版，第63页。

制,但事实上只有后面两种方案是可能的。现行的增长模式必然以灾难性的崩溃而告终。

《增长的极限》认为,要避免灾难性的结局,基本办法就是全球均衡增长。全球均衡状态的最基本的定义是人口和资本基本稳定,倾向于增加或减少它们的力量也处于控制之中。达到全球均衡状态,意味着生态和经济条件的稳定、人的基本物质需要的满足和实现个人潜力的机会均等。确立这种状态的关键是停止指数增长,使增长降为零度增长。该书提出这种模式并不是笼统地抑制增长,而是抑制资源消耗大、环境污染严重的行业的增长;而那些不需要不可代替的资源或不产生严重环境退化的人类活动可以无限增长,如教育、艺术、音乐、宗教、体育活动等。梅多斯等人假定自 1975 年起人口停止增长,1985 年起工业资本停止增长:"我们现在对全球均衡状态得到的一套最低的要求是:(1)工厂资本和人口在规模上不变。出生率等于死亡率,资本的投资率等于折旧率。(2)所有投入和产生的速率,包括出生、死亡、投资和折旧保持最小。(3)资本和人口的水平以及两者的比例安排得与社会价值一致。"[①]零度增长条件下的全球均衡,实际上是引起增长的力量和抑制增长的力量之间的均衡,是非停滞的均衡和人与人平等的均衡。

虽然以朱利安·林肯·西蒙为代表的反对派对极限论发展观持有异议,《增长的极限》所提出的"全球问题"的严峻性已为世人所认同。不时对人类社会"偷袭"的能源危机和资源短缺现象说明在一定的时期内,人类所能发现的资源和可供人类利用的资源总是有限的,合理利用资源是人类社会持续发展的必然选择。《增长的极限》确实有一些不尽完善之处,但我们不得不承认它的基本假设是正确的,即如果经济增长是依赖于对一个有限世界的无限索取,那么这种增长势必难以持久。如果超越纯经济的范畴,从一个更高的层次去审视它,它恰恰是可持续发展理念的源头所在。与西蒙在《没有极限的增长》中的盲目乐观主义相比,《增长的极限》中的观点更切合实际也更有说服力。

人们大多由《增长的极限》一书来了解罗马俱乐部的极限论发展观,但事实上,极限论发展观是不断发展变化的。极限论发展观主要经历了四个

---

① [美]梅多斯等:《增长的极限》,李宝恒译,四川人民出版社 1983 年版,第 200 页。

发展阶段:以《增长的极限》和《人类处在转折点》为代表的外部增长极限论→以《人类的目标》和《学无止境》为代表的内部增长极限论→以《重建国际秩序》《关于财富与福利的对话》和《微电子学与社会》等为代表的新人道主义构想→以《社会聚合的极限-多极社会的冲突与和解》和《私有的局限》为代表的社会聚合极限论。极限论发展观不断创新研究方法和拓宽关注视域,从技术分析扩展到社会问题分析和文化问题分析,从自然问题和社会问题扩展到主体人的心理、道德、价值和文化,从人与自然的矛盾冲突扩展到人与社会、人与人的危机,从物理极限扩展到社会极限,从外部极限扩展到内部极限,从生态失衡、资源浪费和环境污染等全球问题扩展到人类为改善生态环境的全球合作问题、资源利用的价值标准问题、环境治理中污染转移问题以及科技发展与人类自身素质提升、人类潜力开发和学习能力的矛盾问题。极限论发展观不断提出化解人类困境的新方案,从“零增长”到“有机增长”,从“增长”到“发展”,从“发展”到“可持续发展”。增长极限论思想的提出把个人与整个人类联系起来,把人类的现在和将来联系起来,把人类的行动和日的联系起来。如果罗马俱乐部预言的某个危机没有发生,不是因为它没有言中,而是因为人们听从了它的警告从而改变了事态的方向。

二、中国会遭遇经济增长的极限吗?

改革开放 40 多年以来,我们经济发展取得举世瞩目的巨大成就,但也存在着经济增长方式粗放、经济结构不合理、忽视生态环境保护等问题。据中国科学院有关专家预测,到 2030 年,中国与全球变化和全球荒漠化直接有关的指标——“大陆度”度量,与 1995 年相比,将提高 3.3 个百分点;发射入大气层中的温室气体也将增加 34～38 个百分点;年平均气温将上升 0.6℃～1.2℃;中国平均海平面升高 6.2～10.6 厘米,局部地区的海平面可能会上升 30 厘米,并将产生如下结果:

——人均水资源量将由 2600 立方米下降到 1950 立方米,每年人均下降 18 立方米;

——年平均陆地总蒸发量将增加 45 亿～50 亿立方米;

——旱地每年平均增加 6.7 万～8.0 万平方千米;

——土壤侵蚀面积将达到 145 万～150 万平方千米;

——荒漠化土地面积将增加27万～30万平方千米，每年约有1万平方千米土地荒漠化。

如果中国不能采取有效措施遏制生态环境的严重退化，即实现退化速率的“零增长”，而是按照目前的退化速度发展下去，100年后，年人均水资源量将不足50立方米。300年后，将有50%以上的国土荒漠化。①

近年来，我们国家一直倡导科学发展观，在环境保护方面也取得了积极的进展，但环境形势严峻的状况却仍然没有得到彻底改变，其中一个最重要的原因就是以GDP为衡量标准的政绩考核体系没有得到根本性的转变。许多地方GDP数字的增长是以“透支未来”“牺牲后代”为代价的。GDP只是衡量一个国家为增进国民生活福祉所投入的指标之一，并不是国民生活幸福程度的全部。罗伯特·肯尼迪在1968年的美国总统竞选时曾说：“GDP并没有考虑到我们孩子的健康、他们的教育质量，或者他们游戏的快乐。它也没有包括我们的诗歌之美或婚姻的稳定，没有包括我们关于公共问题争论的智慧或者我们公务员的廉正……简而言之，它衡量一切，但并不包括我们生活中有意义的东西……”

“十五”时期，我国能源、电力和投资相对于经济增长的弹性系数比“九五”时期提高1倍多；煤炭产量增长1倍多，水泥产量增长79%，钢材产量增长1.87倍。我国已经成为世界上煤炭、钢铁、铁矿石、氧化铝、铜、水泥消耗最大的国家，是世界上能源消耗的第二大国。2006年我国GDP达到27000亿美元，占世界GDP总量的5.5%左右。我们为此消耗24.6亿吨标准煤，约占世界煤炭消耗的15%；消耗的钢材为3.88亿吨，约占世界钢材消耗的30%；消耗的水泥达到12.4亿吨，大约占世界水泥消耗量的54%。② 这意味着我们为GDP的高增长已经付出了高消耗、高污染的沉重代价，而这种代价造成的资源损失和环境退化却是永远都无法挽回的。由于房地产业在GDP的增长中占据了相当大的比重，而且具有周期短、见效快等特点，房地产业也因此成为地方政府官员追求政绩的最好方式。然而，在房地产业快速拉动GDP数字增长的背后，受损害的是几千万失地农民的利益。一项调查显示，60%的失地农民生活处于艰难的境地。

---

① 参见陆际恩：《落实可持续发展战略必须首先实现三个“零增长”》，《南方论刊》2005年第10期。

② 参见方建中、周建波：《转变经济发展方式：取向与路径视角的考察》，《江海学刊》2008年第1期。

如果我国经济增长按照现有模式持续下去，必然会遭遇增长的极限。为了克服增长极限的瓶颈，推动中国可持续发展，中国科学院可持续发展研究课题组于1999年发表《中国可持续发展战略报告》。该报告提出：可持续发展最终必须归纳为三个“零增长”来实现和保持。“三个零增长”的时间表如下：2030年实现人口的零增长，同时实现人口素质能力上的高增长，从而消除可持续发展的第一个瓶颈；2040年实现物质与能源的零增长，同时实现国民财富的高增长，从而消除可持续发展的第二个瓶颈；2050年实现生态环境退化速度的零增长，同时实现人类生活质量和生存空间建设水平的高增长，从而消除可持续发展的第三个瓶颈。

三、中国转变经济发展方式的必要性

极限论发展观对我国经济社会发展具有重要的启示价值，转变经济发展方式迫在眉睫。习近平总书记指出：“加快经济发展方式转变是关系我国经济发展方向的重大战略。”[①]“经济增长”与“经济发展”是两个既相互联系又有很大区别的概念。经济增长主要是指一个国家或地区在一定时期内生产的物质产品和劳务在数量上的增加，可以用社会总产出的增加来表示，也可以用按人口计算的人均总产出的增加来表示。经济增长方式是指推动经济增长的各种生产要素投入及其组合的方式，其实质是主要依赖什么要素，借助什么手段，怎样实现经济增长。单纯的经济增长容易导致“有增长无发展”的局面。经济发展是指一个国家或地区人均实际福利的增长过程，不仅指社会财富的量的增多，还包括社会财富的质的提升，即经济结构、社会结构的优化，投入产出效益的提高，人民生活质量的改善等。经济发展的内涵至少包括四个方面：(1)经济实力的增长；(2)经济效率的进步；(3)经济制度的完善；(4)人自身价值的提升。经济发展方式是实现经济发展的方法、手段和模式，其中不仅包含经济增长方式，而且包括结构(经济结构、产业结构、城乡结构、地区结构等)、运行质量、经济效益、收入分配、环境保护、城市

---

① 习近平：《切实加强和改进党的建设 为加快经济发展方式转变提供有力保证》，《共产党员》2010年第5期。

化程度、工业化水平以及现代化进程等诸多方面的内容。[①] 转变经济发展方式，必须在需求结构、产业结构、要素投入结构、城乡结构、区域结构、分配结构等方面进行调整，最终的目标便是使经济发展方式从粗放型转变为集约型、从数量型转变为质量型、从非结构优化型转变为结构优化型、从政府主导型转变为市场主导型、从要素驱动型转变为创新驱动型、从不可持续型转变为可持续型。

转变经济发展方式是一项系统工程，应该从多个方面着手来下大力气解决，应该做好打持久战的心理准备。为了避免《增长的极限》所预言的可怕未来，更好地贯彻落实科学发展观，实现我国经济社会又好又快发展，建设资源节约型、环境友好型社会，笔者认为至少应该集中精力做好以下几个方面的工作：

改革干部绩效考核制度。改革开放以来，我们借鉴西方经济学理论，往往以 GDP 的总体规模和增长速度、引进外资的规模和增速等指标来考量政府领导干部的政绩。一些地区领导干部往往以牺牲良好生态环境为代价，片面追求经济的高速增长，大搞"形象工程"和"政绩工程"，重视"数量"而轻视"质量"，注重"规模"而忽视"结构"，看重"速度"而不讲"效率"，陷入"干部出数字，数字出干部"的怪圈。我们应该改变这种单纯以经济指标为核心的政绩考量体系，综合体现经济发展、为民服务、社会和谐、环境保护、百姓意见、城乡就业、资源节约等多重因素。我们要按照科学发展观的要求，以加快经济发展方式转变的实效来重新设计政府官员的绩效考核体系，引导各级政府部门转变职能，同时健全人民群众对政府权力部门和决策机构的有效监督，切实代表好和实现好最广大人民群众的根本利益。

健全社会主义市场经济体制。推进资源和要素价格体系改革，健全资源和要素高效利用的激励机制。资源和要素价格形成机制的不完善，导致对资源和要素的过度铺张浪费。我们不但要发挥市场机制在资源配置中的基础性作用，而且要发挥市场机制在促进产业结构调整、实现对企业的优胜劣汰、促进科技进步和用好人力资源等方面的作用。加快转变经济发展方式，必须以市场为导向，建立能够反映资源稀缺性、市场供求状况和环境代价的资源价格体系，健全与技术进步、人力资本积累相关的法律和政策，完

① 参见方建中、周建波：《转变经济发展方式：取向与路径视角的考察》，《江海学刊》2008 年第 1 期。

善专利制度、教育制度、研发和税收政策，提高科学发现和技术发明的转化速度，推行资源有偿开采制度，完善资本、土地、劳动力等要素市场，实行激励性、限制性和处罚性制度相结合的措施。综合运用绿色财税政策等经济手段，逐步淘汰高耗能、高污染、高排放的企业和产业。推广排污权许可和交易制度，严格限制高耗能、高污染产品和资源密集型产品出口。稳妥推进石油、天然气等资源性产品价格形成机制改革，提高资源税率，建立健全资源有偿使用制度和生态环境补偿制度，形成引导和激励市场主体节约资源、提高资源利用效率的机制。努力以最小的资源消耗和环境代价实现最大的发展效益，促使人与自然关系朝着和谐的方向发展，建设资源节约型、环境友好型社会。

引导企业转变发展理念，构建有利于经济发展方式转变的微观基础。国有企业要继续深化体制改革，优化国有经济布局和结构，建立规范的现代企业制度。现有的垄断行业应该引入竞争机制，推进企业重组并提高产业集中度。目前中国中小企业的总数已经占到企业总数的90%以上，对实体经济的贡献率超过80%，而且提供了绝大部分新增就业岗位。我们应该鼓励中小企业应用先进节能技术、回收再利用技术和环保技术，引导中小企业进军高新技术领域、现代服务业和节能环保行业。加快淘汰钢铁、煤炭、有色、化工、建材等能耗高的行业，有序发展资源利用率高、规模效益好的现代能源和原材料产业。促进企业发展由主要依靠增加资源消耗向主要依靠科技进步、劳动者素质提高和管理创新转变。江苏、广东、浙江、福建等沿海发达地区，可以充分利用国外的先进技术和经验，推动企业技术升级和流程再造，重视产业链上下游企业的空间布局和功能定位，对新能源、新材料、环保产业和农业产业一体化的规模企业给予必要的资金、政策、税收和服务支持。

大力发展科学技术和教育，增强科技进步和自主创新能力。我国属于处于价值链底端的后发国家，应该把技术创新上升到国家战略的高度。我们应该大力推进科技体制改革，形成科技和生产紧密结合的长效机制。鼓励本土企业在自主创新的驱动下向价值链顶端提升。推进高技术产业从加工组装向自主研发制造延伸，提升高技术产业附加值和核心竞争力，用高技术产业改造传统产业，推动传统产业转型升级。在经济发展过程中，大力推动理论创新、技术创新、制度创新和管理创新。黄泰岩先生认为，从既有的约束条件来看,中国的自主创新应主要采取以下三种方式:一是跨越式创新,有选择和有重点地追赶世界先进技术;二是集群式创新,通过推进产业集群发展,实现同一类型企业的集体创新和技术外溢;三是协作整合式创新,政府引导企业、大学、科研院所实现自主创新力量的整合。发达的经济是以先进的技术为基础的,先进的技术是以先进的教育和科学为基础的,这就要求我们继续实施教育优先发展的战略方针。

四、极限论发展观与致思路向的转变

增长极限论改变了人类的思维方向。传统的思维认为“增长即是发展,增长是直线的、无限的”,而极限论发展观认为应当从全局的、全球的、正负两面的角度来认识局部的、国家的和片面的增长问题,与增长极限论同时问世的是以全球问题为对象的新的研究领域和研究增长极限这一全球问题所采用的研究方法。增长极限论较之于单纯的经济增长论来说是一种进步。它首次提出了地球资源的极限和人类社会发展的极限的观点,对人类社会不断追求增长的发展模式提出了质疑和警告。人们不再单纯地把经济增长等同于社会发展和社会进步,开始思考“净化的增长”“质量增长”“适度增长”和其他可供选择的增长,并开始把增长概念和发展概念加以区别。人类开始注意经济增长与资源环境的协调,并考虑资源环境的极限对人类发展和人类行为的影响。

《增长的极限》一书所引起的世界性的争论,使人们认识到生态的承载力是有限的,资源的数量也是有限的。虽然科技进步能不断发现新的能源与资源,但在每一个特定的人类社会阶段,能源与资源危机总是人类必须面对的严峻挑战。从 20 世纪 70 年代至今的经济增长与全球环境日益恶化的态势表明,增长的极限是存在的,但是,如果可持续发展战略能够得到响应和推行,增长的极限同样是可变的。生态系统具有自我调节的功能,它会趋向于保持稳定。但外部干扰如果过于强烈,破坏了系统的自我调节功能,就会导致系统的失衡。《增长的极限》一书在表明经济活动对环境的影响和环境对经济活动的制约方面提出了一个令人信服的论点。

转变经济发展方式具有重大的现实意义,它是顺应世界发展新潮流的战略选择,是适应我国新阶段发展新要求的必然选择,是探索中国特色现代化道路的必然要求。杨欢进教授认为，当前我国转变经济发展方式，就是要从非结构优化型经济发展方式转变为结构优化型经济发展方式；从非协调型经济发展方式转变为协调型经济发展方式；从不可持续型经济发展方式转变为可持续型经济发展方式；从片面型经济发展方式转变为全面型经济发展方式；从投入主导型经济发展方式转变为创新主导型经济发展方式。实现经济发展方式转变，必须深化社会主义市场经济体制改革，完善市场体系，完善要素价格形成机制，深化财政金融体制改革，形成推动经济发展方式转变的长效机制。[①] 经济发展涉及生产、分配、交换、消费的各个环节，转变经济发展方式需要处理好生产力与生产关系、经济基础与上层建筑的关系，协调好经济建设、政治建设、文化建设和社会建设之间的关系。

① 参见杨欢进：《论转变经济发展方式》，《河北经贸大学学报》2008 年第 1 期。

中篇　马克思主义发展观

马克思主义发展观以科学的实践观为基础，揭示了社会是处在不断发展中的有机整体，社会发展是自然历史过程；社会发展是社会诸领域全面协调的发展；实现社会发展必须正确处理人与自然的关系；社会发展的最高目标是人的全面和自由发展。马克思主义发展观对推动人类社会发展进步起到了巨大的作用。

因篇幅所限，本篇所讲的马克思主义发展观以中国和苏联为例。

第六章

马克思、恩格斯的发展观

马克思、恩格斯的发展观是马克思主义发展观的经典代表。苏联、中国等国家的马克思主义发展观都是以马克思、恩格斯的发展哲学和发展观为基础，体现了科学性和价值性的统一、发展观和历史观的统一、合目的性和合规律性的统一，具有深厚的哲学基础。

一、社会发展的基础

马克思主义发展观是以唯物史观为指导的。马克思、恩格斯在研究社会历史发展进程的过程中逐步形成了独具特色的唯物主义发展观，马克思、恩格斯就社会发展的基础、社会发展的动力、社会发展的规律、未来社会的发展、社会发展与自然的关系等都阐述了自己的观点和看法。

马克思、恩格斯认为物质资料生产是社会发展的基础。恩格斯指出："根据唯物主义观点，历史中的决定性因素，归根结蒂是直接生活的生产和再生产。但是，生产本身又有两种。一方面是生活资料即食物、衣服、住房以及为此所必需的工具的生产；另一方面是人自身的生产，即种的蕃衍。一定历史时代和一定地区内的人们生活于其下的社会制度，受着两种生产的制约：一方面受劳动的发展阶段的制约，另一方面受家庭的发展阶段的制约。”[①]如果权衡这两种生产的重要性的话，物质资料生产则更具根本性，因为人类自身的生产也必须以物质资料的生产为基础。之所以说物质资料生产是社会发展的基础，是因为：

第一，物质资料生产是人类生存的基础。马克思、恩格斯在《德意志意识形态》中写道：“人们为了能够‘创造历史’，必须能够生活。但是为了生活，首先就需要吃喝住穿以及其他一些东西。因此第一个历史活动就是生产满足这些需要的资料，即生产物质生活本身，而且这是这样的历史活动，一切历史的一种基本条件，人们单是为了能够生活就必须每日每时去完成它，现在和几千年前都是这样。”[②]任何一个民族和社会，如果停止劳动，不用说一年，就是几个星期就要灭亡。马克思还在《资本论》中指出：“在劳动过程中，人的活动借助劳动资料使劳动对象发生预定的变化。过程消失在产品中。它的产品是使用价值，是经过形式变化而适合人的需要的自然物质。劳动与劳动对象结合在一起。劳动对象化了，而对象被加工了。在劳动者方面曾以动的形式表现出来的东西，现在在产品方面作为静的属性，以存在的形式表现出来。劳动者纺纱，产品就是纺成品。”[③]正是在这种意义上，马克思才认为物质资料生产是一切人类生存的第一个前提，也就是一切历史的第一个前提。

第二，物质资料生产是政治、社会和意识形态发展的基础。恩格斯指出：“每一历史时期的观念和思想也可以极其简单地由这一时期的经济的生活条件以及由这些条件决定的社会关系和政治关系来说明。历史破天荒第一次被置于它的真正基础上；一个很明显的而以前完全被人忽略的事实，即人们首先必须吃、喝、住、穿，就是说首先必须劳动，然后才能争取统治，从事政治、宗教和哲学等等，——这一很明显的事实在历史上的应有之义此时终于获得了承认。”[④]这种观点认为一切重要历史事件的终极原因和伟大动力是社会的经济发展、生产方式和交换方式的改变、由此产生的社会之划分为不同的阶级以及这些阶级彼此之间的斗争。恩格斯指出，“我们把经济条件

---

① 《马克思恩格斯选集》第 4 卷，人民出版社 1995 年版，第 2 页。

② 《马克思恩格斯选集》第 1 卷，人民出版社 1995 年版，第 79 页。

③ [德]马克思：《资本论》第 1 卷，人民出版社 2004 年版，第 211 页。

④ 《马克思恩格斯选集》第 3 卷，人民出版社 1995 年版，第 335～336 页。

看作归根到底制约着历史发展的东西”,“政治、法、哲学、宗教、文学、艺术等等的发展是以经济发展为基础的。但是,它们又都互相作用并对经济基础发生作用”。[①]

第三,物质资料生产是人的全面发展的基础。马克思和恩格斯指出:“个人怎样表现自己的生活,他们自己就是怎样。因此,他们是什么样的,这同他们的生产是一致的——既和他们生产什么一致,又和他们怎样生产一致。因而,个人是什么样的,这取决于他们进行生产的物质条件。”[②]马克思、恩格斯认为,物质资料生产的发达程度规定了人自由活动的限度。“人们每次都不是在他们关于人的理想所决定和所允许的范围之内,而是在现有的生产力所决定和所允许的范围之内取得自由的。”[③]“通过社会生产,不仅可能保证一切社会成员有富足的和一天比一天充裕的物质生活,而且还可能保证他们的体力和智力获得充分的自由发展和运用。”[④]物质资料生产水平决定了人的发展程度。

诚然,物质资料的生产是一切时代社会中的人们维系生命的必要条件,由此构成社会发展的绝对基础,但是在阶级社会里,由于生产资料占有的不同、社会分工的不同、劳动产品分配的不同等诸多因素,物质资料的生产异化为物对人的统治。正如恩格斯所说:“在生产自发地发展起来的一切社会中(今天的社会也属于这样的社会),不是生产者支配生产资料,而是生产资料支配生产者。在这样的社会中,每一种新的生产杠杆都必然地转变为生产资料奴役生产者的新手段。这首先是大工业建立以前的最强有力的生产杠杆——分工的特点。”[⑤]这种物质资料生产的异化现象是特定社会发展阶段的产物,只有“当社会成为全部生产资料的主人,可以在社会范围内有计划地利用这些生产资料的时候,社会就消灭了迄今为止的人自己的生产资料对人的奴役”[⑥]。也只有在此基础之上,人才能真正实现全面而自由的发展。

---

① 《马克思恩格斯选集》第 4 卷,人民出版社 1995 年版,第 732 页。
② 《马克思恩格斯选集》第 1 卷,人民出版社 1995 年版,第 67～68 页。
③ 《马克思恩格斯论教育》,人民教育出版社 1986 年版,第 82 页。
④ 《马克思恩格斯选集》第 3 卷,人民出版社 1995 年版,第 633 页。
⑤ 《马克思恩格斯选集》第 3 卷,人民出版社 1995 年版,第 641～642 页。
⑥ 《马克思恩格斯选集》第 3 卷,人民出版社 1995 年版,第 644 页。

二、社会发展的动力

人们对社会发展动力的思考由来已久，提出过诸如人性动力论、神性动力论、自然动力论、竞争动力论、民本动力论、理性动力论等思想，近现代西方学者则提出了更为具体的动力论，比如，哈耶克的自由竞争动力论、罗斯托的多因素动力论、韦伯的新教精神动力论、诺斯的制度创新动力论、熊彼特的企业家创新动力论、布莱克的技术革命动力论等。由于历史的局限性和研究视角的局限性，以往学者只能抓住社会发展推动力的某一个方面，马克思则透过社会发展的表象从根本上深刻揭示了社会发展的动力。

马克思主义认为社会发展是历史合力的结果。恩格斯说："历史是这样创造的：最终的结果总是从许多单个的意志的相互冲突中产生出来的，而其中每一个意志，又是由于许多特殊的生活条件，才成为它所成为的那样。这样就有无数互相交错的力量，有无数个力的平行四边形，由此就产生出一个合力，即历史结果，而这个结果又可以看作一个作为整体的、不自觉地和不自主地起着作用的力量的产物。因为任何一个人的愿望都会受到任何另一个人的妨碍，而最后出现的结果就是谁都没有希望过的事物。所以到目前为止的历史总是像一种自然过程一样地进行，而且实质上也是服从于同一运动规律的。但是，各个人的意志——其中的每一个都希望得到他的体质和外部的、归根到底是经济的情况（或是他个人的，或是一般社会性的）使他向往的东西——虽然都达不到自己的愿望，而是融合为一个总的平均数，一个总的合力，然而从这一事实中决不应作出结论说，这些意志等于零。相反地，每个意志都对合力有所贡献，因而是包括在这个合力里面的。"①正是由于各种力都在起作用而且彼此又相互作用，社会发展就表现为历史合力。

人类社会内部结构之间的相互作用、要素之间的矛盾运动都可以构成社会发展的动力。恩格斯说："一切社会变迁和政治变革的终极原因，不应当到人们的头脑中，到人们对永恒的真理和正义的日益增进的认识中去寻找，而应当到生产方式和交换方式的变更中去寻找；不应当到有关时代的哲

---

① 《马克思恩格斯选集》第4卷，人民出版社1995年版，第697页。

学中去寻找,而应当到有关时代的经济中去寻找。"[①]人类社会发展的动力系统包括生产力的跃进、生产关系各方面之间的矛盾、生产关系的调整、经济基础和上层建筑的矛盾、竞争、文化的传播、人类需要、科学技术的进步、社会分工、社会意识、阶级矛盾、革命和改革等等。其中,社会基本矛盾是社会发展的基本动力,阶级斗争是阶级社会发展的直接动力,改革是社会主义社会发展的主要动力。

社会基本矛盾是社会发展的基本动力。马克思说:"物质生活的生产方式制约着整个社会生活、政治生活和精神生活的过程。不是人们的意识决定人们的存在,相反,是人们的社会存在决定人们的意识。社会的物质生产力发展到一定阶段,便同他们一直在其中运动的现存生产关系或财产关系(这只是生产关系的法律用语)发生矛盾。于是这些生产关系便由生产力的发展形式变成生产力的桎梏。那时社会革命的时代就到来了。随着经济基础的变更,全部庞大的上层建筑也或慢或快地发生变革。"[②]

阶级斗争是阶级社会发展的直接动力。马克思说:"革命是历史的火车头。"[③]"革命之所以必需,不仅是因为没有任何其他的办法能够推翻统治阶级,而且还因为推翻统治阶级的那个阶级,只有在革命中才能抛掉自己身上的一切陈旧的肮脏东西,才能成为社会的新基础。"[④]马克思说:"无产阶级在反对有产阶级联合力量的斗争中,只有把自身组织成为与有产阶级建立的一切旧政党不同的、相对立的政党,才能作为一个阶级来行动。"[⑤]"正是旧的复杂的社会机体中阶级对抗的这种迅速而剧烈的发展,使革命成为社会进步和政治进步的强大推动力;正是新的党派的这种不断的迅速成长,一个接替一个掌握政权,使一个民族在这种剧烈的震动时期5年就走完在普通环境下100年还走不完的途程。"[⑥]所以说,阶级斗争是阶级社会发展的直接动力。

改革是社会主义社会发展的主要动力。恩格斯指出:"所谓'社会主义

---

① 《马克思恩格斯选集》第3卷,人民出版社1995年版,第741页。
② 《马克思恩格斯选集》第2卷,人民出版社1995年版,第32~33页。
③ 《马克思恩格斯选集》第1卷,人民出版社1995年版,第456页。
④ 《马克思恩格斯选集》第1卷,人民出版社1995年版,第91页。
⑤ 《马克思恩格斯选集》第2卷,人民出版社1995年版,第611页。
⑥ 《马克思恩格斯选集》第1卷,人民出版社1995年版,第512页。

社会'不是一种一成不变的东西，而应当和任何其他社会制度一样，把它看成是经常变化和改革的社会。它同现存制度的具有决定意义的差别当然在于，在实行全部生产资料公有制（先是单个国家实行）的基础上组织生产。"[①]毛泽东在《关于正确处理人民内部矛盾的问题》中指出："在社会主义社会中，基本的矛盾仍然是生产关系和生产力之间的矛盾，上层建筑和经济基础之间的矛盾。不过社会主义社会的这些矛盾，同旧社会的生产关系和生产力的矛盾、上层建筑和经济基础的矛盾，具有根本不同的性质和情况罢了。"[②]社会主义社会已经消灭了阶级和阶级对立，社会主义改革是为了解决生产关系不适应生产力、上层建筑不适应经济基础的矛盾，改革是社会主义制度的自我完善和发展，改革成为社会主义社会发展的主要推动力。

三、社会发展的规律

人类社会的发展是有规律的，探索人类社会发展规律是社会科学家的孜孜追求。不同的学者从不同的视角得出了不同的结论。神学家奥古斯丁说："人类的两个祖先最早生了该隐，他属于人间之城；后来生了亚伯，属于上帝之城。"[③]"人类社会从家庭开始，随后发展到城镇，然后发展出现整个世界。"[④]德国哲学家康德把一种先验的理性作为社会发展的基础。他指出，"自然在不可抗拒地要求着权利终将保持其至高无上的权力"[⑤]，"外在地要这样去行动：你的意志的自由行使，根据一条普遍法则，能够和所有其他人的自由并存"[⑥]。黑格尔在《历史哲学》中说："精神在本性上不是给偶然事故任意摆布的，它却是万物的绝对决定者；它全然不被偶然事故所动摇，而且还利用它们、支配它们。"[⑦]马克思高度评价了黑格尔关于社会发展规律的光辉思想："黑格尔第一次——这是他的伟大功绩——把整个自然的、历史的和精神的世界描写为一个过程，即把它描写为处在不断的运动、变化、转变

① 《马克思恩格斯选集》第4卷，人民出版社1995年版，第693页。
② 《毛泽东选集》第5卷，人民出版社1977年版，第373页。
③ ［古罗马］奥古斯丁：《上帝之城：驳异教徒》（中），吴飞译，三联书店2009年版，第228页。
④ ［古罗马］奥古斯丁：《上帝之城：驳异教徒》（下），吴飞译，三联书店2009年版，第139页。
⑤ ［德］康德：《康德著作全集》第8卷，李秋零编译，中国人民大学出版社2013年版，第126页。
⑥ ［德］康德：《历史理性批判文集》，何兆武译，商务印书馆1990年版，第41页。
⑦ ［德］黑格尔：《历史哲学》，王造时译，上海书店出版社1999年版，第57页。

和发展中，并企图揭示这种运动和发展的内在联系。”①可惜黑格尔是在唯心主义的道路上探寻社会发展的规律，走错了方向，因而没有揭示出社会发展的真正规律。

马克思和恩格斯认为历史的进化像自然的进化一样，有其内在规律。这些规律是以铁的必然性发生作用。恩格斯说：“现代唯物主义把历史看作人类的发展过程，而它的任务就在于发现这个过程的运动规律。”②马克思的整个学说建立在唯物主义的基础之上，他从社会经济中探寻社会发展的规律。他说：“我的研究得出这样一个结果：法的关系正像国家的形式一样，既不能从它们本身来理解，也不能从所谓人类精神的一般发展来理解，相反，它们根源于物质的生活关系，这种物质的生活关系的总和，黑格尔按照18世纪的英国人和法国人的先例，概括为‘市民社会’，而对市民社会的解剖应该到政治经济学中去寻求。”③社会发展规律是客观存在的，我们有必要掌握社会发展的规律。社会发展是个自然历史过程，即遵循普遍规律，又不排除特殊规律。

人的活动以现实的生产力为基础。马克思说：“人们不能自由选择自己的生产力——这是他们的全部历史的基础，因为任何生产力都是一种既得的力量，是以往的活动的产物。可见，生产力是人们应用能力的结果，但是这种能力本身决定于人们所处的条件，决定于先前已经获得的生产力，决定于在他们以前已经存在、不是由他们创立而是由前一代人创立的社会形式。”④“如果他要进行选择，他也总是必须在他的生活范围里面、在绝不由他的独自性所造成的一定的事物中间去进行选择的。”⑤“人们的社会历史始终只是他们的个体发展的历史，而不管他们是否意识到这一点。他们的物质关系形成他们的一切关系的基础。这些物质关系不过是他们的物质的和个体的活动所借以实现的必然形式罢了。”⑥社会发展客观规律的存在不以人的主观意志为转移。

---

① 《马克思恩格斯选集》第3卷，人民出版社1995年版，第362页。
② 《马克思恩格斯选集》第3卷，人民出版社1995年版，第364页。
③ 《马克思恩格斯选集》第2卷，人民出版社1995年版，第32页。
④ 《马克思恩格斯选集》第4卷，人民出版社1995年版，第532页。
⑤ 《马克思恩格斯全集》第3卷，人民出版社1960年版，第355页。
⑥ 《马克思恩格斯选集》第4卷，人民出版社1995年版，第532页。

恩格斯说："社会力量完全像自然力一样，在我们还没有认识和考虑到它们的时候，起着盲目的、强制的和破坏的作用。但是，一旦我们认识了它们，理解了它们的活动、方向和作用，那么，要使它们越来越服从我们的意志并利用它们来达到我们的目的，就完全取决于我们了。"[①]"一旦社会占有了生产资料……人们周围的、至今统治着人们的生活条件，现在受人们的支配和控制，人们第一次成为自然界的自觉的和真正的主人，因为他们已经成为自身的社会结合的主人了。人们自己的社会行动的规律，这些一直作为异己的、支配着人们的自然规律而同人们相对立的规律，那时就将被人们熟练地运用，因而将听从人们的支配。"[②]我们掌握和遵循社会发展规律是为了顺势推动社会和人的发展。

社会发展是个自然历史过程。马克思揭示了社会发展的基本规律：人类社会生活以物质资料的生产为基础；生产力决定生产关系，生产关系对生产力具有反作用，生产力和生产关系的相互作用是推动社会发展的根本动力；经济基础决定上层建筑，上层建筑对经济基础具有反作用，生产力和生产关系、经济基础和上层建筑的矛盾运动推动社会有规律地发展；人类社会由低级阶段不断地向高级阶段发展。马克思还根据不同的标准对社会发展阶段进行了划分，马克思从人的发展这一视角把社会发展划分为三个阶段："人的依赖关系（起初完全是自然发生的），是最初的社会形态，在这种形态下，人的生产能力只是在狭窄的范围内和孤立的地点上发展着。以物的依赖性为基础的人的独立性，是第二大形态，在这种形态下，才形成普遍的社会物质交换，全面的关系，多方面的需求以及全面的能力的体系。建立在个人全面发展和他们共同的社会生产能力成为他们的社会财富这一基础上的自由个性，是第三个阶段。"[③]马克思在《〈政治经济学批判〉序言》中提出人类社会演进的几个时代："大体说来，亚细亚的、古代的、封建的和现代资产阶级的生产方式可以看作是经济的社会形态演进的几个时代。"[④]这实质是依据欧洲历史总结出来的发展规律。

马克思曾对米海洛夫斯基把西欧社会演进路径的理论套用于东方社会

---

① 《马克思恩格斯选集》第 3 卷，人民出版社 1995 年版，第 630 页。
② 《马克思恩格斯选集》第 3 卷，人民出版社 1995 年版，第 633～634 页。
③ 《马克思恩格斯全集》第 46 卷（上），人民出版社 1979 年版，第 104 页。
④ 《马克思恩格斯选集》第 2 卷，人民出版社 1995 年版，第 33 页。

的做法予以批评："他一定要把我关于西欧资本主义起源的历史概述彻底变成一般发展道路的历史哲学理论，一切民族，不管它们所处的历史环境如何，都注定要走这条道路，——以便最后都达到在保证社会劳动生产力极高度发展的同时又保证每个生产者个人最全面的发展的这样一种经济形态。但是我要请他原谅。他这样做，会给我过多的荣誉，同时也会给我过多的侮辱。"①马克思于 1881 年 2 月底在给俄国民粹派革命家查苏里奇的复信第一份草稿中指出，俄国的农村公社在一定条件下，"有可能不通过资本主义制度的卡夫丁峡谷，而享用资本主义制度的一切肯定成果"。马克思鼓励不同的国家和民族探索适合本国国情的发展道路。

四、未来社会的发展

马克思在发现人类社会的发展规律之后，预言未来社会发展的形态必将是共产主义社会，人类必将实现从必然王国到自由王国的飞跃。马克思在《1844 年经济学哲学手稿》中科学阐释了共产主义的内涵："共产主义是私有财产即人的自我异化的积极的扬弃，因而是通过人并且为了人而对人的本质的真正占有；因此，它是人向自身、向社会的（即人的）人的复归，这种复归是完全的、自觉的而且保存了以往发展的全部财富的。这种共产主义，作为完成了的自然主义，等于人道主义；而作为完成了的人道主义，等于自然主义。它是人和自然界之间，人和人之间的矛盾的真正解决，是存在和本质、对象化和自我确证、自由和必然、个体和类之间的斗争的真正解决。它是历史之谜的解答，而且知道自己就是这种解答。"②马克思在《哥达纲领批判》中同样天才般地描绘了共产主义社会的美好画卷："在共产主义社会高级阶段，在迫使个人奴隶般地服从分工的情形已经消失，从而脑力劳动和体力劳动的对立也随之消失之后；在劳动已经不仅仅是谋生的手段，而且本身成了生活的第一需要之后；在随着个人的全面发展，他们的生产力也增长起来，而集体财富的一切源泉都充分涌流之后，——只有在那个时候，才能完全超出资产阶级权利的狭隘眼界，社会才能在自己的旗帜上写上：各尽所

① 《马克思恩格斯选集》第 3 卷，人民出版社 1995 年版，第 341～342 页。
② 《马克思恩格斯全集》第 42 卷，人民出版社 1979 年版，第 120 页。

能，按需分配！”[①]

共产主义社会是人类社会高度发展之后所呈现出的社会形态，我们所处的现状与之有较大的差距，这需要人们经过十几代人、几十代人甚至更长时间的艰苦奋斗来为共产主义奠定基础，否则容易犯左倾冒进的错误。“共产主义对我们来说不是应当确立的状况，不是现实应当与之相适应的理想。我们所称为共产主义的是那种消灭现存状况的现实的运动。这个运动的条件是由现有的前提产生的。”[②]共产主义社会建立在生产力高度发展的基础之上，如果没有生产力的高度的发展，共产主义只能是人们头脑中的乌托邦。“没有蒸汽机和珍妮走锭精纺机就不能消灭奴隶制；没有改良的农业就不能消灭农奴制；当人们还不能使自己的吃喝住穿在质和量方面得到充分保证的时候，人们就根本不能获得解放。‘解放’是一种历史活动，不是思想活动，‘解放’是由历史的关系，是由工业状况、商业状况、农业状况、交往状况促成的[……]。”[③]追求共产主义社会理想不能超越现有的生产力发展水平。

社会分工是人与社会关系异化的一种表现，未来的共产主义社会将消除社会分工。在社会分工出现之后，每个人都有一个被强加的活动范围和一个固定的职业，人的活动作为一种异己的力量压迫人本身。马克思说：“搬运夫和哲学家之间的原始差别要比家犬和猎犬之间的差别小得多，他们之间的鸿沟是分工掘成的。”[④]“而在共产主义社会里，任何人都没有特殊的活动范围，而是都可以在任何部门内发展，社会调节着整个生产，因而使我有可能随自己的兴趣今天干这事，明天干那事，上午打猎，下午捕鱼，傍晚从事畜牧，晚饭后从事批判，这样就不会使我老是一个猎人、渔夫、牧人或批判者。”[⑤]在共产主义社会，人人皆可自由挑选自己的职业和转换自己的社会角色。

共产主义社会建立在生产资料公有制的基础之上。恩格斯指出，共产主义与资本主义“具有决定意义的差别当然在于，在实行全部生产资料公有

① 《马克思恩格斯选集》第3卷，人民出版社1995年版，第305～306页。

② 《马克思恩格斯选集》第1卷，人民出版社1995年版，第87页。

③ 《马克思恩格斯选集》第1卷，人民出版社1995年版，第74～75页。

④ 《马克思恩格斯全集》第4卷，人民出版社1958年版，第160页。

⑤ 《马克思恩格斯选集》第1卷，人民出版社1995年版，第85页。

制(先是单个国家实行)的基础上组织生产”[①]。马克思在《哥达纲领批判》中写道:“在一个集体的、以生产资料公有为基础的社会中,生产者不交换自己的产品;用在产品上的劳动,在这里也不表现为这些产品的价值,不表现为这些产品所具有的某种物的属性,因为这时,同资本主义社会相反,个人的劳动不再经过迂回曲折的道路,而是直接作为总劳动的组成部分存在着。”[②]马克思、恩格斯设想:“一旦社会占有了生产资料,商品生产就将被消除,而产品对生产者的统治也将随之消除。社会生产内部的无政府状态将为有计划的自觉的组织所代替。”[③]恩格斯认为废除私有制的主要结果是:“由社会全体成员组成的共同联合体来共同地和有计划地利用生产力;把生产发展到能够满足所有人的需要的规模;结束牺牲一些人的利益来满足另一些人的需要的状况;彻底消灭阶级和阶级对立;通过消除旧的分工,通过产业教育、变换工种、所有人共同享受大家创造出来的福利,通过城乡的融合,使社会全体成员的才能得到全面发展。”[④]同时,“私有制只有在个人得到全面发展的条件下才能消灭,因为现存的交往形式和生产力是全面的,所以只有全面发展的个人才可能占有它们,即才可能使它们变成自己的自由的生活活动”[⑤]。

在未来的社会中,国家没有存在的必要。恩格斯说:“随着阶级的消失,国家也不可避免地要消失。在生产者自由平等的联合体的基础上按新方式来组织生产的社会,将把全部国家机器放到它应该去的地方,即放到古物陈列馆去,同纺车和青铜斧陈列在一起。”[⑥]国家是自然而然地消失的。

共产主义社会是人全面而自由发展的社会。恩格斯说:“生产劳动给每一个人提供全面发展和表现自己全部的即体力的和脑力的能力的机会,这样,生产劳动就不再是奴役人的手段,而成了解放人的手段,因此,生产劳动就从一种负担变成一种快乐。”[⑦]《共产党宣言》指出:“代替那存在着阶级和阶级对立的资产阶级旧社会的,将是这样一个联合体,在那里,每个人的自

---

① 《马克思恩格斯选集》第 4 卷,人民出版社 1995 年版,第 693 页。
② 《马克思恩格斯选集》第 3 卷,人民出版社 1995 年版,第 303 页。
③ 《马克思恩格斯选集》第 3 卷,人民出版社 1995 年版,第 633 页。
④ 《马克思恩格斯选集》第 1 卷,人民出版社 1995 年版,第 243 页。
⑤ 《马克思恩格斯全集》第 3 卷,人民出版社 1960 年版,第 516 页。
⑥ 《马克思恩格斯选集》第 4 卷,人民出版社 1995 年版,第 174 页。
⑦ 《马克思恩格斯全集》第 20 卷,人民出版社 1971 年版,第 318 页。

由发展是一切人的自由发展的条件。"[①]共产主义社会是人类社会发展的最高理想追求。

五、社会发展与自然

马克思主义自然观是以实践为基础的人化自然观。马克思曾说:"被抽象地孤立地理解的、被固定为与人分离的自然界,对人说来也是无。"[②]马克思主义自然观从本体论的高度揭示了人与自然是一个有机的统一整体。首先,人是自然界的一部分,自然界支撑着人的生命系统。"自然界,就它自身不是人的身体而言,是人的无机的身体。人靠自然界生活。这就是说,自然界是人为了不致死亡而必须与之处于持续不断的交互作用过程的、人的身体。所谓人的肉体生活和精神生活同自然界相联系,不外是说自然界同自身相联系,因为人是自然界的一部分。"[③]人是自然界发展到一定阶段的产物,是自然界长期演化的结果。"历史本身是自然史的即自然界成为人这一过程的一个现实部分。"[④]"人同自然界的关系直接就是人和人之间的关系,而人和人之间的关系直接就是人同自然界的关系,就是他自己的自然的规定。"[⑤]其次,不仅人的物质生活离不开自然界,人的精神生活也离不开自然界;不仅人的实践活动离不开自然界,人的思维活动也离不开自然界。大自然不仅提供了人生活的家园,而且还构筑了人精神的寓所;大自然不仅哺育了人的生命,而且还陶冶了人的心灵。"从理论领域来说,植物、动物、石头、空气、光等等,一方面作为自然科学的对象,一方面作为艺术的对象,都是人的意识的一部分,是人的精神的无机界,是人必须事先进行加工以便享用和消化的精神食粮。"[⑥]因此,马克思、恩格斯认为人与自然是一个有机的统一体,不能把二者割裂和对立起来。马克思说:"历史可以从两方面来考察,可以把它划分为自然史和人类史。但这两方面是密切相连的;只要有人存在,

---

① 《马克思恩格斯选集》第1卷,人民出版社1995年版,第294页。

② 《马克思恩格斯全集》第42卷,人民出版社1979年版,第178页。

③ [德]马克思:《1844年经济学哲学手稿》,人民出版社2000年版,第56~57页。

④ 《马克思恩格斯全集》第42卷,人民出版社1979年版,第128页。

⑤ 《马克思恩格斯全集》第42卷,人民出版社1979年版,第119页。

⑥ [德]马克思:《1844年经济学哲学手稿》,人民出版社2000年版,第67页。

自然史和人类史就彼此相互制约。”[①]

人不仅是自然存在物，而且是类存在物，所以人不仅在自我的存在中确证自身，而且在自己的知识中表现自身。自在自然并不适合人的生存，人也不能像动物那样直接生存于自然界，人的实践活动对自然界的改造恰恰是人的本质力量的体现。只有在人的实践活动中，“自然的历史和历史的自然”才是统一的。“整个所谓世界历史不外是人通过人的劳动而诞生的过程，是自然界对人说来的生成过程，……因为人和自然界的实在性，即人对人说来作为自然界的存在以及自然界对人说来作为人的存在，已经变成实践的、可以通过感觉直观的。”[②]人通过实践活动把自然存在变成对象性存在，自在自然不断转化成人化自然。

马克思主义自然观认为自然规律是一种客观存在。马克思说：“自然规律是根本不能取消的。在不同的历史条件下能够发生变化的，只是这些规律借以实现的形式。”[③]马克思主义强调在人的实践活动中必须以遵循自然规律为前提。恩格斯在历数美索不达米亚、希腊、小亚细亚等地的先民为垦荒而滥伐森林，从而使古文明遭受灾难的事实之后，告诫人们：“我们不要过分陶醉于我们人类对自然界的胜利。对于每一次这样的胜利，自然界都对我们进行报复。每一次胜利，起初确实取得了我们预期的结果，但是往后和再往后却发生完全不同的、出乎预料的影响，常常把最初的结果又消除了。”恩格斯接着说：“我们每走一步都要记住：我们统治自然界，决不像征服者统治异族人那样，决不是像站在自然界之外的人似的，——相反地，我们连同我们的肉、血和头脑都是属于自然界和存在于自然之中的；我们对自然界的全部统治力量，就在于我们比其他一切生物强，能够认识和正确运用自然规律。”[④]我们不仅要尊重人的权利，更要尊重自然法则。

马克思认为：“一切生产都是个人在一定社会形式中并借这种社会形式而进行的对自然的占有。”[⑤]大工业社会的生产实践活动是人的本质力量的集中体现，资本主义这种社会形式使人对自然的占有达到了登峰造极的地

---

① 《马克思恩格斯全集》第3卷，人民出版社1960年版，第20页。
② 《马克思恩格斯全集》第42卷，人民出版社1979年版，第131页。
③ 《马克思恩格斯全集》第32卷，人民出版社1974年版，第541页。
④ 《马克思恩格斯选集》第4卷，人民出版社1995年版，第383～384页。
⑤ 《马克思恩格斯全集》第46卷(上)，人民出版社1979年版，第24页。

步。但是,资本主义生产方式具有反自然的本性,给自然和人带来深重灾难。“资本主义生产使它汇集在各大中心的城市人口越来越占优势,这样一来,它一方面聚集着社会的历史动力,另一方面又破坏着人和土地之间的物质变换,也就是使人以衣食形式消费掉的土地的组成部分不能回到土地,从而破坏土地持久肥力的永恒的自然条件。这样,它同时就破坏城市工人的身体健康和农村工人的精神生活。”①恩格斯指出:“到目前为止的一切生产方式,都仅仅以取得劳动的最近的、最直接的效益为目的。那些只是在晚些时候才显现出来的、由于逐渐的重复和积累才产生效应的较远的结果,则完全被忽视了。”②马克思主义在对资本主义生产方式进行严厉批判的同时,指明了人与自然和谐发展的正确路向。

马克思、恩格斯认为解决人与自然关系异化的根本途径是对社会制度进行彻底变革,共产主义是实现人与自然关系和谐的理想社会制度。“社会化的人,联合起来的生产者,将合理地调节他们和自然之间的物质变换,把它置于他们的共同控制之下,而不让它作为盲目的力量来统治自己;靠消耗最小的力量,在最无愧于和最适合于他们的人类本性的条件下来进行这种物质变换。”③马克思主义自然观认为生态问题的实质是社会问题,只有消灭私有制,才能消除人类不合理争夺利用自然的根源,只有实现共产主义,才能实现自然主义和人道主义的统一,科学和价值的统一,合目的性和合规律性的统一,人与自身的和解以及人与自然的和解的统一。马克思主义自然观是一种从社会历史观视域科学阐释人与自然关系的合理范式,是建设社会主义生态文明的重要理论基础。

社会主义生态文明建设必须以马克思主义自然观为指导,正确处理人与自然的关系。马克思认为社会发展是一个自然的历史的过程,人与自然之间的实践关系表现为人化自然的关系,为我们理解生态文明的本质奠定了思想理论基础。马克思主义自然观是生态主义的自然观,因为它强调人与自然的和谐统一。

马克思主义自然观认为生态环境问题是由工具理性(形式化的理性)和

① 《马克思恩格斯全集》第23卷,人民出版社1972年版,第552页。
② 《马克思恩格斯选集》第4卷,人民出版社1995年版,第385页。
③ 《马克思恩格斯全集》第25卷,人民出版社1974年版,第926～927页。

价值理性(实质化的理性)之间的冲突和张力造成的。在市场经济诱导下,私有制的形式理性必然支配实质理性。生态危机本质上是人的内在危机的外在化,环境问题说到底是人的问题。人的类特性的根本特征,是自身本质力量的对象化。在工业文明时代后期,由于人的对象化的行为超出了对象自身的承载能力,人的本质力量发生异化。恩格斯强烈批评不顾长远利益只顾眼前利益的竭泽而渔式发展方式。恩格斯警告说:“如果我们需要经过几千年的劳动才稍微学会估计我们生产行动的比较远的自然影响,那末我们想学会预见这些行动的比较远的社会影响就困难得多了。”[①]

马克思主义自然观强调人与自然在相处的过程中要不断变革自己的思维方式。“人的思维的最本质的和最切近的基础,正是人所引起的自然界的变化,而不仅仅是自然界本身;人在怎样的程度上学会改变自然界,人的智力就在怎样的程度上发展起来。”[②]恰如生态社会主义致力于追求那种“把动物、植物和星球生态系统的其他要素组成的共同体带入一种兄妹关系,而人类只是其中一部分的社会主义”一样,社会主义生态文明建设要求我们将绿色视为社会主义的基本属性。

马克思主义自然观认为只有迈入共产主义才意味着生态环境问题的彻底解决。“这种共产主义,作为完成了的自然主义,等于人道主义;而作为完成了的人道主义,等于自然主义。它是人和自然界之间、人和人之间的矛盾的真正解决,是存在和本质、对象化和自我确证、自由和必然、个体和类之间的斗争的真正解决。它是历史之谜的解答,而且知道自己就是这种解答。”[③]由此可见,社会主义生态文明建设的目标与共产主义的目标具有内在统一性,抑或可以说生态文明是共产主义的重要特征,共产主义是生态文明的根本保证。

马克思主义的发展哲学和发展观从世界普遍联系和永恒发展的观点出发,把社会看作一个由各个要素和子系统组成的有机整体,社会发展是社会诸领域全面协调的发展;以科学的实践观为基础,论证社会发展是自然历史过程,既强调社会发展的客观规律性,又指出人的自觉活动在社会历史发展

---

① 《马克思恩格斯全集》第 20 卷,人民出版社 1971 年版,第 520 页。
② 《马克思恩格斯选集》第 4 卷,人民出版社 1995 年版,第 329 页。
③ 《马克思恩格斯全集》第 42 卷,人民出版社 1979 年版,第 120 页。

中的作用;从以科学的实践观为基础的认识论出发,强调要尊重客观规律,实现社会发展要正确处理人和自然的关系,促进人和自然的和谐发展;从马克思主义历史观的高度,强调和重视人的发展,把社会的发展看作以人为中心的发展。马克思主义发展哲学是中国社会主义现代化建设的理论基础,是当代中国科学的发展观的理论基础和思想源泉,是指导中国现代化建设的唯一科学的发展哲学。[①] 只有以马克思主义发展观为视角,才能正确认识发展问题,作出科学判断,制定正确方针。

① 参见危敬祥、吴昌林:《关于科学发展观的哲学思考》,《求实》2006年第1期。

第七章

苏联的马克思主义发展观

苏联作为世界上第一个社会主义国家，建国之后开始探索建设社会主义的道路，逐渐形成了具有苏联特色的马克思主义发展观，指引苏联取得了社会主义建设的巨大进步，同时，因为其发展观存在瑕疵，苏联的社会主义建设也遇到一些挫折。解读苏联的马克思主义发展观，对于当今的社会主义建设依然具有借鉴意义。

一、列宁时期的发展观

列宁在领导苏俄进行社会主义建设的过程中，对国家发展问题进行了不懈探索，逐渐形成了列宁发展观。列宁指出："发展成帝国主义即垄断资本主义的资本主义，在战争的影响下变成了国家垄断资本主义。我们现在达到了世界经济发展的这样一个阶段，这个阶段已是贴近社会主义的前阶……因此，在俄国爆发的社会主义革命，仅仅是世界社会主义革命的开始。和平与面包，推翻资产阶级，用革命手段医治战争创伤，社会主义的完全胜利，这就是斗争的目的。"①列宁发展观是列宁社会主义建设思想的重要

① 《列宁全集》第33卷，人民出版社1985年版，第171～172页。

组成部分，是列宁主义思想体系的重要组成部分。

列宁认为，国家要发展首先要赢得战争，为此他推出“战时共产主义”政策。列宁说道：“当孟什维克、社会革命党人、考茨基之流说我们实行这种‘战时共产主义’是一种过错时，他们实际上起了资产阶级走狗的作用。应当说我们实行‘战时共产主义’是一种功劳……但同样必须知道这个功劳的真正限度。‘战时共产主义’是战争和经济破坏迫使我们实行的。它不是而且也不能是一项适应无产阶级经济任务的政策。它是一种临时的办法。”[①]在列宁意识到“战时共产主义”政策的弊端时，他以一个真正马克思主义者的态度，转而推行新经济政策。新经济政策实行一年后立竿见影。列宁晚年发展观在其新经济政策中得到全面展现。

关于如何看待资本主义的发展，列宁指出：“承认与先进国家的发展差距，虚心学习先进经验，这就迈出了赶超的第一步。”正如列宁所说：“我们应当大胆承认，在这方面还有很多东西可以而且应当向资本家学习。我们要一个个省、一个个县、一个个乡、一个个村地来比较实际经验的总结：在某个地方，私人资本家和小资本家取得了什么什么成绩。他们得到的利润大概有多少。这就是我们‘为了学习’而付出的费用或酬金。为了学习要不惜破费，只要能学到东西就行。”[②]

关于如何实现社会主义的发展，列宁阐述道：“既然我们还不能实现从小生产到社会主义的直接过渡，所以作为小生产和交换的自发产物的资本主义，在一定程度上是不可避免的，所以我们应该利用资本主义（特别是要把它纳入国家资本主义的轨道）作为小生产和社会主义之间的中间环节，作为提高生产力的手段、途径、方法和方式。”[③]

关于如何看待社会主义的发展和资本主义发展的关系，列宁指出：“他们企图腐蚀我们的农民、我们的群众。作为小业主的农民，其本性是倾向自由贸易的，而我们则认为这种行为是犯罪的。国家要同这种行为进行斗争。正是在这方面我们应当让社会主义和资本主义这两种经营方式较量较量。这也是一场战争，在这场战争中我们也应当进行坚决的战斗。”[④]从马克思主

① 《列宁选集》第4卷，人民出版社1995年版，第502页。
② 《列宁选集》第4卷，人民出版社1995年版，第513页。
③ 《列宁选集》第4卷，人民出版社1995年版，第510页。
④ 《列宁选集》第4卷，人民出版社1995年版，第331页。

义发展观的高度来把握列宁发展观的精神实质，是深入认识苏联早期发展成就的窗口，这对中国特色社会主义发展观的发展完善具有重要启示意义。

二、斯大林时期的发展观

斯大林时期的苏联社会生产力发展迅速，仅仅通过两个“五年计划”，1936年时的苏联经济实力已跃居欧洲第一、世界第二，这样的发展成就跟斯大林的发展观的指引是分不开的。黄宗良将斯大林的发展观概括为八重八轻：“重政治轻经济、重工轻农、重重工业轻轻工业、重军工轻民用、重速度轻效益、重积累轻消费、重计划轻市场、重国家利益轻个人利益。”[①]斯大林的发展观既有很多可取之处，但也存在诸多的问题。

斯大林非常重视发展问题，他认为社会主义比资本主义有更好的发展前景。斯大林分析说：“为什么资本主义打破和战胜了封建制度呢？因为它创造了更高的劳动生产率，它使社会有可能得到比在封建制度下多得多的产品。因为它使社会更加富足了。为什么社会主义能够、应当而且一定会战胜资本主义经济制度呢？因为它能比资本主义经济制度创造出更高的劳动典范，更高的劳动生产率。因为它能比资本主义经济制度给予社会更多的产品，使社会更加富足起来。”[②]社会主义社会应该充分发掘在生产力发展方面的优势。

斯大林认为社会发展是一个全面的过程，包含了社会生产生活的各个方面。斯大林指出：“现在，当我们已进入新的经济建设时期，当我们已从战争转到和平工作的时候，‘一切为了战争’这个旧口号就必然为‘一切为了国民经济’这个新口号所代替。这个新时期要求共产党员把全部力量投到经济战线上，投到工业、农业、粮食工作、合作社、运输业等等上去。”[③]斯大林还指出：“社会主义只有在社会生产力蓬勃发展的基础上，在产品和商品十分丰富的基础上，在劳动者生活富裕的基础上，在文化水平急速提高的基础上才能建成。”[④]斯大林眼中的发展不仅仅是经济发展，还包括文化发展等领

① 黄宗良：《科学发展观同斯大林模式发展观的比较》，《探索与争鸣》2009年第2期。
② 《斯大林选集》下卷，人民出版社1979年版，第375页。
③ 《斯大林全集》第5卷，人民出版社1957年版，第72页。
④ 《斯大林选集》下卷，人民出版社1979年版，第339页。

域，为社会主义国家文化事业的发展提供了宝贵的精神财富。

在社会总体发展布局中，斯大林尤其重视重工业的发展。1946 年 2 月，斯大林回顾国家工业化时期时说得最为清楚："苏维埃的国家工业化方法，与资本主义的工业化方法根本不同。在资本主义国家，工业化通常都是从轻工业开始。……我国共产党也就拒绝了'通常的'工业化道路，而从发展重工业开始来实行国家工业化。"①但这也在一定程度上造成了国民经济发展的失调。

在斯大林发展观的指引下，苏联取得了巨大的发展成就，但也走了许多的弯路，付出了许多的代价。斯大林的发展观中的许多精华值得后人学习借鉴，当然，他的发展观中的教训也时刻提醒我们不要重蹈覆辙。

三、赫鲁晓夫时期的发展观

赫鲁晓夫的发展观与斯大林的发展观迥异，同时，赫鲁晓夫的发展观与斯大林的发展观又有着千丝万缕的联系，赫鲁晓夫的发展观是建立在批判斯大林发展观的基础上的。赫鲁晓夫认为，国家和社会要发展，苏联的社会经济要不断迈向现代化，必须从根本上改革斯大林的体制模式，苏联要大刀阔斧地进行改革，不断破除旧体制的弊端，朝着政治民主化和经济市场化的方向发展。

赫鲁晓夫非常重视农业的改革发展。农业发展一直是苏联国民经济发展的薄弱环节。赫鲁晓夫认为玉米在任何气候条件下都可以收获，1953 年 9 月，赫鲁晓夫提出了应该大面积播种玉米的倡议。根据赫鲁晓夫的建议，苏联中央委员会通过了一项发展农业的决议。赫鲁晓夫不顾条件扩种玉米，取消农民的个人副业，停止采用草田轮作制等政策，产生了严重的消极后果，"玉米运动"最终以失败而告终。

赫鲁晓夫也致力于工业的改革发展。1957 年 1 月 28 日，赫鲁晓夫向苏共中央主席团提交了《关于完善工业和建筑业的管理体制的几点意见》。1957 年 5 月 10 日，苏联最高苏维埃通过了《关于进一步完善工业和建筑业管理的组织工作》的法令。这项改革的目的是要消除工业管理体制方面的

① 《斯大林选集》下卷，人民出版社 1979 年版，第 496 页。

种种弊端，但实施效果却并不令人满意。有的苏联学者指出："这样全面的工业改革，不言而喻是一项十分复杂的工作，应该经过几个州若干年试点后，再在全国范围内推广。报刊上对改革计划的种种分析，不能代替实际的尝试。"[①]这种将"条条"部门管理改为"块块"地区管理的方法并没有解决根本问题。

赫鲁晓夫的发展观具有一定可借鉴之处，其发展观指导下的改革也具有一定的成效。美国前总统尼克松曾经说过："在第二次世界大战以后的年代里，没有一位世界领袖人物的成败能像赫鲁晓夫的成败如此急剧地和决定性地改变历史的进程。"[②]赫鲁晓夫敢于改革的勇气值得后人学习。

"从某种程度上过来说，赫鲁晓夫是把农业发展问题当成了一个政治问题，他并没有将农业问题归类到经济问题中，而是把它当成社会主义和资本主义比赛中的一颗重要棋子。比如说利用'赶超美国'之类的政治口号来鼓动群众，幻想靠这种口号来激发群众的积极性，但却忽视了寻求、探索和总结农业经济发展的规律。"[③]所以，赫鲁晓夫的发展观存在一定的偏差，赫鲁晓夫的改革最终未能成功。

四、勃列日涅夫时期的发展观

弄清楚本国所处的发展阶段，是谋划本国发展的最基本前提。勃列日涅夫对于苏联社会主义社会发展阶段问题进行了深入探索，试图回答这一重要的科学社会主义问题。勃列日涅夫在《关于苏联宪法草案及全民讨论的结果》的报告中指出："现在苏联已经建成发达社会主义，这是新社会的成熟阶段。在这个阶段里，按照社会主义内在固有的集体主义原则完成对全部社会关系的改造。"[④]勃列日涅夫作出的这一判断，实质上否定了赫鲁晓夫"全面开展共产主义"和"二十年基本建成共产主义社会"的错误定位，是关于社会主义社会发展阶段定位的一大进步，但该论断仍然对苏联的社会发

① [苏]罗伊·麦德维杰夫等：《赫鲁晓夫的执政年代》，邹子婴等译，吉林人民出版社 1981 年版，第 103 页。

② [美]尼克松：《领袖们》，刘湖译，知识出版社 1984 年版，第 230 页。

③ 陈婉玲：《赫鲁晓夫农业改革》，上海师范大学硕士学位论文，2018 年。

④ 《勃列日涅夫言论》第 13 集，上海人民出版社 1981 年版，第 409 页。

展阶段作出了过高的估计。

发展的根本目的是提高人民生活水平。1976年苏共二十五大规定的苏联经济战略指出:“党的经济战略……摆在最高位置上的,过去是,现在仍然是不断提高人民物质和文化生活水平。”[①]农业发展一直是苏联的一个短板,勃列日涅夫为苏联的农业发展作出了一定的贡献,正如他所指出的:“苏共的农业政策证明了自己巨大的动员力量和有效性,它成了千千万万苏联人活动的基础。党始终不渝地遵循这一政策,逐步解决发展农业的关键问题,取得了苏联经济这一极其重要的部门的蓬勃高涨。近几年来的结果表明,我国的农业更有成效,更稳定,正在提高其效率。谷物、土豆、蔬菜、棉花以及畜产品的产量和收购量都在增长。集体农庄和国营农场的经济得到巩固,集体农庄庄员和国营农场工人的收入日益增加,农村的面貌逐渐改变,农村的生活有所改善。”[②]

勃列日涅夫不但重视物质文明的发展,还重视精神文明的发展。勃列日涅夫说:“我们党永远高举马克思列宁主义革命理论的战无不胜的旗帜。”[③]“使最广大的劳动群众树立共产主义世界观,用马克思列宁主义思想教育他们,是党的整个思想教育工作的中心内容。”[④]“我们的党永远是科学共产主义的党,始终不渝地遵循马克思列宁主义科学——当代最先进的、革命的科学,并尽一切力量使它进一步发展。”[⑤]勃列日涅夫时期的思想教育工作取得一定的成效,文化建设也有了一定发展。

勃列日涅夫认为苏联的发展有赖于党的正确领导,所以他非常重视党的建设。他认为:“任何削弱党在社会建设中的领导作用的做法,将导致党同群众的联系的削弱,导致反社会主义自发势力的发展,造成资本主义复辟的危险性。”[⑥]党的建设只能加强,不能削弱。勃列日涅夫在苏联党的二十三大上肯定地说:“苏联共产党已变得更加强大并且是坚如磐石的了,把它同人民联结起来的纽带更加牢固了。”[⑦]勃列日涅夫关于党的建设的思想是正

---

① 《勃列日涅夫言论》第12集,上海人民出版社1979年版,第64页。
② 《勃列日涅夫言论》第10集,上海人民出版社1976年版,第83页。
③ 辛华编译:《苏联共产党第二十三次代表大会主要文件汇编》,三联书店1978年版,第109～110页。
④ 《勃列日涅夫言论》第7集,上海人民出版社1975年版,第103～104页。
⑤ 辛华编译:《苏联共产党第二十四次代表大会主要文件汇编》,三联书店1976年版,第135～136页。
⑥ 辛华编译:《苏联共产党第二十三次代表大会主要文件汇编》,三联书店1978年版,第10页。
⑦ 辛华编译:《苏联共产党第二十三次代表大会主要文件汇编》,三联书店1978年版,第10页。

确的,但他缺乏大刀阔斧改革的魄力,他执政时期的体制逐渐陷于僵化。

五、安德罗波夫时期的发展观

安德罗波夫从苏联经济社会发展实际出发,对苏联的发展作过深入思考,逐渐形成了自己独特的发展观。1983年,安德罗波夫在苏共中央六月全会上指出:“我们在社会发展上现在已经接近这样一个历史阶段:生产力的深刻质变以及与此相适应的生产关系的完善不仅已经迫在眉睫,而且已经势在必行。这不仅是我们的愿望,而且是客观的需要。这种必要性我们既无法绕过,也无法回避。”由此可见,安德罗波夫致力于构建一种全新的发展观。

安德罗波夫的发展观体现了实事求是的马克思主义品质。安德罗波夫指出:“谨防在理解我国接近共产主义最高阶段的程度方面可能出现的夸张。”“他重新定位了苏联自身社会发展阶段,在纪念马克思逝世100周年的文章中,批评了前几任过高估计苏联社会发展阶段的倾向。将‘发达社会主义’的‘建成论’改成‘起点论’,这有助于人们更清醒地认识苏联所处的社会发展阶段的性质。”[①]安德罗波夫认为,“苏联正处在发达社会主义漫长历史阶段的起点”[②],并且,“这个阶段有自己发展的各个时期和阶段”[③]。

安德罗波夫的发展观极具包容性。“安氏执政期间还首次承认社会主义国家之间模式存在差异,冲破了苏联模式唯一样板的教条。他强调党政分开、多种所有制共同发展、物质利益刺激和分配方式上的按劳分配原则,这些显示了安氏在理论上的开明和活跃。理论上的活跃给苏联社会带来了活力和改革的希望。”[④]这对于其他社会主义国家探索适合自己国情的发展道路是非常有利的。

安德罗波夫认为要推动苏联的跨越式发展,必须彻底铲除苏联腐败生存的土壤。安德罗波夫呼吁:“向任何违反党和国家的纪律以及劳动纪律的

---

① 郭海龙:《安德罗波夫铁腕肃贪运动评析》,《西伯利亚研究》2015年第5期。

② [苏]安德罗波夫:《卡尔·马克思的学说与苏联社会主义建设的若干问题》,(苏联)《共产党人》1982年第3期。

③ 肖枫:《苏联解体的深层教训与“三个代表”的重要思想》,《理论前沿》2002年第4期。

④ 郭海龙:《安德罗波夫铁腕肃贪运动评析》,《西伯利亚研究》2015年第5期。

行为作更加有力的斗争。”[①]安德罗波夫曾经作出承诺：“不容忍墨守成规和因循守旧的做法。”[②]安德罗波夫上台一年内严肃查处了90多名部级高官。“安德罗波夫名声大振。社会各阶层对他寄予厚望，这中间有工人、庄员，也有知识分子。人们普遍萌发了希望甚至信念：他们并非注定要在贫瘠的政治生活中无止境地苟且度日，他们可以获得更加美好的东西。”[③]

安德罗波夫为了苏联的发展鞠躬尽瘁。“年近七旬的安德罗波夫不顾疾病缠身，努力工作。他得过糖尿病、高血压、结肠炎、痛风以及心肌梗死、动脉硬化、肾衰竭等。由于他的两个肾都坏死，从1983年4月起就没法执政。安氏担任总书记仅15个月，而全力工作不到一年。他以带病之躯，与死神赛跑。肩负重任，仍然精神振奋，与苏联陈旧僵化的体制尽力斗争。在他生命的最后时间里，仍然考虑苏联党和国家的前途。在他的治下，对一切违法违纪行为都开展斗争。”[④]虽然安德罗波夫执政只有一年零三个月的时间，但根据俄罗斯民意调查的结果，安德罗波夫是老百姓最认可的苏联领导人。

---

① [俄]格·阿·阿尔巴托夫：《苏联政治内幕：知情者的见证》，新华出版社1998年版，第372页。
② 转引自陈之骅主编：《勃列日涅夫时期的苏联》，中国社会科学出版社1998年版，第33页。
③ [俄]格·阿·阿尔巴托夫：《苏联政治内幕：知情者的见证》，新华出版社1998年版，第372页。
④ 郭海龙：《安德罗波夫铁腕肃贪运动评析》，《西伯利亚研究》2015年第5期。

第八章

中国共产党人的发展观

中国共产党人把马克思主义发展观与中国国情相结合，探索具有中国特色的社会主义建设道路，逐渐形成了中国化的马克思主义发展观。在这种先进的发展观的指导下，中国从一个贫穷落后的国家一跃发展成为世界第二大经济体，取得了举世瞩目的巨大成就。

一、毛泽东的发展观

作为中国共产党第一代领导集体的核心，毛泽东对我国社会主义社会的发展目标、发展模式、发展战略、发展阶段、发展动力等重大理论问题进行了深入思考，形成了比较系统的毛泽东发展观。毛泽东的发展观反映了中国共产党在特定历史时期对于发展问题的基本认知，是共产党人关于中国社会发展总的看法和根本观点。毛泽东的发展观勾勒出我国社会主义的发展蓝图，为当代中国社会发展进步提供了丰富的思想资料。

(一)关于发展的目标

毛泽东指出："要在一个相当长的时期内，逐步实现国家的社会主义工业化。"[①]"我们的总目标，是为建设一个伟大的社会主义国家而奋斗。"[②]"我们的总任务是：团结全国人民，争取一切国际朋友的支援，为了建设一个伟大的社会主义国家而奋斗，准备在几个五年计划之内，将我们现在这样一个经济上文化上落后的国家，建设成为一个工业化的具有高度现代文化程度的伟大的国家。"[③]

（二）关于发展的模式

新中国成立之初，我国经济社会发展缺乏经验，所以只能照搬苏联模式。毛泽东指出："因为我们没有经验，在经济建设方面，我们只得照抄苏联。""这在当时是完全必要的，同时又是一个缺点，缺乏创造性，缺乏独立自主的能力。这当然不应当是长久之计。"[④]随着国内外形势的变化，中国开始摸索自己的发展模式，"一九五六年四月的《论十大关系》，开始提出我们自己的建设路线，原则和苏联相同，但方法有所不同，有我们自己的一套内容"[⑤]，中国由完全照搬苏联经验转变为以苏联经验为借鉴。

（三）关于发展的战略

1957 年 3 月，毛泽东在中国共产党全国宣传工作会议上说："我们一定会建设一个具有现代工业、现代农业和现代科学文化的社会主义国家。"[⑥]毛泽东逐渐孕育出四个现代化发展战略的雏形，他在读苏联《政治经济学（教科书）》的谈话中提出："建设社会主义，原来要求是工业现代化，农业现代化，科学文化现代化，现在要加上国防现代化。"[⑦]1964 年，毛泽东指出："我们不能走世界各国技术发展的老路，跟在别人后面一步一步地爬行。我们必须打破常规，尽量采用先进技术，在一个不太长的历史时期内，把我国建设成为一个社会主义的现代化的强国。"[⑧]毛泽东实际上主张中国应该实行

---

① 《毛泽东著作选读》下册，人民出版社 1986 年版，第 704 页。
② 《建国以来毛泽东文稿》第 4 册，中央文献出版社 1990 年版，第 505 页。
③ 《建国以来毛泽东文稿》第 4 册，中央文献出版社 1990 年版，第 554 页。
④ 《毛泽东著作选读》下册，人民出版社 1986 年版，第 831 页。
⑤ 《毛泽东文集》第 7 卷，人民出版社 1999 年版，第 369～370 页。
⑥ 《毛泽东文集》第 7 卷，人民出版社 1999 年版，第 268 页。
⑦ 《毛泽东书信选集》，人民出版社 1983 年版，第 514 页。
⑧ 《毛泽东著作选读》下册，人民出版社 1986 年版，第 849 页。

超常规发展战略。

(四)关于发展的阶段

毛泽东指出:“大概经过五十年即十个五年计划,就差不多了,就像个样子了,就同现在大不一样了。”[①]毛泽东对中国的社会主义社会发展阶段有着清醒的认识。他认为:“我们可能经过三个五年计划建成社会主义社会,但要建成为一个强大的高度社会主义工业化的国家,就需要有几十年的艰苦努力,比如说,要有五十年的时间,即本世纪的整个下半个世纪。”[②]“社会主义这个阶段,又可能分为两个阶段,第一个阶段是不发达的社会主义,第二个阶段是比较发达的社会主义。后一阶段可能比前一阶段需要更长的时间。经过后一阶段,到了物质产品、精神财富都极为丰富和人们的共产主义觉悟极大提高的时候,就可以进入共产主义社会了。”[③]毛泽东关于社会发展阶段的论述,是符合中国实际的。

二、邓小平的发展观

作为中国改革开放的总设计师,邓小平对中国的发展问题进行了深入思考。在《邓小平文选》第二、三卷中,“发展”一词出现了1000多次,是使用频率最高的词。邓小平的发展观植根于中国的现实土壤,邓小平反复强调,“发展是硬道理”,“中国解决所有问题的关键是要靠自己的发展”。他围绕“什么是社会主义,怎样建设社会主义”这一时代课题,阐明了当代中国发展的一系列问题。邓小平的发展观坚持了马克思主义的世界观、价值观、方法论,坚持中国特色社会主义的立场、观点、方法,对当代中国的发展具有重要的指导与启示价值。

(一)关于为什么要发展的观点

邓小平说:“讲社会主义,首先就要使生产力发展,这是主要的。只有这

---

① 《建国以来毛泽东文稿》第4册,中央文献出版社1990年版,第505页。
② 《建国以来毛泽东文稿》第5册,中央文献出版社1990年版,第60页。
③ 《毛泽东文集》第8卷,人民出版社1999年版,第116页。

样，才能表明社会主义的优越性。”[①]邓小平还说：“社会主义的优越性归根到底要体现在它的生产力比资本主义发展得更快一些，更高一些，并且在发展生产力的基础上不断改善人民的物质文化生活。”[②]改革开放之后，中国社会发展迅速，党的威信也大大提高，邓小平分析原因道：“人民现在为什么拥护我们？就是这十年有发展，发展很明显。假如我们有五年不发展，或者是低速度发展，例如百分之四、百分之五，甚至百分之二、百分之三，会发生什么影响？这不只是经济问题，实际上是个政治问题。”[③]他还说：“最终说服不相信社会主义的人要靠我们的发展。”[④]

（二）关于如何发展的观点

邓小平指出：“我们的国家已经进入社会主义现代化建设的新时期。我们要在大幅度提高社会生产力的同时，改革和完善社会主义的经济制度和政治制度，发展高度的社会主义民主和完备的社会主义法制。我们要在建设高度物质文明的同时，提高全民族的科学文化水平，发展高尚的丰富多彩的文化生活，建设高度的社会主义精神文明。”[⑤]“改革是中国发展生产力的必由之路。”[⑥]他还说：“计划多一点还是市场多一点，不是社会主义与资本主义的本质区别。计划经济不等于社会主义，资本主义也有计划；市场经济不等于资本主义，社会主义也有市场。计划和市场都是经济手段。”[⑦]邓小平提出了改革开放、以经济建设为中心、实施“三步走”发展战略、“两手抓两手都要硬”等著名论断。

（三）关于发展目的的观点

邓小平指出：“社会主义与资本主义不同的特点就是共同富裕，不搞两极分化。”[⑧]他认为：“在改革中，我们始终坚持两条根本原则，一是以社会主

① 《邓小平文选》第2卷，人民出版社1994年版，第314页。
② 《邓小平文选》第3卷，人民出版社1993年版，第63页。
③ 《邓小平文选》第3卷，人民出版社1993年版，第354页。
④ 《邓小平文选》第3卷，人民出版社1993年版，第204页。
⑤ 《邓小平文选》第2卷，人民出版社1994年版，第208页。
⑥ 《邓小平文选》第3卷，人民出版社1993年版，第136页。
⑦ 《邓小平文选》第3卷，人民出版社1993年版，第373页。
⑧ 《邓小平文选》第3卷，人民出版社1993年版，第123页。

义公有制经济为主体，一是共同富裕。”“鼓励一部分地区、一部分人先富裕起来，也正是为了带动越来越多的人富裕起来，达到共同富裕的目的。”①“社会主义不是少数人富起来，大多数人穷，不是那个样子。社会主义最大的优越性就是共同富裕，这是体现社会主义本质的一个东西。”②他还说：“中国情况是非常特殊的，即使百分之五十一的人先富裕起来了，还有百分之四十九，也就是六亿多人仍处于贫困之中，也不会有稳定。中国搞资本主义行不通，只有搞社会主义，实现共同富裕，社会才能稳定，才能发展。社会主义的一个含义就是共同富裕。”③

三、江泽民的发展观

作为党的第三代领导集体的核心，江泽民高度重视发展问题，他在领导我国改革开放和现代化建设的实践中，围绕中国如何发展这一根本任务，高举邓小平理论伟大旗帜，紧密结合我国社会主义社会发展的实践和经验，提出了一系列新思想、新观点、新论断，从理论和实践上诠释了中国社会主义发展的重要性、发展的道路、发展的战略、发展的动力等一系列问题，形成了科学而系统的发展观，极大地丰富和发展了马克思主义的发展观。自十三届四中全会到十六大共13年时间，中国国内生产总值年均增速9.3%，取得了举世瞩目的发展成就。

（一）关于发展的重要性

江泽民指出：“党要承担起推动中国社会进步的历史责任，必须始终紧紧抓住发展这个执政兴国的第一要务，把坚持党的先进性和发展社会主义制度的优越性，落实到发展先进生产力、发展先进文化、实现最广大人民的根本利益上来，推动社会全面进步，促进人的全面发展。”④江泽民认为：“离

---

① 《邓小平文选》第3卷，人民出版社1993年版，第142页。

② 《邓小平文选》第3卷，人民出版社1993年版，第364页。

③ 中共中央文献研究室编：《邓小平思想年编（1975～1997）》，中央文献出版社2011年版，第690页。

④ 江泽民：《全面建设小康社会　开创中国特色社会主义事业新局面——在中国共产党第十六次全国代表大会上的报告》，人民出版社2002年版，第14页。

开发展，党的先进性、发挥社会主义制度的优越性和实现民富国强都无从谈起。”[①]江泽民将发展提高到前所未有的高度。

（二）关于发展的道路

江泽民指出：“信息化是我国加快实现工业化和现代化的必然选择。”[②]同时，中国应该走新型工业化道路。[③] 综合起来看，应该“坚持以信息化带动工业化，以工业化促进信息化，走出一条科技含量高、经济效益好、资源消耗低、环境污染少、人力资源优势得到充分发挥的新型工业化路子”[④]。这是适合中国国情的发展道路。

（三）关于发展的战略

江泽民指出：中国应该“大力实施科教兴国战略和可持续发展战略”[⑤]。“科学技术是第一生产力，而且是先进生产力的集中体现和主要标志。科学技术的突飞猛进，给世界生产力和人类经济社会的发展带来了极大的推动。未来的科技发展还将产生新的重大飞跃。我们必须敏锐地把握这个客观趋势，始终注意把发挥我国社会主义制度的优越性，同掌握、运用和发展先进的科学技术紧密地结合起来，大力推动科技进步和创新，不断用先进科技改造和提高国民经济，努力实现我国生产力发展的跨越。”[⑥]

（四）关于发展的动力

江泽民指出：“创新是一个民族进步的灵魂，是一个国家兴旺发达的不

---

① 江泽民：《全面建设小康社会 开创中国特色社会主义事业新局面——在中国共产党第十六次全国代表大会上的报告》，人民出版社 2002 年版，第 13 页。

② 江泽民：《全面建设小康社会 开创中国特色社会主义事业新局面——在中国共产党第十六次全国代表大会上的报告》，人民出版社 2002 年版，第 21 页。

③ 参见江泽民：《全面建设小康社会 开创中国特色社会主义事业新局面——在中国共产党第十六次全国代表大会上的报告》，人民出版社 2002 年版，第 21 页。

④ 江泽民：《全面建设小康社会 开创中国特色社会主义事业新局面——在中国共产党第十六次全国代表大会上的报告》，人民出版社 2002 年版，第 21 页。

⑤ 江泽民：《全面建设小康社会 开创中国特色社会主义事业新局面——在中国共产党第十六次全国代表大会上的报告》，人民出版社 2002 年版，第 21 页。

⑥ 江泽民：《论党的建设》，中央文献出版社 2001 年版，第 500～501 页。

竭动力，也是一个政党永葆生机的源泉。”[①]创新涵盖多个维度，具体来看，“实践基础上的理论创新是社会发展和变革的先导。通过理论创新推动制度创新、科技创新、文化创新以及其他各方面的创新，不断在实践中探索前进，永不自满，永不懈怠，这是我们要长期坚持的治党治国之道”[②]。

四、科学发展观

胡锦涛高举中国特色社会主义伟大旗帜，充分运用马克思主义的观点、立场和方法，不断总结中国发展实践，积极借鉴国外发展经验，提出了科学发展观这一重大战略思想。胡锦涛在十七大报告中提出：“科学发展观，第一要义是发展，核心是以人为本，基本要求是全面协调可持续，根本方法是统筹兼顾。”[③]这是对科学发展观的最经典概括。科学发展观是马克思主义理论同中国实际和时代特征相结合的产物，对中国实现什么样的发展、怎样发展等重大问题作出了科学回答。科学发展观是中国共产党执政理念的重要组成部分，是对马克思主义发展观的继承和发展。科学发展观的诞生，实现了党的指导思想的又一次与时俱进，这是坚持用中国化的马克思主义指导实践的必然要求。中国共产党第十七次全国代表大会把科学发展观写入党章，中国共产党第十八次全国代表大会把科学发展观列入党的指导思想。

科学发展观第一要义是发展。胡锦涛指出：“发展，对于全面建设小康社会、加快推进社会主义现代化，具有决定性意义。要牢牢扭住经济建设这个中心，坚持聚精会神搞建设、一心一意谋发展，不断解放和发展社会生产力。更好实施科教兴国战略、人才强国战略、可持续发展战略，着力把握发展规律、创新发展理念、转变发展方式、破解发展难题，提高发展质量和效益，实现又好又快发展，为发展中国特色社会主义打下坚实基础。”[④]

① 江泽民：《全面建设小康社会 开创中国特色社会主义事业新局面——在中国共产党第十六次全国代表大会上的报告》，人民出版社2002年版，第12页。

② 江泽民：《全面建设小康社会 开创中国特色社会主义事业新局面——在中国共产党第十六次全国代表大会上的报告》，人民出版社2002年版，第12～13页。

③ 胡锦涛：《高举中国特色社会主义伟大旗帜 为夺取全面建设小康社会新胜利而奋斗——在中国共产党第十七次全国代表大会上的报告》，人民出版社2007年版，第15页。

④ 胡锦涛：《高举中国特色社会主义伟大旗帜 为夺取全面建设小康社会新胜利而奋斗——在中国共产党第十七次全国代表大会上的报告》，人民出版社2007年版，第15页。

科学发展观的核心是以人为本。胡锦涛指出:“全心全意为人民服务是党的根本宗旨,党的一切奋斗和工作都是为了造福人民。要始终把实现好、维护好、发展好最广大人民的根本利益作为党和国家一切工作的出发点和落脚点,尊重人民主体地位,发挥人民首创精神,保障人民各项权益,走共同富裕道路,促进人的全面发展,做到发展为了人民、发展依靠人民、发展成果由人民共享。”①

科学发展观的基本要求是全面协调可持续性。胡锦涛指出:“要按照中国特色社会主义事业总体布局,全面推进经济建设、政治建设、文化建设、社会建设,促进现代化建设各个环节、各个方面相协调,促进生产关系与生产力、上层建筑与经济基础相协调。坚持生产发展、生活富裕、生态良好的文明发展道路,建设资源节约型、环境友好型社会,实现速度和结构质量效益相统一、经济发展与人口资源环境相协调,使人民在良好生态环境中生产生活,实现经济社会永续发展。”②

科学发展观的根本方法是统筹兼顾。胡锦涛指出:“必须坚持统筹兼顾。要正确认识和妥善处理中国特色社会主义事业中的重大关系,统筹城乡发展、区域发展、经济社会发展、人与自然和谐发展、国内发展和对外开放,统筹中央和地方关系,统筹个人利益和集体利益、局部利益和整体利益、当前利益和长远利益,充分调动各方面积极性。统筹国内国际两个大局,树立世界眼光,加强战略思维,善于从国际形势发展变化中把握发展机遇、应对风险挑战,营造良好国际环境。既要总揽全局、统筹规划,又要抓住牵动全局的主要工作、事关群众利益的突出问题,着力推进、重点突破。”③

五、五大发展理念

2015 年 10 月 29 日,习近平总书记在党的十八届五中全会第二次全体

① 胡锦涛:《高举中国特色社会主义伟大旗帜 为夺取全面建设小康社会新胜利而奋斗——在中国共产党第十七次全国代表大会上的报告》,人民出版社 2007 年版,第 15 页。

② 胡锦涛:《高举中国特色社会主义伟大旗帜 为夺取全面建设小康社会新胜利而奋斗——在中国共产党第十七次全国代表大会上的报告》,人民出版社 2007 年版,第 15～16 页。

③ 胡锦涛:《高举中国特色社会主义伟大旗帜 为夺取全面建设小康社会新胜利而奋斗——在中国共产党第十七次全国代表大会上的报告》,人民出版社 2007 年版,第 16 页。

会议上鲜明提出了创新、协调、绿色、开放、共享的发展理念。2016年1月29日，习近平总书记在中共中央政治局第三十次集体学习时强调：新发展理念就是指挥棒、红绿灯。习近平总书记指出："这五大发展理念不是凭空得来的，是我们在深刻总结国内外发展经验教训的基础上形成的，也是在深刻分析国内外发展大势的基础上形成的，集中反映了我们党对经济社会发展规律认识的深化，也是针对我国发展中的突出矛盾和问题提出来的。"①五大发展理念是以习近平同志为核心的党中央在马克思主义理论的基础上，对中国的国情进行具体问题具体分析，总结国内外经济社会发展规律，形成的对于发展的全新认识和理解。新发展理念符合我国国情，顺应时代要求，对实现中华民族伟大复兴的中国梦具有重大指导意义。

（一）创新

习近平总书记指出："创新发展注重的是解决发展动力问题。我国创新能力不强，科技发展水平总体不高，科技对经济社会发展的支撑能力不足，科技对经济增长的贡献率远低于发达国家水平，这是我国这个经济大个头的'阿喀琉斯之踵'。新一轮科技革命带来的是更加激烈的科技竞争，如果科技创新搞不上去，发展动力就不可能实现转换，我们在全球经济竞争中就会处于下风。为此，我们必须把创新作为引领发展的第一动力，把人才作为支撑发展的第一资源，把创新摆在国家发展全局的核心位置，不断推进理论创新、制度创新、科技创新、文化创新等各方面创新，让创新贯穿党和国家一切工作，让创新在全社会蔚然成风。"②

（二）协调

习近平总书记指出："协调发展注重的是解决发展不平衡问题。我国发展不协调是一个长期存在的问题，突出表现在区域、城乡、经济和社会、物质文明和精神文明、经济建设和国防建设等关系上。在经济发展水平落后的情况下，一段时间的主要任务是要跑得快，但跑过一定路程后，就要注意调整关系，注重发展的整体效能，否则'木桶'效应就会愈加显现，一系列社会

---

① 习近平：《在党的十八届五中全会第二次全体会议上的讲话（节选）》，《求是》2016年第1期。
② 习近平：《在党的十八届五中全会第二次全体会议上的讲话（节选）》，《求是》2016年第1期。

矛盾会不断加深。为此,我们必须牢牢把握中国特色社会主义事业总体布局,正确处理发展中的重大关系,不断增强发展整体性。”①

(三)绿色

习近平总书记指出:“绿色发展注重的是解决人与自然和谐问题。绿色循环低碳发展,是当今时代科技革命和产业变革的方向,是最有前途的发展领域,我国在这方面的潜力相当大,可以形成很多新的经济增长点。我国资源约束趋紧、环境污染严重、生态系统退化的问题十分严峻,人民群众对清新空气、干净饮水、安全食品、优美环境的要求越来越强烈。为此,我们必须坚持节约资源和保护环境的基本国策,坚定走生产发展、生活富裕、生态良好的文明发展道路,加快建设资源节约型、环境友好型社会,推进美丽中国建设,为全球生态安全作出新贡献。”②

(四)开放

习近平总书记指出:“开放发展注重的是解决发展内外联动问题。国际经济合作和竞争局面正在发生深刻变化,全球经济治理体系和规则正在面临重大调整,引进来、走出去在深度、广度、节奏上都是过去所不可比拟的,应对外部经济风险、维护国家经济安全的压力也是过去所不能比拟的。现在的问题不是要不要对外开放,而是如何提高对外开放的质量和发展的内外联动性。我国对外开放水平总体上还不够高,用好国际国内两个市场、两种资源的能力还不够强,应对国际经贸摩擦、争取国际经济话语权的能力还比较弱,运用国际经贸规则的本领也不够强,需要加快弥补。”③

(五)共享

习近平总书记指出:“共享发展注重的是解决社会公平正义问题。‘治天下也,必先公,公则天下平矣。’让广大人民群众共享改革发展成果,是社会主义的本质要求,是社会主义制度优越性的集中体现,是我们党坚持全心

---

① 习近平:《在党的十八届五中全会第二次全体会议上的讲话(节选)》,《求是》2016年第1期。
② 习近平:《在党的十八届五中全会第二次全体会议上的讲话(节选)》,《求是》2016年第1期。
③ 习近平:《在党的十八届五中全会第二次全体会议上的讲话(节选)》,《求是》2016年第1期。

全意为人民服务根本宗旨的重要体现。这方面问题解决好了，全体人民推动发展的积极性、主动性、创造性就能充分调动起来，国家发展也才能具有最深厚的伟力。我国经济发展的'蛋糕'不断做大，但分配不公问题比较突出，收入差距、城乡区域公共服务水平差距较大。在共享改革发展成果上，无论是实际情况还是制度设计，都还有不完善的地方。为此，我们必须坚持发展为了人民、发展依靠人民、发展成果由人民共享，作出更有效的制度安排，使全体人民朝着共同富裕方向稳步前进，绝不能出现'富者累巨万，而贫者食糟糠'的现象。"①

党的十九大报告提出："贯彻新发展理念，建设现代化经济体系。"②围绕着五大发展理念的目标，党的十九大报告部署了深化供给侧结构性改革、加快建设创新型国家、实施乡村振兴战略、实施区域协调发展战略、加快完善社会主义市场经济体制、推动形成全面开放新格局等六个方面的具体任务。2018年3月11日，第十三届全国人民代表大会第一次会议通过中华人民共和国宪法修正案，在"自力更生，艰苦奋斗"前增写"贯彻新发展理念"。2021年1月28日，习近平主持中央政治局集体学习时强调："完整准确全面贯彻新发展理念，确保'十四五'时期我国发展开好局起好步。"③五大发展理念是习近平新时代中国特色社会主义思想的重要组成部分，是指引中国经济高质量发展的重要指南。

① 习近平：《在党的十八届五中全会第二次全体会议上的讲话（节选）》，《求是》2016年第1期。

② 习近平：《决胜全面建成小康社会　夺取新时代中国特色社会主义伟大胜利——在中国共产党第十九次全国代表大会上的报告》，人民出版社2017年版，第29页。

③ 《习近平在中共中央政治局第二十七次集体学习时强调　完整准确全面贯彻新发展理念　确保"十四五"时期我国发展开好局起好步》，《人民日报》2021年1月30日。

下篇　马克思主义发展观与资本主义发展观比较分析

马克思主义发展观吸收了资本主义发展观的合理成分，批判了资本主义发展观的错误观点，是目前为止最先进的一种发展观。但是，资本主义发展观并不会在短时间内退出历史舞台，资本主义发展观也存在一定的借鉴价值。比较分析马克思主义发展观与资本主义发展观，有利于马克思主义发展观取长补短，更好地指引社会主义国家的发展。

第九章

西方发展观的演变路径

党的十七大报告指出："科学发展观，是立足社会主义初级阶段基本国情，总结我国发展实践，借鉴国外发展经验，适应新的发展要求提出来的。"[①]可见，国外的发展经验是科学发展观的重要来源。发展是普世性与民族性的统一。当前，人类需要的无限性与全球自然资源的稀缺性之间的矛盾日益尖锐，全球治理的滞后性与全球问题的凸显之间的矛盾日益深化，任何国家和民族都面临着共同的发展难题，全球化时代各国的发展具有共同性、内聚性和统一性。马克思曾经说过："问题本身并不在于资本主义生产的自然规律所引起的社会对抗的发展程度的高低。问题在于这些规律本身，在于这些以铁的必然性发生作用并且正在实现的趋势。工业较发达的国家向工业较不发达的国家所显示的，只是后者未来的景象。"[②]研究西方发展观的意义即在于此。

第二次世界大战后，西方发展观大致经历了一维客体论、多维客体论、主客相关论和主体中心论四个阶段的路径选择。这种路径选择的依次更

① 胡锦涛：《高举中国特色社会主义伟大旗帜　为夺取全面建设小康社会新胜利而奋斗——在中国共产党第十七次全国代表大会上的报告》，人民出版社 2007 年版，第 13 页。

② 马克思：《资本论》第 1 卷，人民出版社 2004 年版，第 8 页。

替,使战后西方发展观既一脉相承又不断推陈出新。西方发展观演进脉络呈现特定的规律,借鉴西方发展观及其演进规律,可以更好更深入地贯彻落实我党提出的科学发展观。

一、一维客体论

一维客体论是近代发展观的最初形态,可将其简要表述为"经济发展=经济增长"。囿于历史条件,一维客体论只专注于发展的客体,而且没有把发展与增长区分开来。当时的人们认为发展的唯一目标是经济增长,所有的问题都会随着经济增长而得到解决。一维客体论的思想可以追溯到18世纪的哲学、政治经济学和其他社会科学。亚当·斯密、大卫·李嘉图、西斯蒙第等古典经济学家认为社会进步体现为经济增长,封建社会落后的原因就在于没有经济增长。亚当·斯密在《国民财富的性质和原因的研究》中提出了经济增长的途径:一是通过增加资本和改善资本的使用,增加从事生产的劳动力;二是通过分工提高生产效率。应该充分发挥市场这只"看不见的手"的作用,政府只能充当"守夜人"的角色。大卫·李嘉图认为在自由竞争和价格机制的引导下,那些生产效率最高的企业将获得最高的利润,从而促进经济的增长。很多未来学家们提出了诸多未来社会的美好设想,如贝尔的后工业社会理论、卡尔恩和托夫勒的超工业经济理论、博尔丁的后文明理论、布热津斯基的电子技术社会理论和加尔布雷斯的技术结构社会理论等。他们预言未来社会是经济高速增长、物质极其丰富和技术高度发达的后工业社会,这是世界一切国家的发展趋向。

一维客体论盛行于20世纪五六十年代。第二次世界大战后,广大亚非拉国家相继独立,但发展却非常落后,如何迅速摆脱这种贫穷落后的面貌是它们面对的共同课题。由于发展中国家的地域占世界陆地面积的70%,占全世界国家和人口的80%,所以全世界都被卷入一场规模空前的发展潮流之中。一些西方发展经济学家的发展理论应时而生。凯恩斯提出的以GNP考核国民经济的指标被广泛接受之后,各国经济发展的目标变成了对GNP增长的片面追求。很多经济学家也表达了类似的观点。例如,美国发展经济学家迈克尔·托达罗认为,早期的"发展"在传统上意味着一个最初经济条件或多或少长期处于停滞状态的国民经济具有能够产生和支持每年5%

到7%以上的国民生产总值(GNP)或国内生产总值(GDP)增长率的能力。奥肯和理查森认为,经济发展问题实质上就是通过增加人均产出来提高国民收入水平,使每一个人都能消费得更多。艾尔沃尔斯认为,经济发展可以定义为物质福利持续而长期的改善。可见,这一时期的经济学家把经济发展和经济增长作为同一个概念。

一维客体论主要研究经济增长的要素和经济增长的方式。在增长要素研究方面,英国古典经济学家配第提出"土地是财富之母,劳动是财富之父"的两要素价值论;法国经济学家萨伊提出土地、劳动、资本三要素财富价值论;马歇尔等人提出劳动、资本、土地、组织管理等多要素创造价值论;还有一些经济学家提出哈罗德-多马模型、新剑桥模型、新古典模型等经济增长的要素贡献定量分析模型。在增长方式的研究方面,纳克斯的《不发达国家的资本形成问题》、刘易斯的《经济增长理论》、米尔达尔的《国际经济》都详细探讨了如何实现经济增长。

一维客体论的核心观点可以概括为:工业化是一个国家或地区经济活动和现代化的中心内容,经济增长是一个国家或地区发展的第一标志,国内生产总值的增长是衡量一个国家或地区发展的唯一标尺,发展规划(计划)是实现工业化和实行追赶战略的重要手段。在发展战略上,推行非均衡战略;在发展方式上,实行大量消耗自然资源和大量投入生产要素的外延增长方式;在环境问题上,仿效西方发达国家走过的"先增长后治理"的老路;在公平与效率的关系上,实行先增长后分配的做法,以效率为重心,忽视社会公平。①

虽然一维客体论对促进经济增长和财富积累起到了积极作用,但是片面的经济增长并没有给人民带来福祉,相反却出现了政治腐败、收入分配不公、经济结构失衡、失业率飙升、社会动荡、生态破坏等严重的社会问题,很多发展中国家在经历短暂的增长时期之后便陷入停滞甚至衰退,比如,巴基斯坦"不幸的结局"、伊朗"一个神话的破灭"、阿根廷"大跌荡"、巴西"经济增长的彗星"等等。据统计,阿根廷人均GDP从1988年的8030美元下降到2002年的4060美元,巴西从4600美元下降到2680美元。发展中国家的发展困境使一维客体论失去了效应,一种新的发展观呼之欲出。

---

① 参见詹宏伟:《当代国外发展观的演进述评》,《毛泽东邓小平理论研究》2008年第3期。

二、多维客体论

由于一维客体论发展观引导下的发展出现了一系列社会问题，联合国倡导的“第一个发展十年”计划失败。学者们开始对一维客体论发展观进行反思，他们在肯定“增长是发展”的基础上，更多地强调发展中的质的变化，认为发展是在经济增长基础上的社会多维变化过程。我们可以对比韩国和利比亚两种不同性质的发展来理解一维客体论和多维客体论的区别。韩国20世纪60年代以来的发展和利比亚的发展有着本质的不同。尽管这两个国家的人均收入都有大幅度的提高，但是韩国发展的结果是整个社会的全面进步，而利比亚的收入来源主要是靠外国公司在该国的石油开采。叙利亚除了人均收入提高外，经济结构并没有发生根本变化。事实上，中东五个主要的石油输出国（也门、利比亚、沙特阿拉伯、科威特和阿拉伯联合酋长国）尽管1992年的人均收入就达到6000～22000美元，但经济、政治和文化等各个方面都比较传统，这并不能称为真正的发展。

英国经济学家柯林·克拉克认为经济发展过程中的最重要内容是结构转变、工业化和城市化。他认为职业结构的变化伴随产业结构的变化，就业机会在农业部门中会逐渐减少，在制造业和服务行业中会逐渐增多，劳动力也会从第一产业部门流入第二产业部门，进而流入第三产业部门。随着收入增长，恩格尔系数呈下降趋势，这种结构的变化同经济增长几乎一致。西班牙学者费德里科·马约尔（Federico Mayor）认为，发展是经济的、社会的、科技的、文化的……它具有一种综合的特点。多维客体论的发展观可以表述为：“发展＝经济发展＋政治发展＋文化发展＋社会发展＋科技发展＋……”发展经济学家汉斯·辛格指出，不发达国家存在的问题不仅是增长问题，还有发展问题。发展是增长加变化，而变化则不仅在经济上，而且还在社会和文化上，不仅在数量上，而且还在质量上。美国学者托达罗指出，世界上富裕国家仅能叫作“经济上发达的国家”，至于从更全面的社会、政治和文化分析来看，它们是否是真正的发达国家还是需要保留看法。[①]“应把发展看为

① 参见[美]迈克尔·托达罗：《经济发展与第三世界》，印金强、赵荣美译，中国经济出版社1992年版，第83页。

包括整个经济和社会体制的重组和重整在内的多维过程。除了收入和产品的提高外,发展显然还包括制度、社会和管理结构的习惯和信仰的基本变化。"[①]英国苏塞克斯大学发展研究所主任达德里·西尔斯认为应从贫困、失业、不平等三方面衡量发展,他指出调查一国发展情况应提到的问题是:贫困情况有何变化?失业情况有何变化?不平等情况有何变化?如果这三者都从原有高度降下来,那么无疑是有关国家的一个发展时期,如果这些问题中有一两个问题越来越糟,尤其是如果三者都是这种情况的话,那么,即使人均收入增加一倍,把这称为"发展"也是很奇怪的。法国学者高维智认为,发展是集科技、经济、社会、政治和文化,即社会生活一切方面的因素于一体的完整现象。

1970 年 10 月,第 25 届联合国大会制定了"第二个发展十年计划(1970～1980)"。该计划提出发展的最终目的是对收入和财富实行更平等的分配,以促进社会公正,提高实际就业水平,更大程度地保证收入和改善教育、卫生、营养、住房及社会福利设施以及保护环境。因此,社会性质和社会结构的变迁必须同迅速的经济增长并驾齐驱,而且应切实减少现存的地区、部门和社会内部的不平等。这些目标是发展的决定性因素和最终结果,因而它们被看作同一动态过程的合成体。联合国"第二个发展十年计划"的目标除了国内生产总值年均增长率、工农业增长率、储蓄增长率、进出口增长率等经济指标外,还规定了就业目标、教育计划、健康与卫生、居住设备、儿童福利、青年和妇女的社会地位和作用等目标。可见,这一计划已经把社会制度和社会结构的变迁以及社会福利的提高置于同经济增长同等重要的地位。很多国家在制定发展计划时,不再像过去那样制定"国民经济发展计划",而是制定"社会经济发展计划"。为了替代过去单一的经济评价指标,美国学者发动了一场"社会指标运动",提出了一套包括经济、社会、文化、环境、生活等各项指标在内的综合发展评价体系。

---

① [美]迈克尔·托达罗:《经济发展与第三世界》,印金强、赵荣美译,中国经济出版社 1992 年版,第 50 页。

三、主客相关论

二战后的二三十年，人类经济发展取得前所未有的巨大成就，但是也付出了相当惨重的代价。伴随着经济快速发展而来的是资源浪费、环境污染、生态失衡、温室效应、能源危机等严重影响和制约人类生存和发展的问题。人们逐渐意识到人类主体与生活的环境客体之间是一种共生共荣、唇亡齿寒的关系，于是提出了主客相关论的发展观。

1962年，美国海洋生物学家切尔·卡逊出版了《寂静的春天》，引起了人们对农药破坏人类生存环境的极大关注。1972年，美国学者丹尼斯·米都斯领导的罗马俱乐部发表的研究报告《增长的极限》认为世界经济增长已逼近自然生态极限。美国学者巴巴拉·沃德和雷内·杜傅斯发表《只有一个地球》，引起了人们对人类社会发展方式的深刻反思。1972年6月，联合国在瑞典的斯德哥尔摩召开的第一次人类环境会议通过了《联合国人类环境会议宣言》。宣言指出：为了当代人和后代人，保护和改善人类环境已成为人类紧迫的目标，它必须同世界经济发展这个目标同步协调发展。人是环境的产物，也是环境的塑造者，保护和改善人类环境关系到各国人民福利和经济发展，是人民的迫切愿望，是各国政府应尽的责任。随着人们对人类主体与环境客体关系认识的日益深化，20世纪60～80年代逐渐形成了循环经济发展观、可持续发展观和社会综合发展观，这三种发展观都属于主客相关论的发展观。

循环经济发展观最初是由美国经济学家波尔丁（K. Boulding）提出来的。他的“宇宙飞船理论”认为，地球就像在太空中飞行的宇宙飞船，靠不断消耗自身有限的资源而生存，如果人类经济活动超过地球承载力，人类必然会自取灭亡。循环经济发展观从人与自然关系和技术角度来看待发展问题，力图通过科学技术的手段实现资源的循环重复利用，改善生态系统的自我恢复机能，解除资源环境对发展的制约。循环经济发展观认为人、自然资源和科学技术组成一个整体的系统，要想维持这个系统的稳定，必须从依赖资源消耗型的经济发展转变为依赖生态平衡型的循环经济发展，即由“资源→产品→废弃物”型的单向线性经济增长转变为“资源→产品→再生资源”型的循环经济。

1981年，美国科学家莱斯特·布朗(Lester R. Brown)在《建设一个可持续发展的社会》一书中提出控制人口增长、保护资源基础和开发能源实现可持续发展的三条路径，初步阐述了可持续发展观。1987年，联合国世界环境与发展委员会发表了《我们共同的未来》的报告，该报告提出了可持续发展的概念："可持续发展是既满足当代人的需要，又不对后代人满足其需求的能力构成危害的发展。"[①]而1991年由世界自然保护同盟(IUCN)、联合国环境署(UNEP)和世界野生生物基金会(WWF)共同发表的著名的《保护地球——可持续生存战略》中将可持续发展定义为："在不超出维持生态系统涵容能力的情况下，改善人类的生活质量。"1992年，世界银行发表的《世界发展报告》，进一步阐述了可持续发展的观点，同年在巴西里约热内卢召开的联合国环境与发展大会通过了《里约热内卢宣言》和《21世纪议程》两个纲领性文件，标志着可持续发展观被绝大多数国家所认同。1995年，联合国社会发展世界首脑会议通过了《哥本哈根社会发展问题宣言》和《社会发展问题世界首脑会议行动纲领》，提出了经济发展、社会发展和环境保护是可持续发展的相互依赖、互为加强的组成部分，而可持续发展是我们努力实现全体人民更高的生活质量的框架。这次会议标志着可持续发展的理念已经为世界各国所普遍接受。

社会综合发展观的代表人物是法国著名的发展问题专家弗朗索瓦·佩鲁。1983年，佩鲁受联合国教科文组织的委托撰写了《新发展观》一书，系统地阐述了社会综合发展观。佩鲁认为发展应该是整体的、综合的和内生的。所谓"整体的"就是不仅要考虑人类的各个方面，而且要承认和兼顾各个方面的不一致性。所谓"综合的"就是要把发展的各个方面和各种因素综合在一起，形成相互联系、紧密相存的结构。所谓"内生的"就是强调一个国家内部力量和资源及其合理的开发和利用。佩鲁从经济学和哲学相结合的视角重新审视社会发展问题，把发展看作经济增长、政治民主、科技水平、文化观念变迁、社会转型、自然协调、生态平衡等各种因素的综合发展过程，强调人与人、人与环境、人与组织、组织与经济的协调发展。

① 世界环境与发展委员会：《我们共同的未来》，王之佳、柯金良等译，吉林人民出版社1997年版，第52页。

四、主体中心论

主体中心论的发展观突出人的主体性，强调人的发展是发展的首要目标，发展的其他要素要围绕人来发挥作用，人的发展是社会发展的最终尺度。发展的本质是人的发展，人类历史就是为维持生存、获得独立自主和自由而不断增进其力量和价值，最终实现全面而自由发展的自然历史演进过程。以往“见物不见人”的发展观存在诸多弊端：在发展方向上，只注重经济增长，忽视人的进步；在发展方式上，只注重物质资源，忽视人力资源；在发展价值上，只注重商品价值，忽略人的价值；在发展追求上，只注重口腹之欲，忽视精神享受；在发展目标上，只注重经济效率，忽视人际公平；在发展道路上，只注重人是手段，忽视人是目的。[①] 联合国《1996 年人类发展报告》提出了五种有增长而无发展的情况：(1)无工作的增长。经济增长较快不一定增加就业机会。(2)无声的增长。民众参与和管理公共事务、自由表达自己的意见和观点是人类发展的一个重要方面。(3)无情的增长。很多发展中国家虽然经济增长很快，但收入不平等反而更加严重了。(4)无根的增长。忽视文化的重要性，其结果往往是严重的民族和种族冲突。(5)无未来的增长。不顾自然资源耗竭和人类居住环境恶化而换来的增长是不可取的。

罗马俱乐部主席奥尔利欧·佩奇认为，从最广泛的意义上讲，人的发展是人类的最终目标，与其他方面的发展或目标相比，它应占绝对优先的地位。[②] 20 世纪 70 年代后期，阿根廷巴里洛克基金会的拉美学者发表《是灾难，还是一个新的社会》的报告，该报告提出一个理想社会的全球模式，即“巴里洛克模式”。他们认为发展中国家的首要目标是解决饥饿、文盲、住房和贫困等现实问题，即满足人的基本需要，控制人口增长的唯一适当方式是改善基本生活条件。美国学者基思·格里芬(Keith Griffin)提出，经济发展和社会发展的术语正面临着过时的危险，逐渐被人类发展所取代。《发展的

① 参见宋泽滨、齐爱兰：《社会全面进步研究》，人民出版社 2001 年版，第 239 页。

② 参见吴鹏森：《战后世界发展观与发展战略的历史演变》，《南京师大学报》(社会科学版)1996 年第 2 期。

目标、进程和指标》的报告认为应以“人的发展作为建构和评价选择性的发展战略的中心”,“人的发展是指人在各个生活阶段上的发展,以及个人、社会和自然之间某种和谐关系的构成,保证人的潜力得到充分发挥,而又不使社会或自然受到损害、掠夺或破坏”。[①] 联合国教科文组织总干事费・马约尔指出“人即是发展的第一主角,又是发展的终极目标”。佩鲁认为发展是通过产品或劳务交换以及信息和符号交流而产生的人与人之间活动的展开,发展意味着给人温饱,给人关怀,给人教育,最终实现一切人的发展和人的全面发展。

1995 年,哥本哈根世界首脑会议宣言提出建立一个以人为中心的社会发展框架。联合国世界环境与发展委员会的《我们共同的未来》提出人类是可持续发展的中心,一切发展都不能危害到人的发展。美国现代化专家阿历克斯・英格尔斯说:“几乎没有一个人主张仅仅以国民生产总值和个人收入为标准去衡量一个国家或民族的进步。”“发展最终所要求的是人在素质方面的改变,这种改变是获得更大发展的先决条件和方式,同时也是发展过程自身的伟大目标之一。”[②]“一个国家,只有当它的人民是现代人,它的国民从心理和行为上都转变为现代的人格,它的现代政治、经济和文化管理机构中的工作人员都获得了某种与现代化发展相适应的现代性,这样的国家才可真正称之为现代化的国家。”“人的现代化是国家现代化必不可少的因素。它并不是现代化过程结束后的副产品,而是现代化制度与经济赖以长期发展并取得成功的先决条件。”[③]国际劳工组织 1976 年提出的“基本需求发展战略”认为发展的主要目标是满足人民的基本需求,衡量发展的主要指标包括基本必需品的消费量、收入和分配的均等程度、识字率、健康水平和就业状况。联合国开发计划署提出的“人类发展指数”(HDI)包括预期寿命、受教育程度(包括在校的平均年数和成人识字率)以及物质生活质量中的人均国民生产总值等指标。人类发展指数超越了以往经济指标的局限性,直接以人的发展程度作为衡量社会发展进步的标准。联合国开发计划署发布的《1990 年人类发展报告》指出,发展是一个不断扩大人们选择的过程,发展的

---

① 参见吴鹏森:《战后世界发展观与发展战略的历史演变》,《南京师大学报(社会科学版)》1996 年第 2 期。

② [美]阿历克斯・英格尔斯:《人的现代化》,殷陆君编译,四川人民出版社 1985 年版,第 6~7 页。

③ [美]阿历克斯・英格尔斯:《人的现代化》,殷陆君编译,四川人民出版社 1985 年版,第 7~8 页。

进程应该是为人们创造一种有利的环境，使他们能够独立地或集体地去发挥全部潜力，并有恰当机会去实现与他们的需要和兴趣相吻合的有价值的和富于创造性的生活。① 主体中心论的发展观反映了社会历史走向人文化和综合性发展的时代趋势。

五、规律与趋势

谁把握住了规律，谁就把握住了事物的真谛；谁把握住了规律，谁就把握住了事物的未来。西方发展观经过半个多世纪的演化，表现出一定的规律性。西方发展观大致沿着三条主线跃进：由客体中心论转变为主体中心论，由关注发展的进度转变为关注发展的代价，由线性发展观转变为非线性发展观。研究和把握西方发展观的规律和趋势可以为我国的社会主义建设提供有益的价值借鉴，我们可以学习西方先进的发展理念，避免重复西方发展走过的弯路，从而促进我国社会主义各项事业又好又快发展。

（一）由客体中心论转变为主体中心论

这里所说的客体是指发展的对象，主体是指人类本身。西方发展观的这一转变实质上是发展目标和发展重心的转移。从“发展＝经济增长”到“发展＝经济增长＋社会变革”，再到“发展＝经济增长＋社会变革＋环境保护”，然后到“发展＝经济发展＋政治发展＋文化发展＋社会发展＋环境保护＋生态发展＋……”，最后到“发展＝以人为中心的各项事业的共同发展”，这条脉络体现了西方发展观由客体中心论到主体中心论的这一转变。

传统发展观的着眼点是物，当时人们认为人类要生存就要依赖一定的物品，只要社会上生产出来越来越多的物品，人类就会得到越来越好的发展，这也就忽略了人类发展本身。但是发展的实践证明，物质产品的丰富并不能解决诸如贫富分化、社会动荡、生态恶化、资源耗竭、疾病蔓延、人口素质低下等问题，人们的视角自然转向了人类本身。人的发展成为一切发展的中心目标，人是发展的主体和动力，人的发展是社会发展的终极尺度。发展的内涵和外延都围绕人这个中心来重新得到阐释。

---

① 参见联合国开发计划署：《1990年人类发展报告》，中国财政经济出版社1990年版，第12页。

(二)由关注发展的进度转变为关注发展的代价

资本主义在它不到一百年的时间里创造的生产力比过去一切世代创造的全部生产力的总和还要多还要大。过去的人们在惊叹资本主义生产方式神奇的力量的同时,并未看到发展过程中付出的代价。核技术造成的核风险、金融制度造成的金融危机和现代技术造成的生态破坏等等终于使人们认识到:风险紧跟着进步,就像影子紧跟着光一样。传统发展观的盲目乐观主义最终会遭遇“发展的极限”。从 20 世纪 80 年代后期起,人们每年消耗的资源已经超过了这个星球当年的资源再生量,整个社会的生态足迹相对于地球所能提供的容量来说已经出现了过冲。根据熵定律,每当一定的有效能量被消耗掉,周围环境的混乱就会增加。现代工业社会巨大的能量流通,给我们居住的世界带来极大的混乱。能量流通过程的加快,缩短了熵的分界线之间的距离。依附论和世界体系论认为不合理的国际政治经济格局是造成发展中国家落后的根本原因,少数西方发达国家的繁荣是建立在多数发展中国家贫穷落后的基础之上的,边缘国家的贫穷正是中心国家富裕的代价。为了解决发展的代价问题,有的学者在理论上提出了“三个非对称性零增长”:实现人口数量和规模(自然增长率)的“零增长”,同时在对应方向上实现人口质量的极大提高;实现物质和能量消耗速度的“零增长”,同时在对应方向上实现社会财富的极大提高;实现生态和环境恶化速度的“零增长”,同时在对应方向上实现生态质量和生态安全的极大提高。零增长的设想固然不可能实现,但是发展的代价却愈来愈引起人们的重视。

(三)由线性发展观转变为非线性发展观

传统发展观认为发展是所有发展主体沿着相同的道路向同一目标的迈进,西方发达国家的发展道路也是发展中国家发展的必经之路,其他国家应该效仿西方国家的发展。一言以蔽之,发展中国家的发展即西方化。比如,在产业发展的顺序上,先发展第一产业,再发展第二产业,最后再发展第三产业;在城乡关系上,发展即意味着城市化和非农化,发展程度越高就意味着城市规模越大,发展程度越高就意味着城市人口占总人口的比率越高;在发展方式上,大量消耗能源和污染环境,重走西方“先污染后治理”的老路。但是,这种传统发展观并不适合广大发展中国家。20 世纪 60 年代后,西方中心主义发展观受到广泛批评，各国开始从自己的文化背景、历史传统和特殊国情出发，探索独立自主的发展道路。内源性发展受到广大发展中国家的青睐，内源性发展主张一国应在其内部寻找发展的源泉和动力，优化配置各种资源以实现快速发展。世界是一个多元组合体，各国特殊的国情决定了其发展方式的特殊性。各国既可以实行均衡发展战略，也可以推行非均衡发展战略；既可以实施梯度推进战略，也可以推进跨越式发展战略。总之，实际上不存在一种普世的发展模式，各国的发展方式是丰富多彩和可供自由选择的。由线性发展观转变为非线性发展观实质上是从西方中心论视角转变为人类整体为中心的发展视角。

对发展的理论研究在西方一直是一门显学，西方社会不断转换视角和更新观念，各种发展观异彩纷呈。近几年甚至有人提出要构建一种“后”发展观，比如：后现代主义从解构理性出发，对整个西方工业文明予以彻底否定，主张多元文化主义的世界性发展；新发展主义从质疑发展的意义入手，对传统发展观进行文化批判和价值颠覆，它赞扬原始社会“不发展”的发展模式是一种充分享有闲暇的舒适生活选择；后人类主义甚至认为人类可以借助科学工具改善基因和消除死亡，彻底变革人的生存和发展方式，“人类只是发展过程中的暂时阶段，是为后人类在做积极准备”①。战后西方发展观这种活跃的历史演进，是人类对发展实践的认识不断深化的结果，是人类在发展问题上进行不懈的科学探索的宝贵思想结晶。

目前，发展观的话语权牢牢掌握在西方国家手中，西方发展话语建立在西方文明优越论的基础之上，这必然要矮化发展中国家的文化。透过西方发展观表述形式背后的文化韵味，我们又可以发现西方发展观实质是在竭力维系发达国家与发展中国家之间的新殖民主义层级关系，将西方国家的发展建立在发展中国家不发展的基础之上。西方发展观自觉或不自觉地扮演了维护西方文化霸权的角色，是西方在国际社会上进行权力运作时不可或缺的工具。

洞悉战后西方发展观的演进规律和精神实质，有助于我们更深刻地学习贯彻科学发展观。科学发展观是当代中国共产党人置身于当代全球化的背景之中，立足于我国具体国情基础之上，在探索本国发展道路过程中收获

---

① 曹荣湘：《后人类文化》，三联书店 2004 年版，第 8 页。

的一项理论成果，它是马克思主义发展理论的重大创新。科学发展观吸纳了西方发展观的合理因素，同时又回应了西方发展观强势话语背后的西方中心主义论调，从文化基因上对资本主义发展道路和历史意义予以批判否定。科学发展观根植于中国文化和社群脉络，尊重传统知识体系和价值范式，体现了科学性和价值性的统一，发展观和历史观的统一，合目的性和合规律性的统一，普遍性和特殊性的统一。科学发展观是一套适合中国国情的发展理论，必将指引我国经济社会又好又快地发展，早日建成一个惠及十几亿人口的社会主义和谐社会。

第十章

马克思主义发展观的发展规律

马克思主义发展观从产生到发展，从一国的马克思主义发展观到多国的马克思主义发展观，从经典的马克思主义发展观到有特色的马克思主义发展观，马克思主义发展观的发展呈现出一定的规律性。

一、马克思主义发展观是合目的性与合规律性的统一

合目的性在生物世界表现为生物有机体对环境的适应性，人类社会是自然界长期演化发展的结果，是客观世界的特殊存在方式。社会历史是人有目的、有意识活动的结果，人们总是按照自己设定的目标从事社会活动。合目的性在人类活动领域则表现为人通过有目的的活动自觉地改变生存环境。人通过自己的实践活动而存在，通过自己的实践活动而完成自己的生存发展。人类社会发展的规律，既与自然界的规律有着一致性，更有不同于自然变化的独特本性。自然界当中"全是没有意识的、盲目的动力，这些动力彼此发生作用，而一般规律就表现在这些动力的相互作用中"[①]。而人类是为了实现自己的"世界图景"从事对"自在世界"加以改造利用的一种实践

① 《马克思恩格斯选集》第4卷，人民出版社1995年版，第247页。

活动。“在社会历史领域内进行活动的，是具有意识的、经过思虑或凭激情行动的、追求某种目的的人；任何事情的发生都不是没有自觉的意图，没有预期的目的的。”[①]

所谓合规律性，是指人类发展遵循一定的统计学定律，具有普遍重复的可预料、可描绘、可沿袭层面的意义。马克思认为，人类社会的发展同自然界一样，具有自己的规律，社会历史的发展本质上是一个自然历史的过程。马克思说：“我的观点是把经济的社会形态的发展理解为一种自然史的过程。”[②]在《〈政治经济学批判〉序言》中，马克思对人类社会发展规律进行了描述：“社会的物质生产力发展到一定阶段，便同它们一直在其中运动的现存生产关系或财产关系（这只是生产关系的法律用语）发生矛盾。于是这些关系便由生产力的发展形式变成生产力的桎梏。那时社会革命的时代就到来了。随着经济基础的变更，全部庞大的上层建筑也或慢或快地发生变革。”[③]马克思揭示了人类社会发展的普遍规律。

马克思主义发展观是合目的性与合规律性相统一的发展观。恩格斯曾经说过：“辩证法不过是关于自然、人类社会和思维的运动和发展的普遍规律的科学。”[④]合目的性与合规律性是社会发展的两个方面，成功的社会实践，都是合目的性与合规律性的统一。“辩证法的规律是从自然界和人类社会的历史中抽象出来的。辩证法的规律无非是历史发展的这两个阶段和思维本身的最一般的规律。”[⑤]发展观是否合规律，不能以是否满足人的欲望需求为标准，而应看发展是不是符合社会发展规律。正确认识并运用社会发展客观规律就可以作出前瞻性预测，从而顺利推动社会实践发展，这也才是真正的合目的性与合规律性相统一的发展观。

二、马克思主义发展观是继承性与创造性的统一

按照唯物辩证法的观点，辩证否定的实质是扬弃。“传统与创新的结合

① 《马克思恩格斯选集》第4卷，人民出版社1995年版，第247页。
② 《马克思恩格斯选集》第2卷，人民出版社1995年版，第101～102页。
③ 《马克思恩格斯选集》第2卷，人民出版社1995年版，第38页。
④ 《马克思恩格斯选集》第3卷，人民出版社1995年版，第484页。
⑤ 《马克思恩格斯选集》第4卷，人民出版社1995年版，第310页。

是一种辩证的扬弃，继承传统中符合客观规律、经得起实践检验的理论和精神，淘汰不符合事物发展的方面，同时，用新的基于新实践的认识发展传统。这种辩证的扬弃遵循否定之否定规律，呈波浪式发展轨迹。”[①]马克思主义发展观坚持继承性与创造性相统一，既一脉相承又与时俱进。“马克思主义发展观是迄今为止最科学最完整地揭示人类社会发展客观规律的理论，其科学性、彻底性、完整性决定了其理论常青树的地位。”[②]马克思主义作为科学的理论体系，始终是我们认识世界和改造世界的强大思想武器。

马克思主义发展观提供给人们的是一套完整的世界观，而不是解决所有现成问题的答案。与时俱进是马克思主义的理论品质，不断推陈出新是马克思主义发展观的自我要求。“任何一个理论一旦是封闭的不创新的必然将是停滞的落后的。没有任何一种发展观是一劳永逸的，即便马克思主义发展观也不能例外。发展实践本身就是对旧事物的不断否定，用于指导发展的理论随着实践基础的客观条件的转变，必然将显现出其滞后性的一面，若不与时俱进地创新发展理论，旧的理论必然将是僵化的落后的不适应发展的，必然将阻碍实践的发展进程。”[③]幸运的是，马克思主义发展观始终与时代同步。

马克思主义发展观诞生之后，已经结出了累累硕果。从马克思和恩格斯的发展观到列宁的发展观，从苏联的发展观到中国化马克思主义的发展观，从“四个现代化”到“发展才是硬道理”、从“把发展作为党执政兴国的第一要务”到“以人为本、全面协调可持续发展的科学发展观”，再到“五大发展理念”，各国共产党人把马克思主义基本原理同各国具体实际相结合，艰辛探索，不断创新，丰富和发展了马克思主义发展观。不同的发展阶段面临着不同的发展课题，不同的国家面临着不同的发展课题，马克思主义发展观在实践中既有继承又有创新，焕发出强大的生命力。马克思主义发展观的与时俱进表明，任何科学的发展观都必须建立在对时代背景和本国国情的准确把握基础之上，任何科学的发展观都必须回应时代课题，任何科学的发展观都必须承担特定的历史使命。

---

① 杨娜娜：《新中国成立后中国化马克思主义发展观研究》，鲁东大学硕士学位论文，2014年。

② 杨娜娜：《新中国成立后中国化马克思主义发展观研究》，鲁东大学硕士学位论文，2014年。

③ 杨娜娜：《新中国成立后中国化马克思主义发展观研究》，鲁东大学硕士学位论文，2014年。

三、马克思主义发展观是决定性与选择性的统一

马克思主义发展观认为，社会发展是历史决定性与主体的选择性辩证统一的结果。发展的决定性指社会发展的轨迹和趋势受因果规律性、内在必然性的制约，任何一个人和任何一个时代的人都不能自由选择生产力，生产力的发展是每一代人在继承前代生产力的基础上不断发展的过程。生产力与生产关系、经济基础与上层建筑的矛盾是贯彻人类社会发展始终的最根本的动力，正是这一基本矛盾的运动过程推动着人类社会由低级到高级、由简单到复杂向前发展。社会发展呈现出从旧质到新质的前进的、上升的运动变化，这是客观的、物质的、是不以人的意志为转移的、是一个自然历史过程。“周围的感性世界决不是某种开天辟地以来就直接存在的、始终如一的东西，而是工业和社会状况的产物，是历史的产物，是世世代代活动的结果，其中每一代都立足于前一代所达到的基础上，继续发展前一代的工业和交往……”①

人类社会发展沿着原始社会-奴隶社会-封建社会-资本主义社会-社会主义社会五种社会形态的方向发展，这种总趋势具有普遍性和必然性。列宁在《什么是“人民之友”以及它们是如何攻击社会主义的》一文中说：“马克思竭力去做的只是一件事：通过精确的科学研究来证明一定的社会关系制度的必然性，同时尽可能完全地指出那些作为他的出发点和根据的事实。为了这个目的，他只要证明现有制度的必然性，同时证明另一制度不可避免地要从前一制度中生长出来的必然性就完全够了，而不管人们相信或不相信这一点。”②辩证的决定论坚持社会发展的客观规律性。

发展的选择性是指在既定历史条件下，人们对社会的未来发展方向、目标、形式进行的有意识、有目的的选择。社会规律所揭示的社会发展过程之间的内在联系，不是单值对应的线性关系，而是多值的或然的非线性的因果关系即或然决定。比如，中国西藏地区就可以直接从奴隶社会过渡到社会主义社会。发展的决定性和选择性集中体现在发展的统一性和多样性上。

---

① 《马克思恩格斯选集》第1卷，人民出版社1995年版，第76页。

② 《列宁选集》第1卷，人民出版社1995年版，第33页。

社会发展过程的统一性和多样性，实质上就是社会基本矛盾的普遍性和特殊性的统一。社会发展有快有慢；有全面的均衡的，也有片面的不平衡的。一方面，社会形态更替的统一性往往通过各个民族发展道路的特殊性表现出来；另一方面，社会形态更替的多样性也不能否定人类历史的总体进程。社会规律给人的活动所提供的并不是一种唯一的现实可能性，而往往是提供一个由多种现实可能性组成的可能性空间。

四、马克思主义发展观是宗旨与手段的统一

马克思主义致力于实现人类的解放，实现人人全面而自由的发展。恩格斯曾把共产主义者的宗旨规定如下：(1)维护同资产者利益相反的无产者的利益；(2)用消灭私有制而代之以财产公有的手段来实现这一点；(3)除了进行暴力的民主的革命以外，不承认有实现这些目的的其他手段。邓小平强调："社会主义阶段的最根本任务就是发展生产力，社会主义的优越性归根到底要体现在它的生产力比资本主义发展得更快一些、更高一些，并且在发展生产力的基础上不断改善人民的物质文化生活。"[①]马克思主义发展观同样把人的发展放到发展的优先位置，人的发展是一切发展的前提和归旨。恩格斯曾经指出，共产主义是关于无产阶级解放的学说。在未来的共产主义社会中，人们成为自己社会的主人，从而也就成为自然界的主人，成为自己本身的主人——自由的人。这是发展的根本宗旨。

为了实现发展的根本宗旨，马克思主义发展观强调采用多种发展手段。邓小平指出："搞社会主义，中心任务是发展社会生产力。一切有利于发展社会生产力的方法，包括利用外资和引进先进技术，我们都采用。"[②]"改革和开放是手段，目标是分三步走发展我们的经济。"[③]按照邓小平的话说就是，不管黑猫、白猫，捉住老鼠就是好猫。邓小平指出："在经济政策上，我认为要允许一部分地区、一部分企业、一部分工人农民，由于辛勤努力成绩大而收入先多一些，生活先好起来。"[④]邓小平视察天津时指出："我的一贯主张

---

① 《邓小平文选》第3卷，人民出版社1993年版，第63页。

② 《邓小平文选》第3卷，人民出版社1993年版，第130页。

③ 《邓小平文选》第3卷，人民出版社1993年版，第266页。

④ 中共中央文献研究室编：《邓小平思想年编(1975～1997)》，中央文献出版社2011年版，第205页。

是，让一部分人、一部分地区先富起来，大原则是共同富裕。一部分地区发展快一点，带动大部分地区，这是加速发展、达到共同富裕的捷径。”[①]“计划多一点还是市场多一点，不是社会主义与资本主义的本质区别。计划经济不等于社会主义，资本主义也有计划；市场经济不等于资本主义，社会主义也有市场，计划和市场都是经济手段，社会主义的本质，是解放生产力，发展生产力，消灭剥削，消除两极分化，最终达到共同富裕。”[②]

马克思主义发展观强调发展宗旨与发展手段相统一。从根本上说，马克思主义是关于人的学说，是为人类谋幸福、实现人类解放的学说。共产主义作为人类一种未来的社会形态，是马克思为实现人类解放而设定的崇高理想。实现共产主义是一个漫长的过程，在这个过程当中必须不忘初心，牢牢记住发展的目的是什么，发展是为了什么。邓小平指出：“我们干四个现代化，人们都说好，但有些人脑子里的四化同我们脑子里的四化不同，我们脑子里的四化是社会主义的四化。他们只讲四化，不讲社会主义。这就忘记了事物的本质，也就离开了中国的发展道路。这样，关系就大了。”[③]社会主义社会的发展必须讲原则，讲方法，讲策略，在社会主义社会的康庄大道上，可以采用多种发展手段，但不能背离社会主义的根本宗旨。

① 《邓小平文选》第3卷，人民出版社1993年版，第166页。
② 《邓小平文选》第3卷，人民出版社1993年版，第373页。
③ 《邓小平文选》第3卷，人民出版社1993年版，第204页。

第十一章

马克思主义发展观与资本主义发展观的关系

人类的发展观是不断发展的。从人类发展观发展的历史长河来看，资本主义发展观与马克思主义发展观是前后相继的两种文化形态，是发展观发展的两个不同阶段。资本主义发展观是在批判封建文化思想的基础上发展起来的，马克思主义发展观是在批判资本主义发展观的基础上发展起来的。马克思主义发展观与资本主义发展观既有冲突又有交流，既有分歧又有传承。马克思主义发展观代表人类社会发展观发展的方向。

一、资本主义发展观批判

资本主义发展观是在批判封建主义文化的基础上产生的。资本主义发展观的产生过程就是黑格尔所说的“新时期”“新世界”与“旧世界”的决裂过程。资本主义发展观经历了一个从萌芽、兴盛到衰落的过程，本质上是为资产阶级专制统治服务的。

(一)资本主义发展观的嬗变

文艺复兴打开了发展资本主义发展观的闸门。马克思主义史学家认为，文艺复兴是封建主义时代和资本主义时代的分界，同时也是资本主义发展观形成的初始时期。马克思说:“资产阶级在它已经取得了统治的地方把一切封建的、宗法的和田园诗般的关系都破坏了。它无情地斩断了把人们束缚于天然尊长的形形色色的封建羁绊,它使人和人之间除了赤裸裸的利害关系,除了冷酷无情的‘现金交易’,就再也没有任何别的联系了。它把宗教虔诚、骑士热忱、小市民伤感这些情感的神圣发作,淹没在利己主义打算的冰水之中。它把人的尊严变成了交换价值,用一种没有良心的贸易自由代替了无数特许的和自力挣得的自由。总而言之,它用公开的、无耻的、直接的、露骨的剥削代替了由宗教幻想和政治幻想掩盖着的剥削。”“资产阶级抹去了一切向来受人尊崇和令人敬畏的职业的神圣光环。它把医生、律师、教士、诗人和学者变成了它出钱招雇的雇佣劳动者。”“资产阶级撕下了罩在家庭关系上的温情脉脉的面纱,把这种关系变成了纯粹的金钱关系。”[①]文艺复兴运动作为一场弘扬新兴资产阶级的思想解放运动,在传播过程中为早期的资本主义发展观萌芽奠定了深厚基础。

宗教改革去除了束缚资本主义发展观的思想枷锁。宗教改革是欧洲资产阶级披着宗教外衣进行的一场资产阶级性质的改革,它打碎了束缚资本主义发展观发展的思想禁区。韦伯在《新教伦理与资本主义精神》中说道:“自从禁欲主义着手重新塑造尘世并树立起它在尘世的理想起,物质产品对人类的生存就开始获得了一种前所未有的控制力量,这力量不断增长,且不屈不挠。今天……大获全胜的资本主义,依赖于机器的基础,已不再需要这种精神的支持了……当竭尽天职已不再与精神的和文化的最高价值发生直接联系的时候,或者,从另一方面说,当天职观念已转化为经济冲动,从而也就不再感受到了的时候,一般地讲,个人也就根本不会再试图找什么理由为之辩护了。”[②]宗教改革是欧洲资本主义发展的一个必然结果,它同时也是资本主义发展观发展历史上的一座重要里程碑。

启蒙运动推动了资本主义发展观的繁荣发展。封建主义发展观充满神秘色彩,充斥着对人性的摧残和奴役,而资本主义发展观则确立了主体性原则。主体性原则的“普遍的概念都是建筑在现实的意识上——就是建筑在

① 《马克思恩格斯文集》第2卷,人民出版社2009年版,第33～34页。
② [德]马克斯·韦伯:《新教伦理与资本主义精神》,于晓等译,三联书店1987年版,第142页。

‘自然的各种法则’和正与善的内容上……我们叫做启蒙”[①]。启蒙就是将人们从封建主义发展观枷锁中解放出来的思想洗礼过程，也是资本主义发展观成为社会正统和主流文化的过程。艾森斯塔特在阐释资本主义发展观的产生时也指出：“最初在西方，在西欧和中欧产生时，不仅带来了独特的意识形态前提，而且带来了独特的制度前提。它带来了人的能动性(agency)、自主性和人在时间之流中的位置的观念发生某些急剧转变。它带来了未来的观念，在这种未来观念中，凭借自主的人的能动性——或者凭借历史的步伐——得以实现的各种各样的可能性是开放的。”[②]

晚期资本主义发展观变成一种异化消费发展观，这种异化消费发展观成为增强人们对于资本主义统治认同性的工具。马尔库塞指出：“这些产品灌输、控制并促进一种虚假意识，这种意识不因自己虚假而受影响。而且，随着这些有益产品对更多社会阶层的个人变为可得之物，它们所携带的训诫就不再是宣传而是变成了一种生活方式。它是一种美好的生活方式——比从前的要美好得多，而且，作为一种美好的生活方式，它抗拒质变。一种单面思想与单面行为模式就这样诞生了。”[③]韦伯说：“专家没有灵魂，纵欲者没有心肝；这个废物幻想着它自己已达到了前所未有的文明程度。”[④]贝尔对晚期资本主义发展观持批评态度。他说：“以解放、色情、冲动自由以及诸如此类的名义，猛烈打击着‘正常’行为的价值观和动机模式……这意味着中产阶级价值观的危机已迫在眉睫。”[⑤]20世纪在与马克思主义发展观的竞争过程中，资本主义发展观逐渐走向成熟。然而，当资本主义发展观发展到顶峰之际，也便是它走向衰落之始。

资本主义发展观经过了由上升到衰落的发展过程，是与资本主义社会的形成和发展密切相关的。当资产阶级是上升和进步阶级的时候，生产力的长足发展要求打破一切束缚它的封建桎梏，资产阶级在思想文化上顺应社会历史发展的客观趋势，反对为封建统治服务的宗教神学，正如尼采所宣称的“上帝死了”，传统的道德和文化价值观念受到普遍的怀疑，人们开始

① [德]黑格尔：《历史哲学》，王造时译，上海书店出版社1999年版，第453页。
② [以]S. N. 艾森斯塔特：《反思现代性》，旷新年、王爱松译，三联书店2006年版，第8页。
③ [美]马尔库塞：《单面人》，左晓斯等译，湖南人民出版社1988年版，第10页。
④ [德]马克斯·韦伯：《新教伦理与资本主义精神》，于晓等译，三联书店1987年版，第143页。
⑤ [美]丹尼尔·贝尔：《资本主义文化矛盾》，赵一凡等译，三联书店1989年，第98～100页。

"重估一切价值",体现了先进资产阶级在思想文化上的积极进取精神。资产阶级发展观的核心内容正是在这种过程中确立起来的,它是与解放生产力,确立资产阶级统治的需要相适应的。

正当资本主义发展观取得辉煌成就之时,它又朝着相反的方向发展。资本主义发展观导致传统的血缘关系、伦理道德、价值观念不断趋于解体,人们的心灵世界和精神面貌发生重大变化。对此马克思指出:"新的社会形态一形成,远古的巨人连同复活的罗马古董……就都消失不见了。冷静务实的资产阶级社会把萨伊们、库辛们、鲁瓦耶—科拉尔们、本杰明·贡斯当们和基佐们当做自己真正的翻译和代言人;它的真正统帅坐在营业所的办公桌后面,它的政治首领是肥头肥脑的路易十八。资产阶级社会完全埋头于财富的创造与和平竞争,竟忘记了古罗马的幽灵曾经守护过它的摇篮。"[①] 在资本主义发展观的发展过程中,资本主义精神的结构发生了变化,以自我为轴心、以金钱为中心的个人主义价值观念不断建构起来,资本主义发展观陷入空前的危机之中。

(二)资本主义发展观的实质

资本主义发展观建立在生产资料私人占有的基础上,它本质上是为资产阶级的统治服务。资本主义发展观在发展的不同阶段具有不同的表现特质,但是,它又表现出许多带有共同性的本质特征。资本主义发展观是一种强调个人的自立、自律、自由的文化形态。它以个人主义为核心,推崇个人的成功和价值实现,主张价值取向多元化,追寻技术理性、等价交换与功利性、高效能。

资本主义发展观浸润着浓厚的消费主义、享乐主义、拜金主义和物质主义色彩。这种发展观主张追求体面的消费,渴求无节制的物质享受和消遣,并把这些当作生活的目的和人生的价值。迪西特认为:"我们现在面临的问题是要让普通美国人感到即使他总在花钱而没有存钱、更或者是一年休两次假、买了第二辆或者是第三辆车时,他也是符合道德的。我们现在社会繁荣的一个基本要题是让人们有足够理由享用这种繁荣,并证明这样做是对的,应该得到支持,我们要表明的是享乐主义生活态度是道德的,而不是非

---

① 《马克思恩格斯文集》第 2 卷,人民出版社 2009 年版,第 471～472 页。

道德的。要允许消费者自由自在地享受其生活，要表明他拥有众多的商品这样的行为是对的，这些东西会丰富他的生活，给他带来快乐。这种做法必须要成为每一个广告展示、每一个促销计划的中心主题之一。”①劳动生产率的大幅度提高和产品的过剩，使得消费者的欲望对商品交换价值的实现具有越来越大的作用。在晚期资本主义社会里，人们消费的不再是商品和服务的使用价值，而是它们的符号象征意义。

资本主义发展观只重视物质财富的价值，而忽视了人精神存在的价值。美国学者理查德·罗宾斯指出，资本主义“必须保持经济的不断增长……如果其不能维持不断的增长，其经济、社会和政治基础就会受到威胁，并导致整个社会的动荡”②。这种偏执的物质主义追求，导致资本主义社会发展过程中出现种种危机。当这种资本主义发展观嬗变为指导和调节人们在消费方面的行动和关系的原则、思想、愿望、情绪及相应的实践的时候，资本主义发展观发生裂变。

资本主义发展观危机本质上是价值危机，是人们从根本上反对资本主义社会制度的信任危机。贝尔指出：“新教伦理被资产阶级社会抛弃之后，剩下的便只是享乐主义了。资本主义制度也因此失去了它的超验道德观……一旦社会失去了超验纽带的维系，或者说当它不能继续为它的品格构造、工作和文化提供某种‘终极意义’时，这个制度就会发生动荡。”③它使资本主义社会的发展缺少道德信仰和伦理价值体系，而陷入外向的社会发展与内向的文化回归的深刻矛盾。而从社会机制上说，资本主义的“经济、政治和文化三个领域各自拥有相互矛盾的轴心原则：掌管经济的是效益（efficiency）原则，决定政治运转的是平等（equality）原则，而引导文化的是自我实现或自我满足（self-realization or self-gratification）原则。由此产生的机制断裂就形成了一百五十年来西方社会的紧张冲突”④。在资本主义发展观的导向之下，人类在精神危机中愈陷愈深。

资本主义发展观具有尖锐的内在矛盾和冲突，是资本主义社会基本矛

---

① ［美］文思·帕克特：《隐改的劝说者》，纽约大卫·麦凯出版公司1967年版，第263页。

② ［美］理查德·罗宾斯：《资本主义文化与全球问题》，姚伟译，中国人民大学出版社2010年版，第7页。

③ ［美］尼尔·贝尔：《资本主义文化矛盾》，赵一凡等译，三联书店1989年版，第66～68页。

④ ［美］尼尔·贝尔：《资本主义文化矛盾》，赵一凡等译，三联书店1989年版，第56页。

盾的反映，这是马克思主义经典作家关于资本主义发展观的基本判断。资本主义发展观危机的根源在于马克思所揭示的生产的社会化与资本主义私人占有制之间的矛盾。资产阶级宣扬的“自由、民主、平等”等意识形态具有极大的欺骗性。“它的特征是自我实现，即把个人从传统束缚和归属纽带家庭或血统中解脱出来，以便他按照主观意愿‘造就’自我。”[①]卢卡契说：“当资本主义的体系本身不断地在越来越高的经济水平上生产和再生产的时候，物化的结构逐步地、越来越深入地、更加致命地、更加明确地沉浸到人的意识当中。”[②]资本主义发展观矛盾的本性就是当代社会中人自身与其存在形式之间的矛盾。

(三)资本主义发展观的历史定位

必须具体地历史地考察资本主义发展观的历史地位和当代价值。根据马克思主义基本原理，一定的发展观必定是一定社会存在的反映，资本主义发展观同样也是资本主义社会的现实反映。马克思说：“与资本主义生产方式相适应的精神生产，就和与中世纪生产方式相适应的精神生产不同。如果物质生产本身不从它的特殊的历史的形式来看，那就不可能理解与它相适应的精神生产的特征以及这两种生产的相互作用。这样就不能超出庸俗的见解。”[③]马克思在这里揭示了考察资本主义发展观历史定位和当代价值的科学方法。

资本主义发展观为解放生产力和发展生产力起到了巨大的推动作用，极大地提高了社会生产效率，产生了先进的管理方式和理念，推动了科学技术的飞速发展。马克思主义经典作家认为，资本主义发展观使人对无限的追求表现为对物质财富的追求和对感性欲望的满足的追求，现代社会就是以资本主义社会为开端的不同于传统社会的社会，资本主义发展观将人们勇于追求无限的能量高效率地调动起来，资本主义社会的出现无疑是人类历史发展的巨大进步，从而创造了物质文明建设的奇迹。马克思说：“它第一个证明了，人的活动能够取得什么样的成就。它创造了完全不同于埃及

---

① [美]丹尼尔·贝尔：《资本主义文化矛盾》，赵一凡等译，三联书店 1989 年版，第 25 页。
② [匈牙利]卢卡契：《历史和阶级意识》，张西平译，重庆出版社 1989 年版，第 104 页。
③ 《马克思恩格斯全集》第 33 卷，人民出版社 2004 年版，第 346 页。

金字塔、罗马水道和哥特式教堂的奇迹；它完成了完全不同于民族大迁徙和十字军征讨的远征。”[①]所有这些奇迹的背后，都有着资本主义发展观基因驱动的背影。

在马克思、恩格斯看来，资本主义发展观的产生和发展具有重要的历史价值和进步作用。资本主义发展观所孕育的自由、民主、平等、人权等价值观念，对于促进资本主义社会生产力的发展，巩固和发展资本主义制度，提高资本主义社会人民的生活水平以及促进现代社会的形成和发展发挥了十分重要的作用，资本主义发展观促进了现代人格的塑造和现代文化价值观念的形成。在封建主义文化氛围里，“单个人显得比较全面，那正是因为他还没有造成自己丰富的关系”[②]。以个人主义、功利主义、享乐主义、物质主义、自由主义和理性主义为主要特征的资本主义价值观，在打破封建统治的文化基础，解除束缚人们思想灵魂的精神枷锁方面，发挥了十分关键的作用。马克思批判地肯定了资本主义文化的进步作用。他说：“不管资产阶级社会怎样缺少英雄气概，它的诞生却是需要英雄行为，需要自我牺牲、恐怖、内战和民族间战斗的。在罗马共和国的高度严格的传统中，资产阶级社会的斗士们找到了理想和艺术形式，找到了他们为了不让自己看见自己的斗争的资产阶级狭隘内容、为了要把自己的热情保持在伟大历史悲剧的高度上所必需的自我欺骗。”[③]所以说，资本主义发展观相比封建主义文化而言，是巨大的历史进步。

资本主义发展观又表现出颓废的一面。资本主义发展观的发展困境是由生产的社会化与生产资料的私人占有制之间的矛盾所决定的。马克思指出：“统治阶级的存在，日益成为工业生产力发展的障碍，同样也日益成为科学和艺术发展，特别是文明社交方式发展的障碍。从来也没有比我们现代的资产者更无知的人了。”[④]马克思以“英国有教养的阶级”为例，来说明资本主义发展观的落后和反动本质。马克思说：“英国有教养的阶级对任何进步都是置若罔闻，只是在工人阶级的压力下，才稍稍动一动。如果以为这些腐朽不堪的有教养阶级，它们每天的精神食粮也许会比它们本身要好一些，那

---

① 《马克思恩格斯选集》第1卷，人民出版社1995年版，第275页。
② 《马克思恩格斯全集》第46卷(上)，人民出版社1979年版，第109页。
③ 《马克思恩格斯文集》第2卷，人民出版社2009年版，第472页。
④ 《马克思恩格斯文集》第3卷，人民出版社2009年版，第258页。

是没有的事。上流社会的书刊都已走向穷途末路,其内容正像饱含终日暮气沉沉的上流社会本身一样,是异常枯燥的。"[①]资本主义发展观必然导致工具理性和功利主义的大肆扩张,造成了人与自然关系的紧张。现代社会的人们迷惑于虚拟经济世界中的金融危机。工具理性的僭越和价值理性的缺位,现代社会形成规模远超实体经济上百倍的庞大虚拟经济、金融财富,致使许多人过分追求物质享受,现代人类社会的大部分时间、精力、资源都被迫浪费在这种无意义的资源争夺之中,人们精神世界贫乏乃至空虚。

资本主义发展观对发展中国家文化发展具有重要启示价值。贝尔指出,资本主义发展观发展过程中出现的各种问题,也可能会在社会主义国家文化发展过程中重演。他说:"这些矛盾主要产生在美国和其他西方国家。共产主义世界在它追求效益和许诺个人实现的过程中,是否也会遇到这些矛盾,目前尚不清楚。让我们拭目以待,看苏联建成了消费社会之后会有什么变化。至于中国,他们将看到俄国人的前车之鉴。"[②]不学习资本主义发展观的先进之处,马克思主义发展观发展就缺少给养;同时,不保持本民族的"个体"特色,亦步亦趋地跟在别人后面,马克思主义发展观也是没有前途的。我们对于资本主义发展观要有清醒的认识。我们必须把资本主义发展观作为创造自己"特色"文化的基础,建设有中国特色的马克思主义发展观。

二、马克思主义发展观的强大生命力

马克思主义发展观是替代资本主义发展观的一种更高级的文化发展形态。马克思主义发展观代表未来世界文化发展的必然趋势。

(一)马克思主义发展观的演进

社会主义思想源远流长,马克思主义发展观博大精深。空想社会主义(utopian socialism)是现代马克思主义发展观的来源之一。空想社会主义主张废除私有制,实行公有制,消灭阶级差别,共同劳动,按需分配,实现社会平等。空想社会主义者在《乌托邦》《太阳城》《自然法典》《全世界的和谐》等

---

① 《马克思恩格斯全集》第1卷,人民出版社1956年版,第629页。

② [美]尼尔·贝尔:《资本主义文化矛盾》,赵一凡等译,三联书店1989年,第61页。

著作中，从经济制度、政治制度、思想文化道德等方面对资本主义制度进行了深刻的揭露和批判，对未来的理想社会提出许多美妙的天才设想。他们企图建立“人人平等，个个幸福”的新社会。尽管空想社会主义者所勾勒的美好社会场景并没有实现，但是，空想社会主义的种种天才美妙设想，却为马克思主义发展观发展提供了宝贵的思想材料。空想马克思主义发展观是马克思主义发展观的初始形态。

具有政权建制形态的马克思主义发展观可以追溯到巴黎公社时期。巴黎公社时期的文化发展成就，是马克思主义发展观发展宝库中的重要闪光点。公社选举成立了“巴黎艺术家协会”。协会的基本纲领是：同意公社共和国的原则，反对第二帝国的文化专制主义，主张艺术自由，提倡现实主义艺术。公社经常组织戏剧晚会、音乐演奏会、诗歌朗诵会、绘画展览等活动，丰富人们的精神生活。巴黎公社的文化发展政策是“在支持革命的前提下，鼓励各种艺术流派的自由发展”。报刊上、墙头上、街垒上出现大量漫画、传单以及政论、散文、小说等作品，来宣传人民革命思想。巴黎公社非常重视尊重和保护传统文化。德姆说：“这些小的铜制品是人类过去的遗产，我们应当保存我们的文化遗产，以便建设未来。我们不是野蛮人。”[①]巴黎公社发布公告称：“获得自由的人民懂得珍惜公共财物，并要大家都来爱护。”[②]

苏联的马克思主义发展观在摸索中前行，也踏入过重大的发展观误区。戈尔巴乔夫提出建立“人道的民主的社会主义模式”，实行“意识形态多元化”，放弃“意识形态上的垄断主义”，“给思想以自由”，实际上是背叛了马克思主义。利加乔夫在回忆录中写道：“暴露的文章犹如狂涛恶浪，席卷了舆论工具。极右报刊所描述的不是多维的历史，不是成就与错误相互矛盾地交织在一起的历史，而只是阴暗的污点。”[③]戈尔巴乔夫放弃了马克思主义的指导思想，形成错误的发展观，造成了人们思想混乱，为苏联解体埋下了伏笔。这是马克思主义发展观演进中的重要经验教训。

马克思主义发展观在中国产生的标志性事件是五四运动。毛泽东指出：“同这种资本主义新经济同时发生和发展着的新政治力量，就是资产阶

① 转引自[苏]凯尔任策夫：《巴黎公社史》，中国人民大学编译室译，三联书店1961年版，第605页。
② 转引自罗新璋：《巴黎公社公告集》，上海人民出版社1978版，第362页。
③ 转引自周新城等：《苏联东欧国家的演变及其历史教训》，安徽人民出版社2000年版，第173页。

级、小资产阶级和无产阶级的政治力量。而在观念形态上作为这种新的经济力量和新的政治力量之反映并为它们服务的东西，就是新文化。”[①]新文化运动为新思想传播打开了闸门，五四运动为马克思主义在中国的传播做了总动员，马克思主义发展观由此在中国大地上如火如荼地发展起来。从毛泽东的发展观到邓小平发展观，从江泽民发展观到科学发展观，再到五大发展理念，中国共产党人的发展观进入一个新阶段。

(二)马克思主义发展观的特征

马克思主张从人的现实生活出发去探讨文化本质和特征问题。马克思、恩格斯在《德意志意识形态》中强调：“思想、观念、意识的生产最初是直接与人们的物质活动，与人们的物质交往，与现实生活的语言交织在一起的。人们的想象、思维、精神交往在这里还是人们物质行动的直接产物。表现在某一民族的政治、法律、道德、宗教、形而上学等的语言中的精神生产也是这样。人们是自己的观念、思想等等的生产者，但这里所说的人们是现实的、从事活动的人们，他们受自己的生产力和与之相适应的交往的一定发展——直到交往的最遥远的形态——所制约。意识在任何时候都只能是被意识到了的存在，而人们的存在就是他们的现实生活过程。”[②]按照马克思主义的观点，文化的本质与特征隐匿在人的现实生活中。

马克思主义发展观的本质与特征，从根本上讲，是由社会主义社会的经济基础所决定的。马克思在《〈政治经济学批判〉序言》中说道：“物质生活的生产方式制约着整个社会生活、政治生活和精神生活的过程。不是人们的意识决定人们的存在，相反，是人们的社会存在决定人们的意识。社会的物质生产力发展到一定阶段，便同它们一直在其中运动的现存生产关系或财产关系(这只是生产关系的法律用语)发生矛盾，于是这些关系便由生产力的发展形式变成生产力的桎梏。那时社会革命的时代就到来了。随着经济基础的变更，全部庞大的上层建筑也或慢或快地发生变革。”[③]毛泽东运用辩证唯物主义和历史唯物主义的原理，揭示了文化的本质内涵。他指出：“一

---

① 《毛泽东选集》第2卷，人民出版社1991年版，第695页。

② 《马克思恩格斯选集》第1卷，人民出版社1995年版，第72页。

③ 《马克思恩格斯文集》第2卷，人民出版社2009年版，第591～592页。

定的文化(当作观念形态的文化)是一定社会的政治和经济的反映,又给予伟大影响和作用于一定社会的政治和经济;而经济是基础,政治则是经济的集中表现。这是我们对于文化和政治、经济的关系及政治和经济的关系的基本观点。”[①]马克思主义发展观是社会主义经济和社会主义政治的反映。

马克思主义发展观具有无产阶级革命色彩,充满革命激情和浪漫主义情怀。比如,巴黎公社的文化就具有强烈的革命性和战斗性色彩。贴在王宫镶金墙上的号召书写道:“人民!这墙上闪烁着的黄金,就是你的血汗!你用鲜血和劳动喂养君主制这贪婪魔鬼的时间已经够长久了!今天,革命使你获得自由,你已经成为财富的主人!你是这里的主人!要警惕地注意:别让暴君们再回到这里。”[②]公社创办的革命报刊和民主报刊,成为宣传马克思主义发展观的重要阵地,巩固和扩大了马克思主义文化的影响。以苏联文化为例,苏联一本历史教材中曾经写道:“在广大群众的参与下,在最短的时间内,用最先进、最革命的理论——马克思列宁主义,对社会的精神生活进行最深刻的改造。”其任务是“扫除文盲,培养新型的知识分子,使他们不仅成为生产的组织者,而且还要成为用社会主义思想培养广大劳动群众的教育者;对已往的文化遗产要进行社会主义改造,把旧的资产阶级知识分子争取到胜利的无产阶级一边”[③]。由此可见,马克思主义发展观充满革命主义激情。

马克思主义发展观具有“兼收并蓄”的色彩。我国历届领导人非常重视合理利用传统发展观和外来发展观,对待传统发展观采用“古为今用”的原则,对待外来发展观采用“洋为中用”的原则。邓小平指出:“我们的国家已经进入社会主义现代化建设的新时期。我们要在大幅度提高社会生产力的同时,改革和完善社会主义的经济制度和政治制度,发展高度的社会主义民主和完备的社会主义法制。我们要在建设高度物质文明的同时,提高全民族的科学文化水平,发展高尚的丰富多彩的文化生活,建设高度的社会主义精神文明。”[④]马克思主义发展观具有极强的包容性。

---

① 《毛泽东选集》第2卷,人民出版社1991年版,第663～664页。

② 转引自梁茂:《“国际歌”和巴黎公社革命音乐》,人民音乐出版社1978年版,第21页。

③ [俄]尤·斯·库库什金主编:《社会主义时期苏联史》,(莫斯科)高校出版社1985年版,第128～129页。

④ 《邓小平文选》第2卷,人民出版社1994年版,第208页。

马克思主义发展观建立在生产资料公有制基础上，应坚持马克思主义的一元化指导思想。马克思主义发展观产生于人民，服务于人民，从根本上反映和促进生产力的发展要求，是代表和维护最广大人民群众的根本利益的、大众的、科学的文化。马克思主义发展观的基本价值取向是集体主义，根本来讲是为人民服务的。马克思主义发展观从形成、发展到繁荣，从未脱离人民群众的现实生活，它本质上是为了使人民群众的精神生活更加充实和丰富多彩。

(三)马克思主义发展观的历史地位

马克思主义发展观是取代资本主义发展观的一种发展观形态。马克思主义发展观取得了举世瞩目的伟大成就，增强了社会主义国家的凝聚力，提升了社会主义国家的民族自尊心与自豪感，为广大社会主义国家的经济建设提供了强大的思想保证、精神动力和智力支持。但当时作为一种新生的社会文化形态，马克思主义发展观也遭遇了严重挫折。比如，苏联马克思主义发展观建设曾经走过弯路，“知识分子对官方意识形态的实际信仰并不坚定，对知识分子的严格监督，与独立发展和表达观念、知识、价值和想象的知识分子的本质要求相冲突……他们只有怨恨”[①]。邓小平指出：“经济建设这一手我们搞得相当有成绩，形势喜人，这是我们国家的成功。但风气如果坏下去，经济搞成功又有什么意义？会在另一方面变质，反过来影响整个经济变质，发展下去会形成贪污、盗窃、贿赂横行的世界。”[②]所以，我们要吸取苏联文化发展的经验教训，下大力气培育马克思主义发展观。

马克思主义发展观也曾遭遇资本主义发展观的疯狂入侵和腐蚀。里根曾宣称，美国之音、自由欧洲电台和自由电台是“真理的灯塔、自由的象征，是告诉铁幕后面的人们不要放弃希望的工具”[③]。里根认为，在资本主义制度和社会主义制度的竞争过程中，“最终的决定性因素不是核弹和火箭，而是意识和思想的较量”，“各民主国家考虑如何帮助世界上的民主政治运动”，要“培植民主的基础结构，即出版自由、成立工会、组织政党、开办大学

① [美]大卫·科兹、弗雷德·威尔：《来自上层的革命：苏联体制的终结》，曹荣湘、孟鸣歧等译，中国人民大学出版社 2002 年版，第 89 页。

② 《邓小平文选》第 3 卷，人民出版社 1993 年版，第 154 页。

③ 转引自毕波：《美国之音透视》，青岛出版社 1990 年版，第 51 页。

的制度”，最终把“马克思列宁主义抛进历史的垃圾堆”[①]。所以说，资本主义国家对社会主义国家的敌视、诱导和侵蚀，是社会主义国家文化发展出现挫折的一个重要外在历史因素。

未来的马克思主义发展观要继续汲取资本主义发展观的营养。马克思、恩格斯都曾积极主张学习资本主义发展观的先进之处，他们认为：“随着科学的进步，基本教育、知识等等，阅读、书写、计算以及商业知识和语言知识等等，就会越来越迅速地、越容易地、越普遍地、越便宜地再生产出来，资本主义生产方式越占统治地位，因而科学和教学方法越是面向实际，就越是这样。”[②]资本主义发展观也有其积极的一面，我们要因势利导，吸收其有益的成分，为马克思主义发展观朝着更加健康的方向发展贡献力量。

马克思主义发展观与社会主义制度应该在相互建构中协调发展。文化建设是社会主义建设的一个重要维度，社会主义国家应该在加强社会主义制度建设的同时，把马克思主义发展观建设摆在更加突出的位置。马克思在《给维·伊·查苏利奇的复信》(初稿)中写道：“总之，在俄国公社面前，资本主义制度正经历着危机，这种危机只能随着资本主义的消灭，随着现代社会回复到‘古代’类型的公有制而告终，……现代社会所趋向的‘新制度’，将是‘古代类型社会在一种高级的形式下(in a superior form)的复活(a revival)’。因此，不应该过分地害怕‘古代’一词。”[③]马克思主义发展观培养了社会主义国家人们良好的道德风尚，造就了一大批有理想、有道德、有文化、有纪律的社会主义新人；社会主义国家建立了一种人与人之间互助、合作与平等的社会关系，使人的全面自由发展得以逐步实现。社会主义制度保障马克思主义发展观健康发展，马克思主义发展观又不断增强社会主义制度的软实力。

三、马克思主义发展观对资本主义发展观的超越

马克思主义发展观从批判资本主义发展观入手，引入了文化价值分析

---

① 转引自李振城主编：《无硝烟的战争——“和平演变”与对策》，天津社会科学院出版社 1991 年版，第 21 页。

② 《马克思恩格斯全集》第 48 卷，人民出版社 1985 年版，第 431 页。

③ 《马克思恩格斯文集》第 3 卷，人民出版社 2009 年版，第 572 页。

法,充分阐释了社会发展的价值蕴涵和精神诉求,全面阐述了以人为中心、以文化价值为尺度、整体的综合的内生的发展观。中国最近40年的发展取得了举世瞩目的伟大成就,但也同样面对与国际社会相类似的发展问题。中国共产党在总结我国发展实践的经验教训和借鉴国外发展理论积极成果的基础上提出科学发展观。党的十七大报告指出:“科学发展观,是立足社会主义初级阶段基本国情,总结我国发展实践,借鉴国外发展经验,适应新的发展要求提出来的。”①可见,国外的发展经验是科学发展观的重要源泉。同样,以习近平同志为核心的党中央倡导的五大发展理念,也是在总结国内外经验的基础上形成的。

习近平同志指出:“《建议》提出要坚持创新、协调、绿色、开放、共享的发展理念。这五大发展理念不是凭空得来的,是我们在深刻总结国内外发展经验教训的基础上形成的,也是在深刻分析国内外发展大势的基础上形成的,集中反映了我们党对经济社会发展规律认识的深化,也是针对我国发展中的突出矛盾和问题提出来的。”②五大发展理念是马克思社会发展理论在中国与时俱进的成果。

马克思主义发展观与资本主义发展观在形式和内容上有诸多相似之处。比较二者的异同及阐释马克思主义发展观的超越之处,可以更好更深入地领悟马克思主义发展观的魅力,进而推动我国经济社会又好又快地发展。下面谈一下马克思主义发展观对资本主义发展观的重大超越。

(一)马克思主义发展观对资本主义发展观在发展目的方面的超越

马克思主义发展观与资本主义发展观都批判传统的唯经济增长型发展观,有所不同的是,资本主义发展观对传统发展观作了诀别式的否定,而马克思主义发展观并不完全否定经济增长的重要性。马克思主义发展观认为经济增长不等于发展,但是经济增长是发展的前提和基础。马克思主义认为,生产力是社会发展的决定性力量,没有经济的增长便没有实现现代化的物质基础,资本主义发展观的综合的内生的发展便会成为空中楼阁。我们

---

① 胡锦涛:《高举中国特色社会主义伟大旗帜 为夺取全面建设小康社会新胜利而奋斗——在中国共产党第十七次全国代表大会上的报告》,人民出版社2007年版,第13页。

② 《习近平谈治国理政》第2卷,外文出版社2017年版,第197页。

决不能被某些西方发展观所迷惑，片面地追求所谓的公平、平等、自由等；中国和西方国家正处于不同的发展阶段，我们目前仍需坚持“以经济建设为中心”不动摇。

马克思主义发展观和资本主义发展观都不约而同地把发展观的视角从“物”转移到人。旧发展观的哲学基础是“经济人假设”，劳动者被“物化”和“异化”为“单向度的人”。资本主义发展观把“人”的概念引入经济学，认为发展的目的是为了一切人的发展和人的全面发展，人力资源是最宝贵的资源，主张促进共同体内每个成员的个性发展，同时激励每个成员为社会有机体作出贡献，避免西方国家以牺牲人的价值换取发展的老路。资本主义发展观的发展目的论对我们经济社会建设具有重要的启示价值。科学发展观同样把“以人为本”作为发展的核心、本质和价值取向，科学发展观尊重人的社会价值和个体价值。胡锦涛指出：“要实现人的全面发展为目标，从人民的根本利益出发谋发展、促发展。不断满足人民群众日益增长的物质文化需要，切实保障人民群众的经济、政治和文化权益，让发展的成果惠及全体人民。”①

马克思主义发展观和资本主义发展观所说的“人”在理论基础、本质内涵和存在方式等诸多方面存在差异。资本主义发展观中的“以人为中心”是西方人本主义传统在发展观中的集中体现。人本主义思潮是文艺复兴时期为批驳基督教神学而出现的，它坚持抽象的“人性论”和推崇抽象的“自由”“平等”“博爱”原则，要么把人规定为“生物学意义上的人”，要么把人定性为“感性实在”，或者褒扬“理性的人”，或者鼓吹“非理性的人”。人本主义所讲的“人”都是脱离社会关系的抽象的人。资本主义发展观所理解的“人”带有浓厚的纯粹逻辑推演的思辨色彩，把人视作脱离了社会实践的个体意义上的人，把人的存在看作机械性的现成性的存在。马克思主义发展观中“以人为本”的理论基础是马克思关于人的全面发展的理论。马克思所讲的人是从事生产实践活动的具体的人，人的本质在其现实性上是一切社会关系的总和。人的存在在本质上是“实践性的”“生成性的”“超越性的”存在。马克思主义发展观所讲的“人”是具有独立人格和个性的人，是从事中国特色社会主义现代化建设的最广大人民群众。“以经济建设为中心”和“以人为本”

① 胡锦涛：《在中央人口资源环境工作座谈会上的讲话》，《人民日报》2004 年 4 月 5 日。

统一于中国特色社会主义实践活动中，这是马克思主义发展观对资本主义发展观的重大超越。

(二)马克思主义发展观对资本主义发展观在发展模式方面的超越

资本主义发展观所主张的“内生性”发展与马克思主义发展观所主张的“独立自主、自力更生”的内涵是一致的。某些资本主义发展观把西方发达国家的发展模式称为“殖民式发展”，认为“刘易斯模式描述的正是那种发展中国家摒弃了的那些殖民式的发展，发展中国家正是靠摒弃这种发展模式而在全世界积聚力量的”[①]。佩鲁认为，发展中国家的发展面临三大障碍：一是“新帝国主义”。西方发达国家通过输出发展模式、操控金融和货币政策、掌控国际产业分工等各种手段使广大发展中国家沦为它们的经济附庸国。国际政治经济旧秩序使发展中国家在世界市场竞争中处于劣势。二是“国家主义”。“如果发展中国家人民认识到自由时，其领导人设法拿起前殖民国家和半殖民国家使用的武器来维持其统治，这就是国家主义。”[②]佩鲁认为民主和自由是发展的重要内容，也是考量发展中国家是否真正发展的重要标准。很多发展中国家人民在政治生活中的参与度往往较低。三是结构性障碍。发展中国家大多产业单一，交通不发达，市场机制不健全，没有形成全国统一的大市场，社会各部分结构之间缺乏有机联系。针对以上发展障碍，佩鲁认为发展中国家不能照搬西方的发展模式，发展中国家应该走“内生性”发展的道路。“内生性是指组成选择的方程系统的各种变量，它是同表示数据并可进行不同逻辑处理的外生变量相对的。但是，在各种国际组织的词汇中，这个形容词被用来表示一个国家的内部力量和资源及其合理的开发与利用。”[③]佩鲁特别重视人民群众的历史性作用，他在《群众与阶级》的著作中把发展中国家的普通群众称为与“国家世界”[④]相对立的“群众世界”，并且认为“群众世界”是历史发展的重要推动力。

中国共产党始终把“独立自主、自力更生”作为经济社会发展战略的基

① [法]弗朗索瓦·佩鲁：《新发展观》，张宁、丰子义译，华夏出版社 1987 年版，第 61 页。

② [法]弗朗索瓦·佩鲁：《新发展观》，张宁、丰子义译，华夏出版社 1987 年版，第 123 页。

③ [法]弗朗索瓦·佩鲁：《新发展观》，张宁、丰子义译，华夏出版社 1987 年版，第 2～3 页。

④ 佩鲁所说的“国家世界”是指以美国为代表的帝国主义和以苏联为代表的社会帝国主义，笔者并不赞同这种说法。

点。从独立自主是毛泽东思想“活的灵魂”，到邓小平的“走自己的路，建设有中国特色的社会主义”，到江泽民的“坚持自力更生、自主创新”，到胡锦涛的“增强自主创新能力，建设创新型国家”，再到习近平的“坚持民族自尊心和自信心，坚定不移走自己的路”，“独立自主、自力更生”的内涵得到不断深化。某些资本主义发展观虽然引起世界上很多国家的重视，但是这些理论并不具有现实可操作性，而科学发展观、五大发展理念则是中国共产党治党理国的最新理念，具有应用于经济社会发展实践的直接现实性的特点。某些资本主义发展观只强调内生性发展而忽视了对外开放的重要性，同时忽视了国际交往互动对内生性发展的影响。虽然发展中国家在世界交往中处于被动地位，但是其不可能孤立于世界体系之外而得到快速发展，每一个民族同其他民族的变革都有依存关系。科学发展观与五大发展理念要求统筹国内发展与对外开放，充分利用国内国外两个市场两种资源，坚持“引进来”和“走出去”相结合的战略，引进国外先进的理念、技术、设备，体现了参与全球化的积极性、自主性和可控性。这是对资本主义发展观中的内生性发展战略的重大超越。

（三）马克思主义发展观对资本主义发展观在文化发展方面的超越

马克思主义发展观和资本主义发展观都重视文化在社会发展中的重要地位。资本主义发展观给经济发展打上深深的文化烙印，把文化价值作为衡量经济发展合理与否的标准。某些资本主义发展观认为最深刻的社会危机是文化危机，文化危机比经济危机和政治危机更为深刻，其负面影响也更为持久。这些理论认为经济活动总是沉浸在文化的海洋之中，文化决定着社会群体的生产和生活方式。佩鲁指出：“更重要的是，各种文化价值在经济发展中起着根本性的作用，经济增长不过是手段而已，各种文化价值是抑制和加速增长的动机的基础，并且决定着增长作为一种目标的合理性。”[①]某些资本主义发展观片面夸大了文化价值的作用，最终陷入“文化决定论”的泥潭。马克思主义发展观消除了传统发展观在经济和文化上的对立，体现了社会主义文化建设的价值功能。科学发展观和五大发展理念认为文化是综合国力的重要标志，必须重视文化软实力建设，不断满足人民日益增长的

① ［法］弗朗索瓦·佩鲁：《新发展观》，张宁、丰子义译，华夏出版社 1987 年版，第 15 页。

物质文化需要。科学发展观和五大发展理念是对中国传统文化中的感性思维、人本思维、整体思维、和谐思维的创造性诠释和现代转换。

马克思主义发展观反对文化决定论，坚持社会基本矛盾论。马克思主义认为生产力和生产关系、经济基础和上层建筑的矛盾是社会发展的基本矛盾，物质生产活动在社会发展中起着根本决定性的作用。“物质生活的生产方式制约着整个社会生活、政治生活和精神生活的过程。不是人们的意识决定人们的存在，相反，是人们的社会存在决定人们的意识。”[①]在经济与文化的关系上，是经济决定文化而非文化决定经济，同时文化对经济具有反作用。经济社会发展是文化发展的基础和前提，文化发展是经济社会发展的重要内容和支撑。文化发展不仅反映着一定时期的经济状况，而且以巨大的反作用推动或阻碍经济发展和社会进步，文化的这种作用主要体现在理论指导、智力支持和产业支撑等方面。文化发展对于提高经济社会发展质量、巩固发展成果、增强发展后劲都具有重要作用。邓小平深刻指出：“风气如果坏下去，经济搞成功又有什么意义？会在另一方面变质，反过来影响整个经济变质，发展下去会形成贪污、盗窃、贿赂横行的世界。”[②]在社会主义市场经济条件下，发展产业文化是繁荣社会主义文化、满足人民群众文化需求、建立和谐社会的重要途径。以知识、技术、智能为特征的智力密集型文化产业已经成为现代经济的重要组成部分。文化产品固有的意识形态属性和商品属性决定了发展文化产业是社会主义物质文明、精神文明、政治文明和生态文明建设的重要结合点，文化产业的发展可以使“四个文明”建设形成互补的有机整体。

四、正确处理马克思主义发展观与资本主义发展观的关系

马克思主义发展观与资本主义发展观是建立在不同经济基础之上的异质性文化，两者是分属于不同的社会意识形态的文化。正确处理马克思主义发展观与资本主义发展观的关系，对于促进马克思主义发展观又好又快地永续发展，具有重要的理论和现实意义。

---

① 《马克思恩格斯选集》第 2 卷，人民出版社 1995 年版，第 32 页。

② 《邓小平文选》第 3 卷，人民出版社 1993 年版，第 154 页。

(一)马克思主义发展观与资本主义发展观的对立统一

马克思主义发展观与资本主义发展观存在对立冲突。马克思在剖析资本主义发展观时指出:“到处是不彻底和虚伪,可是社会主义者以及部分宪章派的有说服力的经济论文,却被轻蔑地扔掉,这些论文只有在下层等级中才能找到读者。施特劳斯的《耶稣传》被译成英文。没有一个‘有身份的’出版商愿意出版这本书,最后,它只好分册出版,每册 3 个便士,确切地说是由一个很不起眼但干劲十足的旧书商出版的。卢梭、伏尔泰、霍尔巴赫等人的著作的译本也有同样的遭遇。读拜伦和雪莱的作品的几乎全是下层等级的人;没有一个‘有身份的’人敢把雪莱的著作摆在自己的案头,如果他不想声誉扫地的话。”[①]恩格斯感叹道:“贫穷者是有福的,因为天国是他们的,而且这个世界的王国迟早也是他们的。”[②]马克思、恩格斯深刻揭示了资本主义发展观的腐朽性以及资本主义发展观与马克思主义发展观的对立关系。

资本主义发展观一直妄图扼杀马克思主义发展观的发展。马克思主义“这样一个学说在‘权贵’们那里受不到欢迎,完全是自然的事。资产阶级今天已经变成一个反动的阶级:它正在努力‘扭转历史的轮子’。它的观念形态已经完全不能了解马克思的发现的巨大科学价值。与此相反,无产阶级却用马克思的历史理论来作为它的解放斗争中最可靠的指南”[③]。尼克松早就警告过:“尽管我们与苏联在军事、经济和政治上进行竞争,但意识形态是我们争夺的根源。”[④]里根提出,在两种不同社会制度的斗争中,“最终的决定性因素不是核弹和火箭,而是意识和思想的较量”[⑤]。所以,要防止资本主义发展观对马克思主义发展观发动的和平演变。

尽管马克思主义发展观与资本主义发展观存在对立冲突,但是,两者仍然存在难以完全割裂的关系。普列汉诺夫认为:“每个特定时代的思想体系永远是和前一时代的思想体系有密切的——肯定的或否定的——联系。任

① 《马克思恩格斯全集》第 3 卷,人民出版社 2002 年版,第 425 页。

② 《马克思恩格斯全集》第 3 卷,人民出版社 2002 年版,第 425 页。

③ 《普列汉诺夫哲学著作选集》第 2 卷,三联书店 1961 年版,第 212 页。

④ [美]理查德·尼克松:《1999 年:不战而胜》,王观声、郭健哉等译,世界知识出版社 1997 年版,第 109 页。

⑤ 转引自李振城主编:《无硝烟的战争——“和平演变”与对策》,天津社会科学院出版社 1991 年版,第 21 页。

何特定时代的'智慧状况'，只有在与前一时代的智慧状况的联系中才能理解。"①马克思主义发展观是资本主义发展观之后的一种社会文化形态，它必然与资本主义发展观存在千丝万缕的关系。

马克思主义发展观与资本主义发展观并非截然对立，亦非没有任何共通性可言。马克思主义发展观不能等同于无产阶级文化，它应该属于全人类。虽然马克思主义发展观依然具有阶级属性，但是，它亦具有超越阶级局限性的特性。马克思主义发展观与资本主义发展观应该在相互竞争中发展成长，马克思主义发展观应该在比较优势中逐步取代资本主义发展观。马克思主义发展观具有资本主义发展观所不具有的亲民性、为民性、属民性等优势，马克思主义发展观取代资本主义发展观是历史发展的必然趋势。

(二)吸收资本主义发展观中的进步思想发展马克思主义发展观

吸收资本主义发展观中的进步思想发展马克思主义发展观，是马克思主义经典作家关于发展马克思主义发展观思想的重要内容。列宁在《论"左派"的幼稚性和小资产阶级性》中提出："我们的任务就是要学习德国人的国家资本主义，全力仿效这种国家资本主义，要不惜采用独裁的方法加紧仿效，甚于当年的彼得，他曾不惜用野蛮的斗争手段对付野蛮，以促使野蛮的俄罗斯加紧仿效西欧文化。"②列宁提出一个社会主义学习资本主义的著名公式："乐于吸取外国的好东西：苏维埃政权＋普鲁士的铁路秩序＋美国的技术和托拉斯组织＋美国的国民教育等等等等＋……＝总和＝社会主义。"③这个公式表达了列宁利用资本主义发展观发展马克思主义发展观的先进思想。

在发展马克思主义发展观的过程中，利用资本主义发展观的问题比任何时候都更为迫切。邓小平说："我们要向资本主义发达国家学习先进的科学、技术、经营管理方法以及其他一切对我们有益的知识和文化，闭关自守、故步自封是愚蠢的。但是，属于文化领域的东西，一定要用马克思主义对它们的思想内容和表现方法进行分析、鉴别和批判。"④对资本主义发展观的利

① 《普列汉诺夫哲学著作选集》第1卷，三联书店1959年版，第740页。
② 《列宁选集》第3卷，人民出版社1995年版，第526页。
③ 《列宁全集》第34卷，人民出版社1985年版，第520页。
④ 《邓小平文选》第3卷，人民出版社1993年版，第44页。

用过程，也是资本主义发展观因素在经过批判、改造与发展后，与马克思主义发展观相适应的过程。“在思想政治方面肃清封建主义残余影响的同时，决不能丝毫放松和忽视对资产阶级思想和小资产阶级思想的批判，对极端个人主义和无政府主义的批判。”①对资本主义发展观的吸收和利用的标准，是看其是否与马克思主义发展观体系相适应。

随着中国对外开放的程度不断加深，中国利用资本主义发展观发展马克思主义发展观的渠道变得愈来愈多，这是利用资本主义发展观的有利条件。在吸收资本主义发展观的有益成分时，应该与社会主义中国的具体国情相结合。“一切外国的东西，如同我们对于食物一样，必须经过自己的口腔咀嚼和胃肠运动，送进唾液胃液肠液，把它分解为精华和糟粕两部分，然后排泄其糟粕，吸收其精华，才能对我们的身体有益，决不能生吞活剥地毫无批判地吸收。”②马克思主义发展观在吸收资本主义发展观时，要注意把握文化的领导权。

利用资本主义发展观发展马克思主义发展观，要采取批判学习的态度，要注意区别资本主义发展观中的精华与糟粕。恩格斯曾指出：“历史同认识一样，永远不会在人类的一种完美的理想状态中最终结束；完美的社会、完美的‘国家’是只有在幻想中才能存在的东西；相反，一切依次更替的历史状态都只是人类社会由低级到高级的无穷发展进程中的暂时阶段。每一个阶段都是必然的，因此，对它发生的那个时代和那些条件说来，都有它存在的理由；但是对它自己内部逐渐发展起来的新的、更高的条件来说，它就变成过时的和没有存在的理由了；它不得不让位于更高的阶段。”③从根本上讲，马克思主义发展观比资本主义发展观更加先进，马克思主义发展观取代资本主义发展观是世界进步发展的必然潮流。

(三)防止和克服资本主义发展观和马克思主义发展观关系上的片面性理解

要深入了解资本主义发展观的本质与特征、精华与糟粕。“许多民族独立运动获得了成功，但他们的成功是依赖于那些国家实际上已经引用了他

① 《邓小平文选》第2卷，人民出版社1994年版，第336页。

② 《毛泽东选集》第2卷，人民出版社1991年版，第707页。

③ 《马克思恩格斯选集》第4卷，人民出版社1995年版，第216～217页。

们一直试图抵制的那些社会的意识形态、政治形式乃至一些工业技术。正是在面对强权控制而保卫其政治领地完整的过程里，他们的文化被改造了，更加接近了占优势的文化类型。”[①]胡锦涛指出：“我们要坚持从我国国情出发，坚持以我为主、为我所用，辩证取舍、择善而从。”[②]我们要注意吸取资本主义发展观的精华，剔除资本主义发展观的糟粕。

发展马克思主义发展观，要防止全盘否定资本主义发展观的错误倾向。斯大林曾采取文化专制主义的错误政策，将资本主义发展观视为异端邪说，造成苏联整个文化界的沉闷。比如，李森科完全否定孟德尔的染色体，李森科主义长期统治苏联生物学界，严重阻碍了苏联生物学的发展进程。又比如，在苏联语言学界的马尔主义，“不仅在那一特定的历史时期阻碍和迟缓了苏联语言学的发展，不仅葬送了许多才华横溢的学者的前途和命运，它带给苏联语言学的几乎是一场毁灭性的灾难（从某种程度上讲，已造成了这样的后果）”[③]。对待资本主义发展观的错误政策，打击了人们对真理的追求信心，导致知识分子对国家信任的缺失。“知识分子对官方意识形态的实际信仰并不坚定，共产党对知识分子的严格监督，与独立发展和表达观念、知识、价值和想象的知识分子的本质要求相冲突……他们只有怨恨。”[④]所以，要防止绝对否定资本主义发展观的错误倾向。

对待资本主义发展观，既要利用又要限制。马克思主义发展观与资本主义发展观是建立在不同经济基础之上的异质性文化，两者是分属于不同的社会意识形态的文化。但在全球化趋势日益明朗的今天，它们的相遇、相知是必然现象。贝尔提出：“我们正在摸索一种语言，它的关键词汇看来是‘限制’〔limits〕：对发展的限制，对环境开发的限制，对军备的限制，对生物界横加干预的限制。可是，如果我们对经济和技术实行一系列限制，是否同时也限制一下那些超出道德规范，同魔鬼拥抱并误认这也属‘创造’的文

---

① ［美］托马斯·哈定等：《文化与进化》，韩建军、商戈令译，浙江人民出版社1987年版，第71页。

② 胡锦涛：《始终坚持先进文化的前进方向，大力发展文化事业和文化产业》，《人民日报》2003年8月13日。

③ ［俄］M.B.戈尔巴涅夫斯基：《世初有道：揭开前苏联尘封50年的往事》，杜桂枝、杨秀杰译，民主与建设出版社2002年版，第8页。

④ ［美］大卫·科兹、弗雷德·威尔：《来自上层的革命：苏联体制的终结》，曹荣湘、孟鸣歧等译，中国人民大学出版社2002年版，第89页。

化开发活动？我们是否要对‘自大狂’〔hubris〕加以约束？”[①]我们要利用资本主义发展观的先进之处，同时，限制腐朽资本主义发展观的滋生蔓延。

我们要学习资本主义发展观的先进之处，增强马克思主义发展观的软实力。“美国文化也是一种毋需投入过多并且相当有价值的软力量资源。显然，美国的文化在某些方面对外国人民来说并不具有吸引力，而且在评价力量的文化来源时总会有出现偏见的危险，但是蕴含在产品和交往中的美国文化却具有广泛的感召力。即使在尼加拉瓜政府同美国支持的游击队作战时，尼加拉瓜的电视台还播放着美国的电视节目，苏联的青少年穿着蓝布工装裤，搜寻着美国的录音磁带。从来没有到过美国的日本青年也穿上印着美国大学校名的运动夹克衫。当然，大众行为不乏浅薄和追求时髦的因素，但是一个支配着大众交往渠道的国家有更多的机会传递自己的信息并影响着其他国家的爱好，也同样是事实。”[②]在全球化趋势日益明朗的条件下，马克思主义发展观与资本主义发展观无法截然分开，我们要在吸收资本主义发展观先进成果的基础上，不断深化丰富马克思主义发展观。

① [美]丹尼尔·贝尔：《资本主义文化矛盾》，赵一凡等译，三联书店1989年版，第40页。

② [美]约瑟夫·奈：《美国定能领导世界吗》，何小东、盖玉云译，军事译文出版社1992年版，第160页。

主要参考文献

一、中文著作

《毛泽东文集》第7卷，人民出版社1999年版。

《毛泽东文集》第8卷，人民出版社1999年版。

《毛泽东选集》第2卷，人民出版社1991年版。

《毛泽东选集》第5卷，人民出版社1977年版。

《毛泽东著作选读》下册，人民出版社1986年版。

《邓小平文选》第2卷，人民出版社1994年版。

《邓小平文选》第3卷，人民出版社1993年版。

江泽民：《论党的建设》，中央文献出版社2001年版。

江泽民：《全面建设小康社会 开创中国特色社会主义事业新局面——在中国共产党第十六次全国代表大会上的报告》，人民出版社2002年版。

胡锦涛：《高举中国特色社会主义伟大旗帜 为夺取全面建设小康社会新胜利而奋斗——在中国共产党第十七次全国代表大会上的报告》，人民出版社2007年版。

《习近平谈治国理政》，外文出版社2014年版。

《习近平谈治国理政》第2卷，外文出版社2017年版。

《习近平新时代中国特色社会主义思想学习纲要》,学习出版社、人民出版社 2019 年版。

《习近平新闻舆论思想要论》,新华出版社 2017 年版。

北京大学哲学系外国哲学史教研室编译:《古希腊罗马哲学》,商务印书馆 1961 年版。

曹荣湘:《后人类文化》,三联书店 2004 年版。

曾枝盛:《国外学者对马克思主义若干问题的最新研究》,中国人民大学出版社 2006 年版。

陈雷:《马克思》,中国财政经济出版社 2006 年版。

陈学明:《西方马克思主义教程》,高等教育出版社 2001 年版。

陈云卿、蒋士满编:《外国学者论社会主义市场经济》,社会科学文献出版社 1993 年版。

陈之骅主编:《勃列日涅夫时期的苏联》,中国社会科学出版社 1998 年版。

崔绪治、滕俊伟主编:《马克思主义基本原理》,南京大学出版社 1989 年版。

段忠桥主编:《当代国外社会思潮》,中国人民大学出版社 2001 年版。

范广军主编:《当代国外社会主义研究》,河南大学出版社 2005 年版。

高培勇编著:《公共经济学》,中国人民大学出版社 2010 年版。

高宣扬:《后现代论》,中国人民大学出版社 2016 年版。

胡鞍钢主编:《中国走向》,浙江人民出版社 2000 年版。

胡代光、厉以宁编著:《当代资产阶级经济学主要流派》,商务印书馆 1982 年版。

金泓汎:《应用发展经济学通论》,中国经济出版社 2005 年版。

赖亦明、汪荣有主编:《马克思主义基本原理专题研究》,安徽大学出版社 2009 年版。

李琮:《第三世界论》,世界知识出版社 1991 年版。

厉以宁、秦宛顺编著:《现代西方经济学概论》,北京大学出版社 1983 年版。

梁小民:《西方经济学导论》,北京大学出版社 1984 年版。

刘涤源、谭崇台主编:《当代西方经济学说》,武汉大学出版社 1983

年版。

刘放桐:《现代西方哲学述评》,人民出版社 1985 年版。

罗荣渠:《现代化新论:世界与中国的现代化进程》,北京大学出版社 1993 年版。

蒲国良主编:《当代国外社会主义概论》,中国人民大学出版社 2006 年版。

邵敬勋主编:《近现代外国经济学说述要》,黑龙江人民出版社 1983 年版。

宋林飞:《西方社会学理论》,南京大学出版社 1997 年版。

宋泽滨、齐爱兰:《社会全面进步研究》,人民出版社 2001 年版。

孙正聿:《哲学通论》,辽宁人民出版社 1998 年版。

谭崇台主编:《发展经济学》,山西经济出版社 2000 年版。

汪永祥主编:《马克思主义原理》,中国人民大学出版社 1989 年版。

王潮选编:《后现代主义的突破——外国后现代主义理论》,敦煌文艺出版社 1996 年版。

王慎之:《当代资产阶级经济学流派》,吉林人民出版社 1983 年版。

吴寒光主编:《社会发展与社会指标》,中国社会出版社 1991 年版。

吴敬琏:《转轨中国》,四川人民出版社 2002 年版。

徐崇温:《西方马克思主义》,天津人民出版社 1982 年版。

杨寿堪等:《20 世纪西方哲学:科学主义与人本主义》,北京师范大学出版社 2003 年版。

于同申主编:《发展经济学》,中国人民大学出版社 2002 年版。

《马克思恩格斯全集》第 3 卷,人民出版社 1960 年版。

《马克思恩格斯全集》第 4 卷,人民出版社 1958 年版。

《马克思恩格斯全集》第 20 卷,人民出版社 1971 年版。

《马克思恩格斯全集》第 23 卷,人民出版社 1972 年版。

《马克思恩格斯全集》第 25 卷,人民出版社 1974 年版。

《马克思恩格斯全集》第 32 卷,人民出版社 1974 年版。

《马克思恩格斯全集》第 42 卷,人民出版社 1979 年版。

《马克思恩格斯全集》第 46 卷(上),人民出版社 1979 年版。

《马克思恩格斯选集》第 1 卷,人民出版社 1995 年版。

《马克思恩格斯选集》第2卷，人民出版社1995年版。

《马克思恩格斯选集》第3卷，人民出版社1995年版。

《马克思恩格斯选集》第4卷，人民出版社1995年版。

《列宁全集》第23卷，人民出版社1964年版。

《列宁全集》第26、38、39卷，人民出版社1987年版。

《列宁全集》第33、34卷，人民出版社1985年版。

《列宁选集》第2卷，人民出版社1995年版。

《列宁选集》第4卷，人民出版社1995年版。

《斯大林全集》第5卷，人民出版社1957年版。

《斯大林选集》下卷，人民出版社1979年版。

《勃列日涅夫言论》第7集，上海人民出版社1975年版。

《勃列日涅夫言论》第10集，上海人民出版社1976年版。

《勃列日涅夫言论》第12集，上海人民出版社1979年版。

《勃列日涅夫言论》第13集，上海人民出版社1981年版。

《费尔巴哈哲学著作选集》上卷，三联书店1959年版。

[奥]弗里德里希·冯·维塞尔：《自然价值》，陈国庆译，商务印书馆1982年版。

[奥]弗里德里希·希尔：《欧洲思想史》，赵复三译，广西师范大学出版社2007年版。

[波]弗·布鲁斯：《从马克思到市场：社会主义对经济制度的求索》，银温泉译，上海人民出版社1998年版。

[波]弗·布鲁斯：《社会主义经济的运行问题》，周亮勋等译，中国社会科学出版社1984年版。

[德]彼得·科斯洛夫斯基：《后现代文化——技术发展的社会文化后果》，中央编译出版社1999年版。

[德]恩格斯：《自然辩证法》，人民出版社1971年版。

[德]费希特：《论学者的使命》，梁志学译，商务印书馆1980年版。

[德]海德格尔：《存在与时间》，陈嘉映、王庆节译，三联书店1987年版。

[德]黑格尔：《精神现象学》下卷，贺麟、王玖兴译，商务印书馆1996年版。

[德]马克思：《1844年经济学哲学手稿》，人民出版社2000年版。

[德]马克思:《资本论》第3卷,人民出版社2004年版。

[德]马克斯·韦伯:《新教伦理与资本主义精神》,于晓、陈维纲等译,三联书店1987年版。

[德]尼采:《查拉斯图拉如是说》,楚图南译,湖南人民出版社1987年版。

[俄]格·阿·阿尔巴托夫:《苏联政治内幕:知情者的见证》,徐葵、张达楠等译,新华出版社1998年版。

[法]弗朗索瓦·佩鲁:《新发展观》,张宁、丰子义译,华夏出版社1987年版。

[法]福柯:《何为启蒙》,汪晖等编《文化与公共性》,三联书店1998年版。

[法]卢梭:《爱弥儿》上卷,李平沤译,商务印书馆1991年版。

[法]让-保罗·萨特:《存在主义是一种人道主义》,周煦良、汤永宽译,上海译文出版社1988年版。

[捷]奥塔·锡克:《一种未来的经济体制》,王锡君等译,中国社会科学出版社1989年版。

[美]阿历克斯·英格尔斯:《人的现代化》,殷陆君编译,四川人民出版社1985年版。

[美]艾伯特·赫希曼:《经济发展战略》,潘照东、曹征海译,经济科学出版社1991年版。

[美]伯尔曼:《法律与宗教》,梁治平译,三联书店1991年版。

[美]大卫·雷·格里芬:《后现代精神》,王成兵译,中央编译出版社1998年版。

[美]杰里米·里夫金、特德·霍华德:《熵:一种新的世界观》,吕明、袁舟译,上海译文出版社1987年版。

[美]马尔库塞:《单面人》,左晓斯等译,湖南人民出版社1988年版。

[美]迈克尔·托达罗:《经济发展与第三世界》,中国经济出版社1992年版。

[美]梅多斯等:《增长的极限》,李宝恒译,四川人民出版社1983年版。

[美]尼克松:《领袖们》,刘湖译,知识出版社1984年版。

[美]萨缪尔森:《经济学》上册,商务印书馆1979年版。

[美]威廉·詹姆士:《实用主义》,陈羽纶、孙瑞禾译,商务印书馆1979年版。

[美]熊彼特:《经济发展理论》,何畏、易家详等译,商务印书馆1990年版。

[美]熊彼特:《资本主义、社会主义和民主主义》,绛枫译,商务印书馆1979年版。

[美]约翰·罗默:《在自由中丧失——马克思主义经济哲学导论》,段忠桥、刘磊译,经济科学出版社2003年版。

[日]富永健一:《"现代化理论"今日之课题——关于非西方后发展社会发展理论的探讨》,罗荣渠《现代化:理论与历史经验的再探讨》,上海译文出版社1993年版。

[日]金指基:《熊彼特经济学》,林俊男、金全民编译,北京大学出版社1996年版。

[日]伊藤诚:《现代社会主义问题》,鲁永学译,社会科学文献出版社1996年版。

[苏]罗伊·麦德维杰夫等:《赫鲁晓夫的执政年代》,邹子婴等译,吉林人民出版社1981年版。

[印度]阿马蒂亚·森:《以自由看待发展》,任赜、于真译,中国人民大学出版社2002年版。

[印度]苏布拉塔·贾塔克:《发展经济学》,卢中原、王晓东、朱邦宁、王敏译,商务印书馆1989年版。

[英]阿伦·布洛克:《西方人文主义传统》,董乐山译,三联书店1997年版。

[英]布赖恩·特纳:《社会理论指南》,李康译,上海人民出版社2003年版。

[英]吉登斯:《现代性的后果》,田禾译,译林出版社2000年版。

二、外文著作

Anthony Giddens, *The Consequences of Modernity*, California: Stanford University Press, 1990.

D. Griffin, "Peace and Postmodern Paradigms," in *Spiritual and So-*

ciety: *Postmodern Visions*, State University of New York Press, 1998.

David Lyon, *Postmodernity*, Buckingham: Open University Press, 1994.

Alex Inkeles & David Smith, *Becoming Modern*: *Individual Change in Six Developing Countries*, Cambridge: Harvard University Press, 1974.

Max Weber, *Economy and Society*, New York: Bedminster Press, 1968.

三、期刊论文

[英]兰帕德:《经济发达地区的城市史》,《经济发展与文化变化》1968 年第 1 期。

曹荣湘、邓翠华:《国外发展观的历史演进与视角转换》,《中共天津市委党校学报》2007 年第 2 期。

陈嘉明:《“现代性”与“现代化”》,《厦门大学学报》(哲学社会科学版)2003 年第 5 期。

陈树林:《对人本主义哲学的反思》,《山东科技大学学报》(社会科学版)2003 年第 4 期。

陈学明:《对“西方马克思主义”的新认识》,《教学与研究》2008 年第 9 期。

陈振明:《“西方马克思主义”对社会主义理论的探索》,《岭南学刊》1996 年第 3 期。

程恩富:《新自由主义的起源、发展及其影响》,《求是》2005 年第 3 期。

段忠桥:《西方马克思主义是马克思主义吗?》,《马克思主义研究》2002 年第 6 期。

方福前:《新自由主义及其影响》,《高校理论战线》2003 年第 12 期。

方建中、周建波:《转变经济发展方式:取向与路径视角的考察》,《江海学刊》2008 年第 1 期。

方在农:《从熊彼特的创新理论说起》,《自然杂志》2006 年第 2 期。

顾玉兰:《后现代主义与可持续发展观之比较》,《延安大学学报》(社会科学版)2002 年第 2 期。

郭海龙:《安德罗波夫铁腕肃贪运动评析》,《西伯利亚研究》2015 年第 5 期。

韩庆祥:《现代性的建构与当代中国发展》,《天津社会科学》2004 年第

3期。

何传启:《现代化概念的三维定义》,《管理前沿》2003年第3期。

贺来:《马克思哲学与"现代性"课题》,《吉林大学社会科学学报》2000年第3期。

黄宗良:《科学发展观同斯大林模式发展观的比较》,《探索与争鸣》2009年第2期。

江永平:《后现代主义发展观》,《辽宁工程技术大学学报》(社会科学版)2003年第2期。

刘放桐:《"人本主义"和"人本主义哲学思潮"随想录》,《学术月刊》1999年第10期。

刘红红:《人本主义发展观的理论基础和内涵》,《广东商学院学报》2006年第6期。

鲁焱、孙波:《人本主义人的发展观的哲学分析》,《辽宁科技大学学报》2009年第6期。

陆际恩:《落实可持续发展战略必须首先实现三个"零增长"》,《南方论刊》2005年第10期。

马凯:《加快转变经济发展方式是关系国民经济全局紧迫而重大的战略任务》,《党建研究》2007年第11期。

沙宏:《论后现代主义发展观》,《社会科学辑刊》2006年第3期。

时海燕、王凤才:《"西方马克思主义"概念的历史演变》,《聊城师范学院学报(哲学社会科学版)》1997年第3期。

汪澄清:《马克思与熊彼特创新思想之比较》,《马克思主义与现实》2001年第3期。

王淑芳:《发展内涵的多层面界定》,《社会主义研究》1997年第6期。

王雨辰:《当代西方马克思主义研究之我见》,《江汉论坛》1997年第9期。

危敬祥、吴昌林:《关于科学发展观的哲学思考》,《求实》2006年第1期。

吴鹏森:《战后世界发展观与发展战略的历史演变》,《南京师大学报》(社会科学版)1996年第2期。

肖枫:《苏联解体的深层教训与"三个代表"的重要思想》,《理论前沿》2002年第4期。

谢立中:《“后现代性”及其相关概念辨析》,《社会科学研究》2001 年第 5 期。

徐崇温:《再评“西方马克思主义”就是马克思主义论》,《马克思主义研究》2002 年第 6 期。

杨欢进:《论转变经济发展方式》,《河北经贸大学学报》2008 年第 1 期。

杨立新:《发展内涵及其马克思主义重点论定位》,《天津大学学报》(社会科学版)2006 年第 5 期。

余文烈:《我国对西方马克思主义的研究》,《马克思主义研究》1995 年第 1 期。

俞可平:《全球化时代的“社会主义”——90 年代以来西方社会主义研究述评》,《马克思主义与现实》1998 年第 2 期。

袁初明:《阿马蒂亚·森的自由发展观的伦理意蕴》,《中共天津市委党校学报》2007 年第 4 期。

詹宏伟:《当代国外发展观的演进述评》,《毛泽东邓小平理论研究》2008 年第 3 期。

张鑫:《关于西方马克思主义的几点思考》,《北京科技大学学报》(社会科学版)2003 年第 4 期。

张战军:《广义增长极及其生长》,《热带地理》2008 年第 5 期。

赵海月、王瑜:《战后西方发展观演进路径及其规律探析》,《湖北经济学院学报》2010 年第 2 期。

赵景来:《关于“现代性”若干问题研究综述》,《中国社会科学》2001 年第 4 期。

郑杭生、陆汉文:《现代性社会理论的演变——从现代化理论到新发展观》,《浙江学刊》2004 年第 3 期。

邹诗鹏:《马克思思想与后现代性》,《现代哲学》2003 年第 2 期。